国家"双一流"建设学科"南京大学
江苏高校优势学科建设工程"南京大
江苏省2011协同创新中心"中国文学与东亚文明"资助项目

南京大学戏剧学科百年传统研究丛书

吴梅教授纪念集

苗怀明 编

南京大学出版社

图书在版编目(CIP)数据

吴梅教授纪念集 / 苗怀明编. —南京：南京大学
出版社，2023.3
(南京大学戏剧学科百年传统研究丛书)
ISBN 978-7-305-26153-4

Ⅰ.①吴… Ⅱ.①苗… Ⅲ.①吴梅(1884—1939)-
纪念文集 Ⅳ.①K825.78-53

中国版本图书馆 CIP 数据核字(2022)第 174567 号

出版发行 南京大学出版社
社　　址　南京市汉口路 22 号　　　　邮　编 210093
出 版 人　金鑫荣

丛 书 名　南京大学戏剧学科百年传统研究丛书
书　　名　**吴梅教授纪念集**
编　者　苗怀明
责任编辑　郭艳娟

照　　排　南京紫藤制版印务中心
印　　刷　江苏扬中印刷有限公司
开　　本　635 mm×965 mm　1/16　印张 34.75　插页印张 0.5　字数 468 千
版　　次　2023 年 3 月第 1 版　2023 年 3 月第 1 次印刷
ISBN　978-7-305-26153-4
定　　价　138.00 元

网　　址　http://www.njupco.com
官方微博　http://weibo.com/njupco
官方微信　njupress
销售咨询　(025)83594756

吴 梅

1933年吴梅50岁时全家合影

吴梅故居

《吴梅全集》

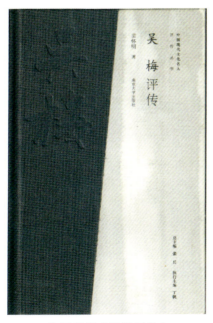

苗怀明著《吴梅评传》

《中国戏曲概论》

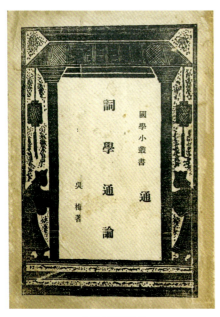

《词学通论》

《霜崖词录》

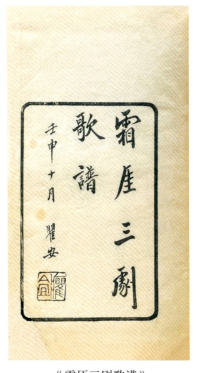

《霜厓三剧歌谱》

《霜厓曲录》

《顾曲塵谈》初印本封面 风雨书屋版《风洞山传奇》

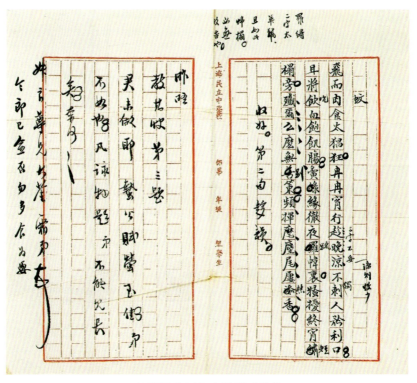

吴梅批点汪叔良诗稿《蚊》

吴梅诗作手稿

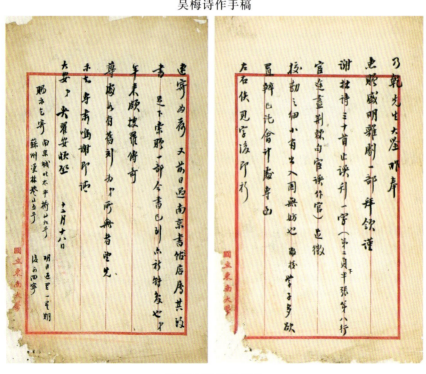

吴梅致陈乃乾信札

目　录

卷　一

唐圭璋 _____

影印《瞿安日记》序

先师长洲吴梅先生,道德高尚,学术湛深,文采横溢。少时转益多师,诗文词曲,无一不工。及壮,执教于北京、南京各大学,蜚声中外。平生呕心沥血,董理曲牌,排比宫调,区分正衬,编成《南北词简谱》一书,开元明清三朝曲坛奥秘,厥功尤伟。

先师尝以其教学、研究所得及当时社交、家事等内容,逐日记之,成《日记》数十册,字迹秀逸,内涵丰富,惜经离乱散失,良足太息。现所存之残卷,始于 1931 年 10 月 11 日,讫于 1937 年 7 月 7 日。1937 年秋,迫于倭难,举家流离转徙,备尝艰苦,翌年冬,自湘桂入滇,居大姚李旗屯。不两月,遽以心疾逝世。遗著手稿,皆由卢冀野同学保存。1951 年,先师家属献所藏善本书于北京图书馆。但冀野已先一年卒,《日记》转藏于李一平同学处,顾颉刚先生曾过录副本。一平旋与在京同学赵万里、常任侠及南青师弟共商编辑先师全集,因以《日记》寄蜀,由当时任教于四川大学之任中敏学长摘录其有关学术者入集,原稿则由南青师弟保存。1966 年,"文革"祸起,南青在保定遭迫害致死,其三女镰自保定夜携《日记》逃京授一平,则已缺数卷,幸顾抄副本可以补足。

前年庆祝先师百岁诞辰,海内外同学及先师家属亟盼影印《瞿安日记》,命余董其事,因即商诸江苏古籍出版社,蒙欣然同意,用缀数语,略述其辗转经过梗概。

江苏古籍出版社重视精神文明建设,积极承印孤本珍籍,表彰前贤,嘉惠后学,高风堪仰,无任感佩。

1986 年 8 月弟子唐圭璋谨序

——《文教资料》1987 年第 3 期

唐圭璋

为纪念吴梅先生百年诞辰座谈会
致北京昆曲研习社一封信 *

研习社同志：

承邀参加吴梅先生百年诞辰纪念会，无任欣感！顾以道远体弱，未能前来领教，至以为歉，还望鉴谅！

吴先生最早在北大任教，公然携笛上课堂，在当时可谓"大逆不道"，先生以理论结合实践，不顾非难窃议，亦可谓勇士。所以《风洞山》、《血花飞》、《轩亭秋》皆出于义愤，豪情飞腾，一时无两。诗词亦沉雄似苏、辛。

闻先生暮年曾谱《桃花扇》曲，此事可拜访俞平伯先生，问可有遗谱，如果习唱，当不减"大江东去"。

十一月中，苏州有纪念吴先生诞辰会，如承光临，亦所仰盼。匆复，并颂康乐

唐圭璋　十月十二日

——欧阳启名编《昆曲纪事》，语文出版社 2010 年版

---

* 纪念吴梅先生百年诞辰座谈会的举办时间是 1984 年 10 月 20 日。——编者注。

常任侠

记吴梅师

　　吴瞿安师,名梅,吴县人,清秀才,以制曲著闻当世,南北著名艺人,多拜其门,求正曲度。苏门故居,藏曲甚富,有百嘉室,所藏嘉靖精善本,琳琅满目,曾往拜观。

　　师初讲学于北京大学,得弟子任讷等宏其道,继来南京中央大学讲学,又得周士钊、龚慕兰等。我亦从之学,讲学之余,共组"潜社",每隔一二周,辄于秦淮河灯舫中,作文酒之会,撷笛度曲,各制短章,共加品第竞赛,师生亲如家人,这是课堂上得不到的快乐。我来已晚,前辈多已步入社会。和我同时的有王季思、唐圭璋、唐桐荫、李吉行、李一平诸人。初由王季思经理"潜社"事务,如通知集会等。季思毕业后,由我接替。吴师年最高,少饮辄醉,吴师母信任我,命我伴出送归,我也就肩负起这一责任。

　　"潜社"开始时,教授中只有吴师一人,领导同学填词作曲,作成后,有时当场制谱试唱。师能吹笛行腔,工尺谨严,所以词中的阴阳入声,也适度合拍。后来教授中汪旭初先生也来参加,倡为慢词。其后又有汪辟疆先生加入，他好打诗钟。再后则黄季刚、胡小石、王晓湘和金陵大学的胡翔冬诸教授也来参加，老人人数增多，学生另行组合，因此分道扬镳，"潜社"一分为二。

记得有一次打诗钟，分咏水仙、石鼓文，李吉行同学被评为首唱。联语是：

> 玉柱冰弦弹雅操，
>
> 周盘殷诰比奇文。

王晓湘教授次之，联语是：

> 唯怜北渚垂鬟立，
>
> 却笑东坡画肚观。

又一次诗钟，用"一"、"他"为首字嵌字，我作的一联评为首唱，联语是：

> 一画开天垂象数，
>
> 他山攻玉诵风诗。

又成一联是：

> 他人有心规酒过，
>
> 一春无事为花忙。

瞿安师看后一笑说：不过想当然耳。吴师每饭，必饮黄酒一杯，昏昏欲睡，陶然自乐，谁也不敢进言止酒。抗战时西行，他暂居湖南湘潭柚园养疴，因已患喉癌，喑不能语，我由长沙去拜候，黯然相对，无可如何。此后师再迁云南大姚李一平家,不久病逝。1940年,在重庆沙坪坝中大追悼时,曾写一联悼念,金静安为作书张之。

吴师对我独厚,所呈作业,必为点校,因之除写散曲之外,又写散套多篇,《田横岛》、《鼓盆歌》、《祝梁怨》杂剧数种。1949年自印度归国之后,结习未除,又写《妈列带子访太阳》一剧,无人为之校点,不能传之鼓笛。旧生王惕,欲为演唱,今亦未成。回念师恩,勤心讲授,安得重起问之!

酒之为害,不可胜言。至友傅抱石,亦以嗜酒早逝,因此我戒酒不饮。曾作《我与酒》以明志,鉴于师友为酒所伤,至今引以为戒。

——常任侠《生命的历程》,载郭淑芬、常法韫、沈宁编《常任侠文集》卷六,安徽教育出版社2002年版

万云骏

读词和填词
——吴梅先生是怎样教我填词的?

一、源和流的问题

现实生活是文艺创作的源泉,读他人的文艺作品,是流而不是源。这一点是没有疑问的。但是读古人或近人的优秀文艺作品,除了从艺术技巧上可以得到借鉴外,对于作者的生活与思想也会受到些影响。况周颐《蕙风词话》论述了读词受作者性情的影响:"读前人雅词数百阕,令充积吾胸臆,先入而为主,吾性情为词所陶冶,与无情世事日背道而驰。其弊也,不能谐俗,与物忤。自知受病之源,不能改也。"又说:"读词之法,取前人名句意境绝佳者,将此意境缔构于吾想望中;然后澄思渺虑,以吾身入乎其中而涵咏玩索之,吾性情与相浃而俱化,乃真实为吾有而外物不能夺。三十年前,以此法为课,养成不入时之性情,不遑恤也。"读书既然也是我们现实生活中的一个有机组成部分,而熟读前人名词还可以陶冶、移易读者的性情,可见为了填词而读词,不只是一个艺术技巧问题。"衣带渐宽终不悔,为伊消得人憔悴"(柳永《蝶恋花》)。"拚今生对花对酒,为伊泪落"(周邦彦《解连环》)。这种沉溺于爱情,不顾其他的表示,我们当然可以贬之为恋爱至上或爱情第一,但是,这难道不比金钱至上、个人利益第一要好些吗?

二、读词、填词、改词

我十九岁时,从苏州吴梅先生学词,先生教我填词之外,也教我多读词。当时教我读的有《词选》、《续词选》、《宋四家词选》、《宋七家词选》、《宋词三百首》,并教我在《四印斋刻词》和《彊村丛书》中选读一些与己相近的名家词集。我喜欢读《清真》、《梦窗》两家词。一年以后,先生也教我读近人词,如《惠风》、《彊村》词。先生教词并不讲解,只是教我读,教我写,给我精心批改。多读多写,这是我国学习写作诗文的行之有效的传统方法。况周颐说"学填词,先学读词。抑扬顿挫,心领神会,日久胸次郁勃,信手拈来,自然丰神谐畅矣"(《惠风词话》)。词是精究音律的文学,现在虽然词谱失传,但"曼声促节繁会相宜,清浊抑扬,辘轳交往"(王国维《清真先生遗事》),还是可以从声情和辞情的结合上来体会其感情与意境的。那时我父母双亡,已无家可归,寒暑假即住在先生家中。先生每天上午不外出。有时为我吟诵宋词和近人词,包括他自己的词作。先生因材施教,由于我的偏好《梦窗》,因此为我读的总是《清真》、《梦窗》、《彊村》的词篇。先生深明曲律,能作曲、唱曲、谱曲。们自己创造出一种抑扬顿挫、和谐美听的词的吟诵法①。先生三位公子都会唱曲,也会吟词。我亲炙日久,也学会了。我觉得这样的吟诵词篇,能够兼味其声情与辞情两者之美,口吟心领,耳濡目染,不但能够提高对词的欣赏能力,而且也能够提高词的写作能力,所谓"信手拈来,自然丰神谐畅"。

---

①　此处"们"当为衍字。编者注。

　　先生读词，以涩体为主（即清真、白石、梦窗的自度曲，其中多平仄不顺的拗句，但总是和协调的顺句相结合）。先生以曲律说明词律，以为词中平仄拗口的地方，好象曲中的务头，也就是当时唱起来最美听的地方。先生为我读词，还以类相从，即以数人同一词调一起读，借以比较其音律、感情、意境上的同异。如同一词牌的《六丑》，把清真的"蔷薇谢后作"、梦窗的"壬寅岁吴门元夕风雨"、彊村的"甲辰元夕……"一起读；同一《解连环》，把清真的"怨怀无托"、梦窗的"思和云结"、彊村的"雨凉无极"一起读；同一《瑞龙吟》，把清真的"章台路"、梦窗的"大溪面"、彊村的"市桥面"一起读。回想当时：红日映窗，书声琅琅，声情和词情相融合，古人和今人相交通，师吟弟听，沆瀣一气，日坐春风之乐，有不可言喻者。

　　读词之后便是填词。先生对于填词的严格要求，便是词要象词。先生强调唐诗、宋词、元曲各有其不同的艺术特征。这本是中国古典诗歌达到高度发展阶段个性十分鲜明突出的必然产物，即所谓唐诗、宋词、元曲各有其不同特点。这在前人的诗话、词话、曲话中谈得够多的了。但这主要还不是一个理论问题，而是一个创作实践问题。所以，研究中国古代诗歌，承认不承认诗、词、曲的分界，实际上只是一个能不能实事求是的问题。先生对诗、词、曲之间的不同特点，目光特别敏锐。但他也并不忽视各种文体、诗体之间的共同点和相互影响；即注意它们的共同点又强调它们的特殊点，这就是共性和个性的辩证关系。我跟从先生的时候，总算填词已经象是词了，但先生教我：要词填得好，还不能光是填词，还要写诗，写骈文，写古文，我那时已会写五七言绝律，但没有写过古诗，先生便教我写古诗。我记得开始写了一首七言古诗给先生看，先生批道：古诗尚不得法，宜多读杜、韩、苏、黄古风，自能得其气息。我就遵教多读四家古诗，后来写的就慢慢象古诗，而不是以律句为古风了。先生对于唐诗的初、盛、中、晚的不同风格，一眼便能识别。我写律诗是学盛唐的，有一次我写了一首五律，五六二句是"一鸟日边落，群峰天外青。"呈给先生评改。先生读到这两句便下笔在这两句旁边划了一道竖的杠杠，说这两句是晚唐,和全诗不协。我填词较多,经过先生教诲,经过读、写、评改,便逐步有所提高。上面已说过读词、填词,这里说说先生对词的批改。我国古代有评点之学,即对古典作品,不但有笺注、有评批,还有圈点。所谓圈点,除句、逗之外,还在句子旁边用密圈、密点,借以标志这是好句、佳句。还有在题目上用一圈、二圈、三圈以区别其等第的(好象中、良、优)。先生改词,对于句子,用一圈、双圈、密圈(一句除第一字外每字旁边全部加圈)。我填词的逐步提高,先生的圈点是一种重要的鼓励、鞭策力量。初填时一圈较多,双圈较少,密圈可以说没有。一年以后便时有密圈了。我后来体会到:必须是词中虚实结合,蕴藉而又空灵的句子,才加密圈。所以对先生给我的密圈,我当作是一种宝贝。我记得写过一首《长亭怨慢》,下片云"日暮,望芳堤不是,只是斜阳千树,楼台梦里,甚佳约十年轻误。试说与劫后春莺,又赢得新愁成缕。漫独倚河桥,撩眼飞花狂舞。"先生对"楼台梦里"以下四句,给了密圈。又如一首《解连环》,是步梦窗原韵的,下片云:"天涯壮心拚掷。黯西风纸帐,霜月摇白。倚断弦涩不成声,漫坐对小山,两眉凄碧。泪接荒波,趋今夜淞江潮汐。数残更,峭寒似水,半衾耐得。"先生给"倚断弦涩不成声"三句加上密圈。写到这里,联想到读词、填词的关键问题,那就是什么才算最佳的词句或最佳的词篇? 这个问题,我在未拜吴梅先生为师之前是搞不清楚的。王国维《人间词话》认为有境界、不隔便是佳句、佳词。他说:

　　词以境界为最上。有境界则自成高格,自有名句。

　　境非独谓景物也。喜怒哀乐,亦人心中之一境界。故能写真景物、真感情者,谓之有境界。否则谓之无境界。

　　白石写景之作,如"二十四桥仍在,波心荡,冷月无声"。"数峰清苦,商略黄昏雨。""高树晚蝉,说西风消息。"虽格韵高绝,然如雾里看花,终隔一层。梅溪、梦窗诸家写景之病，皆在一"隔"字。北宋风流，渡江遂绝。抑真有运会存乎其间耶？

问"隔"与"不隔"之别，曰：陶谢之诗不隔，延年则稍隔矣。东坡之诗不隔，山谷则稍隔矣。"池塘生春草""空梁落燕泥"等二句，妙处唯在不隔。词亦如是。即以一人一词论，如欧阳公【少年游】咏春草上半阕云："阑干十二独凭春，晴碧远连云。千里万里，二月三月，行色苦愁人。"语语都在目前，便是不隔。至云"谢家池上，江淹浦畔。"则隔矣。白石【翠楼吟】："此地。宜有词仙，拥素云黄鹤，与君游戏。减梯凝望久，叹芳草，萋萋千里。"便是不隔。至"酒祓清愁，花消英气。"则隔矣。然南宋词虽不隔处，比之前人，自有浅深厚薄之别。

然而，王国维的境界说是有很大的片面性的。按境界有隐有显，或说境界的鲜明之美和朦胧之美。一切诗文如此，词更是如此。兹稍为申论之。

《蕙风词话》引王鹏运语"刓填词固以可解不可解，所谓烟水迷离之致为无上乘耶"？

"可解不可解"，"烟水迷离之致"就是指诗词境界的朦胧之美。叶燮论诗（包括诗文），以我之四（才，胆，识，力；主观的），衡在物之三（理、事、情；客观的）合而为作者之文章。但他所说的理、事、情，决不是一般所说的理、事、情，而是"不可名言之理"，"不可施见之事"，"不可径达之情"，而是"幽渺以为理，想象以为事，惝恍以为情。"也就是蕙风所说"可解不可解"、"烟水迷离"的朦胧境界。而王国维所指责的"隔"正是造成这种迷离惝恍的想象境界的手段。吴梅先生当时教我说，他于诗，最喜欢李商隐；于词，最喜欢吴文英，而李、吴二人的词，都达到了"烟水迷离"的极致。

再追溯上去，王夫之主张情景互藏其宅，妙合无垠，主张"比中生兴，兴外得比，宛转相生，逢原皆给"。他严格区分史与诗的区别，认为史"从实着笔"，诗则"即事生情,即语绘状","一用史法,则相感","不在永言和声之中,诗道废矣"。

明杨慎提出"诗不可以兼史",批评宋撰出"诗史"二字为贻误后人,言之甚详:

> 宋人以杜子美能以韵语纪时事,谓之诗史。鄙哉!宋人之见,不足以论诗也。……杜诗之含蓄蕴藉者,盖亦多矣,宋人不能学之。至于直陈时事,类于讪讦,乃其下乘,而宋人拾以为己宝。又撰出诗史二字,以误后人。如诗可兼史,则《尚书》、《春秋》,可以并省。又如今俗卦气歌,纳甲歌,兼阴阳而道之,谓之诗《易》可乎?

再上而及严羽的"不涉理路,不落言筌","其妙处透彻玲珑,不可凑泊。如空中之音,相中之色,水中之月,镜中之象,言有尽而意无穷"。以及司空图的所谓"象外之象","景外之景"。所谓"兰田日暖,良玉生烟,可望而不可置于眉睫之间"。(引戴叔伦语)

以上所引,都是指诗词中迷离、朦胧的境界,早在唐、宋时期,不少诗论家都已强调这一点。而王国维却以为"沧浪所谓'兴趣',阮亭(王士禛)所谓'神韵',犹不过道其面目,不若鄙人拈出'境界'二字,为探其本也"。然而境界之说,古已有之。从诗歌理论看,唐代到王昌龄、皎然、刘禹锡、司空图已经产生与形成,司空图、严羽则把它做进一步的发挥。后来到明清时代的杨慎、王夫之、王士禛、叶燮等境界说仍连绵不断。说王国维创为"境界说",固然割断了历史;王国维自己说他的境界说是探诗歌美学之本,而严羽、王士禛之说却是究其末,"道其面目",那更是本末倒置。我以为诗词境界有二,在这古代诗文理论和创作实践中,大量存在,岂容抹煞。但这个问题,主要是创作实践问题,而不是理论问题。我年少时从吴梅学填词,也喜欢学梦窗,吴梅先生对此没有异议。他在理论上用一句话指导我:"学梦窗要学他的空灵。"(后文中另有阐述)关于在词中如何塑造隐与显、朦胧之美或鲜明之美的境界,则在吴梅先生对我词作的批改中,我有一些切身的体会。记得我当时填了一首【解连环】,是步梦窗原韵的,原词如下:

【解连环】

旅愁千结,傍危阑倦倚,夜凉无极。甚镜里换却华年,揽青鬓,素丝同色。惨结层阴,唳鸣渺水西云北。怅漂花倚梦、逝水旅情,故欢空忆。

天涯壮心拼掷。黯西风纸帐,霜月摇白。倚断弦涩不成声,漫坐对小山,两眉悽碧,泪接荒波,趁今夜松江潮汐。数残更,峭寒似水,半衾耐得。

这词填好后,呈给中学(上海中学)的一位老师看(他也是研究词的),他指出此词上片结处三句意境殊佳。下片"倚断弦"三句,晦涩难明,须另作删改。但此词呈给吴梅先生看时,上片结处三句不过给以双圈。而"倚断弦"三句则给以密圈,并加眉批曰:比兴深微。我现在体会到"倚断弦"三句,我写出时的确经过一番惨淡经营,但又觉执笔时兴来情来,感到灵魂有些颤动。这几句写自己仿佛在弹筝遣愁,但因情绪过于激动,故弹得筝弦折断了,致"涩不成声"。移时又把弦接上再弹,仍因肠断而弦断,如此者再三,这时人既伤心落泪,声复凄咽,使得屏风上的小山,也皱着眉头为我伤心了。此词把前人魏承班的【生查子】"肠断断弦频,泪滴黄金缕"二句,和张先的【菩萨蛮】"弹到断肠时,春山眉黛低"二句镕铸为一个形象而成;但并非拼凑,而另创了一个新的形象。这三句的中心是弹筝的人和听筝的屏上小山,相对相感,看似静对,但内心交通,赋中含兴,兴外得比,姿态飞动,故吴梅先生欣赏之,加以密圈。按吴文英的词,善于用事,或以古为新,或融合两事为一个新的境界。如他的【阮郎归】:"翠阴浓合晓莺堤,春如日坠西。""春如日坠西"五字有些费解,但这也是合前人两名句而融合成新句的。"日坠西"是用晏殊"夕阳西下几时回"的名句,而春怎么也象"日之坠西"呢? 是暗用李煜"流水落花春去也,天上人间"。

春的一去不可复返,真象今天傍晚太阳的沉西而不可复回一样,这是伤春伤别之词。

上面依据吴梅先生教我如何读词填词,如何识别词之佳处和最佳之处,那就是"烟水迷离之致为无上乘"。我如果照上海中学那位老师的教导,填词不可能依正规道路前进;我们如果照王国维境界说来学词、填词,也只能停留在词的一般境界上而不能达到其最上乘。但这只能是通过创作实践解决问题的。

吴文英的词,有密有疏,但以密为主。这是朱祖谋所说过的:宋词有三家,苏之疏、吴之密、周之疏密结合。(亦见后)疏密结合,或者隐与显结合,那也是词的高境。俞平伯说:词浅显则易流肤浅,深刻则易流晦涩(见《论诗词曲杂著》)。最好是既浅显而又深刻。这是隐、显结合的一种通俗的说法,说来容易,而能做到却是不容易的。我还有一首《最高楼》,中有二句:"年华弹指悲秦柱,江关漂泪满吴波。"那位老师也以为欠妥,而对我另一首《青玉案》"花间蝴蝶,笼中鹦鹉,伴我伤春瘦"三句加了双圈。但吴梅先生给《最高楼》二句加上双圈,而以"花间蝴蝶"三句只是"无深意,小巧"而不加圈。如果我照那位老师的要求做,词便越填越差,而照吴梅先生的评点要求做,词便越填越好。于此可见,有无名师指点是多么重要啊!

吴梅先生又教我不仅要词中求词,还要词外求词。填词不能仅仅读词填词,学作其他文艺作品也是如此,这在前人多有指出。先生曾经对我说:你不能只读诗文还要读历史,通读《资治通鉴》、《续通鉴》、《资治通鉴长编》。这就是词外求词的一个方面。先生不但教我为文,还教我为人。先生怜我孤苦无依,在写作中时露悲观情绪,他现身说法,对我说:"我是孤根崛起。"我后来体会到,这句话的意义是很深刻的:一是先生三岁丧父,十岁丧母,幼年孤苦。这我和他相同。但艰苦的环境锻炼了先生,玉成了先生,使他能于为人、为学两方面都卓然有所自立。这便是我学习的榜样。二是先生少时曾"注全力于诗、古文辞,文读望溪,诗宗选学"(《遗嘱》)。"得粗知义法源流。"(同上)"其后游艺四方,诗得散原老人,词得彊村遗民,曲得粟庐先生。"(同上)虽然如此,先生仍是独立不倚,有自己独特的成就。"不开风气,不倚门户,独往独来,匪今匪古"(《霜厓诗录叙》)模仿决不能成为专家,只有学古而能变古才可望成为专家。这也是我应努力学习的。这是"词外求词"的又一个方面。其后,我学为古体诗,写作骈文与古文,稍有所得。这不但由于习作古典作品,应有多方面的尝试与成就。而且各种文体,虽各具特点,但仍有其相同之处。譬如古文的章法结构,古诗的谋篇行气,就可为慢词的组织结构所取法,而骈文的浓淡相间、疏密相兼,对词也有借鉴作用。这些在我写作实践中都是经常获得先生的具体指导的。

三、学梦窗要学他的空灵

我少时喜好梦窗词,但一知半解,实未真正懂得。后来以梦窗为宗,努力填词,又经过先生的耳提面命,才稍稍有所体会。而"学梦窗要学他的空灵"这句话,便成为我填词的指针。

张炎《词源》说:"词要清空,不要质实。清空则古雅峭拔,质实则凝涩晦昧。姜白石词如野云孤飞,去留无迹。吴梦窗词如七宝楼台、眩人眼目、碎拆下来,不成片段。"清空和质实,是南宋时期两种不同的词的风格与流派,后来影响到清代的浙西、常州两个词派。作为崇尚清空的张炎,在词论中对清空和质实有所轩轾,对姜夔、吴文英有所轩轾,这当然是无可厚非的。但是清空和质实(或说空和实,或说虚和实,或说有与空,意思都差不多),不但是一种诗词(也不止诗词)的不同风格,也是两种主要的艺术表现手法,它们两者之间是既对立而又统一的一对矛盾。如果象张炎那样把它们对立起来,肯定这个而否定另一个,那就窒碍难通。一般的说,在诗词中,写景、述事是实,抒情、说理为空,景语是实,情语是空。写时虽可以有所侧重,但二者不可偏废,且应在相当程度上有所结合。清代常州理论家周济就说过:"初学词求空,空则灵气往来;既成格调求实,实则精力弥满。"(《介存斋论词杂著》)周济知道空和实是词中两种不同的艺术境界,求空之后还须求实,是接触二者应该结合的道理的。但是初学为词,只应求空吗? 求空是第一步,求实才是第二步吗? 这在写词的实践上未必如此。古人论析空与灵的话很多,而且比较辩证。如清代刘熙载说:"文或结实,或空灵,虽各有所长,皆不免著于一偏。试观韩文,结实处未尝不空灵,空灵处未尝不结实。"又他论书法(见《书概》)说:"北书以骨胜,南书以韵胜,然北自有北之韵,南自有南之骨也。"有骨无韵不行,有韵无骨,也不行。以之例词,有实无空,有空无实,还能成为词吗? 这说的虽是韩愈的古文、书法,但完全适合于其他诗体。"尝谓南宋词人,梦窗之密,玉田之疏,必兼之乃工。斯言最确。"(吴梅《词学通论》)又如沈雄《古今词话》引宋征璧曰:"情景者,文章之辅车也,故情以景幽,单情则露,景以情妍,独景则滞。"这是说情与景如口辅与牙床骨那样互相依存,有情无景,不免浅露,有景无情,终致凝滞。又如陈洵《海绡说词》:"词中不外人事风景,熔人事入风景,则实处皆空;熔风景入人事,则空处皆实。"陈洵这里的"人事"是指人的情事。他说明:情、景不可割裂,亦即空、实不可割裂,情与景,虚与实互相因依,互藏其宅。总之,疏密、空实,应该结合情景来谈,才不空洞抽象。

我是依据上述观点来体会吴梅先生"学梦窗要学他的空灵"的话,来鉴赏三百数十首《梦窗词》的,并同样地来考察王鹏运称之为"六百年来真得髓者,非公更有谁"(按:谓真得梦窗骨髓)的《彊村词》的。我个人的学习体会,大体上有如下几方面:

第一,《梦窗词》亦有疏快之作。张炎《词源》举出梦窗《唐多令》"何处合成愁? 离人心上秋。纵芭蕉不雨也飕飕。都道晚凉天气好,有明月,怕登楼。年事梦中休,花空烟水流。燕辞归,客尚淹留。垂柳不萦裙带住,漫长是、系行舟。"认为"此词疏快却不质实。如是者集中尚有,惜不多耳。"陈廷焯《白雨斋词话》以为此词"几乎油腔滑调"，实不免过份。梦窗集中疏快之作，还有一些。后人但以梦窗为质实凝炼，就把这种作品忽略掉了。其实集中如《西平乐慢》"过西湖先贤堂"、《水调歌头》"赋魏方泉望湖楼"、《沁园春》"冰漕凿方泉"、《前调》"送翁宾旸游鄂渚"、《丑奴儿慢》"双清楼"、《忆旧游》"别黄澹翁"、《金缕歌》"陪履斋先生沧浪看梅"等都疏快动宕，和梦窗练字练句、妍丽缜密的一般词风不同。这些词，即杂之稼轩集中，也一时难辨。其中象《沁园春》的"情如之何？暮途为客，忍堪送君。"简直以文为诗。怎能不遍读梦窗全集，而将他和清空一派、豪放一派完全对立起来呢？以下是梦窗的《金缕歌》：

　　　乔木生云气，访中兴英雄陈迹，暗追前事。战舰东风悭借便，梦断神州故里。旋小筑吴宫闲地。华表月明夜归鹤，叹当时花竹今如此。枝上露，溅清泪。

　　　遨头小簇行春队，步苍苔，寻幽别墅，问梅开未？重唱梅边新度曲，催发寒梢冻蕊。①后不如今今非昔，两无言相对沧浪水。怀幽恨，寄残醉。

杨铁夫《梦窗词选笺释》说："此感慨时事之作。"又说："梦窗以缠绵悱恻为本色，而此词乃慷慨悲歌。"意见是正确的。不过梦窗感慨时事之作，不只这一首，如《八声甘州》"灵岩陪庾幕诸公游"、《齐天乐》"与冯深居登禹陵"、《木兰花慢》"游虎丘"与《前调》"重游虎丘"等都是。

彊村词以善学梦窗见称于世，他教人填词也命其专读梦窗。杨铁夫是彊村的门生，他在《梦窗词选笺释序》中说彊村教他只读梦窗；词写不好，仍一再教他专读梦窗。这可见彊村对梦窗的宗尚。但彊村自己为词，虽专主梦窗，而风格也多种多样。梦窗集中有疏快之作，彊村集中亦有之。如《金缕曲》

———————————

①　缺"此心与、东君同意"一句。编者注。

"下殿扁舟具",《摸鱼子》"一更更滴篷细雨"。这是和其他凝炼之作不同。《彊村词剩稿》中的《哨遍》一首,其上片云:"家在半塘,人是半僧,畴识平生事? 僧曰:嗟! 四座听无哗! 老之称实自壮始。礼有之,恒言未容称老,吾今何怙而何恃! 空指点樵湖,寒云丙舍,皋鱼清泪如此。纵不能誓墓永相依,又焉敢自尊老鬓髭! 朋辈哀焉,呼而不名,用从吾志。"(下片略)此词隐括王鹏运自为《半塘僧鹜自序》,全用散文句法,这和苏轼《哨遍》的隐括陶渊明《归去来兮辞》,辛弃疾《哨遍》三首("蜗角斗争"、"一壑自专"、"池上主人")的隐括《庄子》,都和以文为词没有什么区别。世之以苏、辛一派为白话词,以周、吴一派为古典词而强分畛域者,当不乐闻此。

第二,以缜密与空灵相结合,博丽与动宕相统一的主导风格。梦窗词如此,彊村词也是如此。王鹏运曾谓《梦窗四稿》:"以空灵奇幻之笔,运沈博绝丽之才,几如韩文杜诗,无一字无来历。"这说出了梦窗词的基本特征。前人多把宋词分为婉约、豪放两派,也有把宋词分为疏密两派的,"两宋词人,约可分为疏密两派,清真介在疏密之间,与东坡、梦窗分鼎三足。"(见朱祖谋评《清真词》)我以为婉约和豪放,疏与密,首先是词的两种不同风格或两种不同艺术手法,如果某一词人在其写作中以某一风格或艺术手法成为他常用的、主要的东西,并且以之影响其他词人,那就成为一个流派,如以苏轼、辛弃疾等人为豪放派,柳永、秦观、周邦彦、姜夔、吴文英等人为婉约派,而婉约中的姜夔属于疏(或云清空)的一派,吴文英则属于密的一派。但是,这些只是就其主要风格而言,决不能认为豪放和婉约、疏和密是完全对立的,更加不能入主为奴,扬此抑彼,如近人以豪放派为宋词发展的主流、婉约派为宋词发展的逆流等。实际情况是这样,疏密必须相间,空实必须结合,这可以说是骈文、诗、词的艺术发展的基本规律之一吧? 梦窗词的基本规律是缜密浓丽,但密中有疏、浓中间淡,不是这样,便会陷入堆垛晦涩,缺乏飞动之致而生意索然了。吴梅先生所以要我学梦窗的空灵,主旨就是如此。

梦窗的缜密而又空灵,主要表现在两个方面。一是他的一部分词从表面

看,好象雕缋涂饰,但实际上不但练字练句,而且还练意练气,还在塑象造境
方面苦下功夫。戈载说:"梦窗从履斋诸公游,晚年好填词,以绵丽为尚,用意
深远,用笔幽邃,练字练句,迥不犹人。貌观之,雕缋满眼,而实有灵气行乎其
间。细心吟绎,觉味美方回,引人入胜,既不病其晦涩,亦不见其堆垛,此与清
真、梅溪、白石并为词学之正宗,一脉真传,特稍变其面目耳。"(《宋七家词
选》)况周颐说:"近人学梦窗辄从密处入手。梦窗密处,能令无数丽字一一生
动飞舞,如万花为春,非若珊瑚蹙绣,毫无生气也。"(《蕙风词话》)又云:"即芬
菲铿丽之作,中间隽艳字句,莫不有沉挚之思,灏瀚之气,挟之以流转,令人玩
索而不能尽,则其中所存者厚。沉着者,厚之发见乎外者也。"(同上)据戈、况
二家之言,可见梦窗词,实有"貌观之,雕缋满眼,而实有灵气行乎其间"的。
所谓"灵气",这里并不是什么神秘的东西,是指字里行间流动着、充溢着的作
者的思想激情。梦窗集中,有相当数量的词篇是这样的,如《拜星月慢》"绛雪
生凉"咏盆莲,《齐天乐》"烟波桃叶西陵路"、《应天长》"吴门元夕"、《瑞龙吟》
"德清清明竟度"、《秋思》"堆枕香鬟侧"、《莺啼序》"横塘棹穿艳锦"、《高阳台》
"丰乐楼"、《倦寻芳》"上元"等,难以枚举。这些作品,就必须透过其艳字丽
句,玩索其幽远之意、沉挚之情,象戈、况两人所说的那样。从彊村集中要找
出上述那种词境也是不难的。有人以晦涩目彊村词,不能欣赏它,主要也由
于这类词障碍了他的眼界。如彊村的《倦寻芳》:"镜尘掩瘦,帘月通愁,人病
孤馆。伴客残春,禁受药烟飘断。旧着香罗经酒殢,新调繁轸当歌懒。暂朦
胧,有铜街咫尺,钿车雷转。　　便侥幸城乌啼散,更箭沉沉,窗曙犹浅。未
必成眠,慵极半衾生恋。雁过时飘闻笛泪,花开翻恼登楼眼。楚云浓,料输他
簸钱庭院。"此词练字练句,初看有些难懂,实则形象丰满,刻划深细,写一个
残春时候的孤馆病客(即作者自己)一夜无眠的无限愁怀,是十分动人的。它
借字句的锤炼,以抒情造境,也就是说炼字炼句和炼意述情的统一。如开头
三句:"镜尘掩瘦",人瘦了,久未照镜,镜上积满了灰尘;但这样也好,可以避
免偶一对镜因看见自己的清瘦而发愁。写人瘦久未照镜这四字就表现了如

许曲折的心情。"帘月通愁",因病怕与外面景物接触,遂常下帘子,但窗外的月光仍然通过帘隙而映射进来,见月而愁生,帘子不能隔愁而依旧通愁,这四字也于叙事中含情无尽。以上二句是分写,"人病孤馆"一句则是合写,原来上二句即是"人病孤馆"时的情事。而这三句又统摄下文,因为下面所写也都是这样的情事。这不过是开头三句,已表现了如此繁富的思想,下面就不再作具体分析,读者可以反复吟味。彊村集中类此不少,举例从略。

但梦窗词还有另一种,那是琢炼而归于自然,炼意炼境而不见雕饰堆砌的痕迹,充分表现其词既蕴藉而又空灵的艺术美,这也是浓与淡、隐与显结合的最佳之作。吴梅先生当年教我学梦窗,屡次指出这种艺术境界是最可学习的。这里就多举些具体的作品,可以攻破胡适、胡云翼等说梦窗词重形式而无内容,长调无一首可读,只是一些套语与古典的堆砌,而没有诗的情绪与意境的谰言了。

祝英台近·春日客龟溪游废园
吴文英

采幽香,巡古苑,竹冷翠微路。斗草溪根,沙印小莲步。自怜两鬓清霜,一年寒食,又身在云山深处。

昼闲度,因甚天也悭春,轻阴便成雨。绿暗长亭,归梦趁风絮。有情花影阑干,莺声门巷,解留我霎时凝伫。

六幺令·清明龙华寺薄游
朱祖谋

纸鸢风过,扶路伤箫热。江桥酒旗青处,草色裙腰接。扑水红英万点,过眼芳菲节。数声新鸠,秋千索外,唤起春人试罗襵。不信玄都梦里,历尽华鬘劫。百尺无主香台,断续残钟咽。鸡酒招魂几许?钱纸灰成蝶。照人啼靥,端端正正,却是桃花旧时月。

　　上面两首词,前一首是吴文英所作,后一首是朱祖谋所作,两人时代不同,身世不同,当然思想内容各异。但从艺术性来讲,都是很高的,其共同点是形象生动,感情深厚,既蕴藉而空灵,浓淡、隐显达到很好的结合。并不像有人所说只是古典语的堆砌,而缺乏诗的感情与意境。

　　总之,梦窗词和彊村词,都像李商隐的诗,最富有绵密、深细、曲折、含蓄的特点,如果浅尝即止,缺乏耐心,或虽有耐心而尚未养成较高的鉴赏能力,是不容易深入理解它们的。而王国维《人间词话》境界说,只注意形象鲜明的一般境界,而忽视了意境深隐,具有朦胧之美的另一境界。那是知其一而不知其二。胡适、胡云翼贬低梦窗词,而王国维也贬低梦窗词,我们认为有其共同的原因。本文所述,主要秉承师说,以此就正方家,也许不以其言为河汉吧?

——《宁波大学学报(人文科学版)》1988年第1期

宋家淇

吴瞿安先生二三事

已故老师吴梅,字瞿安,号霜厓,苏州人,生于 1884 年,卒于 1939 年,五十六岁。倘先生健在,已是百岁老人了。先生是近代词曲大师,历任北京大学、中山大学、中央大学、金陵大学教授,凡二十余年,著有《霜厓三剧》,旁缀音谱,刻刊传世。《词曲通论》《顾曲麈谈》等书已于早年由商务印书馆《国学小丛书》印行。《霜厓诗录》《霜厓词录》有石印本流传。夏敬观云:"瞿安为曲家泰斗,其词亦不让遗山、牧庵诸公。"叶恭绰谓:"瞿安为曲学专家,海内推挹。词其余事,亦高逸不凡。"龙榆生在其《近三百年名家词选》先生《小传》中称"先生专究南北曲,制谱、填词、按拍,一身兼擅,晚近无第二人也"。

先生治学谨严,老而愈勤。先生《霜厓日记》记每日看书、吟咏、酬对事,数十年如一日,卷帙盈尺,朱墨纵横,蝇头小楷,俊逸飞洒。诸生习作,先生均及时圈点批改发下,很少隔夜。黄季刚先生于 1935 年秋去世,年五十。念田兄邀余至量守庐整理黄先生遗词手稿;其后,余与同学等编金陵大学《中国文学会季刊》,在《黄季刚先生词校记》一文中有"《菩萨蛮》一词,只存前阕,谅系误脱"一语,瞿安先生阅后,谓此系回文词,并非误脱,并令于文下另加更正。余自惭孤陋而鲁莽,更敬服先生谆谆教诲的雅度。

抗战前,南京夫子庙原有老万全酒家,每逢"潜社"社课,先生招中央大学、金陵大学男女入室弟子约二十人,来为文酒之会,即席填词、作曲,一觞一咏,极一时风雅。酒家水榭,下临秦淮,先生饮酹常倚窗掀髯评点诸生习作,指窗外谓余等此即"停艇听笛"处。"停艇听笛"者,平上去入也。秦淮涨绿,画舫来去,近水楼台,笙歌一片,此"停艇听笛"四字,可以令人神往了。"潜社"社课至抗战凡十二、三集,所有词曲稿皆先生出资付梓,人手一编。我最年少,忝列末侍,犹忆最后一次社课题为《雁村图》云。借问酒家何处有?旧地重游,往事历历如昨。

鼓楼地势在南京全城最高,抗战前,其侧有日本领事馆,太阳旗随风恣舞,"九一八"以后尤为猖獗。金陵大学学生自治会愤然发起募捐混凝土钢柱大旗杆,拔地而起十三丈,高出太阳旗。落成庆祝会上,先生唱昆曲助兴,引吭击节,台下解与不解者无不拍手称快。先生论词谈曲,教学生动,常谓为文、吟诗、填词、作曲,务求形象具体。早年自行车尚不多见,先生曾示其咏自行车一绝云:"一轮在前一轮后,一足居左一足右。中间两手运转之,无翼而飞不胫走。"此虽小品,可以悟大。

先生在苏州家中藏有词曲善本珍版极富,先毁于八年倭燹,后毁于十年帮祸,几乎荡然无存,声倚后学,莫不痛惜。先生归道山四十四年了,际此百年生辰,闻同门有倡为先生辑理遗著辑事者,欣然志之。

——《文教资料简报》1984 年第 1 期

盛静霞

吴梅先生

吴梅先生是专授"词学通论"、"曲学通论"两门选修课的。我刚进中大时，如何选课，一窍不通。必修课，当然知道是必须填上的。但选修，选哪些？莫名其妙。当时有一位比我高两班的男同学，贵州人杨志溥主动来帮助我（老生帮新生，也是学校规定的），说："我来帮你。吴梅先生的词、曲通论，讲得非常好，吴先生是海内的著名学者。"于是这两门选修课，我就都选了。上了课堂，学生只有四五名。后来知道是担心这两门课太深，不敢选。我却稀里糊涂地选了。我在读高中时，接触过《白香山词谱》，也很喜欢那些词，但自己从没填过词。我就读的扬州中学有位王侃如先生，很欣赏《西厢记》，说有一位同学，自己背了《西厢记》，后来文思大进。我听了很欣慕，也学着背了起来，但自己从未写过词和曲子。

吴先生讲课，确是非常精彩的，他经常又讲又做，使学生有如看到舞台上的角色。一次讲到小令《一半儿》，他就用手在脸上作涂抹起"一半儿胭脂一半粉"的姿势来。另一次讲戏曲《风筝误》，那位书生娶到的是一位极漂亮的小姐，却误以为是那位极丑陋的小姐，一直唉声叹气，不肯揭盖头。最后实在拖不过去，只好揭开盖头，一看，眼花了，却是一位貌比天仙的美女！吴先生模仿着那位书生，右手迭起两个指头，一敲左手心，眼睛瞄着新娘，叫出"妙呀"来！课堂气氛顿时大为活跃。直到现在，相隔六十余年，先生的音容笑貌，仿佛仍在目前，哪一位老师能使我留下这样深刻的印象呢？

　　一天，比我高一年级的女同学梁璆对我说："吴先生组织的'潜社'，今天下午一点钟，在秦淮河边的'老万泉'酒家开会，吃一餐，每人交一元，凡听吴先生课的，都要参加的。"我就去了。吴先生一边和大家吃酒饭，一边告诉大家，饭后要即席填一首词（这首词的调名、题目，我都忘了）。我从未填过词，听了当然大吃一惊！又不能退席，只好苦苦思索，勉强凑成。等大家都交了卷，吴先生随即挥毫，一一为之批改、修润。我原本是个《红楼梦》迷，此时觉得这个场面竟颇似《红楼梦》中的宝黛诸人的吟诗斗韵，仿佛自己已成了"红楼"人物，不觉十分得意。而且既有名师即席评点之乐，又无"红楼"中冷嘲热讽、勾心斗角之苦，更胜于"红楼"了。以后我对填词的兴趣也就浓厚起来。一次吴先生要我们写一首小词《摘得新》，我写的最后一句是"慧眸移"（原词已忘了），不知怎么被马宗霍先生看到了，他是教《语言学概论》的，我在测验时只得了60分，马先生在课堂上对我说："你填的词比语言学的成绩，不止超过十步！"此后我便更用心填词了。

　　吴先生在课堂上，不但边讲边做，有时还边唱边做。一次，他送我和梁璆两张票子，叫我们去看昆曲《玉簪记·琴挑》，演尼姑妙常的是一位名角，演小生潘必正的是吴先生的侄媳妇。她已有四十几岁，人也较胖，身材不好，但扮起来居然潇洒风流。我从未看过昆曲，直看得如痴如醉。后来先生叫我俩到他家里去学唱昆曲，先生是苏州人，苏州是昆曲的发源地。我和梁璆都有些封建，认为女孩子拉开喉咙唱起来，不太好，就婉言推辞了。一次在街上，碰见他侄媳妇，约我们到她家里去，我们也不敢去。不久抗战爆发了，我们随学校到重庆，先生到云南避乱，寄了一首律诗到系里，大家都和了，我也和了一首(现收在我和云从的《怀任斋诗词·频伽室语业合集》里)。后来先生肺病发作，没有回校，就在云南逝世了。

我在 1937 年有一首律诗《敬和霜厓师，丁丑除夕苏民招饮，即席感赋原韵》：

> 鹡鸰音断失栖衙，
> 物候全非怯岁华。
> 绝涧愁肠争转毂，
> 新丛泪眼共生花。
> 一枝摇落频看影，
> 半壁沉沦莫问家。
> 又是斜阳连薄暮，
> 万山寒瘴咽悲笳。

遗憾的是，我竟未将先生的原作录下。当时曾载于中大刊物，现已无从寻找了。

"潜社"在秦淮河上又开过两次会，记得先生出的题目是"闻钟"、"五都词"(调名已忘了)，都是经过先生即席修润的。我家里现在还保存着一本《潜社词刊》，其中还记录了历届社员的名字。

——盛静霞《中央大学师友轶事琐记》，载杭州市政协文史委员会编《之江大学的神仙眷侣：蒋礼鸿与盛静霞》，杭州出版社 2012 年版

程千帆

黄季刚和吴瞿安老师及其他

回忆录之所以被人重视,是因其所记载的内容多出于作者所自为,或者耳闻目睹。正由于此,撰写这类文字,必须谨严慎重。我读了《学林漫录》第三辑中袁鸿寿先生的《吴瞿安先生二三事》,发现其中所说季刚老师和瞿安老师的关系以及瞿安老师生前死后的一些事迹,就都非"实录",不得不在这里附带加以辨正,以利于后人对两位老师的了解和研究。

(一)袁先生说:"1934到抗日战争这几年,瞿安先生为什么如此痛苦、如此颓废呢? 据我所知,有三种压力伤了他的心。……最使他伤心的事是到了南京,黄季刚先生曾讥讽曲学为小道,甚至耻与擅词曲的人同在中文系当教授,从谩骂发展到动武。排课的人只得把吴的课排在一三五,黄的课排在二四六,使他们彼此不相见面。黄侃与系主任汪东都是章门弟子,自然瞿安先生处于下风。"

我不能不非常遗憾地指出,这种"所知",纯属"想当然"。这问题可以从两个方面来说明和证明。

　　首先,说季刚老师和瞿安老师的关系。季刚老师在北京大学任教是1914年到1919年,瞿安老师则是在1917年到1922年。其间两人同事二年。(当时如孙世扬、曾缄两位"黄门侍郎"就同时也听过瞿安老师的课。曾先生和我谈过他听瞿安老师课的情况,孙先生则在《制言》第四十八期发表瞿安老师的《霜厓词录》的编者按语中谈到这点。)两位老师纵无深交,也绝无恶感。如果季刚老师讥讽曲学为小道,并且耻与擅长词曲的人同当教授,那么这种使人不愉快的事情早在北京大学就该发生了,何至于要迟到30年代呢? 还有,据俞平伯先生《清真词释序》所载,他在北京大学就听过季刚老师讲词,这又怎么解释呢? 从20年代末期到1935年,两位老师又在中央大学和金陵大学同事,常常诗酒往还,交情渐密,所以黄焯先生在跋《豁蒙楼联句》手迹中,特别说明何以季刚老师没有请瞿安老师参与此会。(其实这一点是黄先生记错了,瞿安老师在1928年已经到了中央大学,但同时还兼着上海光华大学的课,那时他可能恰在上海。)这就是说,瞿安老师如果在南京,季刚老师断无不请他之理。这也就间接说明了两位老师之间的关系是很好的。1934、1935年,我正在金陵大学读书,也曾陪侍老师们赋诗饮酒,记得只有一次,两位老师发生了一点口角,也不过是醉后失态,绝不涉及学术问题,当时既未动武,事后也并无芥蒂。还记得有一回,我和同学陆恩涌先生去看季刚老师,老师听说恩涌是跟瞿安老师研究曲律的,就对我们说:"你们不要以为只有瞿安才会教曲子,我也会。"接着,他就大声背诵了一大段《桃花扇》。我们当时当然还是恭恭敬敬地听了,可是出来之后,就笑着议论,季刚老师这样好胜,真是个老天真。这不正也表现了他并不轻视词曲,并且还推重瞿安老师在这方面的造诣吗?

　　至于说到把课排在不同时间,是为了使他们不能见面,也不符合事实。当时在中央大学和金陵大学两校同时任教的老师,为了使两校学生能够把老师开设的课程都学到,所以尽可能地把授课时间错开。那时,季刚老师在中央大学的课是在星期二四六上午讲授,而在金陵大学的则是在一三五下午讲授;瞿安老师则反过来,在中央大学是一三五上午,在金陵大学是二四六下午。这怎么能像袁先生那样解释呢?

其实,瞿安老师晚年的精神状态是不难理解的。和季刚老师一样,他也是一位爱国知识分子。在其所创作的剧本中,曾多次借古讽今,表达了自己对民族、祖国和人民的热爱,如以明末瞿式耜抗清为题材的《风洞山》传奇,以戊戌政变为题材的《血花霏》传奇,以秋瑾就义为题材的《轩亭秋》杂剧,都可为证。他看到日本帝国主义的侵略,反动政府的投降卖国、贪污腐败,能不痛心吗?袁先生文中虽然也提到这一点,却认为它所给瞿安老师在心灵上的创伤,远不及个人地位被贬低的重要,这对瞿安老师决不是准确的评价。

其次,再说瞿安老师和汪旭初(东)先生的关系。汪先生和瞿安老师是同乡,都是苏州人,很早就是朋友。瞿安老师的《〈朝野新声太平乐府〉校勘记》就是于1924至1925年在汪先生主编的《华国月刊》上连载发表的。1945年,即瞿安老师死后六年,汪先生给沈祖棻画了一幅《涉江填词图》,在所题《木兰花慢》跋语中说:“……又吴瞿安有《霜厓填词图》,题者甚众,唯限《高山流水》一调,余因循未成,而遭乱离,遂负亡友之托,然他日必补成之也。”友情如此惓惓,怎么谈得上伙同季刚老师屈使瞿安老师“处于下风”呢?而且大家都是学者,各尊所闻,传道授业,又有什么上风下风之可言呢?

(二)袁先生说:“抗日战争初起,南京中央大学决定内迁重庆。校方有一决定:凡不按时到重庆报到者作解聘论。瞿安先生到后方逾期了,校方竟把瞿安先生解聘。当然很多教师鸣不平,请他到沙坪坝。瞿安先生伤于酒,加上南行中途辛苦,一怒之下就病了。”这也不完全合于事实。内迁各校虽有这种规定,但如瞿安老师这样有声望的教授,当时中大校长罗家伦是不敢这样对待他的。何况系主任胡小石老师又是瞿安老师的多年同事和朋友呢?中大西迁之后,校、系负责人和中文系全体同学都曾经敦请瞿安老师到校,但老师因病,一一辞谢。他 1938 年底在桂林写的《与中央大学国学系诸同学书》中说:"诸同学大鉴:敬复者,惠书诵悉。梅病日益增,气促至不可多语,尚能登坛讲授耶? 纵诸君厚我,而仆病未能也。前致志希(罗家伦)校长及小石主任两书,已细述一切,希诸君子一请读之。不妨樗栎,得终天年,则幸甚矣! 专此上言,即颂著福! 12 月 2 日,吴瞿安顿首。"这封信很清楚地说明了中央大学当时并无对瞿安老师解聘之事。抗战初期,瞿安老师流寓湘潭、桂林,我和祖棻则在长沙、重庆,一直和老师通信。老师当时的病况、生活和心情,来信都说得很清楚。可惜这些信都在"十年浩劫"中被毁了,以致无从引证。但同门徐益藩、梁璆夫妇曾录有副本。益藩先生虽殁,梁璆夫人还健在,希望她能将这些有关瞿安老师生平的材料公布出来,如果没有遗失的话。

(三) 据李一平先生(也就是袁先生文所说云南大姚的那位同学)在《瞿安先生逝世先后略述》中所说,瞿安老师逝世时,师母、次子怀玉,还有好几个孙子送终。三子良士、四子怀孟当时在昆明工作,隔两天就赶回奔丧。李一平先生在老师病中,一直随侍在侧。后来将老师遗榇暂厝,还"名其墓道曰霜园,以识不忘,为后世岁时祭扫之地。盖移厝之日,匀象之徒,四方来会,垂涕而去者,亦千余人云。"(李一平先生是大姚县小学总校长兼中学校董,在他号召之下,全体中小学师生及各界人士都来给瞿安老师送殡,所以有一千多人。)事情就是如此,何尝像袁先生所说:老师逝世的时候,"家人无一在侧,死后亦无条件奔丧。一代曲学山斗,孑然一身,客死他乡"呢? 李一平先生也还健在,在追忆瞿安老师的时候,我们应当同时向这位笃于师门风义的老学长致敬。

瞿安老师逝世以后,纪念文章不少。据我所知见,开明书店出版的《文学集林》第一辑《山程》、《大美晚报》副刊《文史》第九期以及《戏曲》第一卷第三期都有这方面的材料,而瞿安老师的老学生如任二北(扬州师范学院)、钱南扬(南京大学)、王季思(中山大学)、唐圭璋(南京师范学院)、常任侠(中央美术学院)、殷孟伦(山东大学)、管雄(南京大学)、高文(河南师范大学)、万云骏(华东师范大学)等先生对瞿安老师在南北各校情况,也都有所知。如果查查资料,问问同学,再写回忆文章,似乎对逝世的老师和广大的读者,都更妥善些,有益些。

1982年春节,于南京大学

——程千帆著、巩本栋编《俭腹抄》,上海文艺出版社1998年版

张充和口述，孙康宜撰写

吴　梅

1937 年春，充和二十四岁。有一天她捧着那本全新的《曲人鸿爪》册页，独自前往吴梅先生（1884—1939）在苏州的家。吴梅先生是充和最钦佩的曲人前辈；他不仅能作曲谱曲、唱曲、吹笛，而且还是著作等身的昆曲教育家。充和一向喊吴梅先生为伯伯，因为她父亲张冀牖是吴梅先生多年的好友，[①]两家的子女一直都很熟。尤其是，充和喊吴梅先生的四公子吴南青（1910—1970）为四兄。虽然充和没正式做过吴梅先生的弟子（不像二姐允和曾在上海光华大学选过吴梅先生的昆曲课），但她个人经常向吴梅先生请教，也请他改过词，所以一直尊称他为老师（而且，充和所参加的幔亭曲社最初也是吴梅先生命名的）。总之，充和特别渴望这位"曲学大师"能在她的《曲人鸿爪》首页上题字。

---

① 充和的父亲张冀牖又名武龄，但据充和二姐张允和的《昆曲日记》，他父亲通常不用"武龄"那个名字，用得最多的是"冀牖"。见张允和《昆曲日记》，欧阳启名编，语文出版社 2004 年版，第 227 页。

那天,吴梅先生就在充和的书画册上抄录了他的自度曲,《北双调·沉醉东风》:

　　　　展生绡,艺林人在。指烟岚,画本天开。重摹梅道人,依旧娄东派。是先生自写胸怀。二老茅亭话劫灰,只满目云山未改。①

吴梅先生这支曲子原为题清代画家王蓬心(王宸)的山水小幅而作,旨在捕捉王氏的文人画风格。盖王蓬心在文人画方面的成就甚高,不但是所谓的"四王"之一,也是娄东派的巨擘("依旧娄东派"),所以吴梅先生这首题画曲子主要是对传统文化的表扬,也可以说是和古代文人的一种对话。一般说来,文人画的风格就是不媚俗,不为谋利而作,故吴梅先生曰:"是先生自写胸怀。"由此可以引申到昆曲的基本文化特质:昆曲本来就应当与诗书画的韵致有其共通之处。有趣的是,吴梅先生曲中"画本天开"四字,正好说中了充和的《曲人鸿爪》书画册的用意,令人回味无穷。

　　然而好景不长,在吴梅先生为充和题字后的几个月里,卢沟桥事变突然爆发,抗日战争接着就开始了。当时许多知识分子都向四川、云南的方向逃亡,开始了颠沛流离的生活。1937 年秋,吴梅先生一家人从苏州逃往武汉、桂林等处,再到昆明,后来由于日军轰炸昆明日益猛烈,又在 1939 年元月逃往云南大姚县的乡下李旗屯(即他的门生李一平的家乡)避难。在这同时,充和已从苏州到了成都,又辗转到了昆明。(当时充和与沈从文、张兆和一家都在昆明;充和的工作是负责编选散曲,沈从文编选小说,朱自清则编选散文。)

---

① 按:笔者有幸于 2009 年 11 月 8 日(与曹凌志先生)一同在北京的著名文化人赵珩先生家中,翻阅了一组难得的《王蓬心山水册页》。赵家所藏的王蓬心册页共十二开,该册作于乾隆庚子年(1780),前有俞樾(俞曲园)《引首》,并题"接武南宗"四字,堪称精品。从赵家所藏的这套王蓬心作品中,我更加领会到吴梅先生那首《题王蓬心山水小幅》所表达的一种含蓄而恬淡的韵味——那就是传统所谓有"文人"风格的韵味。当然,吴梅先生所见的"山水小幅"不一定就是赵家所藏的那套册页。

当初充和刚到昆明的时候（大约 1938 年间），她曾经去拜访过吴梅先生，向他报告自己父亲的死讯，"吴伯伯"为此十分伤心。不久吴梅先生就从昆明搬去乡下，从此充和就没再见到他了。

然而，充和至今仍忘不了 1939 年她到昆明查阜西先生家参加的一个曲会。那天，昆明附近的许多曲友照常闻风而来，大家同聚一堂，在查府轮流唱曲，好不愉快。座中正好也有吴梅先生的儿子吴南青，他很会吹笛，经常在充和上台演出时扮演伴奏的角色。那天他也照例为充和吹笛。到了晚间，曲友们正在一起用餐时，吴南青先生突然接到一个电报。只见他看完电报之后，脸色变得沉重，接着立即起身，向大家鞠个躬，说道：

"我父亲过去了。"

那个突来的消息令大家感到惊愕、悲戚。没想到年仅五十五岁的曲学大师吴梅突然在乡下病逝！曲友们个个热泪盈眶，不能自已。据说大师辞世前还在不断写诗、作曲、校对稿件，最后却因喉病复发去世，令人感到非常意外。

冥冥中吴梅先生的早逝似乎在提醒大家：尤其在战乱时期，昆曲的传承更加显得重要。原来，早在民国初年，昆曲已到了濒临失传的边缘，后来幸而在吴梅先生等人的努力之下，才使穆藕初、张锺来（张紫东）等先生创办了昆曲传习所，而直接促成了苏州昆曲的复兴。然而，在他年轻时，吴梅先生曾一度因找不到昆曲老师而感到烦恼。所以在《顾曲麈谈》中，他曾说道："余十八九岁时，始喜读曲，苦无良师以为教导，心辄怏怏。"一直到后来，吴梅先生才终于有机会师从清唱大家俞粟庐（俞振飞之父）——当然，在那以前，他早已学诗于散原老人（陈寅恪之父），学词于朱祖谋。但自从学习昆曲艺术之后，吴梅先生则开始专心推动昆曲，不遗余力。他曾在苏州创建振声社，在南京办紫霞曲社，并参加其他各地的曲社活动，经常与王季烈、溥侗、俞振飞、夏焕新、项馨吾、张锺来等曲友相聚。在一些曲会彩串中，吴梅先生甚至还亲自登台客串。① 而且,无论在课堂或课外,他都不忘培养优秀的曲人后辈。在曲学方面,他的桃李满天下,是有目共睹的。吴梅先生的高足包括卢前(卢冀野)、任二北(任中敏)、汪经昌(汪薇史)、俞平伯等——他甚至曾经指导职业演员顾传玠、朱传茗等人排演他自制的《湘真词》曲谱,还收北昆演员韩世昌为学生。可以说,吴梅先生一生最重师生的薪火传承,据说一直到逝世的前夕,他还在努力校对他的得意门生卢前所作的《楚风烈》传奇,并为之题撰【羽调四季花】一曲。②

不用说,吴梅先生的曲学成就是多方面的。但充和最佩服吴梅先生的,也就是他这种不断提携昆曲后辈的精神。值得玩味的是,吴梅先生的几个主要门徒(例如卢前、汪经昌等)也都在充和的《曲人鸿爪》里各自留下了他们的书画。无形间,充和的《曲人鸿爪》也就成了这种曲学薪传的最佳记录了。

值得一提的是,1939 年在昆明主办曲会的那位查阜西先生,后来成为充和的多年好友。查阜西先生是一位难得的业余曲家,不但唱曲,也弹古琴(抗战期间,他在昆明一家飞机公司里做事)。多年之后,有一回查阜西到美国表演古琴,演奏完毕之后就把他的那把贵重的明代古琴(名为寒泉)留在美国国会图书馆,指定要补送给充和,算是赠给她的结婚礼物。至今充和仍屡次回忆,说当年她与汉思结婚,所收到的最佳三件礼物乃是:查阜西先生赠她的这把古琴;杨振声先生所赠的一块彩色墨(康熙年间所制);梅贻琦先生送她的明朝大碗(景泰年间所制)。充和一直感到很庆幸,他们 1949 年从中国到美国来时,把那宝贵的墨和碗都带出来了。

至于吴梅先生的儿子吴南青先生,自从 1939 年那次查阜西先生家中举行的曲会之后,一直继续与充和保持联络。后来,充和转到了重庆,在教育部工作,也就把吴南青先生介绍到教育部的礼乐馆里工作。但抗战结束后,大

---

① 吴梅曾经登台演出《游殿》里的崔莺莺、《学堂》里的陈最良、《八阳》里的丑角等。见吴新雷《二十世纪前期昆曲研究》,第 57 页。

② 见桑毓喜,"吴梅"条,《中国昆剧大辞典》,吴新雷主编,南京大学出版社 2002 年版,第 430 页。

家终于又失散了。1949 年后,吴南青先生继承父业,并曾担任昆曲科教师和编剧者,1957 年加入北方昆曲社。据说他在"文革"期间(1970 年 9 月)惨遭迫害而死。后来充和在美国听说吴南青先生惨死的消息,自然十分悲痛。(附注:当时许多有关大陆曲人的信息,都是张允和女士——即充和二姐——写信告诉充和的)

　　必须提到的是,1976 年冬季,充和特别给她的昆曲得意门生宣立敦写书法,并表达对吴梅和吴南青两位的怀念。充和所抄录的就是《桃花扇·寄扇》中的《新水令》小曲(正巧宣立敦也是研究《桃花扇》的一位著名美国学者)。在那长长的一卷墨迹末尾,充和明明写道:"右《桃花扇·寄扇》中一曲,为霜厓(指吴梅先生)所拍,其嗣南青曾屡为撇笛,今无人唱矣。"

　　　　——张充和口述、孙康宜撰写《曲人鸿爪》,广西师范大学出版社 2010 年版

卷　二

柳和城

吴梅、张元济关于《奢摩他室曲丛》的通信

1924年,南社诗人、著名曲学家吴梅(1884—1939)曾说,他平生有三大心愿,一集《奢摩他室曲丛》,以比臧懋循编《元曲选》与毛晋辑《六十种曲》;二定《曲韵》,以比《中原音韵》;三正曲律,以比《太和正音谱》。吴喜藏曲,早在1910年就自行校刻《奢摩他室曲丛》第一集,时为木刻本,印数有限,影响不广。1927年春,他离开南京大学回到苏州,专心校订《曲丛》,分散曲、杂剧、传奇三类,交商务印书馆排印出版。商务元老、著名出版家张元济竭力促进《曲丛》的出版。吴梅在该书《序》中说:"计余旧藏剧曲,几及六百种,遍刊则值必巨,寒酸之士,或且敛手矣。乃徇友人张君菊生之意,先印一百五十有二种。"计划分四集,初集、二集于1928年出书,受到学术界的欢迎。翌年初,张元济还将此书作为礼物寄赠日本友人、汉学家长泽规矩也。

当三、四集印成时,恰逢"一·二八"之役,商务总厂及东方图书馆为日寇炮火所毁,大批图籍及印刷用纸、底板等均成劫灰,已印成的《奢摩他室曲丛》三、四集成书,连同部分原书也毁于其中! 为此,对于《曲丛》成书经过、所收

剧本及迟印原因,历来有关著述大多语焉不详。王卫民先生根据北京国家图书馆藏吴梅遗书录出《奢摩他室曲丛》全目 264 种(见《文献》第 7 辑),但三、四集究竟编入哪些书,却未注明,且与吴梅自序所称"先印一百五十有二种"也不符。笔者从张元济哲嗣张树年先生处,读到一批 1929 年至 1931 年期间的吴、张通信,正是有关《曲丛》三、四集编印的珍贵史料。其中提及的剧目,有些不在王录"全目"之内,情况也似较为复杂,兹作若干考证。

这批信共 15 封,其中吴梅致张元济 6 封,张元济致吴梅 9 封。第一封吴梅写于 1929 年 5 月 8 日,函云:

菊生先生阁下:

久疏笺候,惟起居安吉为慰。弟《曲丛》三、四集目录已于本年一月寄到,而样本(印成草本)至今未来,乞公向云五先生一催,俾便早日将题跋撰就,从速出版也。拜托拜托。又弟欲购《续古逸丛书》,可否照预约八折?此则又须仗公之惠矣。倘承允诺,更感谢无既。手上。即请大安。

弟吴梅顿首。十八年五月八日

函件乞寄苏州双林巷二十七号。

吴梅与商务印书馆及张元济的交往很早。1913 年,吴在上海民立中学任教时,就为商务的《小说月报》撰《顾曲麈谈》。1916 年由商务印书馆印成单行本,列入《文艺丛书甲集》,后来又列入《国学小丛书》。此书为吴梅第一部曲学著作,奠定了他在戏曲研究上的地位。《小说月报》还登过他编的剧本《落茵记》、《双泪碑》等。1925 年,他应张元济邀请,为王季烈(君九)辑编的《集成曲谱》"玉集"作序。从上信看,吴梅与张元济有一段时间未通音信。此时吴梅兼任南京中央大学与上海光华大学教职,有时回苏州老家居住。1929

年 5 月 13 日张元济复函吴梅,云:

> 昨奉五月八日惠书,展诵敬悉。《曲丛》已经摄照,制版各种据编译所声称,本年一月间曾将书单开送。至各书样本因未印全,致缓呈送。现已属其即行印样奉阅,以便撰拟后跋。

由此可见,《曲丛》三、四集继初集、二集出版后,即已开工印制,1929 年初目录已定,部分样本也印出。吴信中提到的云五先生,即新任商务印书馆总经理的王云五先生。张元济时已退休,出书事不经管,但仍主持古籍编印,《曲丛》显然是他主持编印的书籍之一。对于吴梅要求《续古逸丛书》按预约收价,张也表示已与公司说明,"格外通融",并寄去预约样本一册。

同年 5、6 月间,张、吴通信商讨《曲丛》增加剧目与改编版本等问题,于是该书印行暂时停了下来,可惜有关信件已佚。从 1929 年 7 月 8 日张元济致吴梅的一封信中可考其大略。函云:

> 瞿安先生大鉴:
>
> 奉读复函,敬悉一切。承允将《鹦鹉墓》、《鸳鸯塚》及《荀鸭》三种加入《曲丛》,并荷撰跋,极感盛意。兹送上《鹦鹉墓》、《鸳鸯棒》、《梦花酣》三种,乞为察收。此外九种当经邮寄,计已达览。跋语用大笔墨迹影印,自当照办。以前已印各种,原稿于排印之时不免污损,可否请于暇时重写一分,俾于再版时改用影印。《唐堂乐府》二种为难得之本,加入《曲丛》极所欣幸。《紫钗》一种旧目用汲古本,今改用柳浪居本,尤为赞同也。专此。顺颂著安。
>
> 张元济　十八年七月八日
>
> 另呈上《鹦鹉墓》样本一册。《鸳鸯棒》、《梦花酣》原本各一册,共计三册。

《鹦鹉墓》,全名《张玉娘闺房三清鹦鹉墓》;《鸳鸯塚》,全名《节义鸳鸯塚娇红记》。此两种传奇为明末清初曲作家孟称舜所作,涵芬楼藏本,存世甚少。"荀鸭3种",指明代戏曲作家范文若(号吴农荀鸭)所作传奇《鸳鸯棒》、《梦花酣》及《香令北曲谱》3种,传世也甚少,只《博山堂三种》(指《鸳鸯棒》、《梦花酣》与《花筵赚》)完整。张元济为东方图书馆购得博山堂两种及《北曲谱》,即函商吴梅,拟与孟称舜两种一起加入《曲丛》。《鹦鹉墓》已印成样本,与《鸳鸯棒》《梦花酣》原书随信寄去。《北曲谱》因友人借阅,暂未寄出。《曲丛》三、四集曾编入涵芬楼藏本,以前似无人提及。后来吴梅也有继续改目的建议。他提出《紫钗记》(明汤显祖作)改汲古阁本为柳浪居本,并加入《唐堂乐府》二种。《唐堂乐府》共5种6卷,系清代戏曲家黄兆森撰,康熙五十五年刊本,吴梅于1928年购藏。其题识云:"此书求诸二十年不可得,戊辰六月双百楼有册,遂以重金易之。快读数过,襟抱适然。《四才子杜牧》一种,《纳书楹》有全谱,按歌点拍,更觉萧爽也。"(见《文献》第15辑)他建议加入《曲丛》的两种,极可能就是《四才子杜牧》与《纳书楹曲谱》。

1929年7月14日吴梅复函张元济,云:

> 奉惠书,并博山堂二种曲及《贞文记》,均收到。《香令曲》弟思之久矣,一旦得朗读数过,欣喜何可限量! 弟不知《北曲谱》尚存否? 此则又所盼望者矣。检藏印为王忠悫遗物,又动我黄垆之感焉。当即撰跋奉缴。

不久,张元济从友人处索还《香令北曲谱》寄吴梅。吴对这几种罕见的曲本,真有相见恨晚之感慨。他从其藏书印考出为亡友王国维之遗物,更动其"黄垆之感",写下题跋一篇。9月16日,吴致函张元济说:"《曲丛》三、四两集,何日可以出版? 弟跋文自'石巢四种'已经奉呈外,其余当陆续动笔矣。"吴梅盼

望书能早日出版,商务似乎在等他的跋文。张于 9 月 19 日的复函云:

> 《曲丛》三、四两集询之馆中,据称尊撰跋文除《石巢》四种已经奉到,
> 余如《董词》、《游春记》、《中山狼》、《珊瑚鞭》、《红纱》、《碧纱》、《挑灯剧》、
> 《鸳鸯梦》、《乞巧》等九种,其样书均于七月六日寄呈,一俟奉到跋文,印
> 成即可出版。务祈速藻寄下,俾得汇齐付印为盼。

《石巢》四种,指明末清初戏曲作家阮大铖所作的《燕子笺》、《春灯谜》、《牟尼
合》、《双金锭》,为八卷石巢原刊本,与《董词》等 9 种均为吴梅藏本。后来吴
梅据商务印成的样本一一作跋,寄还商务。由于他当时事情很多,撰跋工作
稍有延搁,直至第二年春才陆续完成,正式出书的事也随之拖了下来。1930
年 2 月 13 日吴在复张元济的信中说:“《中山狼》《珊瑚鞭》等跋稍缓奉上。”同
信对张元济提议《鹦鹉墓》、《香令北曲谱》等书加入《曲丛》一事,则作了肯定
答复,并寄还原书。不久,吴梅寄来跋文三篇。1930 年 3 月 22 日,张元济复
信云:

> 瞿安先生大鉴:
> 　　顷披藻翰,并新撰《乞巧记》、《珊瑚鞭》、《中山狼》跋文三篇。三复盥
> 薇,至佩至佩。遵即转付馆友,与《董西厢》、《沽酒游春》原有两跋并付影
> 印,分附各书之后,藉增光重。《乞巧记》填补阙文,自应照原刻宋体字摹
> 补,以成完书,而付雅命。馆中延有写宋人手,亦便事也。《曲丛》三、四
> 两集容当随时督促,以期早日出版。近时影印古书甚苦缺乏良工,即预
> 约之书,往往未能刻期从事,此则须求垂谅耳。《鸳鸯梦》遵即交邮挂号
> 寄苏,奉完插架。其余校印已毕之书,今亦告知经营人,着手检点,当可
> 续交数种也。专此。复候起居。
> 　　　　　　　　　　　　　　　　　　张元济　十九年三月二十二日

信中张向吴梅说明《曲丛》三、四集出版延缓的原因,是自己在全力辑印《百衲本二十四史》,而商务印刷古籍力量有限,《曲丛》所以迟迟不能出版。《乞巧记》据王卫民录《曲丛》全目为康熙原刻本,吴梅请张元济"填补阙文",当为印书之外的事。此书现存北京国家图书馆,如有人能一查原书,或可知道商务帮助填补了哪些"阙文"。这段文坛佳话,应早日予以披露。

同年8月,吴梅提出《荆钗记》改用柳浪居本应加入校勘记,另建议再选《袁文正还魂记》《观音鱼篮》与《易鞋记》三种入《曲丛》。张元济复信表示同意,并请寄示原书。1930年8月28日吴再致信张元济,云:

> 菊生先生大鉴:
>
> 　惠复诵悉。柳浪馆《荆钗》,弟已直接寄至贵馆旧书部(由邮局双挂号),乞公一查可也。《还魂》、《鱼篮》、《易鞋》三记,弟到申时面缴。《四部续刊》总目掷下一读否?《南词定律》弟处有内府本可以假印,弟须年假内奉上,因本学期正需用此也。手复。即请大安。
>
> 　　　　　　　　　　　　　　　　　弟吴梅顿首　八月廿八日

前已考定,柳浪居本《荆钗记》乃商务涵芬楼本。《鱼篮》又名《鲤鱼精鱼篮》,明李渔所作,近世《追鱼》一剧即源于此。王卫民录"全目"有此书。但《还魂》《易鞋》二记,不见于"全目",可能即是"一·二八"时与《曲丛》三、四集印本同毁的底本中的两种。《南词定律》系清代吕士雄等编的曲谱,当时张元济正计划辑印《四部丛刊续编》,拟印入此书,问吴梅"有何善本"。后来《四部丛刊续编》并未收此本,而是改收《白云斋选订乐府吴骚合编》,亦为吴梅提供藏本并撰跋文。两位爱国学者在整理古戏曲方面的精诚合作,不仅编印《奢摩他室曲丛》一端,此信亦可证明之一。

从1930年9月至1931年8月,张、吴二人并无通信留下,鉴于种种原因,《曲丛》三、四集印行似乎进展不快。1931年9月2日,张元济在答复吴梅

催问信中说道:

> 瞿安先生惠鉴:
>
> 　　奉读七月卅日手教,承以尊选《曲丛》三、四集转催出版事见嘱,即经转询敝公司主管人员。据称三集业已印成,并已装订竣事,现在赶印四集,一俟出书,即与三集同时发售,云云。谨以奉闻。至郑君商借传奇图画摄影,亦已转知郑君,属其交由本馆照相部代为摄照,以昭郑重。合并陈明。肃复。祗颂著祺。
>
> 　　　　　　　　　　　　　　　　　　　　　二十年九月二日

1932 年初,"一·二八"淞沪战争爆发,商务印书馆总厂及东方图书馆全部毁于日军炮火中,刚刚印成的《奢摩他室曲丛》三、四集连同部分底本,均成劫灰! 张元济花了几十年心血,收集起来的几十万册中外图集,顷成乌有!当时,他在家中望着飘满半个上海天空的纸灰,呜咽得说不出话来。吴梅对商务涵芬楼被毁,同样满腔义愤,说:"凡要亡我民族的敌人,总要毁我民族的文化。英法联军火烧圆明园是如此,现在日寇轰炸上海涵芬楼又是如此。要保卫民族文化,必须整军经武,奋发图强。"1932 年春,吴梅还为"石巢传奇"四种另撰题跋四篇。(见《文献》第 15 辑)不仅对阮大铖及其剧作成就作了实事求是的评价,且于《牟尼合》一剧跋末注上"时避倭寇避居上海"一句。这是对日寇毁其《曲丛》的抗议啊!

1936 年,吴梅曾与友人商榷续印《奢摩他室曲丛》,但不久抗战爆发,他本人避战祸辗转内地,加上疾病缠身,无力编印,《曲丛》三、四集由此未能问世。现存张元济、吴梅关于《曲丛》的这批通信,可能属于罕见的第一手史料。

张、吴通信中提到许多剧目,对照王卫民先生所录《曲丛》全目,简要说明如下,以供同好参考。

见于"全目"的有十四种：

　　《燕子笺》《春灯谜》《牟尼合》《双金锭》（以上系"石巢四种"，阮大铖作）、《董词》（董解元作）、《游春》《中山狼》（王思九作）、《珊瑚鞭》（胡业宏作）、《红纱》《碧纱》《挑灯剧》（来集之作）、《鸳鸯梦》（叶小纨作）、《乞巧》（佚名作）、《鱼篮》（李渔作）。

不见于"全目"的有十种：

　　《鹦鹉墓》《鸳鸯塚》（孟称舜作）、《荆钗记》柳浪居本（汤显祖作）、《鸳鸯棒》《梦花酣》《香令北曲谱》（范文若作）、《唐堂乐府》二种（黄兆森作）、《袁文正还魂记》（欣欣客作）、《易鞋记》（董应翰作）。

　　　　　　　原载《南社研究》第 2 辑，中山大学出版社 1992 年 3 月版。

　　2013 年 7 月国家图书馆出版社新版吴梅《奢摩他室曲丛》，精装全 6 册，使得这部名著再次呈现在读者面前。——附记 2016 年 6 月

　　——柳和城《书里书外：张元济与现代中国出版》，上海交通大学出版社2017 年版

张荣明

吴梅与蒋谷孙

——读《吴湖帆日记》

吴湖帆(1894—1968)是现代著名书法家,又是收藏宏富的鉴赏家。他的"梅景书屋"藏有一千多件金石器物与古代书画,环顾当年沪上,估计独步一时,轻易也找不到可以相抗衡的对手。

二十世纪三十年代,吴湖帆居住在上海,日常所交往的皆是文人雅士、艺坛巨擘,如张大千、刘海粟、叶恭绰、吴梅、蒋谷孙等人,极一时之盛。近年吴湖帆的《丑簃日记》已经出版,记载的内容是 1931 年至 1939 年之间的事情。虽是残稿,但吉光片羽,弥足珍贵。

与现代曲学大师吴梅交往

吴梅,字瞿安,是现代曲学大师,对曲律、曲史包括词学理论造诣极深,深得蔡元培赞赏,1917 年礼聘他为北大教授,讲授古乐曲。自吴梅开始,不登大雅之堂而曾被鲁迅概括为"咿咿呀呀"的戏曲首次进入最高学府,得占一席之地。

三十年代初期，吴梅在南京中央大学任教，并在上海光华大学兼课。吴湖帆的夫人潘静淑曾向吴梅学词，两吴时时往来。"晨访吴瞿安（梅）于双林巷，乞题正德陆元大刻《花间集》，毛抄影宋《梅屋诗余》《石屏长短句》，题就即携归。谈及京中友人来信，有厉樊榭手抄稼轩词集，长沙叶焕邠旧藏者，余即托瞿安到京时物色之。"吴湖帆携带一部元代刻本、二部毛抄影宋本去拜访吴梅，求他题跋，名词家题名词集，更增古籍身价。元刻固然罕见，毛抄更是珍贵。所谓"毛抄影宋本"，是明末藏书大家毛晋雇人精心影抄宋版珍籍的书本，先是用薄纸蒙在原本之上，将版框、文字甚至前人藏书印都一一描摹下来，笔触细腻，一丝不苟，可说是精美绝伦的艺术品。吴梅亲眼看见各种"毛抄"之后，不禁感叹："毛抄宋本各家诗集，精如鬼工。"

吴湖帆又听说大名士叶德辉所藏一部稼轩词集，由雍正乾隆时期浙派词坛的领袖人物厉鹗亲手所抄，已散佚至南京，即托吴梅代为寻找洽购。十多天后，"接瞿安信，厉抄本词不全，下半全缺，配以元人词数十首，诗只十余首，退去矣"。可惜厉氏抄本是残本，梦中"佳人"原来半身不遂，吴湖帆挥挥长袖像退婚一般把它"退去矣"。这也难怪。1927年之春长沙叶德辉撰写对联一副："农运宏开，稻粱菽麦黍稷，尽皆杂种；会场广阔，马牛羊鸡犬豕，都是畜生"，公然嘲骂湖南农民运动，被人刀架脖子砍头，兵荒马乱之中，一代藏家数十年积聚之书，顿时四散。这一部名家抄本，频遭书估辗转贩卖，迭经舟楫车马之劳，如同高门巨族的闺阁名媛劫后余生，晃悠悠一路风尘飘泊至秦淮河畔，怎么可能不弄得蓬头垢面、伤痕累累呢？——然则大哲老子所云"多藏必厚亡"，岂虚言哉！

1931年吴湖帆与吴梅交往频繁："约藕初、瞿安、紫东在家便饭。"次日又"晨访瞿安"。1932年阳历元旦，吴湖帆偕妻携子回苏州老家向"母亲贺岁叩头"。第二日清晨又去拜访当时正在苏州的吴梅，"晨访瞿安，复偕瞿安至某医生家观乾隆御题紫玉山，毫无道理，与顽石相去不远耳。"又过了二日，吴湖帆赴吴梅家参加文人雅集"词社"："在瞿安作词社，题为'惜寒梅咏过春草间房'。"

1932 年的吴湖帆日记大半散佚，在吴梅日记中还可见到两人相交往来的踪迹："下午偕汸儿访湖帆，傍晚归。所见书画至多，今备列之。金任询手书《杜陵古柏行》、明王鏊、文徵明、申时行手书诗词卷、杨己亭《九秋图》、朱文公赠张南轩诗卷、明祝允明、唐寅、文徵明、张灵等手札、四王立轴，皆希世珍也。又见毛钞《芦川词》，影宋精写，与邓孝先所藏《宋人小集》无异，因作一小跋于后。湖帆嘱余《朱文公诗卷》后书一观款，亦欣然命笔也。"因为吴府的宝贝多，这次吴梅是带了儿子去开开眼界。

次年 2 月，仍在南京中央大学任教的吴梅，又来沪拜访吴湖帆："晨，江小鹣来，余尚未起身，未晤。饭后至超然处，晤朱镜波。归后拟出行而吴瞿安来。陈淮生、张大千、叶遐庵、徐竹荪、程云岑均来。小楼局促，济济一室，颇行热闹矣。"这之后两吴虽有往来，已日渐稀少。1937 年卢沟桥事变爆发，日寇侵华，南京沦陷，吴梅为避寇辗转流亡至西南，不幸患病于 1939 年 3 月逝世。不久，身在上海的吴湖帆也听到了这个消息："下午夏剑老来，谈及吴瞿安先生因喉结核病殁于昆明，为之惘然。"一代曲学宗师，年未满六十，就在颠沛流离之中病逝，不禁令人深为痛惜。

密韵楼的少东家蒋谷孙

晚清民国时期，浙江吴兴南浔有三大藏书楼，如张石铭的适园，蒋汝藻的密韵楼，刘承干的嘉业堂，这三家先祖长袖善舞，或以盐业发家，或以丝绸致富，皆是家财累累达千百万的大腹贾。不过吴兴自古以来亦是人文荟萃之地，清代嘉庆时期的范锴声称："昔日我吴兴士大夫，多好学而嗜蓄书，流风遗韵，由来久矣。"大抵为乡邦风俗所感化，原先通身大冒金银气的张、蒋、刘三家大腹贾，他们的子孙纷纷弃铜臭而迎书香，渐渐地蜕化成斥巨资购宋版元刊、积书每每达数十万卷的大藏书家,声名腾播大江南北,浑身上下皆散发书卷气矣。

蒋汝藻的藏书楼取名为密韵楼,就是缘于以重金购得一部宋人周密的诗集——宋刊孤本《草窗韵语》,喜不自禁,从中拈出"密"、"韵"两字来命名自豪。作为后起之秀,密韵楼的藏书声名在民国初期尤为显赫,引得当时的大学者王国维亦甘愿为之编写书目题跋。可惜世事变迁倚伏无常,1925 年蒋汝藻受经商失利牵累,不得已把多年苦心经营积聚的大批藏书抵押出售。王国维致函日本友人时提及:"蒋氏密韵楼之书,因商业失败,现归商务印书馆。弟与蒋君多年旧交,亦代为惋惜也。"

"百足之虫,死而不僵。"虽然家道中落,作为蒋汝藻长子的蒋谷孙,三十年代在沪上艺坛与吴湖帆等名人雅士交往周旋,手边还藏有不少珍本古籍与名贵碑帖。"偕博山、景郑访谷孙,获观宋拓《群玉堂米帖》,仅六叶,据云是孤本,谷孙费二千六百金得之。又见宋拓《黄庭经》、明刻曲本六种。"吴湖帆与内亲潘氏兄弟去访蒋谷孙,观赏他收藏的一部宋代孤本《群玉堂米帖》,只有寥寥数页,竟然耗费大洋两千六百元方才购得,委实令人咋舌。

第二年元月,吴湖帆又去拜访蒋谷孙:"到蒋谷孙处,观宋刻《草窗韵语》及宋本《公羊疏》、宋本《新定续志》,皆极精孤本,密韵楼之精华也。"这次吴湖帆总算亲眼看见了密韵楼的镇楼之宝《草窗韵语》。据说这部《草窗韵语》在宋版书中亦显矫矫不群,鉴赏者称其"纸墨鲜明,刻画奇秀,出匣如奇花四照,一座尽惊"。人们大抵觉得寻常赞誉之词已经无法描绘它的品位及姿容,只得剑走偏锋地称它为"妖书"、"尤物"。

四天后,蒋谷孙去观赏吴湖帆所藏的宋版《道德经》,或许是爱不释手吧,蒋氏即以一幅唐伯虎《骑驴归兴图》与一册毛抄《盘洲乐章集》与吴湖帆交换。蒋谷孙作为藏书家的后代,确能恪守家风,对书情有独钟。此年三月,"谷孙以陆元洲《秋林观瀑图》、李长衡金笺山水(陈元素题字)向余易元刻本《图绘宝鉴》"。两幅古画换一部元版图书,藏书家蒋谷孙与大画家吴湖帆可谓各遂所欲。

此年五月，"偕选青至谷孙处，观王武剑。剑把双钩书，刻极精，为从来所未见，剑之尺寸甚长，乃上士剑也。又见宋刻《东都事略》，宋印本，陈仲鱼家旧物。据钱遵王《读书敏求记》云，此书乃牧翁心醉而生平未得者也。计一百卅卷，都廿册。谷孙殊鸣得意"(《日记》1933 年 5 月 16 日)。这位"牧翁"中指明末清初大名鼎鼎的钱谦益，其人号牧斋，万历年进士，官至礼部侍郎。有人指出："江浙藏书家，向推项子京白雪堂、常熟之绛云楼、范西斋天一阁、徐健庵传是楼、朱竹曝书亭、毛子晋汲古阁。"其中所说的"常熟之绛云楼"即为钱谦益所建的藏书楼。钱氏眼界极高，藏书只收宋元古籍，不取近人刻本及抄本。清代顺治七年(1650)，干支为庚寅，绛云楼不慎失火，钱谦益声称：

> 甲申之乱，古今书史图籍一大劫也。吾家庚寅之火，江左书史图籍一小劫也。今吴中一二藏书家，零星捃摭，不足当吾家一毛片羽。

可见钱谦益以大藏书家自居的口吻何等自负，旁人家中万卷藏书皆不及他绛云楼中的"一毛片羽"。

也许钱谦益自有其值得骄矜的理由。清代末年，两朝帝师一代相国的翁同和在京城书肆遇见一部宋版《集韵》，叹为"惊人秘籍"，后花费大把银子方才抱得这部"秘籍"归，并一再感叹"亦奇缘矣"。追踪前尘，原来这部"惊人秘籍"出自二百年前述古堂主人钱遵王的秘藏，而钱遵王的藏书有一部分正是来自钱谦益绛云楼大火之后的烬余插架之物。可见常熟钱姓一族确是藏书界中的大佬，余沫残唾亦可沾溉后人不浅。

如今蒋谷孙捧出而供吴湖帆等人欣赏的宋版《东都事略》，皇皇大著只有二十册，连得当年钱谦益都垂涎三尺而未得手——这自然使得密韵楼的少东家晒宝时沾沾自喜了。

蒋、吴两人对书画古籍不仅互换，而且也互赠："蒋谷孙来，携赠宋刻本刘后村词残册一本,计十八叶,汪阆源艺芸书舍旧藏书也,有汪氏二印,谷孙为余有淮海词残宋本,故赠此为侣。又检及余旧书中《梦窗丙丁稿》汲古阁刻本(甲乙稿缺),鉴定朱笔校字系出黄尧圃笔,相与大快,乃携去撰跋矣。"蒋谷孙送了吴湖帆一册宋版残本,顺便还参观了吴府藏书。吴湖帆藏有一部明版《梦窗丙丁稿》,上面写了许多校勘异同的朱笔红字,蒋谷孙翻阅之后断定这是乾嘉时代大藏书家黄丕烈的手迹。

黄丕烈号尧圃,酷嗜宋版书,自称"佞宋主人",藏有宋刻图书达百种,名书斋为"百宋一廛"。黄氏精于鉴别校勘,并非简单藏藏书而已,对于阅读过的书籍通常还写下大量题跋,内容涉及版本异同,字画增损及刊刻优劣,当时有学者就极为赞叹地称他"积晦暝风雨之勤,夺饮食男女之欲",数十年如一日沉浸于聚书、读书及刻书之中。

黄丕烈的题跋与同时代另一位校勘大家顾千里的手迹,简称为"顾批黄跋",受到后世学者高度重视及赞赏,在藏书界看来是极为名贵之物。因此,蒋谷孙在吴府藏书中发掘了一部存有黄丕烈手泽的明末汲古阁刻本,大有点石成金之妙,吴湖帆不禁为之大快。

整整七十年后,时为 2007 年春季,中国嘉德拍卖公司拍卖一册《湘山野录》,同为明末汲古阁刻本。此书内容并不罕见,加上年代亦不远,平日里仅值千元左右。但是如同道观中的木偶,一旦贴金,便成了真神,这本看似寻常的古籍由于黄丕烈以朱、黑、黄三色笔作了校勘题跋,又经聊城杨氏海源阁、江安傅氏双鉴楼迭藏,身价大涨,从 60 万起拍,一飞冲天,竟至 410 万元方才落槌。藏书界时下挥金如土追捧竞拍的狂热劲头,回想起来,实可为当年吴湖帆因发现黄氏手校本而大快的心情添三分注解。

——《21 世纪》2010 年 12 期

曹 彬

吴梅为汪叔良改诗

生于 1887 年的苏州人汪叔良,一生凄风苦雨,在晚清民国年间只能算是一介小文人。曲学家吴梅比汪年长三岁,两人的交往最早可追溯到 1920 年夏,汪持笺向吴梅索字,吴直到三年后才写了一副七言行书对应命:

> 不出门庭大有野景,
>
> 相从里巷定见高人。

1928 年,汪为纪念故去的父母,刊印了一册小书《汪君改渔暨德配吴孺人家传》,其父汪改渔的家传即由吴梅执笔。从这两次早年的交往来看,汪吴的结交更多含有文人间酬答的成分,难称投契;但关系不算生疏,当也是实情。

汪的名字出现于吴梅《瞿安日记》里共十四处,自 1932 年 1 月至 1937 年 6 月,时间跨度近五年半。汪和吴梅辈分相当,但从日记内容看,汪更多是以一个问学者的身份偶尔闪现在吴梅的交际圈里。

1932 年 7 月 11 日，吴梅在日记中写道：

> 十时许，汪叔良（德厚）来，知民立今日考毕，明日与梓仲回苏矣。渠新得《柳子厚集》，忽发雅兴，欲为笺注。余告之曰："此是不朽盛业，但其事至难，且不可用唐宪宗以后书。"汪曰："是固难矣。"余曰："幸韩集注者至多，能遍览一过，两家可以邮通者，不妨据此证彼。又王琢崖《太白集注》，曾巩《昌谷诗注》及近人张孟劬《玉溪年谱汇笺》，征引唐人书至富，亦可借取资料。总之，非毕生之力，不为功也。"汪去，即午饭。

像这种具体详尽的对话场景，吴梅日记里很少能见到。看来汪引出的话题，颇合吴梅口味。吴借机大谈笺注之法。这段文字看似是无所偏倚的实录，但吴梅以导师自居的意态也隐然可辨。

1933 年 7 月 3 日，汪叔良拜访吴梅，示以近作《读荆轲传》，并求吴梅将该诗书一扇头，吴当即挥毫。诗收入汪晚年自订的《茹荼室诗稿》：

> 乌鸦头白何可俟，燕丹亡归谋雪耻。
>
> 惜哉不用鞠武谋，乃向市中求壮士。
>
> 击筑悲歌易水寒，慷慨瞋目发上指。
>
> 把袖揕胸语何豪，秦王剑拔荆卿死。
>
> 王翦移师北伐燕，既斩燕丹复虏喜。
>
> 倚柱箕踞徒笑骂，一死岂足报太子。
>
> 于期逃亡妻子焚，秦购其首金千斤。
>
> 大雠未报先自刎，可怜枉杀樊将军。

对诗的优劣吴梅未置一辞。但三年后当汪又以七古一首请吴梅修改并求次韵时，吴在当天的日记里便直言："余读一过，知其诣力未深，许为次韵。"吴梅的"许为次韵"，很大程度上可以看作是一种躬亲垂范。同年 8 月，吴梅日记里再次出现为汪改诗的记录，只是未做展开，无从得知其详情。

吴改汪诗当不止上述几次。如 1935 年 7 月 28 日，适社举行诗钟集会，参与者共二十四人，皆当时吴下俊彦，汪也列席其中。这次社集被管君谟称作"近来社集，无如今日之盛者"。吴梅在日记里详细记下了诸人所作联句和次第，未及汪名，可知他表现不佳，或者根本就没有参与。但第二天，汪还是交了一份"作业"给吴梅，请其评改，诗题曰《蚊》：

> 飞而肉食太猖狂，冉冉宵行趁晚凉。
>
> 不独刺人矜利口，且将饮血饱饥肠。
>
> 夤缘彻夜罗帏里，骚扰终宵绣榻旁。
>
> 歼尔幺麽无善策，频挥麈尾屡添香。

吴梅提笔在汪诗的手稿上进行了修改，主要有如下几处：

① "趁晚凉"：三字不妥，凉则蚊少。

② 将"饮"改为"吮"，"绣"改为"短"，"善"改为"别"，"添"改为"焚"。

③ 眉批说明"罗"、"绣"二字不妥的理由："罗"、"绣"二字太华丽。且如此帏榻，必无蚊苦也。

吴梅改诗的态度可谓尽心尽力，所提修改意见亦入情入理。只是汪诗后来以《咏蚊》为题正式发表时，仅听取了很小的一点，即将"添香"改作"焚香"，余则一仍其旧。看来汪外表怯懦恭敬，骨子里实在是个倔脾气。

汪晚年整理生平所作诗，辑成《茹荼室诗稿》一卷，在自序中略述自己写诗的历程：

> 余自幼喜作诗，而苦不能工。数十年来，积稿虽多，而可存者实少。

戊子夏，大病初愈，自念精力日衰，恐此后不复能作诗矣。乃取平生所作而芟薙之，约存百余首。壬辰春自沪归里，复取所录存之旧作阅之，觉疵谬仍多，于是又删除之，所存者仅九十余首。非自谓为工，盖闻诗言志，存此可以知吾之志也。且敝帚千金，不忍遽弃，乃人情之常。录为一卷，以作敝帚之藏耳。且将以就有道而正焉。丙申六月十四日梅岩遯叟识时年七十。

那首二十年前曾经吴梅亲手修改过的《蚊》，也被留在了集中。然而汪翁依然故我，至死都没有采纳老师的意见。

汪叔良生性拘谨、较真，缺乏诗人应有的灵气和通脱，其所谓作诗"苦不能工"，正害于一个"苦"字。就在为诗集作序前不久，他曾给古籍出版社写过一封求职信：

古籍出版社同志：

闻贵社专事印行古籍，曷胜雀跃。叔良于校点古籍颇感兴趣，自揣能力亦胜任。去年春曾为中华书局校点《经传释词》《春秋会要》两书，可以覆按。缘叔良生性谨慎，自幼读书，即喜从事校雠，故于校勘门径多所通晓，遇有疑义即能推求源本，以资点定，非徒据本互勘。又喜校雠古籍者，或罕通西文，叔良则于此亦曾致力，故于章节句读之分，尤能融会贯通也。

贵社印行古籍，必须校勘标点，倘蒙委任，实所欣感。谨布区区，即祈鉴核。复示请寄苏州卫前街二十一号汪叔良收，为荷。

此致

敬礼！

汪叔良谨启

一九五六年一月二十三日

　　不知道求职的结果如何,但汪在这封信里对自己的评价和定位大体上还是准确的。文学创作非比校雠之业,仅凭"谨慎"和"用功"是不够的。如若天赋欠缺,又固执己见,即便得到像吴梅这种级别的名师指点,也终究无济于事。

陈　益 _____

吴梅致曹君直的两封信札

　　日前,在苏州昆剧传习所顾笃璜先生捐赠的昆曲文物中,见到了吴梅写给曹君直的两通信札。差不多一百年过去了,三页八行笺已经泛黄,边沿略有损坏,但是字迹十分清晰,着实令人珍爱。

　　信札文字不多,转录如下:

　　　承邀看竹,晚明日适有沪上之行,缘校中有事商酌,大约须初八归舍也。大著《莲花白词》尚希写示。昨日听之未真,顷才修改旧作,须大著为榜样耳。

　　　专此奉复,即请君直我师词长午安。

晚　梅顿启

初五

在这封信后另有一纸,抄录了吴梅当晚写的一首词。并有附言:

鹧鸪天

君直斋中饮莲花白,与讴尹师同赋

泽国幽香琥珀浓,黄封分出水晶宫。携将汉殿金茎露,酌偏山家碧玉筒。秋瑟瑟,夜濛濛,舣船一棹百忧空。梦华谁续东京录,拼得浮生付醉中。

旧词末二句今已改易,惟尚不惬意。明日讴师造府时,再推敲。晚初八归舍后当踵门求益也。①

此上　凌波词长先生史席

晚　梅上

初五夜

信中所提到的君直、凌波,均为曹元忠先生的号。曹元忠(1865—1923),字夔一,号君直,晚号凌波居士,江苏吴县(今苏州)人。清光绪二十年(1894)举人,曾经参与"公车上书"。屡次应进士试和经济特科试,皆不遇。后来捐内阁中书,历任内阁侍读、资政院议员等职。民国后,赋诗作词赏园拍曲,以遗老自居。

曹君直曾遍览皇室及翰林院藏书,学问渊博,熟悉《三礼》、医学,尤其擅长诗词,著有《凌波词》、《云瓺词》。家中所藏宋元本书籍极多,且精于鉴别古籍,四方名人常常以善本请其鉴定,曹君直考其源流,爬梳剔抉,撰为题跋,享有盛誉。

比曹君直小二十一岁的吴梅(1884—1939),也是苏州人。他一生致力于

---

① "术"疑为"求"字。编者注。

戏曲及其他声律研究和教学。主要著作有《顾曲麈谈》《曲学通论》《中国戏曲概论》《元剧研究》《南北词谱》等,作有传奇、杂剧十二种,培养了大量学有所成的戏曲研究家和教育家。

信的末尾没有注明年月,但是从内容可以推测,吴梅很诚恳地以曹君直为师,时而登门造访请教,估计是在民国初年。吴梅日记载:"二十八岁,为宣统辛亥,是年清亡。自以先世重望,不敢妄希仕进,南北授徒,聊以糊口。"《吴梅年谱》载,吴梅三十岁"赴上海民立中学任教。作《顾曲麈谈》。《落茵记》在《小说月报》第四卷第一期刊出。秋,偕吴翰城登昆山,拜刘龙洲(即宋代词人刘过)墓,一日而返,作《吊刘龙洲三绝句》。秋,据孟称舜《娇红记》改作《绿窗怨记》传奇四十折……"

莲花白,是一种家酿的白酒(甜酒),色泽犹如莲花一般莹白,由此得名。吴梅和曹君直等人聚会时,畅饮了莲花白酒,曹君直又以莲花为题作词,令吴梅深感钦佩,在修改自己的词作时,"须大著为榜样"——这是青年吴梅的谦恭,却也不难看出曹君直词作对他的影响。

吴梅给曹君直的第二封信,原文如下:

> 日前偕绥成造府,知先生患牙疼,想近已复原矣。葱石有一书属转达,兹特寄呈。日来放杨枝已卒业,正做扬州梦事。适值刘君子庚来苏,只得搁置数日,子庚明后日当访公畅谈也。《词林摘艳》大跋能速落尤感?
>
> 此上君直先生左右
>
> 晚　吴梅顿启
>
> 六月二十晨

从内容看出,这封信是在若干天以后写的。其间,吴梅不止一次偕朋友造访曹府,讨教诗词。曹君直患牙疼,吴梅悉心问候,并介绍朋友刘子庚前往曹府，与先生畅谈。并催促先生为《词林摘艳》作跋。由此不难看出，吴梅与曹君直之间的往来很密切。他不仅对先生很敬重，也流露出几分亲昵。

事实上，这位"近代著、度、演、藏各色俱全之曲学大师"，已经崭露头角。自幼酷爱昆剧的吴梅一边谋生，一边孜孜不倦地研究传奇杂剧的创作、制谱、演唱规律，并把研究成果毫无保留地"倾筐倒箧以出之"，年仅三十便著成《顾曲麈谈》。

1917 年，正是在读过吴梅《顾曲麈谈》之后，主张以"思想自由，兼容并包"方针治校的蔡元培，邀请三十四岁的吴梅来到中国最高学府——北京大学，教授戏曲。吴梅的来到是划时代的。一向令人轻视的戏曲被搬上最高学府的讲台，让戏曲界人士为之振奋。

三十岁左右的吴梅，青春勃发，才华横溢，却又十分谦虚地向曹君直等行家求教。从这两封信，我们可以清晰地看出吴梅的好学精神。

——《钟山风雨》2011 年第 5 期

禹　露 —————————

吴湖帆《旧时月色》及吴梅跋

2004 年 10 月,南京大学中文系九十周年系庆之际,收到了一份珍贵的礼物——一幅由吴梅先生题字的扇面。这是南大中文系第一位系主任王伯沆先生之女王绵女士,在香港购得并赠送的。

此扇正面有吴湖帆题画一幅,画面为两株梅花,画名"旧时月色",落款"庚午秋日为月波楼主人作,吴湖帆"。左上角有吴梅小令一首:

> 眠。月色濛濛花态妍。江城远,香梦落谁边。十六字令

落款为"霜厓倚声"。扇背面有小段文字:

> 张中叔去年腊月寄山预来,留荆南久之。四月余到沙头,取视之,芽森然有盈尺者,意皆可弃,小儿辈请试煮食之,乃大好,盖与发芽小豆法同一理也。物理之不可尽如此。今之论人材者,用其所知,而轻其所未

能悉者，以为无用，岂不重可叹哉！因见小物，遂用感慨云。

落款为"庚午七月镜波尊兄法家教正，霜厓吴梅"。

此外"庚午"是指 1930 年。题画者吴湖帆（1894—1968），名倩，号倩盦，别署丑簃、翼燕，出生于苏州南仓桥一个世代簪缨之家。其祖父吴大澂为著名学者、收藏家。吴湖帆本人是一位山水画家，画风秀丽丰腴，清隽雅致，设色深具烟云缥缈、泉石洗荡之致，在传统技法上有发展。代表作有《峒关蒲雪图》、《庐山小景》、《写意米芾诗意》、《芙蓉映日初月》、《荷花》等。

题字者吴梅（1884—1939），字瞿安，晚年自号霜厓，江苏长洲人，民国后划归吴县。近代戏曲理论家和教育家，诗词曲作家，历任北京大学、中山大学、中央大学、金陵大学等学校教授。吴梅一生致力于戏曲及其声律研究和教学。主要著作有《顾曲麈谈》、《曲学通论》、《中国戏曲概论》、《元剧研究》、《南北词谱》等。又作有传奇、杂剧十二种。这一扇面的原主人是朱镜波，号月波楼主人，民国时期画家，其生卒年不详。

1930 年前后，江浙一带的学士名流交往频繁，相互之间题字赠画可谓司空见惯。吴湖帆和吴梅二人关系亲密。二吴本是苏州同乡，居处接近。吴梅在《金孝章（俊明）手书诗卷四首》中自注曰："吴湖帆故宅即春草闲房故宅。余居在闲房之南，相距甚近。"吴湖帆的妻子潘静淑，从 1932 年开始随吴梅学词，吴湖帆也向其求教，逐渐窥入倚声门径。吴湖帆著有《佞宋词痕》，上海书店出版社 2002 年版，多收其与友人往来唱和之词。以下特举一例，可略见其词风：

高山流水

吴瞿安霜厓填词图。次吴梦窗韵。

谩吹玉笛倚西风。看尊前，琼树青葱。尘世几知音，空教送目飞鸿。留连处，唾碧吟红。愁怀感，春思三源泻峡，淡日房栊。更凌云气概，独

酊万花浓。　　胸中。新词乍填就,翻别调,换羽移宫。人海小园林,冷
月遍照香茸。问旂亭,赌句谁工。玉山倒,休论文章九命,食粟千钟。对
悬崖浅,醉霜叶,笑人慵。

吴湖帆收藏颇丰,常有珍贵的书画书籍请吴梅题字。今天,我们在《吴梅
全集》中还能看到他为吴湖帆藏品所作的多则题跋。如《淮海居士长短句跋》
(《吴梅全集·理论卷》),吴梅仔细分析了此书的版本及后人钞补部分的出
处,强调了它的价值。又,吴梅也常为吴湖帆所作之画题字题诗,如《〈郑所南
墨兰卷〉,为吴湖帆(翼燕)赋》(《吴梅全集·作品卷》),为七言古诗,盛赞了吴
湖帆的深厚画功。

朱镜波与二吴也颇有交往,对于他们的往来,《吴梅全集·日记卷》中有
所记录。1932 年 3 月 11 日,吴梅避战至上海,"访湖帆,即在渠家午饭。晤赵
仲英、朱镜波二人。镜波近作画颇工,以所临各名家册子见示,余为题'月波
凝滴'四字……"吴梅在上海期间,常与吴湖帆、朱镜波等人会面,曾在 1932
年 4 月 7 日"为朱镜波集词三联。一云:'雁碛波平,春浦渐生迎棹绿;千岩月
落,玉笙凉夜隔帘吹。'是用白石语。一云:'往事旧欢,平波落照涵桢玉;凭高
远眺,淡月疏星共寂寥。'一云:'新月西楼,同惜天涯为旅;沧波故苑,几番时
事重论。'第二联用清真、第三联用梦窗语也。难在嵌入'月'、'波'、'楼'三字
耳。"可见他与朱镜波的交谊之深。

扇面所画为梅花,题名"旧时月色"。这个题目显然取自姜夔的《暗香》:
"旧时月色,算几番照我,梅边吹笛。"吴湖帆的词主要学周邦彦、吴文英,对姜
夔词也颇为心仪。他还喜好以画笔描摹周邦彦、姜夔、史达祖、吴文英等词人
的词意,来传达其神韵。如 1931 年作"辛未秋日为子义五哥写梅四箑",即以
周邦彦、姜夔、史达祖、吴文英四人之词作扇四面,其中一面就用了姜夔《暗
香》中的这一句,足见他对这一题目情有独钟。

吴梅在扇面上所题的是一首十六字令。以"眠"字起,与元代词人周晴川

《天机余锦》中的那首《十六字令》相同：

> 眠。月影穿窗白玉钱。无人弄，移过枕函边。

吴梅的这首小令也用了"眠"字，并且提到"江城"。在古典诗词中，江城或指今天的武汉，如李白《与史郎中钦听黄鹤楼上吹笛》：

> 一为迁客去长沙，
> 西望长安不见家。
> 黄鹤楼中吹玉笛，
> 江城五月落梅花。

可见"江城"是与梅花相关的典实。这首小令用了此典，与画中的梅花相呼应。但在这里的具体语境中，"江城"一词应该是指他们当时所在的上海。

扇子背面的吴梅题跋，是一篇寓意深长、风格隽永的小品文。文中所提到的张仲叔，笔者未详其人之生平事迹。吴梅从生活中的一件小事讲起，信手拈来，以山预为喻，说出了一段深刻的道理。这段跋文是题赠给朱镜波的，也许朱镜波当时不甚得意，吴梅有意以此来宽慰老朋友。

2002 年河北教育出版社版王卫民编《吴梅全集》，是迄今为止最为全备的吴梅作品集。但是，这首小令和这篇题跋均未见收入，这么说来，这个扇面不仅具有文物价值，而且具有文献价值。

——《古典文学知识》2006 年第 1 期

赵武倩　谷曙光

从日记看曲学大师吴梅的日常生活

存世《瞿安日记》十六卷,是曲学大师吴梅晚年在南京中央大学任教期间所写,今有《吴梅全集》之整理本。日记起于 1931 年 10 月 11 日,止于 1937 年 7 月 7 日。这六年多的时间,既是吴梅的晚年,又值日本觊觎中华、国事窳败之危急时刻。吴梅记日记,态度谨严,记录详尽,直陈心迹,不加掩饰,具有极高的史料和研究价值。再加上吴梅的文笔上佳,在同辈学人中,其日记确乎佼佼不群。

从日常生活史的角度,考察吴梅日记,别有一番意趣。《瞿安日记》不仅是吴梅个人珍贵的心灵史,也是大时代中知识分子抚时感事的一个典型样本。

一、感时忧国

吴梅虽然是老一辈学人,但识见并不迂腐,对于政局、时事、社会等的看法,每显示出通脱达观之态度和分析。在《瞿安日记》的卷首,吴梅自言:"今岁辛未,东北构兵,天未厌乱,不知所届,金陵弦诵之地,或有移国瓦解之虞。"可谓目光如炬。

吴梅继承了古代士人的品节操守,保持着清醒的头脑,绝不是那种无心肝或混沌度日的文人,他每每在日记中抒发爱国情怀,爱憎分明,时有激愤倾泻笔端。日本侵华,牵动老学人心弦,一闻胜讯,喜不自胜;遇有败绩消息,则垂头丧气。他在日常生活中,还时常表现出对乱世哀哀百姓的深切同情。

针对伪满洲国成立,吴梅在 1931 年 11 月 16 日记云:"宣统复辟后……愿受日人保护,各国不必干涉,此真甘为张邦昌、石敬瑭矣。吾深为故君惜。彼郑孝胥身读万卷,位居师辅,不能畅发日军阴谋,竟以爱君者卖君,其愚陋可叹。"不但惜故君之愚蒙鄙陋,更怒孝胥之误国,声口跃然纸上。

二、教授生涯

二十世纪三十年代,吴梅长期在中央大学任职,同时在金陵大学兼课,主讲词学、曲学,同时乐于教学生习曲。从日记看,其词学课,学生较多,而曲学名著课,选者并不多,往往仅"小猫三两只",这让吴梅很失望。

对于晚清民国学人,今日动辄以大师称之。当然,吴梅名列曲学大师而无愧色。但是,作为学者的吴梅,自己也是有反思的,比如他就在日记中谈了学者与时代的关系,说:"吾辈年少时,方盼一第,及身遭鼎革,忧生念乱,又奔走衣食,安得有成学之一日? 念此不禁浩叹。"(1935 年 6 月 10 日日记)吴梅深盼身逢和平时代,以便能专心学问,而不至于颠沛流离。学者系于家国时代,吴梅看到了"乱"对学者不利的一面,却也忽略了"乱"带给学者意想不到的另一面。须知,大时代、大变局,往往会孕育大学者。

三、藏书家崖略

吴梅是藏书家,特别是藏曲丰富,蔚为特色。他同时对书画、玉石等也感兴趣,但无力多买。日记中除了大量的买书信息,还有刻书之举。

吴梅爱书,却囊中羞涩,1931 年 11 月 19 日记云:"衡三来,持书六种,皆精本,爱不忍释,但价昂,不敢买,附记于此,以志眼福而已。"爱书人的苦恼,在日记中多有流露。

吴梅也是真懂书的。书商固然精明,而吴梅慧眼识书。1932 年 1 月 22 日,聚文书店周鉴秋来,"手持虞伯生《杜律笺注》见示,云是元刻本。余缔阅之,则弘治白口本耳。卷端有荃孙及某君三印,皆是伪托,持实估价不过四、五十元之谱,而索价至二百元,近日书估真狮子大开口也。付之一笑"。以明本冒充元本,逃不过吴梅的火眼金睛。

那时的书店,是直接送书到主顾家中,而往往年末结账。1932 年 1 月 14 日,吴梅记:"昨赴各书店点查欠项:文学山房四十五元;集宝斋十元;来青阁九元;百双楼六十五元,尚不甚巨,今岁可无虞也。"点查一年的买书账目,尚可应付,不至于透支,心情顿觉轻松许多。

藏书亦是保存文化。吴梅的奢摩他室藏曲丰富,因有珍稀曲选影印之举,而书暂存商务印书馆,谁知意外碰到日军轰炸,商务印书馆惨遭劫难,"涵芬楼秘笈悉附祝融,吾恐《奢摩他室曲丛》各底本同遭此厄。二十年奔走南北,仅此数卷破书,苟付劫灰,吾心亦灰矣。归家即睡,不胜愤慨云"(1932 年 2 月 1 日)。后来到底损失了一部分珍本,还涉及商务印书馆的赔偿问题,一波三折,而藏书家内心的煎熬痛苦,在日记中屡屡流露。

四、拍曲观剧

作为曲学大师的吴梅,参加了江、浙、沪多地的曲社。如他积极参与苏州道和曲社的活动。日记中还记录了多个江南曲社,如幔亭和民立——都是女曲社。还有南京的公余联欢社、紫霞社、青社等。从日记中点点滴滴的片段,可拼接出民国时期南方曲社的大概运作和活动情况。交会费、日常拍曲、印曲谱、重要成员生日聚会并演出等。

吴梅在曲社中,并不是如大多数曲友那样,喜唱主角,长篇大段,必欲自己过瘾而后止,而是时常为人作各种配角。各行当的零碎角色,旁人或不能,或不愿,而他固优为之,既可知渊博,也显出淡泊。

三十年代,国事日非,但南方的业余昆曲活动还略具规模。曲友们是否不管家国兴亡,只是一心作乐? 吴梅在日记中详记了一位老曲友的话:"处此时局,能从容雅歌,所谓黄连树下苦操琴也。但声音之道,与政相通,治世之音必和平雅正。今虽非治世,而保存国粹,留此治世之音,终有和平之一日。"(1931 年 12 月 27 日日记)吴梅当深讳其言,才记录下来的。可见,当时的曲友,拍曲仍不忘爱国,可谓有心肝矣。

吴梅除了自己拍曲,还按歌授曲,乐于教授学生、曲友,不但唐圭璋、沈祖棻等学生跟他学曲,名伶韩世昌、白云生等南来也向他请益。

吴梅日记还记录了与穆藕初、红豆馆主、甘贡三等资深曲家的交往。三十年代初,红豆馆主南下,定居南京,吴梅起初有意疏远,不愿与"亡国士大夫周旋",心态颇为微妙。

吴梅的观剧并不算多。宁沪如有昆曲演出,他还是乐于观看的,比如他就多次观看传字辈和韩世昌的演出。吴梅不懂京戏,看京戏绝少。

吴梅还保持老辈本色,一般不与优伶交往(昆伶拜师请教除外),他拒绝了京剧坤伶新艳秋、王熙春的教戏请益要求,也不参与欢迎梅兰芳的宴席。

五、作诗填词,师友往来

吴梅是一代学人,文采斐然,擅长做诗填词,对联也极拿手。因为书画素养深厚,其题跋也负一时之誉。吴梅对自己的旧学功底是极为自信的,他甚至可专以"墓碑寿文"等应酬文字讨生活,而朋友、学生也常找他润色文字、代做诗联等。他在日记中,每每记录自己或师友的作品,抒感慨,明心迹,存文献。

1932年1月12日日记,吴梅记录了早年的旧作《金缕曲》:"一叠凄凉调,是平生壮游万里,江山文藻。禾黍荒原金梁下,恨事千秋未了,但托意田园吟啸。忍死从军真豪语,梦沙场血溅红心草。秋塞外雪飞早。王师北定中原渺,问他年清明家祭,乃翁谁告?珠玉都收珊瑚网,依旧身栖江表,又引起夜猿哀叫。白雁来时风霜恶,有井中心史称同调。今古泪洒多少。"这是为朱锡梁《放翁诗选》所作,慷慨悲壮、清拔多气,洵佳作也。

从日记看,吴梅与胡小石、卢冀野、唐圭璋、吴湖帆等人的交往最为密切。吴梅的学生唐圭璋,先后编订《词话丛编》和《全宋词》,存一代文献,吴梅称赞"嗟乎唐生,可以不朽矣"(1935年6月17日日记)。

吴梅在日记中记录了与吴湖帆的多年交往。湖帆经济较富裕,国难之中,犹广收珍稀古书画,而吴梅屡为题跋。吴梅在上海时,时常与一批文人雅集,谈书论画,这对研究民国书画及收藏颇有价值。日记还有鲜活细节,如记吴湖帆之个性和日常行事,读来颇有趣味。

吴梅日记记徐志摩之死,并为穆藕初作联代挽:"行路本来难,况上青天,孤注全身轻一掷。作诗在通俗,雅近白傅,别裁伪体倘春秋。"吴梅"自觉颇工"。

吴梅日记屡记文人雅集,迻录保存了大量的诗词文献。如诗钟雅集、陈石遗家的祝寿雅集等。吴梅还听陈石遗谈朱古微的临终词作,并录入日记,这也是珍贵掌故。

六、寻常百姓生活的鲜活史料

吴梅日记记日常生活、柴米油盐,其中的物价,是当年鲜活的经济史料。如 1931 年 10 月 25 日记:"壬癸之间,每石米止七元余,今则十五元,肉每斤三百文左右,今则千文;鱼虾每两三四十文,今则百二三十文矣。最可笑者,唱经楼大街,有熟面铺一所,所谓鸡丝老面家也。壬癸间每碗定价八十文,今则二百六十文,味虽可口,言之痛心。即此十年间,民间生活,加增如此,将何以为继耶?"不但记录了物价之上涨,数据可靠,还以一碗面条价格的今昔变化,忧民生之多艰。

那时的教授,薪水和生活品质应算是中上;但时局不靖,时常停课,而吴梅每忧心薪水无着落。日记中,在经济方面,吴梅多次显示出捉襟见肘之窘况。1932 年 1 月 8 日,吴梅拿到"十月份俸,扣去所得税十二元二角,及水灾捐卅二元外,实收银元二百七十四枚"。时值寒冬,吴梅马上带妻儿去买皮货,此薪水可谓雪中送炭。教授尚且如此,乱世中的普通百姓又当如何度寒冬呢?

吴梅日记还记录了一段特殊生活,就是在海上富豪王伯元家做塾师。三十年代初,吴梅因战乱一度避难上海,适逢"金子大王"王伯元聘请西席,通过吴湖帆的介绍,吴梅承乏。这是一段有趣的经历。吴梅先是月薪百元,但看到王伯元在古董字画上一掷万金,吴梅不免"心思活络"。后经商议,月薪增至两百,除做塾师外,兼题跋王氏收藏之书画。吴梅衣食虽依富豪,但葆有知识分子的风骨,不苟且、不婢膝,且心态苦闷,所谓"敬如上客,苦似楚囚"。

王伯元虽坐拥巨资、富甲一方,但吴梅精神上却"极度富有",经常在日记中显示出对东家的鄙视,更几度欲辞馆。其实,作为读书人的吴梅,太过敏感,对东家时有"过度的揣度"。总体看,金融家王氏并非胸无点墨之徒,他对吴梅具有尊师之意,礼貌有加,束脩也算丰厚。日记中的颇多教馆细节,都堪玩味。旧时东家和西席的微妙关系,于此纤微毕现,这是难得的民国日常生活史材料。

从日记看,吴梅的家庭很和睦,夫妻、父子都相处融洽。他时常为妻子拍曲,夫唱妇随;又屡为几个儿子的成家立业事辛勤筹划。吴梅的教子之道颇为通脱,不望子女成龙,唯希自立。他说:"人海浮沉,位高则险,掾属卑秩,或可安居。好在余不望其做民国伟人,能守勤俭家风,便是吾家佳子弟也。"(1932年10月15日日记)可谓通脱达观。

吴梅日记还频频记录打牌、饮酒、看电影等细节。吴梅不是冬烘的老教授,尚有生活情趣。那时的曲社中,也时常"雀戏"。社会上请客聚会,有时会招侍酒女郎,而吴梅日记就记录了当时新的"侑酒风气",这也是社会史的好材料。

吴梅也有酸腐的一面。曲友夏履平,妻子早卒,后将其妾扶正,遍邀道和曲友,登场彩觞,这似也合乎情理。但吴梅就说:"如此伤风败俗之事,余未敢附和。"(1932年1月5日日记)酸得可爱。

七、转折时代知识分子的心灵史

从日常生活史的视角看,吴梅日记不仅记录了一个老辈学人的衣食住行、教授生涯、曲家经历、藏书崖略等,更具有难得的历史视野、人文关怀,从中可以映射出社会、国家的复杂变迁。日记往往有"碎片化"的问题,而吴梅日记却有着一以贯之的"主心骨"。从吴梅晚年大量的日常生活细节,可以还原其生活图景的主轴,揭示其内心世界,进而思考学者与家庭、大学、社会、国家的关联,产生整体性的研究效果。

吴梅既不是大人物,也不是小百姓,而是一代学人。他的学术标签,与胡适、黄侃、陈寅恪、周作人等,各自不同。他的日记,除了普通学人的教书、写文章,还有拍曲、藏书、刻书、教馆等独特视角,因此显得特别鲜活丰富。现存吴梅日记的记载年代,又具有深刻的时代背景,学人面对社会动荡、家国危局,是怎样的心态? 如何去面对? 从他的日常记录中,已经彰显出学人的凛凛风骨。

——《文史知识》2020 年第 3 期

王　馨

两场几被忘怀的吴梅先生纪念活动

——回顾吴梅先生百年诞辰纪念之发端

曲学大师吴梅先生一生治学词曲，倡导曲学教育传承，集制曲、论曲、曲史、藏曲、校曲、谱曲、唱曲、教曲于一身，开高等学府教授曲学之先河，为后世培养了大量有成就的戏曲研究和教育人才，泽被后学之功，令后世敬仰。

但是，在五十年代后相当长的一段时间里，大陆地区学术界对吴梅这位曲学大师关注甚少，对吴梅先生的公开纪念也迟至吴梅先生百年诞辰的1984 年始有展开，在这些纪念会中，多以 1984 年 11 月由江苏省文化厅、中国戏剧家协会江苏分会、苏州市文化局、苏州市文联在苏州举办的"纪念吴梅先生诞辰一百周年学术讨论会"为起始。

事实上，在此之前，1984 年 3 月和 10 月在天津与北京两地民间分别举办吴梅先生百年诞辰纪念活动，这两场几被学术界忘记的纪念活动，才是吴梅先生百年诞辰纪念活动之发端。

1984 年是吴梅先生一百周年诞辰，天津昆曲界曲友率先拉开纪念大幕。3 月 11 日，由中国音乐家协会天津分会、天津古乐研究会昆曲组在天津劳动剧场举办了"吴梅先生诞辰一百周年纪念演出"。

演出前首先由曲家朱经畬教授介绍了吴梅先生的生平事迹,然后由天津曲友演出了四出昆剧折子戏《山亭》(李志宏、陈霁)、《描容》(王惕)、《夜奔》(孙立善)、《游园惊梦》(管怀明、仝秀兰、贾真等),天津市文化局、文联领导及天津日报、天津曲艺团、天津音乐家协会、天津古琴会、天津京剧团、北京昆曲研习社等同仁及曲友五百余人观看了演出。《天津日报》3月12日头版以《津门剧坛一支幽兰重展容纪念吴梅诞辰昆曲演出盛况空前》为题对纪念活动进行了报道。

天津古乐研究会昆曲组编写的《津昆通讯》同月出版纪念专刊,对此次活动组织及演出进行全方位介绍,并刊登了朱经畬教授的发言稿、由吴梅先生入室弟子王西徵口述,其女王惕记录整理的《正乐堂漫录(一)——从学吴梅先生》、受吴梅四子吴南青先生开蒙学习昆曲的王惕所撰《吴师开蒙五忌》等文章。

吾师朱復先生随北京昆曲研习社副社长周铨庵先生及杨大业、傅润森等曲友亦受邀参加了纪念活动,回京后,他将纪念演出的相关资料尽数复印转送了正致力于吴梅先生著述整理出版工作的社科院文研所王卫民先生。

王卫民先生其时正在为吴梅先生的百年诞辰纪念活动奔走,见到天津已经率先展开活动后,便登门与朱復先生商议如何在北京开展纪念活动,鉴于吴梅先生最初来京便在北京大学任教,因此北京开展纪念活动的最好地点自然非北大莫属。

经朱復先生介绍,王卫民先生与北京大学中文系教授林焘先生认识并提出纪念活动事,林焘教授不仅是语言学家,亦是昆曲爱好者,北京昆曲研习社西郊小组成员,对王卫民先生提出的纪念活动事表示十分支持,并向时任北大副校长的曲家朱德熙先生汇报,朱德熙先生亦是北京昆曲研习社资深成员,于是决定由北京大学与北京昆曲研习社联合在北京大学举办"纪念曲学大师吴梅先生百年诞辰座谈会"。

1984 年暑期前,朱德熙、林焘、王卫民、朱復等在林宅举行筹备会,决定秋季开学后举行纪念会议。

1984 年 10 月 20 日,"纪念曲学大师吴梅先生百年诞辰座谈会"于北京大学临湖轩举行,全国政协副主席钱昌照偕夫人沈性元、北大副校长朱德熙、文化部艺术局副局长俞琳等出席讲话,高度评价吴梅先生将曲学引入高等学府的意义和其一生曲学研究与实践中做出的重大贡献,在京的吴梅先生弟子王西徵、李一平、常任侠等回忆了老师的生平、学术成就及对自己的教诲,希望吴先生开拓的曲学研究能继往开来,繁荣昌盛。

北京昆曲研习社的北大教授林焘、齐良骥、社委楼宇烈、周铨庵、肖漪、杨大业、欧阳启明(主委张允和因赴美未能出席)、艺术研究院傅雪漪、社科院文研所《吴梅戏曲论文集》编者王卫民、北方昆曲剧院马祥麟、丛兆桓、洪雪飞以及上海"传字辈"郑传鑑委托专人王永代表出席了座谈会。

发言之后,北京大学学生中的昆曲爱好者合唱了《长生殿·小宴》【泣颜回】,北京的业余和专业昆曲家沈性元、林焘、杜荣、傅雪漪、肖漪、陈啸原、王纪英、洪雪飞与在京的上海曲家叶惠农、戴俊、天津赶来的曲家李世瑜等进行了昆曲清唱,座谈会由朱德熙教授主持,清唱曲会由朱復先生主持。唐圭璋教授及苏州、南京、天津、昆山等地昆曲组织和人士皆发来贺信。

纪念活动后,10 月 23 日《北京日报》二版刊登了《北大中文系和昆曲研习社举行座谈会纪念戏曲家吴梅诞生一百周年》报道文章,10 月 26 日《北京晚报》四版刊登了王卫民撰写的《吴梅百年诞辰纪念会在京举行》报道文章。

北京昆曲研习社《社讯》第五期(总第十五期)对此次纪念活动进行了全面报道,包括座谈会发言摘要、清唱曲目单、唐圭璋教授发来的贺信以及北京昆曲研习社发纪念吴梅先生百年诞辰学术讨论会的贺信全文。

王卫民先生在北大纪念会筹备期间,专程拜访了当时在北京出差的吴梅弟子任二北先生,向他介绍了北京的纪念情况,提出希望能够在吴梅先生的故乡江苏省继续举办纪念活动。

这一提议得到任二北先生的大力支持,并推荐王卫民先生与南京师范大学唐圭璋教授联系商议纪念事宜。

正是在唐圭璋教授的呼吁奔走下,最终才有了苏州"纪念吴梅先生诞辰一百周年学术讨论会"的召开。

王卫民先生回忆起此段往事,谈及任二北先生"当时非常激动地说,江苏省能够搞纪念会,只要我还活着,就算爬也要去参加的",不胜唏嘘,并对在他奔走下最终南北均举行了吴梅先生纪念活动这一结果深感欣慰道:"我对得起吴先生了!"

附一　纪念吴梅先生百年诞辰座谈会清唱曲目

沈性元:《折柳》【寄生草】第一支

林焘、杜荣:《折柳》【寄生草】后三支

叶惠农:《小宴》【粉蝶儿】

北大学生合唱:《小宴》【泣颜回】

戴俊:《楼会》【楚江晴】

李世瑜:《弹词》【二转】

洪雪飞:《寻梦》【忒忒令】

傅雪漪:《三醉》【红绣鞋】

肖漪:《阳告》【叨叨令】

陈啸原:《琴挑》【懒画眉】第一支

王纪英:《琴挑》【朝元歌】第三支

附二　纪念吴梅先生百年诞辰座谈会发言摘要

朱德熙：

吴梅先生是一位非常有成就的学者，著作很多，学生也很多。我是北大中文系毕业，受吴先生影响，对昆曲发生兴趣。我们现在北大有一些年轻同学也对昆曲发生兴趣，在周铨庵老师教导下，效果不错，学得很好。

我看最好的纪念就是让昆曲后继有人，过去在大学无论北大、清华，还有别的学校，四川的大学里也有昆曲，昆曲往往在大学中传下去，今天北大的一些同学参加昆曲的学习是很有意义的。

钱昌照：

今天纪念吴梅老师的会，我接到通知，怎能不来？以前在南京的时候，吴老师在我家里唱、演；俞平伯先生现在年纪大，不出来了，他也是能谱曲能演唱的。听说现在有的年轻人喜欢昆曲，后继有人，后来居上，我想一定可以搞得很好。

当然现在所有的传统戏曲方面都有困难，一方面解决困难，一方面推陈出新。要用新的办法来搞，我想昆曲会前途无量。我是个连学生都当不上的，跟着来听。我觉得昆曲要带一点新时代精神的东西，要不然。唱可以唱，但不能让更多的人理解。

这方面郑振铎先生说过，听昆曲没有一个人能全听懂的，要推陈出新，让了解人多一些，欣赏的人更多一些，昆曲本身就可以更繁荣。吴波同志也喜欢昆曲，也爱听，要请他来。我是连欣赏的本事也没有的，但跟着听，感觉很悦耳，但也不知妙在哪里。

我的夫人是非常好昆曲的。今天来和大家见面，希望昆曲原有的、新编的、都可以唱，就可以有光辉的前景。

俞琳：

我很高兴参加这个会，接到通知就决定一定要来。在北大开这样一个纪念会尤有特殊意义，因为吴先生是在北大最早开戏曲课的老前辈。十一月初在江苏省苏州还要举行纪念活动，在他的故乡纪念他一百周年，都是很有意义的。

由于吴先生在北大首开戏曲课，以后各大学由于吴先生的教授，出现了许许多多专工词曲的专家。在座的就有吴先生的老朋友和老学生，如南京的钱南扬先生、广东的王季思先生，扬州的任二北先生等。恰恰是因为吴先生播下了这个种子，使大学校中有这一批搞戏曲的专家，他们又传下来了学生，现在大专学校中年轻一批搞戏曲的专家，讲元明清文学史又会唱昆曲的，他们就是骨干，就是中坚。

我想我们北大应该继续这个传统。我们中国文学史是非常丰富的了，可是元明清这段，戏曲应该是占一个非常重要的地位。近代文学史中研究是注意了近代戏曲史活动，当代、现代文学史中，戏曲这部分仍应成为一个重要的方面，但在大学校中一般还没摆在重要的位置上。

如果说从中国戏曲艺术在国内、在国际的影响上看，它作为文学艺术的一个方面，在大学讲坛上应该占有一个重要的位置。所以我觉得纪念吴先生，想到吴先生当时耕耘播种的功绩，他在大学校里边做了那么多工作。现在看起来开花结果了。当然治此道的人还不是太多。

我很高兴听到北大有些年轻的中文系的同学也开始爱好昆曲了，北京昆曲研习社也培养了很多昆曲爱好者；这些昆曲爱好者是昆曲艺术的基本观众。我想在大学校里，中文系同学里，一班里有几个专工戏曲的，对今后戏曲艺术业发展、研究和推广都有好处。

现在各省大学中文系，就是因为有赵先生在复旦、钱先生在南京大学、王先生在中山大学，使得那里的戏曲教学内容丰富多了。我们需要这样的人才，因为搞文学史，戏曲不是书面的、案头的东西，应是台上的，唱点昆曲了解它就深刻的多了。只搞书本的是太单调了，实际上应是台上东西。

纪念吴梅先生百年诞辰很重要。戏曲艺术还要发展，在国内、国际，观众最多的如果是电影，其次就是戏曲。十亿人民中广大农民还是要看戏曲。作为昆曲艺术来说，昆曲是哺育了所有剧种的一个剧种，昆曲应该得到发展。

今天我愿意来，也愿意呼吁重视昆曲。关于昆曲问题，85 年要开全国戏曲工作会议，我们也设想把昆曲这些古老的、有深厚传统的剧种摆在一个重要的位置上去，虽然不能像日本对待能乐对待歌舞伎那样，封为国宝，但它确实是国家之宝，应该有些特殊的照顾，我们正在考虑这个问题。

前不久俞振飞先生给胡耀邦同志写了一封信，也是谈到这个问题，意见很好，就是下一步具体落实的问题。我在这里做一点通告，要鼓舞大家有信心，我们的戏曲艺术要发展，我们的昆曲艺术也一定要发展，一定要长期地保留下去，不但不会只是少数人惨淡经营，还应该有更多的观众才行。

王西徵：

今天我能参加这个纪念会，感到很快慰。我想只用五六分钟提一下吴先生贡献的特点：我认为吴先生是戏曲研究家，也可以说是词曲研究家，因为他研究的不只是现在概念上的戏曲，也包括古典的词和曲，并且研究两者密切的联系，既要做词，又要作曲，词曲二者不可分离。他研究词、曲文词、思想、意境的见解以及对当时社会背景的反映，都十分着力，而且相当深造。

他遗留下大量词曲、杂剧、传奇和著述等。他突出的贡献是从词曲内在联系出发，探索其间结构的渊源与发展的规律，这不是词曲学通论或词曲史，这是要阐明律吕与宫调的关系，阐明历代乐律的更迭，阐明中土和西域的沟通，以及管弦乐器的应用变化，咏唱的声韵、腔调、节拍和南北异同等等。

这就是他在老北大、南京所讲授的词曲律谱等专业课的主要内容。那时出土文物还没有现在丰富，敦煌文献的整理、器乐和声乐的争鸣也没有焕发出现在的光彩。他所凭借的资料即是靠他被人称为"词山曲海"的家当,经过从江苏到云南的迁移,归宿如何我不了解。

吴先生收藏、校阅、札记的勤谨,论著、序跋、酬答的繁多,以及他能填词、能打谱、能写剧本、能导演、能吹笛、能唱曲等都是他刻苦钻研、躬行实践过程中的具体表现。这里无须多谈。

我腆为吴先生的学生,没学多少东西,但家中还是受了他的影响,我的女儿和孙女都学昆曲,可以说一家三代今天参加这个会,觉得可以在这里告慰吴先生。

李一平:

今天参加这个会出乎意外,我原以为瞿安先生承继下来的昆曲已经是绝了。瞿安先生在民国十七、十八、十九(1928—1930)年住在我家南京的大石桥,每天吃晚饭后,他吹笛,教我唱《长生殿》,我跟他夫人的嗓子都不行,但他不管,喝酒高兴了,就吹笛要我们唱。

临走时,他自己去买鸭子回来,让学生一起吃,照相,在相片上题的就是【解三酲】《题〈石桥秋饯图〉》"滞南天十年惆怅,话西楼一夕凄凉。把渭城朝雨改作庐山唱,长干里暮云长。正黄花簪鬓愁千丈,待白鹿谈经赠数行。秋风莽,万方多难,两地相望。"这首载在他的集子里。

这张相片当时日本人来居然没有丢失,后来日本投降后吴师母把这张照片还给我了,"文革"中幸免于难,这边照片就保留下来了。

吴先生文才快得很,一次一个朋友送我一首诗,我拿到他家,吃饭时他看,谈天不到五分钟,他就给和出来了,1936 年我结婚,他是介绍人,参加我的婚礼。对他的学问,我是门外汉,但对他的情谊殊深。

抗战爆发后,他在湘潭,我去看他,谈到假使武汉失守怎么办?我说回云南去,他说要到我那里去,我说好,但我多年没回云南了,先回去看看情况再联系。后来他撤退到桂林,大轰炸时得了病,后来他打电话说决定到云南来,要我到昆明接他。

当时联大的朋友有意留他在昆明,昆明医药条件好,但先生坚持去我家,到了大姚县后,春节的时候又发病,后来过世,过世后我把棺材停在我家里,直到1956年我才经中央统战部的帮助,才火化将骨灰送回苏州家乡,他在遗嘱上有,一定要葬回苏州,如果棺木无法移去,就学佛陀火化,后来吴师母也同意了,所以才火化。

吴先生火化时,面目如生,原来有张照片的,可惜"文革"时没有了。这次苏州有纪念会,我有两个愿望,一是他的骨灰下葬的地方因为修公路搬到乡下去了,他的弟子那么多,影响那么大的一个人,应当把他的骨灰移葬到离市区近一些的地方,让人容易瞻祭,二是修缮他的苏州故居,供后人瞻仰,这是苏州地方应当做的。

他的书很难得,日本人占苏州时,按图索骥找到他的书,但一本都没有动,以前赵万里、郑西谛都在他家一住几个月的看,1949年后,善本书全部送北京图书馆,一般的书就送到苏州图书馆。

瞿安先生真是了不起的人,我是他中学的学生,他在东南大学教书的时候,我在江苏第一中学高三的学生,卢冀野是第一班的学生,我是第二班,他讲文学史,他讲课不看讲义的,讲到有关的词曲,连讲带唱。

吴先生的学术应该继承之外,他的做人,也应当留传后世,很多小事,不为人注意的,可以看出他亲切感人,对人忠厚,晚年他看战争将会打得很长,我们不能投降,决心死在我家里,遗嘱中充满爱国之情。今天北京大学如能将他的学术承继下来就好,我今天82岁,能参加这次纪念会,我特别高兴,我想我一生没有比今天高兴过。

常任侠:

今天纪念我的老师,我即使是迟到了,也无论如何要赶来参加,我想回忆回忆跟老师的情谊。

我与一平同志是老同学,我也是快 82 岁了,1928 年入学,到学校拜的头一个老师是吴瞿安先生,因为读过他的书,非常崇拜他,所以先选他的课。他教课认真,还请苏州一个吹笛的名手来教我们唱曲、吹笛子,实践才能懂得曲律,唱的方法精熟了,做才会精熟。我曾经做过几个杂剧。

吴先生的教导非常亲切,和自己家里一样。吴先生的日记中记载了很多条我和他的联系,不但课堂教学,而且组织潜社,出版潜社词刊四本,带学生们到秦淮河作曲、填词。开始是作曲,后来汪旭初先生参加后也填词,当时不分师生,分了题目就分头去做,做完后大家一起批分,老师主持,学生也可以得第一。

吴先生当时谱了曲就唱,我感到师生非常亲切。后来黄季刚先生参加,又打过诗钟。以后我教学时,就学老师,坚持与学生打成一片。吴先生尤其对气节非常重视,讲忠臣烈士,讲传奇必有奇可传,必有感召我们的地方才有价值,他正是以这种精神感召我们,教人为主,其次治曲。

1938 年后老师和我们分手,日寇占领南京,我在长沙还看到他,已患喉癌,很觉伤感。我在重庆 1939—41 年时他已去世于云南大姚。

卷　三

吴新雷

吴梅遗稿《霜厓曲话》的发现及探究

吴梅是近代著名的曲学大师,生前执教于南京大学的前身中央大学和金陵大学。他苏州家藏的戏曲图书极多精品,于教职之暇辑印了《奢摩他室曲丛》和《百嘉室曲选》,并编有《奢摩他室藏曲待价目》。1984 年 11 月我赴苏州参加"纪念吴梅先生诞辰一百周年学术讨论会",特地到双林巷吴梅故居,瞻仰了奢摩他室和百嘉室,①得悉吴梅遗存的藏书在 1949 年后已由其子吴南青献赠北京图书馆。那么,吴梅在中央大学和金陵大学任教期间,是否还有遗著留下呢? 这个问题,直到 1989 年 9 月我们举行了"纪念吴梅先生逝世五十周年曲会"以后,才从南京大学图书馆的古籍目录中检得线索,经过多次寻查,终于在 10 月 16 日找到了吴梅的遗稿《霜厓曲话》十六卷。由于这是善

---

① 奢摩他室和百嘉室是吴梅家中南北相对的两座楼上书房的名称。百嘉室是因收藏一百部明朝嘉靖刊本而得名。"奢摩他"则出于佛经梵语的音译,是寂静不乱、专心致志的意思。《楞严经》佛告阿难说:"汝虽强记,但益多闻,予奢摩他,微密观照。"《宗密略疏》云:"奢摩他此翻云止、定之异名,寂静义也,谓于染净等境心不妄缘故。"

本,只能在馆内阅览,所以我就连续跑馆,先后经历了两个多月的时间才全部
读完。现将情况介绍如下,以供曲学同好者参考。

《霜厓曲话》的来历

　　吴梅(1884—1939),字瞿安,号霜厓,江苏长洲(今苏州市)人。他早年到
上海参加革命的文学团体"南社",擅长诗词和戏曲创作。1899 年(清光绪二
十五年)开始作《血花飞》传奇,1904 年发表《风洞山》传奇,1907 年发表《暖香
楼》和《轩亭秋》杂剧,又有《霜厓诗录》、《霜厓词录》、《霜厓曲录》及《霜厓三
剧》等行世。平生酷爱昆曲,对制曲谱曲和吹笛演唱诸艺事,均有高深的
造诣。

　　吴梅不仅是戏剧作家和昆曲专家,而且也是戏曲理论家和戏曲史家。他
一生勤读元明清戏曲作品,常把自己的心得体会写成题跋或札记,并出版了
多种研究专著。早在 1907 年(清光绪三十三年),他就在上海《小说林》杂志
上发表了《奢摩他室曲话》二卷,计有《论杂剧院本》、《论务头》和《诸曲提要》
三部分。[1] 至 1913 年,他在《小说月报》四卷九号发表的笔记《蠡言》中说:"余
旧著《曲旨》二十卷,止源流篇脱稿,他时须踵成之。"可见吴梅继《奢摩他室曲
话》之后,曾计划写作大规模的《曲旨》,但只开了个头,并未完成,也未见发
表。因这时他的规划有所改变,转而集中精力撰写理论著作《顾曲麈谈》四
卷,1914 年至 1915 年的《小说月报》予以连载,并由商务印书馆于 1916 年 12
月出版了单行本。他的名声从此大振。北京大学校长蔡元培即于 1917 年秋
聘请他主讲古乐和词曲。在此以前,词曲被封建主义者目为"小道",是不登
大雅之堂的。当时北大文科学长陈独秀锐意改革文科的教学,吴梅的被请进
北大,使戏曲破天荒地在高等学府里登堂入室。在任教期间,他为学生编写

---

[1]　见《小说林》1907 年第二、三、四、六、八期,及 1908 年 1 月出版的第九期。

了《词余讲义》(1919 年北京大学出版部初版)和《古今名剧选》(1922 年北京大学出版部初版),培养了一批研究词曲的学者,如俞平伯、任二北和钱南扬等。

　　吴梅先生进北大的那年,恰巧与陈中凡先生(1888—1982)同住在一座教员宿舍里。陈先生对他的曲学成就十分钦佩,经常请教,并跟他学唱昆曲,情谊日深。1921 年 9 月,陈先生受南京学界之请,出任东南大学国文系首届系主任和教授,即有意延请吴先生南下。1922 年 9 月,吴先生欣然应聘,①担任了东南大学国文系的词曲教授。北伐以后,曾一度任教于上海光华大学。1928 年夏,东南大学改名中央大学,他接任教职,直到 1937 年抗战爆发为止。据 1924 年编印的《国立东南大学文理科一览》和 1930 年编印的《国立中央大学一览·文学院概况》等档案记载,吴梅在校开讲了《曲学通论》、《词学通论》、《曲选》、《词选》、《戏曲概论》、《南北曲律谱》和《曲论》等课程。唐圭璋、卢冀野、王季思、浦江清、沈祖棻、常任侠和李一平等,便是这一时期的入室弟子。他讲课都编有讲义,并陆续整理出版。如《曲学通论》是北大时期《词余讲义》的改名,1925 年先由东南大学排印,1935 年才由商务印书馆编入“国学小丛书”正式出版。《曲选》的东南大学讲义本题为《百嘉室曲选》,②共选南戏传奇 32 种 194 出,每种之末均有题跋,任中敏曾辑为《霜厓曲跋》。③《戏曲概论》课的讲义原题《曲学概论》,1926 年由上海大东书局出版时题为《中国戏曲概论》。《南北曲律谱》的讲义用力最勤,经过十年的精心琢磨,成书为《南北词简谱》十卷(1939 年由卢冀野在重庆白沙石印)。在此期间,他应世界书局“ABC 丛书社”之约,用白话文写了《元剧研究 ABC》,1929 年出版了上册(下册未见出书)。又应商务印书馆之请,就家藏六百种戏曲中选出一百五

---

① 吴梅与陈中凡的交往和书信可见姚柯夫编著《陈中凡年谱》(书目文献出版社 1989 年版第 17、33 页)。

② 1930 年商务印书馆作为“国立中央大学丛书”正式出版时简名为《曲选》。

③ 见 1940 年中华书局出版的《新曲苑》第九册。

十二种精品,编印《奢摩他室曲丛》,1928 年出版了初集六种、二集二十九种。1932 年正待印行三集三十种之时,突遭"一·二八"之役,书版被日机炸毁,多年心血,顿成劫灰,他为此而痛心疾首。

当时金陵大学中国文学系的课务,多半是聘中央大学的教授兼任的。吴梅正式接受金大的聘书,是在 1933 年初。据 1934 年编印的《私立金陵大学文学院概况》记载,吴梅开讲的课程有《金元戏曲选》、《专家词》和《曲学概论及曲史》;为国学研究班又增开了《南词斠律》、《北词斠律》、《散曲研究》、《度曲述要》和《订谱述要》。《霜厓曲话》十六卷,就是他在中大和金大授课期间留存的遗稿。

金大存本《霜厓曲话》分订为十六册,每册一卷,每卷都盖有"金陵大学藏书"的篆体朱印。这是一部毛笔手抄本,细察全书字迹,不是吴梅亲笔,而是由四个抄手分工誊录的。卷一第一叶的书口下特别写明"苏州吴氏奢摩他室手校",是经吴梅本人同意而传抄的。那末,吴梅的手稿原本又在何处呢? 这个问题,直到 1990 年春天,我赴石家庄参加"首届海峡两岸元曲研讨会"以后才得以解谜。我向来自台湾的学者了解到,吴先生的手稿十六册现藏台北"中央图书馆"。原来,三十年代在中大和金大各有一部《霜厓曲话》手抄本。吴先生在中大执教用的是他亲笔手写的原本,而金大的则是根据原本移录传抄的副本。原本后来传入台湾,副本现藏南京大学图书馆。但两个手抄本都在书库里沉睡了数十年,一直没有专文介绍,所以如今有必要表而出之。

现就南京大学的藏本而言,这是 1952 年与金陵大学合并时接藏的,观其纸质,十六册不尽相同,有朱丝栏和绿丝栏(也有无行款的白纸),其中一部分有南京三十年代"贡院西街庆章纸号印"的标记。每半叶十行,每行 18 字至 30 字不等。十六册共 314 叶,每册线装宽 19.90 厘米,长 28.30 厘米。由于其中大部分内容从未发表,现已成为吴梅遗留下来的一部珍贵著作。

《霜厓曲话》的内涵

《霜厓曲话》是吴梅平时读曲的心得体会的札记,内容包括作家作品的评论、曲辞语句的赏析、作家生平的探讨、音律声腔的考订和戏曲历史的勾稽等。经过仔细的研读和比较,《霜厓曲话》不是《奢摩他室曲话》。《小说林》所载《奢摩他室曲话》二卷的内容,在《霜厓曲话》中一条也没有。那末,这部《霜厓曲话》应是吴梅重新创稿的另一部论著。它不是一时一地写成的,而是吴梅在苏州、上海、北京、南京的教学生涯中长期积累的研究成果。它的属稿年代较早,约在 1914 年《顾曲麈谈》发表以前。经过比勘对照,《顾曲麈谈》和《词余讲义》中的一些章节,汲取了《霜厓曲话》卷一至卷六的部分条目。如《曲话》卷三第 19 条、21 至 23 条,卷四 27 至 33 条,卷六 54、56 条,[①]均为《顾曲麈谈》所采用。而《曲话》卷一第 1、3 条,又为《词余讲义》(《曲学通论》)第一、二章所取资。《曲学通论》和《中国戏曲概论》中著名的史论警句"以临川之笔协吴江之律",即源出《霜厓曲话》卷一第 4 条。《曲话》是随笔札记性质,信笔直书,文字较为质朴,而用到正式出版的《顾曲麈谈》和《曲学通论》中时,是经过润色加工和剪裁发展了的。例如《霜厓曲话》卷三第 19 条头段的原文是:

> 元人乐府,盛称关马郑白。关为汉卿,马为致远,郑为德辉,白为仁甫。四家之词,如钧天韶武,后有作者,不易及也。关词略见前卷,不再述。

---

① 原书条目并未编号,现为研读和叙述方便起见,本文中拟出序号。统观全书,共计 135 条,条目有长有短,长的多达三四千字。

《顾曲麈谈》第四章《读曲》采用时修饰为：

> 元人乐府，盛称关马郑白。关为关汉卿，马为马东篱，郑为郑德辉，白为白仁甫，四家之词，直如钧天韶武之音，后有作者，不易及也。臧晋叔《元曲远》所录四家词至多，学者可以读之。汉卿之词，前已略见一二首，可以不论。

经过这番加工补充，语法文意都较原文通达，可证《麈谈》本自《曲话》，而不是《曲话》抄自《麈谈》。再从原文的记事来看，《曲话》第 54 条说"近海宁王静庵国维作《优语录》二卷"，第 115 条说："近董授经康得《杂剧十段锦》，以玻璃板印出。"考《优语录》发表于 1910 年《国粹学报》，董康诵芬室影印《杂剧十段锦》是在 1913 年，可见曲话的有些条目确是写于 1914 年麈谈之前。当然，曲话十六卷中许多条目是写于麈谈之后的。例如卷十四第 124 条评梁辰鱼《红线女》杂剧说：

> 中数支以南词法作北词，而秾丽工整与南歌无别，末后《青门饯别》，较近今传唱本不同，且少数曲，盖经妄人删削，以《红线》、《昆仑》二剧改为南词为《双红记》也。吴中演此者已不多见，入都后更不一闻。

所称"入都"，是指他 1917 年到北京大学，这一条显然是他在北京时写的。另外，有些条目则是到南京后写的，他在南京时期的著作《中国戏曲概论》和《元剧研究 ABC》曾从中取资。不过，十六卷中的条目并非按照写作先后的顺序排列的，而是整理时按元杂剧和明杂剧的次序誊清录存的。

吴梅熟习明清古典曲论，写作《霜厓曲话》时曾参考前人的论著。如卷十二第 104 条"周德清评《西厢》"，109 条"元人如乔梦符、郑德辉等俱以四折杂剧擅名"，110 条"明代填词高手"，111 条"何元朗谓《拜月亭》胜《琵琶记》"，

112 条"元人小令行于燕北",均摘自明人沈德符的《顾曲杂言》。卷六第 55 条、卷十一第 91 条关于海盐腔的资料,摘自清人焦循的《剧说》。卷二第 11 条"《西厢》经金圣叹批评后而实甫之面目全失",卷五第 43 条、卷八第 75 条"以白文引起曲文",摘自梁廷楠的《籐花亭曲话》。卷八第 65 至 71 条关于元杂剧的渊源、时地、存亡,卷十一第 94、96、99、102 条关于乐曲源流、砌末、大曲、院本的论述,均摘自王国维的《宋元戏曲史》。除此以外的条目,则是吴梅自己的创稿,是他的独得之秘,如卷六第 48 条说:

> 《天宝遗事》,元王伯成撰,伯成事实无考,其书合诸套数而成,曲白叙事,合而为一,体例略似《董西厢》。各家曲谱,皆援引此书,全本则绝少概见矣。余在海上日,坊肆有钞本求售者,索价过昂,还之,仅约略钞录数套而已。其词有绝妙者,皆洪昉思《长生殿》所未及,疑昉思未见此书也。

《天宝遗事》写唐明皇与杨贵妃的情事,是诸宫调的体裁。全书早已失传,本世纪三四十年代,郑振铎、赵景深和冯沅君等学者曾据各种曲谱进行辑佚,但从未发表流播,而朱禧的辑佚本是 1986 年才印行的(天津古籍出版社),凌景埏和谢伯阳的辑佚本出版于 1988 年(齐鲁书社)。然而,吴梅却早在清朝末年到上海时,就见到了全本,这不能不说是一个重要发现。可惜他因书肆"索价过昂"而没有买下,否则,就可以省却这许多学者的辑佚之劳了。

又如卷七第 63 条说:

> 《赵氏孤儿》一剧,为大都纪君祥作,谱程婴、杵白事,即明徐叔回《八义》之蓝本。此事绝佳,而词亦相称,较叔回作有天迥之别,可知元人力量之厚矣。惟元剧多四折一种,独此剧五折,而日本西京大学覆元刊杂剧三十种,此剧又止有四折,无末后【端正好】一套,使经晋叔改削,亦不

应无端加增一折,特破元剧之例。意晋叔所见,别一刊本,与日本所刊者不同钦!论者辄据元刊为本,谓晋叔妄增折目,亦偏宕无据也。剧中词句,二本同异至多,竟有相差太远者,余两取之,不敢谓元刊独是,臧刻独非,惟取词之佳者而已。

这里评论了《赵氏孤儿》的两种版本,对臧晋叔的《元曲选》和1914年日本京都帝国大学(又称西京大学)的《覆元椠古今杂剧三十种》进行了比较,认为不应否定臧晋叔,态度公允,意见中肯。——《霜厓曲话》中颇多这样的真知灼见,集录的资料也很丰富。由于这是吴梅先生个人的读曲札记,仅供自己从事教学研究作参考,所以生前没有公布,无人提及。我师陈中凡教授和钱南扬教授虽在南大任教多年,也从未知见。今能表之于世,实为曲苑盛事!

《霜厓曲话》的精义

如上所述,《霜厓曲话》135条中,被采入《顾曲麈谈》、《曲学通论》和《中国戏曲概论》等书的有二十余条,摘自《顾曲杂言》等前人著述的计有二十条左右,则还有九十多条是尚未公之于世的曲论,其学术价值是十分可贵的。

《霜厓曲话》的内容,主要是对元明杂剧的探讨,卷一至十二论元杂剧,卷十三至十六论明杂剧。至于南戏与传奇,在与元明杂剧作比较时也曾兼而论及,但较简略。照理,吴梅对南曲剧作的研究素所擅长,对明清戏曲应有更多的论述。今按《曲话》卷十四124条说:"梁伯龙《浣沙记》脍炙词坛垂四百年,余别有论见后。"125条说:"《玉合》系传奇,论见后。"可知他是准备详论明清的传奇作品的,但十五、十六卷未见论及,则《曲话》十六卷以后当有续作。不料抗日战争突发,吴先生播迁内地,颠沛流离,仅以五十六岁之年,病逝于云南大姚县李旗屯,素愿未酬,赍志以殁。

综观《霜厓曲话》尚未公布的条目,内中精义甚多。现分类举例介绍

如下:

第一,作家研究方面。

关于《西厢记》作者王实甫的生平,史无明文,毫无记载。吴梅从王氏【商调集贤宾】《退隐》套曲中却发现了一点线索。《霜厓曲话》卷二第 16 条说:

> 实甫生平无从稽考,余尝得其《退隐》一曲,有黄阁红尘之语,意亦出仕,特未知官阶显晦耳。……词中所云昏嫁既毕,微资赡赒,开支周遍,园亭纵游,则晚年林下之乐,可以想见。且题云《退隐》,则前此正出仕之时,得此一套,又增词家掌故。

这一识见是很高明的。按《退隐》散套是王实甫六十岁自寿之作,【金菊香】云"想着那红尘黄阁昔年羞",【悟叶儿】云:"怕狼虎恶图谋,遇事休开口,逢人只点头,见香饵莫吞钩。"足见他确曾出仕元朝,而且高登黄阁,官职不小,但与蒙古贵族统治者意见不合,羞与为伍,且怕"狼虎"迫害,宁弃"香饵"而退隐。【集贤宾】云"毕婚嫁儿女心休","数支干周遍又从头",【后庭花】云:"有微资堪赡赒,有园亭堪纵游。"可见他年过花甲,优游林下,家事称心,晚景顺适。①

关于《张生煮海》的作者李好古,吴梅有一个发现。他在《霜厓曲话》卷八第 72 条中,根据赵闻礼《阳春白雪》卷七【谒金门】词署名"李仲敏好古"的记载,认为李好古字仲敏,宋末元初人,兼通词曲。在 1953 年初版的孙楷第《元曲家考略》中,曾提到两个李好古,但没有考及《阳春白雪》中的李好古,则吴梅所述,甚有参考价值。

第二,作品评论方面。

---

① 1957 年第 2 期《文学研究》发表了冯沅君《王实甫生平的探索——王实甫〈退隐〉散套跋》,冯先生与吴先生的见解不谋而合,且有更深的探考。但王季思先生在《玉轮轩曲论三编·王实甫评传》(中国戏剧出版社 1988 年版)中对冯说有疑义。这一问题,有待进一步研究。

吴梅藏曲丰富,涉猎广泛,所以在《霜厓曲话》中写的剧评,善于展开横向和纵向的比较。兹举三例。例一,评元代石君宝《秋胡戏妻》和《曲江池》杂剧:

> 秋胡事本传说,剧中装点关目,固曲家应有之举。余最爱【赚煞】、【叨叨令】二支,语语俊朗……调侃蕴藉,与《㑳梅香》相类,洒笔端有灵机者。《曲江池》即《绣襦》之祖本。唯词藻工丽,较《绣襦》有别而已。其中运用方言处,绝无村俗气分。……剧中将郑(元和)、李(亚仙)厚情,摹写极精,则雪中款留一节,文情便紧。如传奇《当巾》折云云,反见亚仙亦不情矣。此是北词中胜处。(卷七第61条)

这条评《秋胡戏妻》联系到同时代郑光祖的《㑳梅香》,评《曲江池》则与明代薛近兖的《绣襦记》传奇相比,并精确简当地指出了优缺点。

例二,评张寿卿的《红梨花》杂剧:

> 剧中记赵汝州事,与明人徐复祚、快活庵所作两种红梨花实相类似。唯此词中伎名谢金莲,南词则名谢素秋,事实初无异也。寿卿所作,止见此种,诸家目录,亦未载他曲,其词在元剧中可称上乘。《卖花》一折,尚有旁谱,见《纳书楹》中。徐氏《红梨》,以《问情》、《花婆》二折最佳,《问情》系南词,不论。《花婆》一折,即以寿卿第三折【粉蝶儿】为蓝本,而文词则终不如元人之厚。(卷九第82条)

徐复祚曾据杂剧改编为《红梨记》传奇,快活庵评本又据徐本大改。昆曲剧坛上流行的是徐本。所谓《问情》,即徐本第十五出《试心》,全用南曲。《花婆》即二十三出《计赚》,因为是从杂剧第三折脱胎的,所以全用北曲,徐复祚改写得虽称成功,但文词仍不及元曲的本色当行,所以昆曲中保留了杂剧第三折原词的演唱本,见乾隆时叶堂辑印的《纳书楹曲谱》正集卷二,题为《卖花》。吴梅指出这一点非常重要,足见他对元杂剧的推崇。

第三,探讨元明戏曲的继承关系。

元人杂剧在艺术技巧上颇多独创,其影响极为深远。明清有成就的戏曲作家,无一不从元剧中吸取滋养。《霜厓曲话》列举的曲例十分生动,于源流正变条示分明。其中特别着眼于汤显祖(玉茗),一再揭示《临川四梦》效法元剧的痕迹,现举三例。

例一,指出汤显祖《牡丹亭》传奇《离魂》《闹殇》的关目文辞,是受乔吉《两世姻缘》杂剧的影响:

> (《两世姻缘》)其词秾丽如玉茗、石渠一流,所云凤头、猪肚、豹尾,当之无愧焉。……第二折【商调集贤宾】一套,世称"大离魂"者是也。——按此是乾隆时伶工俗语,以《牡丹亭》为"小离魂"。——《纳书楹》曾为订谱,颇为伶伎传唱,今不传矣。通套秀丽葱蒨,为剧中最胜处……又第三折【越调】一套,即为汤玉茗之蓝本。(卷四第30条)

昆曲"大离魂"见《纳书楹曲谱》正集卷二,即杂剧《两世姻缘》第二折,内容写韩女玉箫与韦皋的恋情,因韦皋被逼赴试,玉箫在家相思成病,自画真容,伤情而逝。《牡丹亭》中杜丽娘因惊梦而写真而离魂,其艺术手法就是从此借鉴得来的。

例二,指出王济《连环记》的《问探》和汤显祖《邯郸记》的《西谍》,实取法于尚仲贤杂剧《气英布》与《单鞭夺槊》的第四折:

> 《单鞭夺槊》记尉迟敬德榆科园救主,单鞭击死单雄信事,摹写英雄本色,尤为白描圣手。惟第四折格式,与《气英布》同,即开后世《问探》、《西谍》之格。(卷七第60条)

查《气英布》第四折写汉王派英布往救彭越,共击项王,军师张良特派探子去打听胜负消息,探子作为主角由正末扮演,通过他唱的【黄钟醉花阴】套曲,暗示了战场上打败项王的情况。《单鞭夺槊》第四折的格局与此相同,写唐元帅与单雄信在榆科园交战,军师徐茂公特派尉迟恭去救应,又差能行快走的探子去侦察情况,探子同样由正末扮演,同样唱【黄钟醉花阴】套曲。这种表现手法,首先被王济写《连环记》第十六出《问探》所沿用,探子诨名"夜不收",也是从《气英布》中得来的。而汤显祖写《邯郸记》第十五出《西谍》(俗名《番儿》),就不是简单的照搬,而是把探子当作间谍来写,不用明场处理而借助唱词说白反映幕后情况,这是汤显祖在继承传统的基础上而作出的创新。

例三,指出《邯郸记》第三出《度世》(俗名《扫花·三醉》)和二十九出《生寤》,实以杂剧《竹叶舟》和《黄粱梦》为蓝本(见《曲话》卷十第 84 条和卷十一第 100 条)。

第四,戏曲发展史的梳理。

《霜厓曲话》卷一第 4 条,对元明清戏曲发展的历史,做了一个宏观的全面的勾勒,洋洋四千余言,极为精辟,如论明代传奇的四种流变说:

> 南曲传奇,日新月异。郁蓝生所品,高晋音所论,亦如诗中钟荣、画中谢赫、书中庾肩吾也。论其流别,约分四端。自《琵琶》、《拜月》出,而作者多熹拙素;自《香囊》、《连环》出,而作者又尚词多;自玉茗《四梦》以北词之法作南词,而侚越规矩者多;自吴江诸传,以俚俗之语求合律,而打油钉铰者众。于是矫拙素之弊者用骈语,华辞采之烦者尚本色。正玉茗之律而复工于琢词者,吴石渠、孟子塞是也;守吴江之法而复出于都雅者,王伯良、范香令是也。

这条论述,吴氏自加剪裁增删,已采入《曲学通论》和《中国戏曲概论》中,至于其他条目之论曲史者,可另举二例。

例一，指出《误入桃源》杂剧的曲辞实开明初南戏工丽典雅之先声："王子一有《误入桃源》一剧，谱刘、阮到天台事。其词秾丽，在明剧中最工密之作，实开南曲之先，元人不尔也。"（卷十二第 105 条）

例二，指出明代后期的杂剧因受传奇的影响，在体格上打破旧规而发生变化，或用南曲作杂剧，称为南杂剧，或将多本杂剧联为长篇传奇。在这趋向中，叶宪祖（号槲园居士、别署勾余六桐）是创新的代表作家：

> 《团花凤》四折，以南词作杂剧，为六桐创格，此后趋步者多矣。（卷十五第 131 条）

> 《四艳记》合四剧而成，分春夏秋冬四季，春艳为《夭桃纨扇》，夏艳为《碧莲绣符》，秋艳为《丹桂钿盒》，冬艳为《素梅玉蟾》。计四种，种各九出，皆南词用传奇式，又槲园所创也。（卷十五第 132 条）

考《四艳记》的明刻原刊本确为传奇形式。但沈泰编入《盛明杂剧》二集时分为四本杂剧。吴梅奢摩他室藏有《四艳记》的原刊本，所以他能作出"皆南词用传奇式"的论断（现《古本戏曲丛刊》二集已影印了这种原刊本）。

第五，曲律的审订方面。

吴梅精通戏曲声律，他把一生的研究心得，大多写在《南北词简谱》每支曲牌的按语中。而《霜厓曲话》中也有不少这方面的评语。如论及王伯成《贬夜郎》第一折仙吕宫【混江龙】曲调说：

> 【混江龙】一曲，《太和正音谱》云"可以增损"。按格止九句，如朱廷玉"可爱中秋"一套云："庾楼高耸，桂华初上海涯东。秋光宇宙，夜色帘栊。谁使银蟾吞暮霭，放教玉兔步晴空。人知重、管弦声里，诗酒乡中。"此正格，一字不增者也。若欲增句，须在七字两句之后，所增限定四字句，四句后顶七字句两句。而四字句可韵可不叶，此曲"甘心致仕"下六

句是也。末后收处，仍须三字句一，四字句二，还【混江龙】本式。自汤
玉茗《冥判》【混江龙】多至七百言，于是作者多浪使才情，一往逸出绳墨
之外。（卷九第 78 条）

这阐明了【混江龙】曲式的特点，并指出了《牡丹亭》第二十三出《冥判》中突
破格律的发展创造。

又如评论明初朱有燉《义勇辞金》第四折的【九转货郎儿】套曲说：

> 此套固自《货郎旦》脱胎，而首数支用【正宫端正好】、【滚绣球】、【倘
> 秀才】诸牌，与【九转货郎儿】相接，皆是一宫联络，与《货郎旦》之【南吕
> 一枝花】比，格律更细，盖【货郎儿】本正宫曲也。……凡用【货郎儿】九
> 转者，须每支换韵，独首几曲皆须一韵。又【尾声】仍用首数句韵，以成
> 一套格式。惟【货郎儿】九曲，则逐曲换韵，不拘次序。此名"夹套"，谓
> 大套中容纳一小套也。南词中夹套最多，且可任用他宫调曲。北词则
> 否，即有借宫，亦须有依据，非可任意联套。清代词家，惟洪昉思能明此
> 理，余皆懵如矣。（卷十三第 114 条）

这阐明了大套中容纳一个小套的联套方式，指出【九转货郎儿】源出元代无
名氏《货郎旦》杂剧第四折，朱有燉采用时有所变革；而洪昇《长生殿》第三十
八出《弹词》则仿《货郎旦》而你，音律谐美，传唱不衰。

综上所述，吴梅在《霜厓曲话》中所表现的史识和见解均极精辟，他除了
能做宏观的总论外，尤其善于做微观的评析。他运用这种民族形式来写曲
论，当然是受了传统曲话的影响。但在科学性和系统性方面，则远远超过了
以前的《雨村曲话》、《藤花亭曲话》和《箓猗室曲话》。他毕生研究中国传统戏
曲，为弘扬民族文化而不遗余力，其成就和贡献是非常突出的。

1990 年 2 月上旬，我到石家庄参加河北师范学院元曲研究所主办的"首

届海峡两岸元曲研讨会",与台湾师范大学中文系赖桥本教授座谈并唱曲。他说,吴梅的弟子到台湾讲授曲学的,有任教于台湾"中央大学"的尉素秋先生和任教于台湾师范大学的汪经昌先生。赖桥本先生是台湾省彰化县人,而受业于汪经昌教授门下。他笑称海峡两岸都有吴梅先生的再传弟子,甚盼彼此沟通,交流学术信息,为昌明曲学而共同努力。他告诉我,台北"中央图书馆"收藏的《霜厓曲话》手稿在台湾已有书目著录,但还没有专题介绍。因此,我写这篇文章抛砖引玉,唯愿海峡两岸的学人为开展吴梅研究而步入一个新阶段。

——《南京大学学报》1990 年第 4 期

吴新雷

吴梅《词余选》探考

　　曲学大师吴梅先生于 1917 年至 1922 年在北京大学主讲"词曲"课,曾为学生编发了《词余讲义》(1919 年北大出版部铅印)和《古今名剧选》(1921 年北大出版部铅印)。而 2005 年第 1 期《北京大学学报》(哲学社会科学版)发表陈平原的《不该被遗忘的"文学史"——关于法兰西学院汉学研究所藏吴梅〈中国文学史〉》,考述了吴梅在北大期间不仅讲授"词曲"每周十节课,而且还讲授"文学史"每周二节课。文中指出,吴梅编发的《中国文学史》油印教材,在"北大档案馆、图书馆里没有收藏,各种传记及书目里也未见提及",却在法兰西学院汉学研究所的藏书中发现了,这为学术界提供了前所未知的重要资讯。那么,除此以外,有没有被"吴梅本人以及当年的众多学生"所遗忘的其他教材呢? 我可以回答说,还有一部《词余选》,已在南京大学图书馆的藏书中找到,现将此书情况简介如下。

　　《词余选》是吴梅在北京大学任教时为配合《词余讲义》而编发的作品教材,内容是元明散曲选讲。"词余"是曲的别名,明代曲家郑若庸曾将自己的散曲集题名为《词余》,而李玉在《南音三籁序》中说:"原夫词者诗之余,曲者词之余。"故而《词余选》者,实即《曲选》也。经查考,吴梅(1884—1939)自1922年秋到南京东南大学(后更名为中央大学)任教后,仍以《词余讲义》作为教材,先发了油印本,1925年铅印本改名为《曲学通论》,1935年由商务印书馆列入"国学小丛书"正式出版。但吴梅到南京后没有再开讲《词余选》的课程,所以这部书稿没有再印。在吴梅的《日记》及其他著述中,从来没有提及此书,过去的各种书目也未曾著录。据1924年的《国立东南大学文理科一览》和1930年的《国立中央大学一览·文学院概论》等档案记载,从1924年起,吴梅在校开设的课程有《曲学通论》、《曲选》、《中国戏曲概论》等。《曲学通论》即《词余讲义》的改名,为配合《曲学通论》开讲的《曲选》却不是北大时期的《词余选》,而是另辟蹊径的剧曲选讲,1924年东南大学铅印的教材原题为《百嘉室曲选》,①1930年商务印书馆以《曲选》作为书名列入"国立中央大学丛书"正式出版,此书共选南戏传奇的剧曲32种194出,每剧之末均有题跋,任中敏曾辑印为《霜厓曲跋》。至于《中国戏曲概论》(1926年上海大东书局出版),吴梅在书中除了论述元代杂剧、南戏和明清传奇外,也附带论述了元明清三代的散曲。1934年以后,吴梅还在金陵大学国学研究班为研究生开讲了《散曲研究》的专题课(据《金陵大学文学院"学程纲要"》记载),可知吴梅在南京时期仍然是致力于散曲学的。

在《南京大学图书馆中文旧籍分类目录初编》中,原无《词余选》的著录,现今见到的一册藏本是老馆长、著名文学史家胡小石教授(1888—1962)仙逝后由家属捐献给馆里的。胡先生名光炜号夏庐,所以此书卷首钤有"夏庐所藏金石书画图籍"的篆体朱文印章,现今再加盖了"南京大学图书馆藏书"的公章(见书影)。此书是老式油印本,与陈平原先生发现的《中国文学史》讲义一样,是"当年老北大讲义的统一格式,即用毛笔蘸硝镪水抄写在透明纸上,

---

① 参见吴新雷《论吴梅曲学研究的杰出成就》,载于《南大戏剧论丛》中华书局2005年版第16页。因《曲选自序》题署为"甲子四月吴梅书于百嘉室",所以称为《百嘉室曲选》。

油墨印刷,黄色的毛边纸,双面折叠,每面十行"。

由于《词余选》是在课上陆续散发的讲义,既无封面又无总目,现今所见藏本,是用两颗铜钉以《北京大学国故月刊章程》印纸反折充当封皮装订成册的。卷首标题是:"词余选,吴梅辑。"第一叶书口骑缝上写的是:"词余选,文本科文学门三年级、吴梅",第五十三叶骑缝上写的是:"中国文学、词余选、文本科一三二年级、吴梅",表明这是吴梅为中国文学门本科三年级开设的课程,但一、二年级学生也可以选修此课。北大中文系在 1919 年以前称为国文门,后来称为文学门,而《国故月刊》创办于 1919 年,可知《词余选》的讲义是在 1919 年至 1920 年左右印发的。这册油印讲义正文共八十六叶,以双面折叠计算,实为 172 面(页)。后面附有两件补发的参考读物(叶码各自起讫),一件是补发了明代曲选四篇,共四叶;另一件是印发《元曲选》卷首据涵虚子《太和正音谱》重编的《群英所撰杂剧》的目录,共十六叶(第一至十六叶的书口骑缝上写了"元曲选"三字)。

吴梅在《词余选》卷首有一段题识,说明了开设此课的要旨是:

> 词余之作,元人为盛,其见于剧曲者不下千余,而散曲尚不与焉。明初刘东生、王子一辈间喜南词,而要以则成为正宗。中叶以后,康、王、梁、祝并负盛名,一代作家,断推少白(按:梁辰鱼字伯龙号少白),自此以下,正音渐漓矣!今自元马东篱下讫明季,各选若干首,清代则缺之也。

由此得知,这是一门专讲散曲的课程,所选限于元明两代的作品,检视全书,以套曲为主,没有选单支小令。由于是随讲随发的讲义,没有按作家的时代先后为序(没有严格的时序编次),如明人金銮、杨慎、陈所闻的作品,前后穿插地印发了多次。现为便于读者了解全书的内容,以讲义的叶码为序,代为编列目录,讲义中对作家称字号者,则括注其本名:

《词余选》目录

马东篱(马致远)《秋兴》【双调夜行船】"百岁光阴一梦蝶"一套

张小山(张可久)《湖上晚归》【南吕一枝花】"长天落彩霞"一套

又《春怨》【南吕一枝花】"莺穿残阳柳枝"一套

贯酸斋(贯云石)《西湖游赏》【北中吕粉碟儿】"描不上小扇轻罗"一套

杨西庵(杨果)《春怨》【仙吕赏花时】"【花点苍苔绣不匀】"一套

乔梦符(乔吉)《咏柳》【商调集贤宾】"恨青青画桥东畔柳"一套

王实甫【王德信】《退隐》【商调集贤宾】"燃苍鬐笑擘冬夜酒"一套

关汉卿《忆别》【双调新水令】"玉骢丝控锦鞍鞯"一套

郑德辉(郑光祖)《惜花春起早》【南吕一枝花】"花间杜宇啼"一套

睢景臣《僧舍秋忆》【商调黄莺儿】"秋色、秋色"一套

宋方壶(宋子正)《送别》【越调斗鹌鹑】"落日遥岑"一套

姚牧庵(姚燧)《冬怨》一套【双调新水令】"梅花一夜漏春工"一套

白仁甫(白朴)《旅次有怀》【小石调恼煞人】"又是红轮西坠"一套

朱廷玉《春晓》【双调夜行船】"晓角梅花三弄曲"一套

又《别恨》【双调行香子】"烟草萋萋"一套

杨彦华(杨贲)《春游》【正宫端正好】"柳轻柔,花娇媚"一套

汤菊庄(汤式)《客窗值雪》【商调集贤宾】"倚龙泉一声长叹"一套

又《题白梅深处》【南吕一枝花】"罗浮山接渺茫"一套

又《送王姬往钱塘》【双调新水令】"十年无梦到京师"一套

王文昌《夏景》【越调南绣停针】"院落春余"一套

金白屿(金銮)《送汪小村归广陵》【仙吕点绛唇】"四海高情"一套

又《送吴怀梅归歙》【双调新水令】"暖风芳草遍天涯"一套

又《晓发北河道中》【双调新水令】"晓钟残月乱鸡声"一套

杨升庵(杨慎)《谪戍滇南》【仙吕点绛唇】"万里云南"一套

又《秋忆》【中吕粉蝶儿】"十二阑干"一套

康对山(康海)《苦雨》【仙吕点绛唇】"透幕侵箔"一套

又《自寿》两套【双调新水令】"荷天公、宁耐老来身"

【双调新水令】"荷良朋、送我上蓬莱"

王渼陂(王九思)《归兴》【双调新水令】"忆秋风迁客走天涯"一套

又《秋兴》【正宫端正好】"篱菊拆雨中黄"一套

又《春游》【正宫端正好】"微雨洗晓山青"一套

又《赏桂花》【中吕粉蝶儿】"万斛秋香"一套

陈荩卿(陈所闻)《喜晤孙子真》【南吕一枝花】"人从白岳来"一套

金白屿(金銮)《过吴七泉山居》【南南吕梧桐树】"生来洒落怀"一套

高东嘉(高明)《春游》【泣颜回】"东野翠烟消"一套

刘东生(刘兑)《四时闺怨》【刷子带芙蓉】【刷子序】"云雨阻巫峡"一套

梁伯龙(梁辰鱼)《暮秋闺怨》【白练序】"西风里"一套

又《辛未秋日红桥庄居咏遇》【仙吕月儿高】"月冷青松殿"一套

又《咏帘栊》【白练序】"东风软"一套

又《汉宫秋怨》【二郎神】"铜壶转"一套

沈伯英(沈璟)《题情》【醉扶归】"放于飞鸳侣天生就"一套

又《题情》【四时花】"秋雨过空墀"一套

又《秋忆》【泣颜回】"风露怯青衫"一套

又《春恨》【石榴花】"碧桃花外忽听一声钟"一套

唐六如(唐寅)《怨别》【步步娇】"楼阁重重东风晓"一套

祝希哲(祝允明)《惜别》【十样锦】【绣带儿】"幽窗下沉吟半晌"一套

郑虚舟(郑若庸)《春闺》【沉醉东风】"海棠花开还未开"一套

张伯起(张凤翼)《四时闺情》【二犯傍妆台】【傍妆台头】"睡朦胧"一套

沈青门(沈仕)《北雁寄情》【八声甘州】"相思无底"一套

屠长卿(屠隆)《旅思》【桂枝香】"青灯残夜"一套

史叔考(史槃)《春闺》【针线箱】"万斛愁等闲堆埵"一套

陈荩卿(陈所闻)《闰九登高》【黄钟画眉序】"山郭览秋晖"一套

又《集迴光寺》【大石调念奴娇序】"淮南丛桂"一套

邢雉山(邢一凤)《燕山重九》【梁州贺新郎】"三秋天气"一套

金白屿(金銮)《江霞馆宴集》【南吕梧桐树】"茅堂夜正寒"一套

又《春晚》【南吕梧桐树】"莺停柳外声"一套

杨升庵(杨慎)《客中忆内》【商调二郎神】"人不见,正三五银蟾影乍圆"一套

夏桂州(夏言)《白鸥园漫兴》【正宫四边靖】"白鸥园上风光好"一套

黄叔初(黄祖儒)《携酒访殷子余》【南吕梧桐树】"繁花满树飘"一套

又《恬退》【双调朝元歌】"长歌短歌,尽日逍遥乐"一套

施绍莘《春游述怀》【北正宫端正好】"锦烘天"一套(有序跋)

又《泖上新居》【南仙吕入双调步步娇】"水际幽居疑浮岛"一套

又《赋月》【南商调梧桐树】"松间渐渐明"一套

又《吟雪》【商南吕梁州序】"尖风一夜"一套

又《歌风》【南商调梧桐树】"青苹叶势平"一套

又《惜花》【南商调二郎神】"怜花病"一套

又《除夕》【南中吕好事近】"帘外鹊声高"一套

又《金陵怀古》【南仙吕入双调夜行船】"虎踞龙蟠"一套(有序)

又《钱塘怀古》【南仙吕入双调晓行序】"传说钱塘"一套(有序)

又《送张冲如游靖州》【南北仙吕入双调新水令】"江天风淡
酒旗斜"一套

(附录一)补曲选四篇(共四叶)①

陶陶区(陶唐)《咏雁》【正宫白练序】"长空缈"一套
无名氏《咏柳》【正宫白练序】"窥青眼"一套
高深甫(高濂)《惜花飞》【正宫白练序】"春飘泊"一套
王阳明(王守仁)《归隐》【双调步步娇】"宦海茫茫京尘渺"一套

(附录二)《元曲选》卷首《群英所撰杂剧》总目

此书选录的体例是在每位作家的名下写有一段简单的介绍文字,如对首
选马东篱《秋兴》的简介是:

东篱名致远,大都人,《太和正音谱》云"东篱之词如朝阳鸣凤",又云
"其词典雅清丽,可与《灵光》、《景福》相颉颃",而周德清《中原音韵》"务
头"一卷,评此词为元人之冠,因从之。

又在套曲之后加了按语:

梅按:东篱此词颇负盛名,后人和者至多。以余所见,如镇江茅平仲
《春日宴顾参军园亭》一套亦佳。

这里指出用马致远【双调夜行船】原韵唱和的作品很多,而以明代茅溁(字平

---

① 补发的讲义另编叶码,第一至第四叶的书口骑缝上写了"曲连"两字。按:原无附录一、二之
称,是笔者为便于编目代拟的。

仲)之作能称佳品。书中加按语的还有两处:在明代杨彦华【正宫端正好】套曲之后的按语评述了"明初十六家";在施绍莘名下的按语则说明了选录其作品多达十套的原因:"明人散曲,此君首屈一指,而名不逮唐、王、陈、梁,故多录。"吴梅百嘉室收藏的曲集甚为丰备,他见多识广,所以能作出比较研究,提出自己独到的见解。如散曲总集《阳春白雪》、《乐府群玉》、《雍熙乐府》、《南北宫词记》、《大霞新奏》、《吴骚合编》、《南音三籁》等,在当时是比戏曲书更难见到的珍本秘笈,如果不是吴梅,别的学人是很难找到其中的散曲作品来开课的。在"五四"运动前后,吴梅不仅是大学里开讲戏曲课的前驱者,而且更是开讲散曲课的第一人,吴梅在北京大学的大弟子任中敏(1897—1991),师承吴梅的衣钵,开拓了散曲学学科建设的新局面。

当代散曲学日益兴盛,散曲研究者人才辈出。各种散曲别集、总集和选集的孤本秘笈相继得到影印或排印,还有为数众多的选注本及整理本先后问世。特别是隋树森先生编集了《全元散曲》,谢伯阳先生编集了《全明散曲》,嘉惠后学,功德无量。若以《全元散曲》和《全明散曲》与《词余选》核对,在题目、宫调、作者、字句等方面存在一些歧义,这是因版本、出处的不同而产生的差别。例如:

　　《词余选》中关汉卿的《忆别》【双调新水令】,《全元散曲》据《梨园乐府》、《盛世新声》作【二十换头】【双调新水令】,没有题目,而在篇末说明:《北宫词纪》题作《忆别》。

　　《词余选》中张可久的《春怨》,《全元散曲》994 页据《雍熙乐府》题作《牵挂》。

　　《词余选》中王九思的《赏桂花》,《全明散曲》据《可雪斋稿》署名为陈铎(字大声)作。

　　《词余选》中杨慎的《客中忆内》【商调二郎神】"人不见,正三五银蟾影乍圆",《全明散曲》1082 页据《伯虎杂曲》辑入唐寅名下,标为《失题》

【南商调二郎神】"人不见,奈料峭东风送晓寒"。

《词余选》中史槃的《春闺》【针线箱】,《全明散曲》2641 页在史槃名下收录,说明出于《吴骚合编》;又在 3595 页据《太霞新奏》辑入冯梦龙名下,宫调曲牌作【南南吕针线箱】,字眼稍有不同。

《词余选》中张凤翼的《四时闺情》【二犯傍妆台】一套,《全明散曲》2597 页据《吴骚合编》列入犯调集曲,不作为套数。

《词余选》附录中无名氏的《咏柳》【正宫白练序】,《全明散曲》4269 页据《词林逸响》署名为顾木斋作。

由此看来,吴梅所选,当另有出处来历,只是讲义中未及一一注明而已。

在《词余选》油印讲义中,有些套曲在第一支曲牌下标示了用韵的韵部,还点上了板眼。如沈璟的《秋怀》【泣颜回】标明"用监咸韵",《春恨》【石榴花】标明"用东钟韵",并在曲辞旁加了小眼、侧眼、底板等符号(见第五三叶书影),这显示了吴梅精通曲律曲谱之学的特色。

——《东南大学学报(哲学社会科学版)》2010 第 6 期

陈平原
_____

不该被遗忘的"文学史"

——关于法兰西学院汉学研究所藏吴梅《中国文学史》

　　谈论现代中国的文学史书写,一般都会提及两个教育机构——北京大学和东吴大学。这自然是因为,两部国人所撰最早的《中国文学史》,是由这两所大学的教员——福建闽侯人林传甲(字归云,号奎腾,1877—1922)和江苏常熟人黄人(原名振元,中年改名人,字慕韩,号摩西,1866—1913)——所完成的。关于这一点,学界多有评说。[①] 其实,还有另外一位与这两所大学都有关系的著名学者,同样对早期的文学史书写作出过很大贡献,那就是江苏吴县人吴梅(1884—1939)。

　　1917—1922 年出任北大教授,确实使得吴梅大展身手;[②]可此前之执教

_____

[①] 参见黄霖:《近代文学批评史》第九章(上海古籍出版社 1993 年版)、夏晓虹:《作为教科书的文学史——读林传甲〈中国文学史〉》(《文学史》第一辑,北京大学出版社 1995 年版)、王永健:《"苏州奇人"黄摩西评传》(苏州大学出版社 2000 年版)、戴燕:《文学史的权力》附录一、三(北京大学出版社 2002 年版)和陈国球:《文学史书写形态与文化政治》第二章(北京大学出版社 2004 年版)等。

[②] 王卫民称:"总而言之,这五年时间是他一生中最愉快向上的五年。在学术界和戏曲界知名度越来越高,影响也越来越大。"(《吴梅评传》,河北教育出版社 2002 年版,第 26 页)

东吴，作为学者的成长历程，同样值得关注。1905 年，年仅 22 岁的吴梅，因好友黄摩西的举荐，得以进入东吴大学任教习。虽然任教东吴那几年（中间曾赴开封游幕），吴梅收入低微，生活及情绪均很不稳定，但结识了诸多诗文词曲名家，对其日后在北京大学、中央大学等良好的发展，有着直接关联。其中最有意义的，是与小说批评家兼文学史家黄人的深入交往。

此前，愤于戊戌变法失败、六君子被杀，吴梅撰《血花飞》传奇，黄摩西为之作序。传奇因惧祸被烧，黄序则幸而保存下来。照吴梅自己的说法，他之专攻词曲，"又得黄君摩西相指示，而所学益进"①。在连载于《小说月报》第四卷 9—12 号的长篇笔记《蠡言》中，吴梅也曾专门谈及"余主教东吴时老友"黄慕韩（摩西）：

> 为人奇特，丁内艰后，即蓄发，蓬蓬然招摇过市，人皆匿笑之。其于学也，无所不窥，凡经史、诗文、方技、音律、遁甲之属，辄能晓其大概。故其为文，操笔立就，不屑屑于绳尺，而光焰万丈，自不可遏。
>
> ……大抵慕韩词境，舛于律而妙于语，故长调往往有疏误处，盖才大而心粗，可定其为人矣。闻近发癫疾，未始非好奇之害中之也。②

欣赏老友之于学"无所不窥"、为文"操笔立就"，但对其"才大而心粗"，则又不无微词。这段人物品鉴，相当精到；更重要的是，让我们明白吴梅的诗文及学术趣味——追求专精而不是广博，讲究细密而不是粗疏。

这与现代学术之专业化趋向，可谓不谋而合。后世的研究者，大都对吴梅在词曲创作及研究方面的贡献赞不绝口。这当然没错，在现代中国学术史

---

① 参见《奢摩他室曲话·自序》，《吴梅全集·理论卷》，河北教育出版社 2002 年版，第 1139 页。另，金天羽：《天放楼续文言》卷四《苏州五奇人传》中谈及黄人："传奇倚声，与吴梅伯仲，二子友好无间。慕韩于律度不能沉细，若丰文逸态往往驾吴梅而上。"

② 吴梅：《蠡言》，《吴梅全集·理论卷》，河北教育出版社 2002 年版，第 1466—1470 页。

上,我们确实只能谈论吴梅所专擅的词曲研究。可现实生活中的大学教授吴梅,除了词曲,还教诗文,还讲文学史。抹去了这些边边角角,只谈其主要功业,既非"全人",也非"全文"。

就以讲学北大五年为例,被记忆的,都是吴梅最为擅长的词曲之学。及门弟子任中敏在《回忆瞿庵夫子》中,谈及蔡元培长校时北大文科之兴盛:"当时中国文学之教授,有刘申叔师教文;黄晦闻师教诗;瞿庵夫子教词曲。"①这与吴梅本人在《仲秋入都别海上同人》诗注所说的若合符节:"时洪宪已罢,废国学,征余授古乐曲。"这一讲授,因有《词余讲义》传世,广为人知。此书日后改订为《曲学通论》,由商务印书馆刊行,与《顾曲麈谈》、《南北词简谱》鼎足而三,成就吴梅"曲学大师"的盛名。② 而 1919 年北京大学出版部刊行的《词余讲义》,前有吴梅本人自序,交代此书的写作经过:

> 丁巳之秋,余承乏国学,与诸生讲习斯艺,深惜元明时作者辈出,而明示条例,成一家之言,为学子导先路者,卒不多见。又自逊清咸同以来,歌者不知律,文人不知音,作家不知谱,正始日远,牙旷难期,亟欲荟萃众说,别写一书。③

自序所说的丁巳之秋(1917)讲学,己未仲冬(1919)成书,明白无误地告诉我们,此书与当年北大的课程建设有直接关联。

可一查北大当年的课程表及教员名录,马上发现一个有趣的问题:吴梅在北大讲授的课程,不仅仅是其最为擅长的"词曲"。《国立北京大学廿周年

① 任中敏:《回忆瞿庵夫子》,王卫民编《吴梅和他的世界》,河北教育出版社 2002 年版,第102 页。
② 浦江清《悼吴瞿安先生》(《戏曲》一卷三辑,1942 年 3 月)一文,如此称颂吴梅:"热心教学者前后二十余年,为海内一致推崇之曲学大师";"治曲之书则有《顾曲麈谈》、《曲学通论》、《南北词简谱》等,而以《南北词简谱》尤为重要"。
③ 《曲学通论·自序》,《吴梅全集·理论卷》,河北教育出版社 2002 年版,第161 页。

纪念册》中《现任职员录》称,时年三十九(实为三十五)、原籍江苏吴县的吴梅,住地安门内二道桥本校职教员宿舍,乃"文本科教授兼国文门研究所教员"①。至于吴梅在"文本科"讲授的是什么课程,在"国文门研究所"指导的又是何等科目,有两份档案,可以帮助我们"解密"。

北京大学档案馆所藏《北京大学文科一览》(1918),提及国文系教员吴梅讲授的课程包括:"词曲",每周十节课;"近代文学史",每周两节课。而据《国立北京大学廿周年纪念册》中的《各研究所研究科目及担任教员一览表》,文科研究所国文门共开列十个专门科目,吴梅担任指导教授的是"文学史"、"曲"两门。② 换句话说,吴梅当年在北大,不管是课程讲授,还是研究指导,都是兼及"文学史"和"词曲"。

北大讲学期间,吴梅除了撰写《词余讲义》,还校勘或编选了《词源》、《古今名剧选》、《词选》(《诗余选》)等,可谓硕果累累。至于文学史,则似乎没有任何著述。其实,按照当时北大校方的规定,教授讲课,必须发放讲义,像刘师培的《中国中古文学史》、鲁迅的《中国小说史略》以及吴梅的《词余讲义》等一代名著,最初都是发放给听课学生的讲义。念及此,偶尔也会遥想以词曲名家的吴梅,其讲授中国文学史,究竟是何等模样。

一个偶然的机遇,使我得以梦想成真。2004 年春天,在法兰西学院汉学研究所的图书馆里,我居然"邂逅"了吴梅当年在北大讲授中国文学史课程时的讲义。说"邂逅",是因为虽有预感,但不敢确认天底下真有此书。北大档案馆、图书馆里没有收藏,各种传记及书目里也未见提及,我只是凭常理推测。没想到,这一猜真猜对了。

做过大学史研究,③对早年北大的文学课程建设颇多了解,再加上读过

---

① 王学珍:《北京大学史料》第二卷,北京大学出版社 2000 年版,第 348 页。
② 王学珍:《北京大学史料》第二卷,北京大学出版社 2000 年版,第 359 页。
③ 参见陈平原《老北大的故事》(江苏文艺出版社 1998 年版)、《北大精神及其他》(上海文艺出版社 2000 年版)和《中国大学十讲》(复旦大学出版社 2002 年版)。

关于鲁迅油印本《小说史大略》的介绍，在一大堆杂书里，我一眼就盯上了吴梅的《中国文学史》。这是当年老北大讲义的统一格式，即用毛笔蘸硝镪水抄写在透明纸上，油墨印刷，黄色的毛边纸，双面折叠，每面十行，每行二十至二十四字，骑缝上写"中国文学史文科国文门三年级　吴梅"字样，表示讲授的课程、学生的级别、著述及教授者。中间部分标有页码，偶尔也会露出不同誊写者的姓氏，那是为了学校与抄工结算方便。

这套《中国文学史》，共三册，封面署名"吴"；内文则是"中国文学史——自唐迄清"，署"吴梅辑"。这里的"中国文学史——自唐迄清"，正是《北京大学文科一览》标明的吴梅负责讲授的"近代文学史"。早年模仿日本人著作而编撰的文学史，颇有分上古、中古、近古，而且以唐代作为近古的起点的。查1917年北京大学的课程表，①中国文学门共讲授三个学年的"中国文学史"，每周三学时，其中第一学年讲"上古迄魏"，第二学年讲"魏晋迄唐"，第三学年讲的正是"唐宋迄今"。②

这套为中国文学门三年级学生编撰的《中国文学史》，其实只讲到了明代；而且，三册之中，有一册半是作品选。其中文学史论述分三部分：（一）唐代文学总论，共68页；（二）宋元文学总论，共35页；（三）明文学总论，共45页。其中（一）（二）合为第一册，（三）和"中国文学史附录"的唐代篇（共81页）合为第二册，"中国文学史宋元篇附录"加上"附录的附录"——"明人传奇目"和"明人杂剧目"，共95页，独立成为第三册。

单是章节安排，也能约略看出吴撰《中国文学史》的基本构架。"唐代文学总论"分为：（甲）文、（乙）诗、（丙）词、（丁）史、（戊）小说、（己）缁徒文学，共六节；"宋元文学总论"分为：（甲）文、（乙）诗、（丙）词、（丁）曲、（戊）史、（己）语录、（庚）小说、（辛）时文，共八节；"明文学总论"分为：（甲）文、（乙）

---

① 参见上海泰东图书局1915年刊行的曾毅著《中国文学史》和上海中华书局1918年刊行的谢无量著《中国大文学史》。

② 朱琳：《中国近代学制史料》第三辑（下册），华东师范大学出版社1992年版，第99页。

诗、(丙) 词曲、(丁) 道学、(戊) 制艺、(己) 小说,共六节。今天的读者可能感
到诧异的是,吴梅将史著、语录、道学、制艺等放到文学史中来加以论述。但
如果熟悉早年的文学史书写,比如林传甲、黄人、曾毅、谢无量、胡怀琛等人的
著作,你就能坦然面对这种"体例的混乱",甚至反过来思考:近百年来以西方
"纯文学"观念为尺度,剪裁而成的"中国文学史",或许是一种削足适履? 具
体论述可以商榷,但谈中国古代文学,不能完全脱离史著、语录、道学、制艺等
"杂文学"(借用"五四"新文化人的术语),这点我同意。

　　三十年代,吴梅为郑振铎编《清人杂剧》二集作序,其中有云:"摩西谓明
人之制艺传奇,清之试帖诗,皆空前之作。余深韪其言。"①实际上,黄、吴各
自所撰《中国文学史》讲义,在关注八股这点上,②多有相通处。不过,与其探
讨吴梅之"时文""制艺"观,还不如关注其关于小说、戏曲的意见,那更是其本
色当行。

　　这里选两段吴梅对唐传奇以及元杂剧的评述,希望能大致显示他的《中
国文学史》讲义的写作风格及学术品位:

　　　　唐人小说,多成于下第之士,及失职侘傺者,以仙侠神怪闺襜姚冶,
　　寄其无聊不平之感,盖属写情派,而非如前代小说之仅事叙述者可比,故
　　小说升至唐而始广。惟作者多无根据,仍胚胎于诗赋,词藻虽可动人,而
　　考订竟成凿空。其弊则绮靡繁冗,绝少蕴藉,此固根于风会之升降。而
　　其旨趣尤多轻薄逸荡,其简删之多,门类之繁,比诸前世,实不可同年而
　　语矣。惟其间有一大别者:唐以前之小说,为《虞初周说》之遗,《艺文》所

────────────

① 吴梅:《清人杂剧二集序》,《吴梅全集·理论卷》,河北教育出版社 2002 年版,第 1019 页。
② 黄人:《中国文学史》第二编"略论"中称明代文坛最值得关注的有二:一是无韵之八股,一是
　有韵之传奇。前者之所以重要,原因是"三百年来十八行省之儒冠儒服者,毕生精力集此一
　点,取精多而用物宏,自当化臭腐为神奇,于文学界上别树一帜"。见黄人著、江庆柏等整理:
　《黄人集》,上海文化出版社 2001 年版,第 343 页。

录,实资考证者也;唐以后之小说,则变为俗语,而以子虚乌有之词,以肆其抑塞不偶之旨,如金元诸作是也。("唐代文学总论"第65页)

　　元小说戏曲家,大都穷处民间,不屑干禄胡人之朝,而以游戏笔墨描写社会状,以发其郁勃不平之气,兼资劝惩,斯亦其人之高志。而自《西厢》、《琵琶》而后,学者各从其性之所近而从事摹效。其学《西厢》者,如《幽闺》、《拜月》直至临川四梦、粲花五种是也;其学《琵琶》者,如《荆钗》、《杀狗》、《白兔》是也。愿就余鄙见论之:学《琵琶》者易失俚俗,学《西厢》者易涉纤浮。二者皆有偏弊,而学《西厢》则不失正音。盖纤浮可改,而俚俗则深入骨髓,不可洗伐焉。("宋元文学总论"第18页)

小说非吴梅所长,涉及唐人传奇时,他不免多有借鉴;而谈论戏曲,对于吴梅来说,无疑更为得心应手,如论学《西厢》与学《琵琶》之差异,便非常人所能道。在北大讲坛上纵论南曲北曲、杂剧传奇,吴梅可谓如鱼得水。因为,当年他正是凭借这本《顾曲麈谈》(上海:商务印书馆,1916年),作为"古乐曲教授",昂然走进这最高学府的。[①] 不过,《中国文学史》之谈论词曲,与《顾曲麈谈》重叠的地方很少;反过来,倒是讲课时的不少奇思妙想,影响其日后的相关著述。比如以下这段评论汤显祖《玉茗堂四梦》的文字,日后几乎原封不动地进入《中国戏曲概论》(上海:大东书局,1926年),成为"卷中"第三节"明人传奇"中的《四梦》总论":[②]

　　及至茗四梦出,奇情壮采,卓立词家之上,后有作者,不能过也。明

---

① 陈舜年回忆吴梅自述云:"一九一七年,吴梅三十四岁,当时北京大学校长蔡元培,在旧书肆中,购得《顾曲麈谈》一书,阅览之后,颇为赞赏。时值陈独秀主持北大文科,特出面礼聘至北大任古乐曲教授。"参见《吴梅全集·日记卷》第936页。
② 《吴梅全集·理论卷》,河北教育出版社2002年版,第286页。

之中叶,士大夫好谈性理,而多矫饰,科第利禄之见深入骨髓。若士一切鄙夷,故假曼倩诙谐、东坡笑骂,为色庄中热者下一针砭。(原稿"明之中叶"前有前括号,但下文缺后括号,疑在此处。——引者按)其自言曰:他人言性,吾言情。又曰:理之所必无,安知情之所必有。又曰:人间何处说相思,吾辈钟情知(似)此。盖为至情可以超生死,通真幻,忘物我,而永无消灭。否则形骸尚虚,何论勋业;仙佛皆妄,况在富贵?世之持买椟之见者,徒赏其节目之奇、词藻之丽;而鼠目寸目(光)者,则诃为绮语,诅以泥犁,尤为可笑。夫寻常传奇,必尊生角。而《离(还)魂》柳生,则秋风一棍,黑夜发邱,而俨然状头也;《邯郸》卢生,则奁具夤缘,徼功纵敌,而俨然功臣也。若十郎慕势负心,襟裾牛马,废弁贪酒纵欲,匹偶虫蚁,一何深恶痛绝之至于此乎!故就表面言之,则四梦中之主人,为杜女也,霍郡主也,卢生也,淳于棼也;即在深知文义者言之,亦不过曰,《还魂》鬼也,《紫钗》侠也,《邯郸》仙也,《南柯》佛也。此说固善。而在作者之意,则以冥判、黄衫客、吕翁、契立(玄)为主。人所谓鬼侠仙佛,竟是曲中主意,而非寄托。盖前四人为场中之傀儡,而后四人则提掇线索者也;前四人为梦中之人,后四人为梦外之人也。既以鬼侠仙佛为主,则主观的主人即属于冥判等,而杜女诸人仅为客观的主人而已。玉茗天才,所以超出寻常传奇家百倍者,即在此处,非"词藻胜人"四字可以尽之也。宁庵守律,兢兢寸黍,以较海若,不特婢子之与夫人,直是小巫之见大巫……而世以汤沈并称,可谓拟非其伦矣。("明文学总论"第23页)

值得注意的是,这段论述日后进入《中国戏曲概论》时,"宁庵守律"这几句被删去。在《顾曲麈谈》中,吴梅对"于音律一道,独有神悟"的沈璟(字伯英,号

宁庵,世称词隐先生)评价很高,并将其与汤显祖相提并论:

> 余谓二公譬如狂狷,天壤间应有两项人物,倘能守词隐先生之矩矱,而运以清远道人之才情,岂非合之两美乎?①

以吴梅对于曲律的重视,欣赏沈璟,本在意料之中;反而是他在北大讲学时对沈璟的刻意贬抑,颇为出人意料。这大概只能解释为当年北大重自然、尊个性、反格律的风气使然。

毕竟是讲义,此书还是明显带有急就章的成分。比如,明明知道"有唐一代,文学极盛之时也,而其垂范后世者,尤莫若韵文"("唐代文学总论"第四九叶),可论及唐诗,作者仅用了十叶的篇幅,这与讨论唐文的整整四十七叶相比,实在太不成比例了。如果作者"重文轻诗",故意要这么做,那也是一种说法;可如果是这样,怎么解释论唐文四十七叶,论宋文仅五叶半? 关于唐文的论述,占去整部文学史将近三分之一的篇幅。如此比例失调,并非代表吴梅本人的艺术趣味,更大的可能性是:一开始,作者备课十分认真,讲稿写得很细;可很快地,发现时间紧迫,根本无法仔细斟酌、从容撰述,于是只好仓促上阵。

其实,不完全是时间问题;在我看来,更大的危机在于吴梅的学术路数,与那个时候在北大占主流地位的"文学史"想象,有很大的缝隙。1918 年 5月 2 日的《北京大学日刊》上,曾刊出是年 4 月 30 日国文教授会议议决的"文学教授案":

> 文科国文门设有文学史及文学两科,其目的本截然不同,故教授方法不能不有所区别。兹分述其不同与当注重之点如下:

---

① 吴梅:《顾曲麈谈》第四章,《吴梅全集·理论卷》,河北教育出版社 2002 年版,第 148 页。

习文学史在使学者知各代文学之变迁及其派别；习文学则使学者研寻作文之妙用，有以窥见作者之用心，俾增进其文学之技术。教授文学史所注重者，在述明文章各体之起源及各家之派别，至其变迁、递演，因于时地才性政教风俗诸端者，尤当推迹周尽使源委明了。

教授文学所注重者，则在各体技术之研究，只须就各代文学家著作中取其技能最高、足以代表一时，或虽不足代表一时而有一二特长者，选择研究之。①

依此标准，吴梅在北大所承担的两门课程，一属"文学史"（"近代文学史"），一属"文学"（"词曲"）。若《词余讲义》之"明示条例，成一家之言，为学子导先路"，以及"大抵作词规范，粗具本末"，那是吴梅的拿手好戏；至于像《中国文学史》那样，辨析什么"文章之运与世运递迁，一代体制，有因有创，道在自然，初非矫异"（"唐代文学总论"第一叶），确实非吴梅所长。②

如果真像吴梅所概括的，黄人文章的特点是"不屑屑于绳尺"，那么，吴梅本人著述的特点，则是"不屑屑于考据"。我相信浦江清、钱基博以及唐圭璋的说法，近代研究戏曲贡献最大的，当推王国维和吴梅二人——前者重历史考证，后者重戏曲本身。能作、能谱、能唱、能演的吴梅先生，其对于戏曲艺术本身的领会与体悟，明显在王国维之上；③但若谈及现代中国学术之建立，则王国维的贡献更为人称道。

相对而言，吴梅更像是艺术修养很高的传统文人，一旦进入专业著述（比如撰写文学史或戏曲史），其治学的随意和考证的疏忽便暴露无遗。叶德均称：作为戏曲史专家的吴梅，只关注曲文是否合谱合律，没有更广阔的学术视

---

① 王学珍：《北京大学史料》第二卷，北京大学出版社 2000 年版，第 1709 页。
② 参见吴梅《词余讲义·自序》以及《中国文学史》讲义第 1 页。
③ 参阅浦江清《悼吴瞿安先生》，见《吴梅和他的世界》第 61—63 页；钱基博《现代中国文学史》，岳麓书社 1986 年版，第 313 页；唐圭璋《回忆吴瞿安先生》，见《吴梅和他的世界》，第 83—88 页。

野;凭感觉随意下断语,有时甚至是漫不经心一挥而就。① 这样的批评,并非毫无道理。② 长于"研寻作文之妙用"的吴梅,其实不太适合于"述明文章各体之起源及各家之流别,至其变迁、递演"。明白这一点,对刚刚发现的《中国文学史》讲义,不必抱过高的企望——此书可以让我们更好地理解吴梅的学术思路,但不至于重要到可以"重塑"吴梅的学术形象。

　　接下来的问题是:吴梅本人以及当年的众多学生,为何有意无意地遗漏其"中国文学史"课程与撰述?③ 先说吴梅本人。文学史乃学校规定的必修课程,作为教员,不管你喜欢或不喜欢,你都必须认真准备,并按时走上讲台。或许,"文学史"更适合于"才大而心粗"的黄摩西,而不是性格沉潜、风流蕴藉,更喜欢专精之学的吴梅。因此,不管是早年任教北大、中大,还是抗战中流徙广西、云南,吴梅都不曾提及其北大时期的文学史著述。去世前几个月,吴梅给弟子卢前写信,作身后之托:

　　　　计生平撰述,约告吾弟,身后之托,如是而已。《霜厓文录》二卷未誊清,《霜厓诗录》四卷已成清本,《霜厓词录》一卷已成清本,《霜厓曲录》二卷已刻,《霜厓三剧》三种附谱已刻。此外如《顾曲麈谈》、《中国戏曲史》、《辽金元文学史》,则皆坊间出版,听其自生自灭可也。惟《南北词简谱》十卷,已成清本,为治曲者必需之书,此则必待付刻,与前五种同此行世。④

---

① 叶德均:《吴梅的〈霜厓曲跋〉》,《戏曲小说丛考》,中华书局 1979 年版,第 484—494 页。

② 邓乔彬:《吴梅研究》(华东师范大学出版社,1990)大致赞同叶德均的意见,引录叶文后称:吴梅"于批评不乏卓见,于考证则失于随意,粗疏"(第 109 页);任中敏则对叶德均的批评非常反感,在《回忆瞿庵夫子》(《吴梅和他的世界》,第 102—105 页)一文中,骂叶为"妄人",还在注释中揭发其"于 1957 年自杀"(据赵景深《〈戏曲小说丛考〉序》,叶于 1956 年 7 月 6 日去世),顺带讥讽代编遗著的赵景深"对外隐瞒其自杀"。所谓"'有识之士'又何以终于自杀?真正费解之至"——如此反批评,实在过于刻毒。

③ 王卫民编:《吴梅和他的世界》一书,收录五十多篇师友追忆及研究文章,多提及吴梅的北大讲学,但又都遗忘其"文学史"课程。

④ 《与卢前书》,《吴梅全集·理论卷》,河北教育出版社 2002 年版,第 1135 页。

回首平生，清点自家著述，居然只字未及《中国文学史》，可见这三册讲义，在吴梅心目中没有什么地位。

无论是及门弟子，还是后世的研究者，都称吴梅为词曲研究大家。其实，这一当之无愧的"赞誉"，还可以进一步细化。在我看来，同是词曲研究，《顾曲麈谈》《曲学通论》《词学通论》等"创作论"，明显优于《中国戏曲概论》、《元剧研究》《辽金元文学史》等"文学史"。换句话说，需要广博学识以及专精考辨的文学史著述，非吴梅所擅长，然他当年任教北大，因课程设置的缘故，曾经勉为其难，编撰了日后遗失在海外，而又被我捡回的这三册《中国文学史》。

记得钱穆《师友杂忆》最后一章，有这么一句妙语："能追忆者，此始是吾生命之真。其在记忆之外者，足证其非吾生命之真。"①不只讲学南京时不追忆，流徙西南时也不提及，北大版《中国文学史》，看来没有能够成为吴梅先生"生命之真"。行文至此，我不由得平添了几分懊丧：焉知我兴奋不已的发掘，不是吴梅所要刻意抹去的？ 即便不是刻意抹去，如此无意的遗忘，也都值得细细体味。

不想刻意拔高这失落在海外的《中国文学史》，我只把它作为一代戏曲研究大家曾经有过的"飞鸿踏雪泥"。而这依稀的印记，对于我们理解早年的文学史教学与著述，我自信它还是有一定的意义的。

——《北京大学学报》2005 年第 1 期

---

① 钱穆：《八十忆双亲·师友杂忆》，岳麓书社 1986 年版，第 320 页。

孙书磊

稀见清传奇《玉指环》考辨

——兼论吴梅手稿《玉指环传奇序》的发现

　　《玉指环》传奇，在周妙中《江南访曲录要》①首次予以简单叙录之前，一直无人著录。周先生的叙录只有二百字，其介绍之少，固其然也，而其仅仅著录上海图书馆藏本，对于南京图书馆的重要藏本却只字未提，说明其尚未发现该本。学术界尚未对于该剧充分地重视。本文以南图典藏本为中心，结合上图藏本，对该剧存本版本、作者、创作过程、立意与叙事结构等问题进行探讨。同时，笔者对于南京图书馆藏本所附吴梅手稿《玉指环传奇序》的发现将有利于深化这一研究。

一、《玉指环》传奇现存本皆非"稿本"辨

　　《玉指环》传奇现仅存两套，属于两种版本，分别藏于南京图书馆（索书号

---

① 周妙中：《江南访曲录要》，收入新建设编辑部编《文史》第 2 辑，中华书局 1963 年版，第 209—253 页。

116051)和上海图书馆(索书号线善 773331—34)。《中国古籍善本书目》①据
南图藏本著录云:"玉指环传奇四卷,清张梦祺撰,稿本。"南图馆做目录也称:
"玉指环传奇四卷,题剪红阁撰,稿本,二册"。似乎南图典藏本为稿本可作定
论。然而,上图馆漠视《中国古籍善本书目》著录上图藏本所云"玉指环传奇
四卷,清张梦祺撰,清抄本,八行二十字无格",做签条却称"玉指环传奇四卷,
清张梦祺撰,稿本,四册"。一种文献固然不排除有一稿本、二稿本乃至更多
稿次稿本的现象,但既为稿本,其成书的时间就必须在作者的有生之年。上
图藏本匣板面刻"玉指环传奇,同治八年三月梓臣清甄",同治八年即 1869
年,而《玉指环》传奇作于道光五年(1825),剧作者卒于咸丰元年(1851)(详见
下文论述),所以,上图藏本只是抄本而非稿本,周妙中《江南访曲录》将上图
所藏该剧著录为"旧抄本"是正确的。

　　上图藏本稿本身份的丧失,并不能增加我们对于南图藏本作为稿本身份
的信心。相反,通过对上图藏本与南图藏本的比勘,南图藏本的稿本地位却
摇摇欲坠。

　　南图典藏《玉指环》二册四卷,具体情况是:

　　上册封面题"玉指环传奇",扉页和次页署"珍泉手抄",次页下端钤"珍
泉"方形朱色阳文印。以下内容依次为:署"乙酉仲春星符赵春元"之《叙》;
《玉指环引证》之《云溪友议》一则,《唐宋遗史》一则,其中《玉指环引证》题下
钤"八十一品草阁印"朱文方印;《玉指环目录》,卷一《寄庑》、《屏窥》、《川谦》、
《遣侍》、《摘奸》、《环约》,卷二《京变》、《劝赘》、《忆箫》、《辞幕》、《祷洲》、《斩
云》、《环殉》,卷三《报迁》、《狱叹》、《代镇》、《释姜》、《惊殒》、《续缘》、《魂觌》,

---

①　中国古籍善本书目编辑委员会编:《中国古籍善本书目》,上海古籍出版社 1996 年版。

卷四《环生》、《属访》、《怀梦》、《斋絮》、《筹献》、《环圆》。^① 后为卷一、卷二正文内容。卷一题署"剪红阁填词"，《寄庑》前为开场《提纲》【满江红】词一首："失路英雄，是他日西川节镇。飘零处风尘物色，几人红粉。鸿爪乍留江上迹，鸾群忽散天边阵。八年烽朵火火隔秦川，愆芳讯。　离别意，留环认。生死念，留环殉。怅重来崔护，玉埋香殒。开府东床人替代，正西天重缔因缘分。一生情分做两生债，情兼恨。"以及下场诗："豪荆宝香分贮娇屋，痴玉箫肠断望夫山。情太真替续离鸾谱，老韦公重认肉指环。"卷一第一出《寄庑》题下钤"八十一品草阁印"朱文方印，第五出之前的前四出、引证、序文等部分在各页左上角处均标有一些俗写数字记号。

下册扉页署"珍泉手抄"，下端钤"珍泉"朱文方印。以下依次为卷三、卷四正文内容。卷三《报迁》题名下钤"八十一品草阁印"朱文方印。^②

书高 16.8 厘米（拷贝本误提作 15 厘米），半叶宽 12 厘米。无框格，半叶 8 行，行 20 字。曲词和宾白皆单行，曲词大字顶格，宾白小字低一格。宫调名和舞台提示语为双行书写。小楷书写，个别字有涂改现象。除了卷首"引证"二则无标点外，卷首叙文和其后正文皆有标点，而所有标点皆为朱色。圈点、改动文字与符号皆为墨色。

此外，尤其要强调的是，笔者在南图藏本内发现了吴梅先生为南图藏本《玉指环》传奇所撰写的《玉指环传奇序》一篇，共二叶，无栏格，半叶九行，行二十字，框上下左右均为双边。显然，这是吴先生在阅读南图藏本《玉指环》之后所特意撰写，夹于本内（详见下文论述）。

---

① 目录未列《提纲》一出，正文算上《寄庑》之前的《提纲》则有 27 出。上图藏本各部分也大致相同，但周妙中《江南访曲提要》著录上图藏本时，误将"唐宋遗史"录为"唐宗遗史"、"摘奸"录为"嫡奸"、"筹献"录为"寿献"。庄一拂《古典戏曲存目汇考》著录上图藏本为 26 出。郭英德《明清传奇综录》附录—《传奇蜕变期现存作品简目》将上图藏本著录为 20 出。

② 杨廷福、杨同甫编《清人室名别称字号索引》无"剪红阁"、"珍泉"条，亦无"八十一品草阁"者，"星符"条下为"谈泰"而非赵春元。"八十一品草阁"很可能寓指主人的社会地位较低，而这与赵春元序文的内容是吻合的。

南图藏本与上图藏本文字有所不同，限于篇幅，现将卷首序文及正文前五出之间有出入的文字比较如下：

	南图藏本	上图藏本
序文	稿脱芦葫，非徒依样，神传阿堵，最重添毫。	稿脱葫芦，非徒依样，神传阿堵，最重添毫。
	能吹白石之箫，曲方合度，善效瑯玕之哭，山不须登。	能吹白石之箫，曲方容度，善效瑯玕之哭，山不须登。
	或谓《春灯》《燕子》，错悔从前，《邯郸》《南柯》，梦恋身世，谱《桃扇》而思故国，怨王四而思中郎，大抵借古抒怀，托名致慨。	或谓《春灯》《燕子》，错悔从前，《邯郸》《南柯》，梦悲身世，谱《桃扇》而思故国，怨四郎而叹中郎，大抵借古抒怀，托名致慨。
	图成苍地，使遍八纮，情出于自然，果缘之证俄顷。	图成苍地，使遍八纮，情寄出于自然，果缘证之俄倾。
	任笔墨之多情如此，奈章文之憎命如何。	任笔墨之多情若此，奈文章之憎命如何。
	乙酉仲春星符赵春元序	道光乙酉仲春含山兰坡张梦祺自叙
正文	十二巫山闲云飞要了。（第二出【月上五更】）	十二巫山闲云要飞了。（第二出【月上五更】）
	惊蝴开蝶离花早。（第二出【二犯月儿高】）	惊开蝴蝶离花早。（第二出【二犯月儿高】）
	小弟备有薄酌。（第四出）	小弟薄有备酌。（第四出）
	人间薄命惟女奴。（第四出【集贤宾】）	人间薄命女中奴。（第四出【集贤宾】）
	我千乃里羁人，介一寒士。（第四出）	我乃千里羁人，一介寒士。（第四出）
	今上登极，蒙恩为擢刑部郎中兼侍御职史。（第五出）	今上登极，蒙恩擢为刑部郎中兼侍御史职。（第五出）

正文第五出之后各出差异的情况大致相当，序文和前五出文字的比较足以说明问题。除了序文的落款有明显不同外，序文的正文文字亦存在差异，其中南图藏本舛误者多，而上图藏本舛误者少。南图藏本中颠倒的文字很多，如"芦葫"、"之证"、"章文"、"飞要"、"惊蝴开蝶"、"千乃里"、"介一"、"为擢"、"侍御职史"等，但皆已标注了订正的记号。上图藏本虽也有"薄有备酌"之类的颠倒，但不多见。南图藏本"情寄出于自然"中的"寄"字原脱，后订正

时补上。南图藏本中"曲方合度"中的"合"字,后订正时自改为"容";"怨王四而思中郎"中的"思"字,后订正时自改为"叹";"任笔墨之多情如此"中的"如此",后订正时改为"若此"。改正后的内容更为合理,且皆与上图藏本相同。诚然,南图藏本与上图藏本之间文字差异之处亦互有优劣,如南图藏本中的"梦恋身世"不如上图藏本中的"梦悲身世"符合上下文文意,上图藏本中的"怨四郎"不如南图藏本中的"怨王四"更准确地指涉《琵琶记》,上图藏本"俄倾"不如南图藏本"俄顷"正确,然而从总体上看,南图藏本除了一些抄写颠倒之处外,其文字的准确性当高于上图藏本。

南图藏本既然有如此多的低级错误,订正后的内容与上图藏本相同,同时保留了一些不同于上图藏本的相对独立的内容,则说明两个问题:一是,南图藏本绝非稿本。文字的颠倒不是创作者的问题,而应属于作者之外的抄写者误抄所致。可以想象,即便稿本作者写作态度极其不严谨,也不会出现如此之多的匪夷所思的错误。二是,南图藏本的抄写与上图藏本的抄写,其所用的底本可能相同或较为接近,如南图藏本第四出【集贤宾】曲"人间薄命惟女奴"一句唱词的"惟女奴",原抄作"女中奴",后改为"惟女奴",而"女中奴"正与上图藏本相同,但从抄写时间上看,南图藏本应该不是以上图藏本为底本。序文末尾所署"道光乙酉仲春含山兰坡张梦祺自叙",显然是剧作者之外的第三者即抄写者的口吻,与"自叙"云云矛盾,而"乙酉仲春星符赵春元序"则真正属于作者之外第三者的序文撰者的原来口吻,也就是说南图藏本和上图藏本卷首序文并非剧作者所撰之自序,上图藏本序文落款是抄写者自行改动的结果,而南图藏本序文落款则是改动之前的真实情况。另外,从抄本的纸质情况看,也可以看出南图藏本的年代早于上图藏本。

总之,南图藏本与上图藏本一样都是抄本,皆非稿本。所不同者在于,南图藏本是一个较能反映底本原貌而只是抄写粗糙的早期抄本,其抄写者即为别署和钤印的"珍泉";而上图藏本则是一个抄写较为工整但加上抄写者主观判断的后期抄本,其抄写者为题签者"梓臣"。

二、《玉指环》传奇作者与创作考

南图藏本《玉指环》传奇的原本上只署"剪红阁填词",并未标明该剧作者的姓名。"剪红阁"者为谁?《中国古籍善本书目》将南图藏本的作者著录为张梦祺,南图于 1996 年所做的该本拷贝胶片题签为"张梦奇"。"剪红阁"与张梦祺、张梦奇之间是何种关系? 由于《中国古籍善本书目》将上图藏本撰者著录为张梦祺,所以,我们有理由相信,受其影响,《中国古籍善本书目》也将南图藏本著录为张梦祺的作品。至于张梦奇者,自然是做拷贝时受《中国古籍善本书目》著录的影响并误写所致。

南图藏本卷首序文没有提及剧作者的具体姓氏,查各种索引类工具书亦无序文撰写者"星符赵春元"的任何线索,更谈不上从中发现赵春元与剪红阁之关系。但安徽书画名人网云:"张开来,引生,白头翁,牵萝书屋,剪红阁,清嘉庆十八年举人,和州人,书法对教序,善画石。著《牵萝书屋骈体文》、《剪红阁词曲》。参考:《和州志》。"查光绪《直隶和州志》,卷二十三"人物志·文艺"云:"张开来,字引生,嘉庆癸酉举人。书法《圣教序》,善画石,自号石头翁,著有《牵萝书屋骈体文》、《剪红阁词曲》。子梦铃,道光壬午举人,芜湖县教谕;梦祺,自有传。梦笏,乙未举人,寿州学正。"显然,除了个别文字抄录有误外,安徽书画名人网的资料来源于光绪《直隶和州志》。

如果仅就《直隶和州志》的这段文字看,张开来既然著有《剪红阁词曲》,而南图藏本《玉指环》传奇又为"剪红阁填词",那么,《玉指环》当为张开来所撰。但是,《玉指环》与《剪红阁词曲》之间不能简单地画等号,认定张开来撰写《玉指环》,尚缺乏其他材料的佐证。

其他资料却将我们的视线牵引到了张开来次子张梦祺身上。上图藏本题署"剪红阁梦祺张兰坡填词",南图藏本所夹吴梅《玉指环传奇序》称"兰坡先生作此记",皆明确指出该剧作者为张梦祺(兰坡)。《直隶和州志》卷十九

"人物志·宦绩"载："张梦祺，字兰坡，幼聪颖过人，读辄十行下，解音律、明算数，不徒为呫哔学。乙未举于乡，戊戌成进士，签得山东知县。初，祺为诸生，言行讷谨，若无异常人，及历任历城、安邱、峄县、栖霞、东阿等县，抑豪强，锄奸宄，治烦理剧，施措裕如，山东称能吏焉。嗣迁德平，卒于官。"张梦祺即上文所引《直隶和州志》中张开来本传所载的开来之次子。"剪红阁"为张开来、张梦祺父子共用的室名。

历史上的张兰坡非止一人，如沈复《浮生六记》所记善养春兰盆景之张兰坡，向著名学者阮元学习篆刻、其姻侄张兰坡，《贩书偶记校正》所载曾撰《左氏春秋聚》、《左辨随札》、《表》、《定稿存原》等的峄阳张兰坡，以及曾于同治七年三月八日与众位金石名家同观《三老讳字忌日记》拓片（故宫博物院藏）并留下记载的甘泉张兰坡等，在年代、经历或趣味方面不同于《玉指环》的作者。吴梅《玉指环传奇序》指出，"先生治行并龚黄，文章追魏晋，而南词妍丽，又得东塘、昉思之绪"。"龚黄"即汉循吏龚遂与黄霸的并称，泛指循吏。方志载张梦祺为官山东时，"抑豪强，锄奸宄，治烦理剧，施措裕如，山东称能吏"，正与吴先生所言同义。可见，《玉指环》传奇的作者为《直隶和州志》所载之张梦祺。

著录《玉指环》作者为张梦祺并为之撰写作者介绍的文献，有周妙中《江南访曲录要》、庄一拂《古典戏曲存目汇考》。庄一拂《古典戏曲存目汇考》云："张梦祺，号兰坡，里居、生平皆未详。"此前，周妙中《江南访曲录要》就已经给予了初步考证："张梦祺，安徽含山人，道光十八年三甲三十名进士。"①含山县，隶属和州。周妙中先生的说法可以通过查阅朱保炯、谢沛霖《明清进士题名碑录索引》"张"姓之"梦祺，安徽含山，清道光 18/3/30"得到印证。②

《直隶和州志》既称张梦祺"迁德平，卒于官"，则张梦祺的卒年，可以通过

---

①　周妙中：《江南访曲录要》，见新建设编辑部编《文史》（第二辑），中华书局 1963 年版，第 232 页。

②　朱保炯、谢沛霖：《明清进士题名碑录索引》，上海古籍出版社 1980 年版，第 486 页。

德平县方志的相关记载确定。凌锡祺、李敬熙总纂光绪《德平县志》卷五"官师·知县"之"咸丰"条载:"张梦祺,安徽含山县,进士,元年任。武燮,山西交城县,举人,元年任。"可见,咸丰元年(1851)是德平原知县张梦祺去世、新任知县武燮上任的时间。邓长风先生结合《直隶和州志》所载张开来本传,推断张梦祺"其生或在嘉庆五年(1800)前后,得年仅五十上下"①,只是从一般序齿的角度臆测而已。

　　虽然张梦祺的生年不能完全确定,但是,对于张梦祺的生平经历,除了《直隶和州志》张梦祺本传所介绍的情况之外,我们依然可以通过对相关方志的检索,做一些补充。王振录、周凤鸣修、王宝田纂光绪《峄县志》卷十九"职官列传·令":"张梦祺,安徽含山,进士,道光十九年冬十一月署县事,在任数月而善政班班可纪。"马世珍纂修、张柏恒增订道光《安邱新志》卷一"纪一·总纪":"(道光)二十一年辛丑春正月大风雪……二月,知县张梦祺至。……二十二年壬寅六月知县齐栋至。"黄丽中修、于如川纂光绪《栖霞县续志》卷五"秩官志"之"职官表"知县栏:"(道光)二十九年,张梦祺,安徽含山人,进士。三十年,达龄阿,满洲镶白旗,举人。"卷五"循吏小传":"张梦祺,久襄审局,明察若神。初任栖霞,断狱不啻老吏。学精赋役,兼谙申韩,一切文档悉出己手。案无批驳,上宪称之曰能。不久超迁,阖邑惜焉。"周竹生修、靳维熙总纂民国《续修东阿县志》卷八"官师志":"张梦祺,安徽,进士,道光三十年任。李钟泰,云南,进士,咸丰元年任。"据此,则张梦祺于道光十九年(1839)十一月至二十年(1840),任山东峄县知县;二十一年(1841)二月至二十二年(1842)六月,任山东安邱县知县;二十九年(1849)至三十年(1850)年,任山东栖霞县知县;三十年至咸丰元年(1851),任山东东阿县知县。上文所引光绪《德平县志》显示,张梦祺于咸丰元年始任山东德平县知县,随即殁于官。然则,张梦祺于何时知山东历城县?虽然毛承霖纂修民国《续修历城县

---

① 邓长风:《明清戏曲家考略续编》,上海古籍出版社1997年版,第288页。

志》卷三十三"职官表"中记载乾隆至宣统间之知县及其以下各级僚属,但无张梦祺,但是,根据光绪《直隶和州志》卷十四"选举志表·道光"和卷十九"人物志·宦绩"所载道光十八年戊戌(1838)张梦祺成进士得知,其"签得山东知县"应当年或次年,而自道光二十二年至二十九年之间的若干年间,其生平亦无可考证。所以,其任历城知县的时间当在这两段时间之内的一段。

上引方志的记载表明,张梦祺是一位博学多才、恪尽职守、精于治民、深受民众爱戴的能吏、循吏。方志尽管也曾强调其"解音律",然而没有特别说明他在音律方面的成就。如果一定要在音律方面寻找他的成就的话,那么,《玉指环》传奇无疑是最能代表其音律方面成就之所在。一方面,考虑到张梦祺走上仕途之后爱民勤政,一般无暇染指于戏曲创作,另一方面,结合《玉指环》传奇所流露出作者英雄失路、怀才不遇的情绪(详下文所论),该剧的创作时间当在作者入仕之前即道光十八年(1838)之前。换言之,《玉指环》传奇为张梦祺早年创作的作品。

三、《玉指环》立意及其与同题材小说、戏剧的叙事差异

张梦祺《玉指环》传奇写唐代长安人韦皋幼失双亲,长依叔父,虽有文韬武略,然苦于无进身之门。遂别长安,投身其年伯武昌廉使陈公幕府,至则得知陈公赴粤公干,只好寓于黄鹤楼中。适有江夏太守姜公之子荆宝豪爽怜才,与皋交往,助其旅资,后邀皋至府中寓居。荆宝有一青衣名玉箫者,颇有才华,貌美多情,思慕文士,窥见韦皋,为之倾倒,私有抱衾之愿。荆宝遂送玉箫侍奉韦皋。二人情投意浓。然好景不长,皋叔父函告陈公,请其敦促皋速返乡。韦皋与玉箫江边分手,皋许以短则五年,长则七年为期,定来迎娶,并赠玉箫玉指环一枚,题帕诗一首,以期将来团聚。韦皋返乡途中恰遇朱泚作乱,天子出奔。皋改投西川节度使张延赏幕下。张妻苗氏赏识皋,劝张招皋

入赘,张嫌贫不许。苗氏趁张赴京期间,私下招赘韦皋。张回家得知情况后怠慢韦皋。值凤翔节度使张镒函聘韦皋作营田判官。皋与妻子以归省为由向张延赏辞行,张庆幸送走了穷鬼。韦皋别后五年,玉箫到鹦鹉洲祈祷皋早日回来。牛云光、李楚琳勾结朱泚,李杀害张镒,牛从皋营中潜逃后,路遇朱泚派人下伪诏除皋伪职,便返回劝说韦皋投降。皋令其脱掉盔甲,方放其入城,并加以犒劳牛,趁其不备,令伏兵捕而斩之。八年又到,玉箫苦等韦皋不至,遂忧伤而逝。皋平叛有功,先升陇州刺史,继升西川节度使,替张延赏之职,招张进京。皋谎称韩翃赴任,张得知新任节度就是女婿韦皋后,无颜面对,只得不辞而别,先行赴京。韦皋审狱,得知犯人中有姜荆宝曾经得官,但因家人失火烧掉官仓而获罪,便免其罪。而荆宝则告知玉箫已亡,皋恸哭不已。玉箫死后升入上界,杨太真请佛为之续缘,并言韦皋乃诸葛亮后身。方士称能令皋与玉箫相见,皋遂斋七日,果然于夜间得与玉箫之魂相见,玉箫告知将为皋托生,当于十三年后再续前缘。十三年后,韦皋托姜荆宝赈灾之机遍访民间十三四岁女孩有类玉箫者而不得。韦皋与东川节度使卢坦相善。玉箫托生卢家为丫鬟,手指戴肉指环,名仍为玉箫,梦见韦皋,并记得韦皋的诗,便将此诗写下,恰被卢坦认出为韦皋之诗,得知乃玉箫托生。韦皋生日,众官所送寿仪无非金银器皿,而卢独将玉箫送与韦皋。二人终得以玉指环而续成姻缘。该剧从立意到叙事都有着特别的意义。

(一)《玉指环》立意

玉箫女与韦皋两世姻缘,自唐宋迄于明清,始终是小说、戏剧创作中常写不衰的故事。小说方面,现有存本者有唐代范摅《云溪友议》卷三《西川韦相公皋》、卷四《张延赏》篇①、宋代曾慥《类说》卷41所收《云溪友议·玉箫指环》

---

① 范摅《云溪友议》版本极多,此处参考《笔记小说大观》第一册所收上海进步书局本。胡士莹《话本小说概论》(中华书局1980年版)称,玉箫女两世姻缘故事在《云溪友议》卷中为《玉箫化》、《苗夫人》二篇。

篇①、皇都风月主人《绿窗新话》卷上所引《宋史遗事·玉箫再生为皋妾》篇②，以及明末天然痴叟《石点头》第九卷《玉箫女再世玉环缘》等；戏剧方面，现有存本者则有元代乔吉《玉箫女两世姻缘》（简称《两世姻缘》）杂剧、明代无名氏《韦凤翔古玉环记》传奇、杨柔胜《玉环记》传奇、陈与郊《鹦鹉洲》传奇、清代周昂《玉环缘》传奇，等等。与以往同题材小说、戏剧尤其是以往戏剧重在抒写男女之情的意图不同，张梦祺《玉指环》传奇的立意却在于为奔波于穷途末路的文士一吐愤世之情。该剧第一出《寄庑》中，生扮韦皋上场所唱【满庭芳】云："薪米缘悭，文章命蹇，累人轻去家园。蝇头蜗角，微末苦拘牵，说甚蓬瀛未远。猛抬头，溟浪沧烟，生愁着一声清磬，暮了少年天。"因为"文章命蹇"，韦皋先是背井离乡，继而寄江夏姜氏篱下。也是由于同样的原因，他又迫不得已地入赘张府。"家鸡也想入凤凰群"③，这是文士不遇的共同命运。

剧作之所以在主旨上如此处理，是因为剧作者张梦祺有着独特的人生经历。赵春元叙该剧称："至如印累绶若，错杂薰莸，弓抱旗翻，剪除荆棘，靡不探原故实，寄慨兴亡。子瞻之铁板频敲，处仲之唾壶欲缺，可谓括情天于楮墨，幻出烟云，浇孽海以醍醐，借消块垒者矣。"又云"作者抱鸿逵之素志，屡马阪之低头，鬼亦笑人，谁堪青眼！屋都碍帽，那觅黄金？固已岛瘦郊寒，衡愁淹恨，一旦挑灯展卷，拍板拈毫，而见落魄风尘，得逢红拂。论交萍水，竟惠紫云。穷士扬眉，衍鱼龙之变化；达人造命，撰仙佛之因缘。宜乎哭罢穷途，画残粉壁。"结合剧作，我们有理由相信赵春元所言非虚。剧中不以玉箫为主角，而以韦皋为主人公，韦皋先历经坎坷，后发迹变泰，乃是张梦祺自己穷途歌哭的写照。

---

① 曾慥《类说》卷 41 所收《云溪友议·玉箫指环》篇内容简约，没有《笔记小说大观》第一册所收上海进步书局本《云溪友议》卷三《西川韦相公皋》篇内容翔实。

② 皇都风月主人《绿窗新话》卷上所引《宋史遗事·玉箫再生为皋妾》篇之后，附有范摅《云溪友议·西川韦相公皋》篇。

③ 南图钞本《玉指环》第八出《劝赘》张延赏宾白。

（二）《玉指环》题材来源及其与同题材小说、戏剧的叙事差异

玉箫为文学虚构的形象，于史自然无征。而韦皋却是唐代较有影响的历史人物，《旧唐书》卷 140、《新唐书》卷 158 有传。另外，剧中张延赏、朱泚、李晟正史中亦皆有传，牛云光反叛事有记载。但是这些正史所记史实主要是与他们有关的军国大事，丝毫不涉及他们的家庭生活与婚姻状况。显然，《玉指环》中韦皋与玉箫的两世姻缘故事，韦皋入赘张延赏府而张因嫌贫爱富等情节的题材来源与正史无关。作者该剧在卷首抄录了《云溪友议》和《唐宋遗史》中的相关内容，却明确地告诉读者该剧的主要情节来源于非正史性质的材料。还需要说明的是，《云溪友议》有两篇，虽然《玉指环》卷首没有转录其中"张延赏"篇，但剧中关于韦皋在入赘张延赏府及其因为羞辱而含愤而走的遭遇等情节，既与剧作卷首所录《宋史遗事》内容相同，也是《云溪友议》卷四"张延赏"篇的基本内容。

《云溪友议》和《唐宋遗史》中玉箫故事以及韦皋与张延赏之间的过节，原属于互不相干的两个独立的故事。《玉指环》将其逻辑严密地组织在一起。虽然在此之前的一些小说、戏剧作品也都进行了类似的组织，但是，在叙事的顺序上存在着差异。话本小说《石点头》之《玉箫女再世玉环缘》和周昂《玉环缘》传奇，皆先叙皋与张之间的矛盾，再叙皋在人生的低谷与玉箫之间的感情，《玉指环》则相反。无名氏《韦凤翔古玉环记》和杨氏《玉环记》先叙皋与玉箫的结识，再叙皋后来入赘张府及其引发的矛盾，虽然《玉指环》与之相同，但是，无名氏《韦凤翔古玉环记》和杨氏《玉环记》、周氏《玉环缘》尤其前二剧，以及话本小说《石点头》之《玉箫女再世玉环缘》等，在叙述韦皋离开玉箫后，就不再写韦皋对玉箫的别后相思，这不仅有悖于常理，而且更有损于叙事的严整与统一。

除了上述的叙述顺序和线索上有差异外，如果单从戏曲创作的角度看，张梦祺《玉指环》也没有照搬之前任何一种剧作的叙事模式。《两世姻缘》杂

剧和陈与郊《鹦鹉洲》传奇只叙韦皋与玉箫情事，没有涉及韦皋的仕途生涯以及入赘张府、备受张延赏歧视之事，故不以表达不遇于世的情绪。杨柔胜《玉环记》传奇脱胎于无名氏《韦凤翔古玉环记》传奇，重点叙韦皋结识勇士范克孝，以及入赘张府后，张延赏一味偏听仆人富童挑唆，赶走韦皋。小人作乱，正人君子蒙冤遭殃，乃此二剧共同的叙述角度，与《玉指环》相比，显得十分琐屑，甚至庸俗。周昂《玉环缘》传奇写韦皋与张延赏女成婚后，被张二子谗毁，被迫进京赴试，一举落第，结识玉箫，再举高中，仕宦显达，也已落入俗套。

《玉指环》的叙事特点显示了该剧具有独特的文化内涵：戏曲中的文人与女性之间的关系，由过去的不对等的上流社会男性对身处社会下层的女性的玩赏态度，发展到以男女之间不分等级、不顾年龄的超平等式的观念为基础的自由恋爱新阶段。这也是对清初《桃花扇》中侯、李之间形而上的爱情模式的继承与发展。① 所以，从这个层面上看，将玉箫的身份由妓女变而成为青衣，不仅让玉箫的情感变得更加纯洁，使剧作走出文士、妓女情感戏的老路，而且其开放式的文化内涵亦非同一般。当然也要看到，就玉箫女这一题材来说，晚明小说《石点头》早于《玉指环》而具有了这样的内涵，戏曲创作已经迟了一大步。

四、吴梅手稿《玉指环传奇序》的发现

南图典藏抄本《玉指环》传奇除了以原本典藏形式保存于南图外，还曾由全国图书馆文献缩微复制中心于1994年摄制成微缩胶卷加以保存。按照南图规定，在有微缩件或电子扫描件的情况下，一般不向读者提供底本的善本原件。笔者先后借出微缩件及其底本原件，发现南图所藏善本《玉指环》传奇

---

① 虽然元有《西厢记》、明有《牡丹亭》都写男女追求爱情，但无论是崔、张，还是柳、杜，其在才学、年龄、社会地位上都是大致相同的，男女之间原本就有一些形而下层面的平等，故没有《玉指环》中韦皋、玉箫那么超脱。相比较，《桃花扇》的侯、李爱情已经相当形而上了。

首册内夹有并未装订的吴梅先生为《玉指环》传奇所写序文二叶。二叶均有框格,半叶九行,行二十字,框上下左右均为双边。序文纸张与之所系的南图典藏《玉指环》传奇抄本比较,显得新艳一些。从装订、行款和纸质上看,该文与南图抄本《玉指环》非为同时书写,吴梅序文当为其阅读该抄本之后的即兴之作。

众所周知,吴梅先生藏有大量古典戏曲文本,也曾写过为数不少的戏曲序跋,这些戏曲序跋是吴梅先生评价古典戏曲的最直接的资料。

韦行《谈吴梅先生的戏曲序跋》:"吴氏南北奔走、节衣缩食,收藏古曲本六百余种。每得一本他总要认真阅读,细细琢磨,并把心得体会写在书前书后或发表在出版物上。门生任讷(中敏)先生曾辑录九十四篇成《霜厓曲跋》三卷收入《新曲苑》(中华书局一九四○年出版)。后来徐益藩先生又辑《霜厓序跋》五十四篇加以补充(发表于一九四二年《戏曲》三辑)。一九七九年任先生嘱我重新辑录,先后得二百余篇。编选《吴梅戏曲论文集》(中国戏剧出版社一九八三年版)时,我从中选出专门谈论杂剧传奇的八十九篇和专门谈论曲史、曲目、曲集的二十篇,分别起名《瞿安读曲记》和《瞿安序跋》收入其中。"①中国戏剧出版社于 1983 年出版的《吴梅戏曲论文集》为王卫民先生选编,故此可知《谈吴梅先生的戏曲序跋》一文的作者韦行即王卫民先生。王卫民先生集几十年之力,潜心整理研究吴梅先生学术资料,尤其对于吴梅先生所撰写的戏曲序跋的搜集是不遗余力的,这些资料今又俱被收入由他编校的《吴梅全集》(河北教育出版社 2002 年版)之中。《吴梅全集》既名"全集",则所收自然是迄今最全面的。该集共收吴梅读曲记(实为序跋)165 篇、序跋 67 篇,共计 232 篇。王卫民先生此前曾说的他搜集到的二百余篇吴梅先生所撰戏曲序跋,在其所编选的《吴梅全集》中应该得到全面的展示。

上述前贤对吴梅先生所撰戏曲序跋的收集整理,为我们进一步研究吴梅

① 韦行:《谈吴梅先生的戏曲序跋》,见《戏剧艺术》1992 年第 1 期。

先生的曲学思想以及研究古典戏曲创作与理论提供了莫大的便利。然而，文献整理难免有遗珠之憾。笔者检索前文提及包括《吴梅全集》在内的各种有关吴梅先生著作的整理文献，发现这些文献均未收录吴梅先生为《玉指环》传奇撰写的这篇序文。为了使学界能够更全面地了解吴梅先生的戏曲批评，现将该文公诸同好：

玉指环传奇序

　　咏玉箫再世事者，有乔孟符《两世因缘》剧，文藻颇胜，而【隔纱窗】一套，尤脍炙人口。余少时间一按拍焉。南曲中《玉环记》，以韦皋结交克孝，祸起萧墙，命意已伤庸俗，即生旦离合，亦全袭《绣襦》通套语，他如力擒云光，计降朱泚，皆勉强牵率，不近人情，实非惬心贵当之作。自是以后，未有重赋此事者矣。兰坡先生作此记，一依《云溪友议》布局，将院本中一切俗套，删除净已，较旧本已雅洁矣，又以玉箫为姜氏婢，不作曲伎，意更周匝，盖《友议》中本不言伎，而《两世因缘》及《玉环记》皆作伎女者，便于戾家生活，于是，俗科恶诨，满纸谰言。余尝谓：传奇家多添关目，实自形才弱也。先生治行并龚黄，文章追魏晋，而南词妍丽，又得东塘、昉思之绪，才人固无所不能耶。自藏园作曲，以扶植伦纪为主，夏惺斋、董恒岩因之，忠孝节义，表章益力，南北曲体遂得与唐诗、宋词并尊。然而，理障腐语，摇笔即来，与昔之桑濮言情、科第矜贵，同一肤辞耳。能划削肤词者，方称作手。先生学藏园而不囿于藏园，斯所以可贵也。《续缘》折以杨太真作判，与《风流院》之以汤若士为院主，同一令黠可喜，而窃娘、步非烟、霍小玉辈又一一作陪，结人天眷属，虽本于尤展成之《钧天乐》中有《地巡》一折，痛发古今不平、①蒋心余之《临川梦》中有《集梦》一

----

① “中有《地巡》一折，痛发古今不平”及下文“中有《集梦》一折，以‘四梦’中人一一与若士周旋，亦荒唐可乐”二处文字，为注释文字，在原稿中作小字双行书写。

折，以"四梦"中人一一与若士周旋，亦荒唐可乐，而文心幻曲，殊足令人
籕讽。曲家专赋本事，不敢旁涉他故者，皆寻行数墨，不足登大雅之堂
也。惟《释姜》折南北合套，【雁儿落】、【得胜令】下，尚缺二三曲，确是不
合格处。（他日付刊，当足成之。）①避暑里门，快读数过，瓜棚一雨，砚席生
凉，因书简端，志吾心折云。戊辰五月，长洲霜厓居士吴梅书于百嘉室。

吴梅先生的这篇《玉指环传奇序》直接夹附于南图所藏《玉指环》抄本之内，结
合其所云"避暑里门，快读数过"考察，则说明吴梅先生所"数过"读之的《玉指
环》就是南图所藏的《玉指环》抄本。

　　序文写于"戊辰"年（民国十七年，1928 年）夏历五月。从吴梅的经历看，
吴梅于 1923 年暑期离开北京大学前往南京东南大学任教，1927 年北伐军占
领南京之前，北洋军阀政府下令东南大学停办，吴梅先生返回苏州家居。同
年九月中旬赴广州中山大学执教，但他不适应岭南天气和生活，便于年底前
返回苏州。1928 年春节后，吴梅先生到上海光华大学任教，八月南京国民政
府将原东南大学更名为中央大学并复课，吴梅先生回南京在中央大学任教，
但未能立即辞去光华大学之职，便在南京与上海之间奔波。由此可知，《玉指
环传奇序》正撰写于其执教光华大学一个学期之后，"避暑里门"即在家乡苏
州度暑假期间。直至 1931 年上海"三·一八"战事发生之前，吴梅都在大量
评点并整理出版其所藏曲本。《奢摩他室曲丛》编印于这段时间。也可以说，
此时正值吴梅先生学术成果较为丰硕的时期。

　　吴梅藏曲甚多，②他于 1926 年前后从自己所收剧曲散曲中选择 264 种，
拟以《奢摩他室曲丛》总名印行，后再从中精选 152 种分批次由上海商务印书
馆印行，但至 1932 年上海"一·二八"发生时只印行了初集和二集，而战火又
焚毁了待印的许多底本。对此，吴梅痛心疾首，遂于此年将其所藏的未刊行

① 原稿中"他日付刊，当足成之"二句即有括弧。
② 卢前：《吴瞿安先生事略》，见《时事新报》1939 年 4 月 16 日，转自王卫民编《吴梅和他的世
　界》，河北教育出版社 2002 年版，第 4 页。

剧曲散曲总成为《奢摩他室藏曲待价目》（收入青木正儿原著王古鲁译著《中国近世戏曲史》附录中，后王卫民编《吴梅全集》据此收录），拟转受他人，自云："霜厓先生喜藏曲历三十年，积数百种。壬申之春，寇侵海上，旧藏涵芬楼诸传奇为《奢摩他室曲丛》印行计者，焚燬至三十种左右，先生恫焉！因取所存各曲总录一目，将尽让于人。或以先生为过激，不知先生实穷乏也。嗟乎！士大夫竭毕生之力，奔走南北，仅得此区区数百种，一旦尽出，其感喟为何如！举箧相让，毋劳邀选。悬值未昂，毋空贬抑。览者幸平恕焉。"①然而，《奢摩他室曲丛》初集、二集均未收《玉指环》，《奢摩他室藏曲待价目》也未著录该剧。非但如此，今国家图书馆所藏吴梅所撰的手稿本《瞿安藏书目》也未著录该剧。吴梅《玉指环传奇序》既撰于1928年，则《玉指环》传奇当为吴梅先生所藏而于1932年业已散出（非属其所云"焚燬"者也）。"他日付刊，当足成之"，这正反映出吴先生希望于将来印行的《奢摩他室曲丛》某集内刊行该剧的愿望。

　　从序文的内容上看，吴梅先生对《玉指环》的评价很高。吴梅先生作为一位兼治词曲且戏曲理论与创作兼通的国学大师，他对很多戏曲都有贬责之词，而《玉指环》则属于例外。其希望"他日付刊"之语，正是其对该剧激赏的表现。

　　虽然吴梅所藏《玉指环》版本仅署"剪红阁填词"并未注明该剧作者的具体姓名，但是《玉指环传奇序》明言"兰坡先生作此记"，并称"先生治行并龚黄，文章追魏晋，而南词妍丽，又得东塘、昉思之绪，才人固无所不能耶"，这就为我们将《玉指环》传奇作者进一步锁定为张梦祺提供了佐证，而这一结论又恰与上海图书馆所藏该剧的题署"剪红阁梦祺张兰坡填词"相吻合，足以显示吴梅学识的广博与判断的敏锐。

——《戏剧研究》2011年第八期

---

①　吴梅：《吴梅全集》理论卷下，河北教育出版社2002年版，第1554页。

姚大怀

吴梅《钧天梦传奇》的发现与考论 *

　　吴梅(1884—1939),字瞿安(又作癯庵、癯安),一字灵鹣,号霜厓(又作霜崖),别署逋飞、厓叟。江苏长洲(今苏州)人。曾在北京大学、东南大学、金陵大学、中山大学、光华大学等高校执掌教鞭,在词曲研究与创作领域均取得令人瞩目的成就,撰有《顾曲麈谈》、《曲学通论》、《中国戏曲概论》、《元剧研究》、《词学通论》、《辽金元文学史》等理论著作以及《霜厓诗录》、《霜厓词录》、《霜厓曲录》、《霜厓三剧》、《镜因记》等诗词曲作,另"竭毕生之心力"①编成《南北词简谱》。词学专家唐圭璋、万云骏,曲学专家卢前、任讷、王季思、钱南扬,以及艺术学专家常任侠等人,均出其门下。自二十世纪以来,王卫民等学者筚路蓝缕,不畏烦难,在搜罗吴梅存世著述方面耗费巨大精力。本世纪初,王卫

＊　本文为国家社科基金一般项目"中国近代报刊戏曲整理与研究"(项目编号:19BZW166)阶段性成果之一。

①　吴梅:《〈南北词简谱〉自序》,《吴梅全集·南北词简谱》,河北教育出版社 2002 年版,卷首第 2 页。

民先生编校的《吴梅全集》(以下简称《全集》)由河北教育出版社出版,为全面研究吴梅奠定了坚实的基础,可谓厥功至伟。此后,部分学者在此基础上陆续有所补充:如陈平原撰文(以下简称"陈文")介绍在法兰西学院汉学研究所寻得吴梅所编《中国文学史》讲义,①并将其排印出版;②再如陈益在苏州昆剧传习所顾笃璜捐赠的昆曲文物中寻得吴梅的一首词作以及写给曹君直的两封信札,不仅转录全文,还对其作了必要的考证;③又如张瑞云在张钟来所编的《清河太君节孝褒扬录》中觅得吴梅所作题跋与诗歌,故全录以飨学界,④等等。但除"陈文"外,其他学者的补缺拾遗工作或因文献本身价值并不突出,而未能受到学界足够的关注。

　　近年来,笔者在梁淑安、左鹏军等学者的启发下,致力于晚清民国(尤其是民国时期)传奇杂剧的文献整理与综合研究工作,截至 2019 年初,共发掘民国传奇杂剧剧目 400 余种。在此期间,笔者曾试图找寻曲学大师吴梅的几部常被学界提及且颇具文献价值以及戏曲史意义的佚作,如《血花飞》、《义士记》以及《镜因记》第九折之后的部分,但终徒劳无功,不料在上海图书馆访求文献时,偶然获见吴梅另外一部此前未见任何著录的戏曲作品——《钧天梦传奇》。鉴于该剧重要的文献价值与戏曲史意义,笔者不揣谫陋,拟对其做初步的介绍、考证与论析,以期为相关研究提供新的线索与资料。

一、《钧天梦传奇》的刊发与内容

　　该剧署名"霜厓",刊于《新闻报》第四张第一版(副刊《快活林》)"传奇"栏

---

① 陈平原:《不该被遗忘的"文学史"——关于法兰西学院汉学研究所藏吴梅〈中国文学史〉》,《北京大学学报(哲学社会科学版)》2005 年第 1 期。

② 林传甲、朱希祖、吴梅著,陈平原辑:《早期北大文学史讲义三种》,北京大学出版社 2005 年版。

③ 陈益:《吴梅致曹君直的两封信札》,《钟山风雨》2011 年第 5 期。

④ 张瑞云:《补园旧事续编》,古吴轩出版社 2008 年版,第 45—46、332 页。

下,自民国六年三月二十七日(1917 年 3 月 27 日)起逐日连载,至四月二十日(4 月 20 日)终,除《家门》部分,共刊出五折,折目为《言怀》、《院盟》、《梦始》、《筹会》、《宫宴》。应未完。

《家门》部分,末出场以【念奴娇】略述创作动机与剧作主旨:"科头箕踞,道东涂西抹先生醉也。俯仰蘧庐天地窄,慷慨悲歌聊且。琐碎闲情,缠绵绮语,一切都抛舍。东方玩世,舌锋利休惹。还记醉梦钧天,黄袍加体,影事思量怕。西第笙歌人已散,忍问恒城残霸。狎客楼空,党人碑倒,优孟登场话。啼乌声里,故山烟柳如画。"再交代剧目,并以"假皇帝立志要登龙,丑官僚曲意来狄凤。真豪杰独起护国军,俊夫妻双结钧天梦"概述剧作内容。

五折所叙内容如下。

原系巫山旧籍的杜遂(字子虚)流寓京中,对袁世凯的倒行逆施极为不满。某日,邀时任经界局长的至友蔡锷(字松坡)到家中饮酒,与之同论时事。二人义愤填膺,遂约定到宜春院中寻访张灵娘、筱凤仙。就在张灵娘、筱凤仙焚香拜盟、结为妯娌之际,杜遂、蔡锷突然来访。经过一番表白,四人把酒言欢。妄图称帝自为的袁世凯,想起前日夜里梦见天帝赐其钧天广乐一部,以及此前家乡出现紫龙、祖坟上长出紫龙藤等事,便从参政院找来胡颜、周货、张葛、符齿等心腹,与之商讨称帝事宜。在否定了四人的胡言乱语后,早有谋划的袁世凯抛出详细的秘密行动计划。参政院中一位姓名久隐、人称"老办"的办事员,对辛亥以来南北议和、袁世凯出任民国大总统等事均表示赞成,但对袁世凯近来的称帝举动颇为不齿,并对胡颜等无耻之徒深恶痛绝。相比之下,老办对留学归来的杨度以及阎服、柳思裴等学识渊博之人颇为敬重。受杨度嘱托,老办安排人员,布设会场。杨度此后将阎服、孙毓筠、柳思裴、吕惜护、吴隐等人召集到参政院中,就外国顾问刊发的有关君主、共和利害问题的文章展开商讨。胡颜等四人随后亦赶来参与谋划。经磋商,成立筹安会,杨度拟写说帖,柳思裴拟写通告各省电稿。老办听得会议的全过程,至此终于认清杨度等人的丑陋嘴脸。一日,袁世凯在新华宫中大摆宴席,又给众妻妾预赐封号,并吩咐女乐搬演新教的《中山狼散套》。袁世凯对演出连连称好,并希望众妻妾将来不能像中山狼一样忘恩负义。众妾表示,愿誓死相随。在一片歌舞升平之中,胡颜等心腹前来汇报参政院议定事项,深得袁世凯欢心,并被留下作长夜之饮。

剧作至此戛然而止,此后未见连载,但根据史实以及《家门》部分可知作者预设的大致剧情:其一,蔡锷顺应历史潮流,率领护国军奋起讨贼,但不幸英年早逝;其二,在护国军的枪炮声中,袁世凯与其心腹自导自演的称帝闹剧宣告散场,而且随着袁世凯的身死名裂,众政客与众妻妾如树倒猢狲散;其三,杜遂夫妇与筱凤仙均为终结袁世凯称帝丑剧发挥重要的作用,尤其是筱凤仙在关键时刻帮助蔡锷逃离北京,为护国起义的打响奠定了坚实基础。

二、《钩天梦传奇》的作者与创作时间

本剧初载之日(1917 年 3 月 27 日),《新闻报》第四张第一版载有该报副刊主编严独鹤发布的启事,第三日(1917 年 3 月 29 日)再刊,云:

> 本报前刊东垫君所著《孤鸿影弹词》,甚荷阅者欢迎。旋东垫君以病中辍……为势甚剧,已辞去沪上职务。……因别请吴霜厓先生撰《钩天梦传奇》一部,逐日登载,以饷阅者。吴先生为斫轮老手,夙以词章之学名于时。此书之作,专取专制时代实事,旁搜轶闻,连贯成篇。事既可传,文尤足颂。想不亚一曲《桃花扇》,供诸君叹赏也。发刊伊始,特附识其原委。如此以敬告爱读我《快活林》者。

如果说仅根据本剧所署"霜厓"二字便将本剧置于吴梅名下尚有武断之嫌,那么,结合严独鹤的这则启事,以及吴梅当时正在上海民立中学任教,则完全可在本剧作者霜厓与曲学大师吴梅之间画上等号。毕竟,民国时期署名"霜厓"

发表传奇作品且自觉遵守明清传奇体例（按：关于这一点，下文将予以论述）的吴姓作家，除吴梅之外，绝不可能有第二人，亦不会出现他人在上海的大报上冒用吴梅之名的可能。

从该则启事中还可获知以下重要信息。在李东垫（方滢）突然病重离沪、原载于《新闻报·快活林》的《孤鸿影弹词》断难为续的情况下，吴梅应邀为该报撰《钧天梦传奇》。作为应邀之作，本剧应始作于启事刊发前不久，但最早不会早于蔡锷逝世（按：蔡锷于 1916 年 11 月 8 日辞世）之前。另外，本剧第三折后半部分以及署名"同里敬苍水室主人"的评语刊于四月八日（4 月 8 日），点评者的落款时间为丁巳（1917）四月，二者几乎同步。由是观之，吴梅创作本剧的时间应介于民国五年十一月八日（1916 年 11 月 8 日）与民国六年三月二十七日之间，且边写边发的可能性较大。并由此可见，创作本剧并使用"霜厓"作为署名时，吴梅尚不满三十三周岁；时隔三年，即民国九年（1920），吴梅在《音乐杂志》刊发《无价宝杂剧》与《少年游》、《虞美人》诸词作时，亦署名"霜厓"，当时尚不满三十六周岁。因此，唐圭璋、卢前等人的"晚号霜崖"[1]与"晚自号霜厓"[2]之说恐难成立。

为消除停载《孤鸿影弹词》带来的负面影响，严独鹤在深致歉意的同时，对吴梅及其《钧天梦传奇》进行了大力推介：一方面称吴梅"为斫轮老手，夙以词章之学名于时"，另一方面交代该剧"专取专制时代实事，旁搜轶闻"的题材特点，并将其与《桃花扇》相提并论。此举用意不言自明，可遗憾的是，该剧仅刊五折便戛然而止。原因何在？细究之下，无非有二。其一，当时正在上海民立中学任教的吴梅，受教学与其他事务所累，根本无暇继续逐日供稿。其二，出于学术兴趣与学者使命，吴梅自觉传承传统曲学，精心结构，细审宫商，而将此剧置于不懂传统曲学的市民读者面前，难免有对牛弹琴之嫌，无法达

---

① 唐圭璋：《回忆吴瞿安先生》，载中国社会科学院文学研究所近代文学研究组《中国近代文学论文集（1949—1979）·戏剧、民间文学卷》，中国社会科学出版社 1982 年版，第 31 页。
② 卢前：《关于吴瞿安先生》，《民族诗坛》1939 年第 3 卷第 1 辑，第 103 页。

到严独鹤的预期。基于此,该报不再向吴梅索稿,或者是吴梅也无心再奏阳春白雪,抑或二者兼而有之。由于民国六年(1917)四月二十日及以后的《新闻报》并未交代为何停载《钧天梦传奇》,严独鹤、吴梅以及同时期其他文人的著述也未提及此事,目前尚无法得知具体原因。不过,结合吴梅此前的传奇创作及其刊发经历来看,中途停载《钧天梦传奇》或许并非偶然。早在清末,吴梅撰《风洞山传奇》,初刊于《中国白话报》,但仅刊《先导》与《忧国》两折便"以排场近熟"而辍笔,好在此后"乐此不疲","凡费十二月之久,始得藏事"。① 鉴于这种乐在其中、精益求精的创作态度,吴梅不可能跟上报刊(尤其是日报)的出刊频次,也无法满足市民读者娱乐化与通俗化的审美需求。民国元年(1912),吴梅在任南京第四师范与上海民立中学教席期间,将《镜因记》投向好友吕志伊主办的《民国新闻》,但终未能卒稿,甚至原稿亦"久佚"②。虽然吴梅并未明确交代此次辍笔的原因,但极有可能与停作《风洞山传奇》相似,即面对紧密的刊载周期,"每日六课"③且忙于其他事务的吴梅根本无暇认真打磨剧作,更不愿自降品位,迎合市民读者的审美趣味。只是吴梅没有再次"乐此不疲",而是任其自生自灭。那么,《民国新闻》方面会不会出于读者接受与经济效益等方面的考虑而直接停载《镜因记》呢?笔者认为可能性很小。于情而言,作为吴梅的"老友",该报总编辑吕志伊不至于单方面拒载吴梅的剧作。于理而论,吴梅当时已崭露头角,其剧作质量亦可圈可点,对《民国新闻》来说,吴梅的名号及其剧作均系难得的宝贵财富,而拒载显然非明智之举。创作《钧天梦传奇》时,吴梅虽仍在民立中学任教,但此后不久便接到了北京大学的邀请,任教于中国当时最知名的高等学府,可见当时吴梅的声名已非昔日可比。就此来看,《新闻报》拒载吴梅稿件的可能性更是几乎为零,何况早在初刊之日,严独鹤就明知"吴先生为斫轮老手,凤以词章

① 吴梅:《风洞山·例言》,载《吴梅全集·作品卷》,河北教育出版社 2002 年版,第 213 页。
② 吴梅:《吴梅全集·日记卷》,河北教育出版社 2002 年版,第 614 页。
③ 王卫民:《吴梅年谱(修订稿)》,《南社研究》1992 年第 3 辑,第 19 页。

之学名于时"。因此,或由于对原作不满,或由于无暇认真打磨剧作,抑或不愿一味迎合市民读者的审美需求,以振兴传统曲学为己任的吴梅最终主动选择停作《钧天梦传奇》的可能性更大。

既然是吴梅所作,那么在吴梅现存的著述中为何从未见到有关该剧的任何记载? 笔者认为有两种可能。其一,或许吴梅确实曾提及该剧,但包括数十册日记在内的珍贵材料"惜经离乱散失"①,故从存世著述中无从查找相关记载。其二,或许在吴梅看来,本剧并非满意之作,实无谈及的必要。吴梅离世前曾致书弟子卢前,对毕生著述进行了清理,认为《霜厓文录》、《霜厓诗录》、《霜厓词录》、《霜厓曲录》、《霜厓三剧》与《南北词简谱》可以行世,而其他坊间出版的《顾曲麈谈》、《中国戏曲史》、《辽金元文学史》诸书则"听其自生自灭可也"②。在平生所撰戏曲作品中,吴梅唯独看中《霜厓三剧》。至于《风洞山传奇》诸作,终被吴梅界定为"其实无所得也"③,以致生与灭均可听之任之。而未竟之作《镜因记》,直至二十余年后才出现在吴梅的日记中,且仅出现一次(按:亦有可能在吴梅此前的著述中记载过,但同样因"惜经离乱散失"而无从查考)。吴梅所记甚简,云:"吕办《民国新闻》,余曾投稿,编《镜因记》。此记未完稿,今久佚矣。"④从中不难看出,吴梅并未将《镜因记》当作满意之作,对其佚失也未表现出明显惋惜之情。同样是一部未竟之作,《钧天梦传奇》也不可能被视为满意之作,自然也可"听其自生自灭",不被提及亦不足为怪。

除上述几个关键问题,剧中部分情节与人物也有稍作考辨的必要。

诚如严独鹤所云:"此书之作,专取专制时代实事,旁搜轶闻,连贯成篇。"就故事框架而言,本剧基本符合史实,但吴梅在细节方面并未囿于史实:如袁

① 唐圭璋:《影印〈瞿安日记〉序》,《文教资料》1987年第3期,第103页。
② 吴梅:《与卢前书》,载《吴梅全集·理论卷》,河北教育出版社2002年版,第1135页。
③ 吴梅:《霜厓三剧序》,载《吴梅全集·作品卷》,河北教育出版社2002年版,第322页。
④ 吴梅:《吴梅全集·日记卷》,河北教育出版社2002年版,第614页。

世凯与心腹胡颜等人谋划称帝事宜显然出于虚构,胡颜等人亦为子虚乌有;又如袁世凯在新华宫中观看《中山狼散套》,实际上是照搬李玉《一捧雪》第五出《豪宴》中的情节,至于袁世凯本人是否扮咐女乐在新华宫中搬演此剧,不仅未见任何著录,而且吴梅亦难以知晓。

再者,吴梅曾在袁世凯垮台后作《读〈汉书·王莽传〉》,其中有"吾知舜禹事,文过颜益厚。历代劝进文,言之不知丑。狐媚取天下,笑破石勒口。天地何不仁,我生丁阳九。举世陈符瑞,山川亦蒙垢。苟非大命倾,陆沉恐已久"①等句,旨在"痛斥袁世凯的洪宪复辟与筹安会无耻文人的劝进"②,与剧中杜遂、老办的观点一致,均代表了吴梅在袁世凯称帝时期的思想状态。

另外,剧中所涉及的筹安六君子中,除杨度、孙毓筠为真名外,其他四人的姓名均以谐音出之。根据当时史实不难得知,阎服、柳思裴、吕惜护、吴隐对应的分别为严复、刘师培、李燮和、胡瑛。吴梅为何不一律使用真名,或一律使用谐音? 答案只可能有一个,即吴梅对筹安六君子的态度还是有所区别的,而这与当时北京政府对筹安六君子的处置方式也基本一致。称帝丑剧落幕后,北京政府以大总统黎元洪名义发布命令,要求将杨度、孙毓筠等人"拿交法庭,详确讯鞠,严行惩办"③。作为筹安会的中坚,理事长杨度与副理事长孙毓筠在袁世凯称帝闹剧中发挥了重要作用,位列前二理所当然。而严复、刘师培等四人或由于名望素著,或由于不明就里被利用且未在其中发挥实际作用,最终未被列入惩办名单。对此,吴梅或了然于胸,或有所耳闻,自然在剧作中有区别地予以对待。

本剧的评者"同里敬苍水室主人"是谁? 首先,从评语的内容以及署名方

---

① 吴梅:《读〈汉书·王莽传〉》,载《吴梅全集·作品卷》,河北教育出版社 2002 年版,第 26 页。
② 王季思:《吴瞿安先生〈诗词戏曲集〉读后感》,载《王季思全集·杂文集》,河北教育出版社 2005 年版,第 251 页。
③ 《政府公报·命令》,第 190 号,1916 年 7 月 15 日。

式来看,评者应谙于传统曲学,且与吴梅均为江苏苏州人。[①] 其次,民国五年
(1916),即《钧天梦传奇》刊发前不久,吴梅另外一部剧作《落溷记》(按:此剧
1913 年发表于《小说月报》时改名为《落茵记》)由敬苍水馆校刊,卷尾附有校
刊者跋语,其中有云:"曜安《落茵记杂剧》,专用本色语,无明人赤水(按:屠隆
号赤水)、昌朝(按:汪廷讷字昌朝)饾饤之习。……先曾刊于海上,流传未广,
余因为之重梓。……丙辰三月,同里亦安张士梁校毕并识。"[②]如是观之,《钧
天梦传奇》评者"同里敬苍水室主人",应即经营敬苍水馆、校刊《落溷记》并为
其写跋语的"同里亦安张士梁";张士梁,字(或号)亦安,江苏苏州人,与吴梅
在民国五年(1916)前后有着较为密切的交往,热心于推介优秀传统戏曲作
品,且推重本色自然的戏曲语言。从其"敬苍水室"与"敬苍水馆"等命名方式
看,张士梁应对明末抗清名将张苍水颇为敬重。张士梁曾辑有《敬苍水馆曲
谱》[③],其他生平事项,尚须进一步考证。

三、《钧天梦传奇》的剧本体制与艺术风貌

清末以降,如何严格遵守传奇的体制规范,已不是剧作家们考虑的重点,
如何突破传奇体制的严格束缚并更好地发挥传奇在政治宣传与思想启蒙中
的作用,充分挖掘传奇的商品特性,才是剧作家们面临的首要任务。剧本体
制的消解,一方面降低了传奇创作的门槛,为开创传奇创作的兴盛局面奠定
坚实的基础,另一方面却使清末以来的传奇从根本上背离了戏曲本质,透支
了原本孱弱的生命力。吴梅对此深感痛心,毫不留情地指出:"近来填词家多

---

① "同里"一词或指苏州同里镇,或指与吴梅同乡,即江苏长洲。按现在的行政区划,无论是同
　里镇,还是长洲,均系苏州市下辖区域。
② 张士梁:《落溷记·跋》,载王文章主编《傅惜华藏古典戏曲珍本丛刊》第 115 册,学苑出版社
　2010 年版,第 15—16 页。
③ 张玄:《新发现〈敬苍水馆曲谱〉稿本考略》,《文化遗产》2018 年第 6 期,第 57—64 页。

率尔之作,而于音律、科白、打诨、南北毫无所知,贸贸然操觚应世,真笑死人也!"①在创作过程中,深谙传统曲学并以振兴传统曲学为己任的吴梅显然不可能"贸贸然操觚应世",而是尽可能地严格遵守传奇戏曲既有的剧本体制。无论是《风洞山传奇》,还是《镜因记》,抑或《钧天梦传奇》,均堪称清末民初极少数严守明清传奇剧本体制的作品,均体现了吴梅对传统曲学和艺术规律的勉力坚守。但又如梁淑安先生所云:"他(按:吴梅)对于戏剧艺术的那些可变性的特征,如体制、格律等,也坚持一例不变,这就使他不能跟上时代的脚步。"②

同样,对本剧艺术风貌的总结与评价也应采取一分为二的态度。臧懋循曾总结戏曲创作之难有三:其一是"情辞稳称之难",其二是"关目紧凑之难",其三为"音律谐叶之难"。③ 实际上,臧懋循的"三难说"总结的不仅是戏曲创作的难点,而且是衡量戏曲作品艺术成就高低的重要标尺。基于此,笔者拟从上述三个层面对《钧天梦传奇》的艺术风貌略作探讨。

所谓"情辞稳称",即曲白雅俗兼收,与人物形象相得益彰。本剧前两折为生旦家门,涉及的人物有杜遂、蔡锷、张灵娘与筱凤仙,其曲白基本呈现出清新脱俗与艳冶缠绵的特点,可谓深得明清传奇生旦家门的精髓,但吴梅并未像文采派曲家那样以饾饤堆砌为能事,而是根据人物身份与处境合理设置曲白。如杜遂作为失意文人,才学过人,心忧天下,故谈吐中往往不乏骈四俪六,且出语慷慨激烈,无遮无拦,但在红颜知己张灵娘面前,言辞中又表现出风流倜傥的一面;蔡锷身为武将,被困于北京,雄图难展,深谙政局,面对蜩螗国事,出语既激烈又谨慎,且较杜遂的曲白更为通俗,即便在温柔乡中,言辞中亦不失英雄风范;张灵娘久历风尘,阅尽世事,年龄稍长于筱凤仙,故而无

---

① 吴梅:《覆金一书》,载《吴梅全集·理论卷》(下),河北教育出版社 2002 年版,第 1103 页。
② 梁淑安:《吴梅〈风洞山传奇〉浅析》,《苏州大学学报(哲学社会科学版)》1985 年第 1 期,第 72 页。
③ 臧懋循:《元曲选·序二》,载《元曲选》(一),中华书局 1958 年版,卷首第 4 页。

论是论及时事，还是谈及风情，言辞中均不乏冷静持重，再加上受杜遂影响，也时常出口便是四六句式；筱凤仙原系良家女儿，不幸流落风尘，虽对国事不甚了然，但对蔡锷一片痴心，其曲白既有风尘女子的豪爽与洒脱，也有良家女儿的羞涩与矜持。第三折写袁世凯（净）与四位心腹（副净、中净、丑、小丑）共商称帝事宜，用词不事雕琢，纯以本色出之，但又俗而不陋，可谓深得元人堂奥。张士梁在第三折末的评语中予以高度评价，兹全录如下：

> 填词之难，不在生旦，而在净丑。曲文万不可施文藻，须俚俗乃合体裁。然俚俗之中又须雅净，此非仅仅文章之士所能下笔也。此折【叠字锦】一套，系出古曲《卧冰记》，而元人散套时时有之。《铁冠图·夜乐》一折，即借用元套也。霜厓此折，全仿其词，字字流利，无一些书卷气。此真直入元人之堂奥矣。并世诸贤，其能为艳词俊语者，顾不乏人。至于不尚铅华，独标本色，而又能用元人方言者，不能不让霜厓独出也。前第二折之艳冶，尚是易事耳。丁巳四月，同里敬苍水室主人评。

第四折揭露了参政院众丑（尤其是筹安六君子）拙劣的政治表演，与之对应的既不是前两折的清词丽句，也不是第三折的"独标本色"，而是雅俗互见，贴切机趣，与人物形象相得益彰。剧中，杨度等人多数措辞考究，出口成章，但表面的风雅掩饰不了他们作为政治投机者的丑陋嘴脸。如阎服动辄以欧西历史为参照，颇合其原型严复学通中西的特点；柳思裴则以《说文解字》为证，探讨"君"、"民"之别，进而得出君主立宪优于民主共和的结论，同样与其原型刘师培深谙国学的特点颇为一致。第五折除穿插的《中山狼散套》外，所涉人物与第三折大致相当，曲白亦基本属于本色自然的范畴。

"关目紧凑"即结构谨严，剧情紧凑，符合生活逻辑与艺术逻辑。由于仅存五折，尚难将其定性为一部关目紧凑之作，但从现存的篇幅来看，本剧还是体现了吴梅清晰的结构意识。本剧以袁世凯妄图称帝以及皇帝梦的破灭为主线,以杜遂与张灵娘、蔡锷与筱凤仙的情感经历为副线。两条线索相互影响,交替发展,构成一个有机整体。首折末尾,杜遂提议到宜春院中寻访张灵娘与筱凤仙,为两位女性的出场铺平道路;第二折中,张灵娘认为蔡锷"壮怀未免激烈","恐不永年",实际上为此后蔡锷的英年早逝埋下伏笔;第三折末,袁世凯向胡颜等人密授机宜,既为第四折中筹安会的组建以及筹安六君子的粉墨登场奠定基础,也为此后整场称帝闹剧提供了总纲;第五折中,众姜纷纷表示,不仅愿在袁世凯生时相随,还希望将来为其殉葬,显然暗示了此后树倒猢狲散的结局。

"音律谐叶"意味着填词应当注重音韵平仄,合乎曲律声腔。《风洞山传奇》创作于清末,但在定稿前,吴梅曾耗时一年之久对其反复打磨,并请著名词曲家刘子庚为之点板,故在例言中不无自负地写道:"通本词意浏亮,无拗折嗓子之消。后有作者,可以为法。"又道:"顾此本行世,雅不欲人之涂抹我文字,大雅君子,恕我狂也。"①民国肇造,吴梅撰《镜因记》,"每一折成,必按节而歌,故终本无聱牙之病"②。虽然吴梅可能未对《钧天梦传奇》进行长时间的认真打磨,也未必每折"按节而歌",但凭借其深厚的曲学造诣以及一以贯之的创作态度,显然不会犯出腔犯调、音乖律违之病。

《钧天梦传奇》在艺术上虽不无可圈可点之处,但由于未经认真打磨,难免存在瑕疵,其中最为明显的是摹拟痕迹较重。

就曲白而言,本剧受尤侗《钧天乐》、梅鼎祚《玉合记》、汤显祖《紫钗记》《邯郸记》、无名氏《卧冰记》、无名氏《锦云堂暗定连环计》、徐复祚《红梨记》诸作影响明显。如首折《言怀》中,杜遂的出场诗中"无可奈何天下事,不平则鸣人中意。温峤若在敢尔戏,唐衢那得如许泪"等句,与《钧天乐》中沈白出场诗中"无可奈何天下事,谁能遣此人中意。士龙若在敢尔戏,嗣宗那得如许泪"

---

① 吴梅:《风洞山传奇·例言》,载《吴梅全集·作品卷》,河北教育出版社 2002 年版,第 214—215 页。

② 謇盦:《镜因记·第一折评语》,《新申报》1917 年 2 月 22 日。

等句多有雷同。再如第二折《院盟》中,张灵娘与筱凤仙出场时的曲白除更换人物姓名与称谓,与《玉合记》第三出《怀春》中柳氏与婢女出场时的曲白基本无异。其后【绵搭絮】诸曲与《紫钗记》第三出《探春》中小玉与浣纱等人的唱词有较多重合。又如第三折《梦始》中,胡颜等人所唱【叠字锦】一套,正如张士梁评语中所言,"系出古曲《卧冰记》","全仿其词"。第五折《宫宴》中,侍女们出场所唱【浣溪沙】中"美景天将锦绣开,笙歌院落醉金杯,朝朝灯火下楼台。东风堪赏还堪恨"诸句,实际上是化用《邯郸记》第二十七出《极欲》与《红梨记》第三出《豪宴》的退场诗。胡颜等人的开场诗,与《邯郸记》第二十七出《极欲》中卢生的退场诗基本相同。本折【南普天乐】【南倾杯序】【尾声】诸曲,基本套用康海的【南北正宫合套·贺南川生子】。袁世凯出场时所唱【北正宫·端正好】,与《锦云堂暗定连环计》第三折董卓出场所唱【正宫·端正好】基本无二。

就全剧框架而言,本剧受明清时期的儿女风情剧影响颇大,即以青年男女的情感经历为主线,以军国大事为副线,最终双线合一。实际上,无论是成于清末的《风洞山传奇》,还是撰于民国初建时的《镜因记》,均沿用此种框架模式。作为吴梅存世的第三部传奇剧作,《钧天梦传奇》亦不例外。王卫民在评价《镜因记》时指出:"作者力图用旧形式反映当时生活中的重要问题无疑是一种进步。但是旧形式是在古代形成的,原封不动地照搬就会给人极不协调的感觉。"①《钧天梦传奇》亦如此。在具体的关目设置上,本剧的摹拟色彩则更为浓厚。第五折《宫宴》基本沿用李玉《一捧雪》第五出《豪宴》的创作思路与情节模式,所穿插的《中山狼散套》更几乎是原样照搬过来。

叶德均曾在《跋〈霜厓曲跋〉》中指出:"他(按:吴梅)的创作全部都是摹拟前人的东西,其中杂剧传奇且有民国以后的作品(原注:仅有《暖香楼》、《轩亭秋》、《风洞山》三种作于晚清),没有注意的必要。"②此言虽未免失当,但也一

---

① 王卫民:《吴梅评传》,社会科学文献出版社 1995 年版,第 54 页。
② 叶德均:《戏曲论丛》,日新出版社 1947 年版,第 79 页。

针见血地指出了吴梅在戏曲创作方面较为突出的共性问题。笔者认为,吴梅长期致力于传统曲学的研究,熟读各种戏曲文本与理论著作,因而受前人影响实属难免。实际上,在理论研究领域,吴梅受李渔等曲论家的影响颇深,甚至直接借鉴其理论主张,但后世学者基本持"了解之同情"的态度,认可吴梅在近代曲学研究领域无可替代的地位,而不是横加指责,一概否定。在传统曲学日渐衰微之际,吴梅无论是摹拟,还是删润,抑或借鉴,都以传承与振兴传统曲学为旨归,与恶意抄袭有着本质不同。至于《钧天梦传奇》更为明显的摹拟痕迹,除上述原因外,还与《新闻报》紧密的刊期不无关系。毕竟,在必须保证效率的前提下,摹拟或为匆忙之下的无奈之举。只不过,此举略显过度,对于振兴传统曲学并无太多裨益。

四、结语

清中叶以降,曾盛极一时的昆曲在与京剧等花部戏曲的竞争中逐渐落于下风,昆曲演出与传奇创作均呈现大幅萎缩态势。加之与舞台距离越来越远,传奇基本沦为文人自娱自乐、抒情言志的载体,案头化与小众化色彩愈发浓厚。小说界革命爆发后,奄奄一息的传奇充当起宣传工具与文化商品,并在梁启超、贡少芹、姚鹓雏等报人作家的引领下,借助报刊这一全新的载体,迎来了长达十余年的发展高峰。然而,受制于浅薄的曲学造诣与各自的政治文化诉求,报人作家们根本无力顾及剧本体制、宫商平仄等戏曲领域颇为专业化的要素,也不可能致力于重振传统曲学或重现传奇昔日的辉煌。与一片欣欣向荣对应的是,清末民初的多数传奇作品已背离其作为戏曲的本质,传奇文体的生命力正在一步步走向衰竭。吴梅对此深感忧虑,并以明清传奇的剧本体制为矩矱,细审宫商,严守曲律,创作了包括《钧天梦传奇》在内的五种传奇剧作。虽然吴梅的努力没有从根本上改变传奇必然衰亡的命运,但也在一定程度上为传奇回归戏曲本质进行了积极探索,为提升清末民初传奇的质量与艺术品位作出了有益尝试。在执掌大学教鞭期间,吴梅不仅在曲学研究领域取得了更为丰硕的成果,还培养了一批曲学研究人才,并为传统曲学逐渐成为现代化大学学科体系中的重要一环奠定了坚实基础。作为现代戏曲学科的奠基人,深谙传统曲学并以振兴传统曲学为己任的吴梅完全可以称得起曲学大师的美誉。作为吴梅的剧作,《钧天梦传奇》无论出于什么创作动机,无论思想价值与艺术成就如何,无论完稿与否,都是近代戏曲史不可或缺的存在,都具有不可忽视的戏曲史意义。

　　对于吴梅来说,进入北京大学、东南大学是"具有标志性的重要事件"①。以执掌北京大学教鞭为分水岭,大致可将吴梅的人生道路与戏曲创作分为前后两个阶段。前期的吴梅虽然在曲学研究领域已崭露头角,但本质上还是传统文人,戏曲创作兼顾传奇与南曲杂剧。进入北京大学后,吴梅逐渐蜕变为一名现代学者,在戏曲创作方面则集中于北曲杂剧。从剧作内容与创作动机来看,前期创作多受政治时事、社会问题影响,集中体现了吴梅的政治态度与道德观念,如《血花飞》、《风洞山》、《镜因记》、《双泪碑》、《轩亭秋》,也有少部分剧作反映了吴梅作为传统文人的审美趣味与文化观念,如《湘真阁》、《无价宝》;后期所撰《惆怅爨》诸剧,则是其肆力于北曲研究的重要成果,彰显了吴梅自觉的学术担当。至于《钧天梦传奇》,既是吴梅进入北京大学之前所创作的最后一部剧作,也是吴梅一生中所撰的最后一部传奇作品,体现了吴梅在袁世凯称帝期间的政治态度。当然,作为吴梅众多剧作中摹拟色彩较重的一部,以及吴梅最后一部发表于报纸上的剧作,或许也是吴梅最后一次对商业报刊的召唤所作出的回应,②其创作过程、思想倾向与艺术风貌,均从不同层面展现了吴梅以及其他学人作家在民国初年文化市场中的处境。由此总结出的经验与教训,都无疑值得进一步探讨。

---

① 苗怀明:《从传统文人到现代学者——戏曲研究十四家》,中华书局 2013 年版,第 48 页。
② 1926 年 4 月 30 日,《游艺》副刊《小游艺》在《申报》刊发广告,声称"敦请词坛名宿吴瞿安先生主撰传奇",但吴梅并未回应此次"敦请"。

曾记得前几年拜读王卫民先生撰写的《吴梅全集·编后记》时,注意到这一段文字:

> 一九七九年十月,我赴上海拜访赵景深先生。他告诉我:抗战时期,他曾经在上海小摊上见到吴先生的一个手稿本,名字记不清了,似乎是未曾发表过的。当时他想买下,因手头无钱,便悻悻而去。此剧或《义士记》? 或《镜因记》未完稿? 或《轩亭秋》? 倘若未受"浩劫"之灾,收藏者能贡献出来编入全集,岂不是锦上添花之举![①]

笔者当时便幻想发掘出赵景深先生所提的手稿本,为吴梅研究略尽绵薄之力,但在没有任何线索的情况下只能作罢。时过境迁,不期于偶然之中发现《钧天梦传奇》,也算是稍稍弥补赵先生的遗憾吧!

　　——原文载于《戏曲研究》第110辑,文化艺术出版社2019年版,收入本书时作者略有改动

---

① 王卫民:《吴梅全集·编后记》,《南社研究》第5辑,中山大学出版社1994年版,第87页。

杨胜强
_____

吴梅《暖香楼》、《湘真阁》新见民国刊本
及相关问题考述

《暖香楼》自始创后"润色少作"易名为《湘真阁》，再入《霜厓三剧》之更迭至今百年余，其间关于《暖香楼》、《湘真阁》版本、题名问题变得模糊，这于当代欲要推进一代曲学大家吴梅先生的研究具有十分迫切之需要。笔者因获益于新资料的发现有幸得见《暖香楼》与《湘真阁》未曾著录于今的民国刊本及其相关民国文献，同时幸获中国昆曲博物馆浦海涅先生与《孤云独去闲：民国闲人那些事》一书之作者肖伊绯先生关于 1927 年《湘真阁》石印本的影像传递，以及上海戏曲藏家王伟立先生关于《奢摩他室曲丛》(第一集三种·两册，下同)本的文献传递，故而对这些认识得以深入。是文识浅见窄，浅薄疏漏处，祈请方家不吝斧正之。

一、《暖香楼》新见民国刊本略述

目力所及，较早著录《暖香楼》版本情况的为 1939 年《文学集林》第一辑

徐调孚《吴梅著述考略》及其后 1942 年《戏曲月辑》第一卷第三期之《霜厓先生著述考略（增补稿）》，二文所录大致相同：

> 《暖香楼》（杂剧），宣统二年《奢摩他室曲丛》第一集本。本剧计南曲一出，据《板桥杂记》所载姜如须与李十娘事，而成此剧。作于光绪三十二年，为《湘真阁》之初稿。《霜厓三剧自序》有"《湘真》则润色少作"之句，"少作"即指此也。曾载光绪三十三年《小说林》第一期。
>
> 《奢摩他室曲丛》（第一集），宣统二年木刻本。目凡四，吴梅村之《临春阁》《通天台》与先生自著之《暖香楼》《风洞山》是也。惟于（按：1942年本"于"作"是"）《风洞山》下注有"别刊行"三字，故今所传只三种耳。（按：1942 年本有"友人"二字）王伯祥兄（按：1942 年本"兄"作"君"）告我，先生大父所焚者，实为此丛书内之《风洞山》木板，与钱（按：1942 年本有"卢"字）说异，不知孰是（按：1942 年本无"不知孰是"四字）。

"宣统二年《奢摩他室曲丛》第一集本"与"光绪三十三年《小说林》第一期"此二本皆为学界所熟知并著录。较早研究吴梅的学者及其著作如 1983 年王卫民先生《吴梅戏曲论文集》中后附之《吴梅年谱》、1990 年邓乔彬先生《吴梅研究》、2012 年苗怀明先生《吴梅评传》等皆如徐氏是载，然在研究过程中，笔者另外发现两种新的民国期刊本，以及一种迥异于宣统二年《奢摩他》本的单刻本。

《小说林》第三期（按：丁未年三月）刊载了一则《特别广告》：

> 本社所有小说，无论长篇短著，皆购有版权，早经存案，不许翻印转载。乃有□□报馆将本社所出《小说林》月报第二期《地方自治》短篇改名《二十文》更换排登。近又见□□报馆将第一期《暖香楼传奇》直钞登载，于本社版权大有妨碍。除由本社派人直接交涉外，如有不顾体面，再

行转载者,定行送官,照章罚办,毋得自取其辱。特此广告。

不难知于丁未年(1907)正月至三月间,某报馆曾转载《暖香楼》,故此本可称"1907年某报馆转载本"。又1907年《小说林》第一期曾经翻刊再版,是由"小说林第壹期目次"下记"光绪三十三年六月再版"可明(见下图1)。日本东京大学东洋文化研究所藏有《暖香楼杂剧》一本,其与《奢摩他》本存在排版差异与稍许异文,因书中有"双红堂藏书印",笔者别称"日本双红堂本"。国家图书馆亦藏单刻本,此与日本双红堂本互校发现,二者相同。因之,目前就笔者所见,《暖香楼》的版本有:

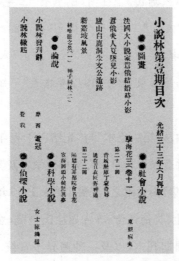

1907年6月《小说林》第一期再版
图1　来源于CADAL图书馆

(1) 1907年正月《小说林》本

(2) 1907年某报馆转载本

(3) 1907年六月《小说林》第一期再版本

(4) 1910年苏州临顿路艺林斋《奢摩他》本(按:该本剧末有"临顿路艺林

斋"字),此本有上海戏曲藏家王伟立先生藏本、国家图书馆翻刊影印本、苏州大学图书馆藏本(仅有下册)。

(5)日本双红堂《暖香楼》单刻本

(6)国家图书馆《暖香楼》单刻本

《奢摩他》本收录吴伟业《临春阁》《通天台》二种与吴梅先生自著《暖香楼》一种。笔者认为,《奢摩他室曲丛》(第一集三种)本的体例应是:一函两册,上册收《临春阁》,下册收《通天台》《暖香楼》。上海戏曲藏家王伟立先生藏有完本,国家图书馆亦是。苏州大学只藏《奢摩他》本一册,检之是册收录《通天阁》与《暖香楼》,为下册。①。2012 年国家图书馆出版社《奢摩他室曲丛》第六册将此"一函两册"本合印翻刊再版,惜哉致其失去原本体例。后世著录《奢摩他》本之《暖香楼》刻年多有混淆,其本实为 1910 年,而学界多错著1906 年。创作年"1906 年"与刊刻年"1910 年"互淆的原因与《奢摩他》本的体例密切关联。关于这些问题,笔者已另撰一文详辨。②

二、《暖香楼》合刻本与单刻本之别

《暖香楼》之合刻本(即《奢摩他》本所录),与单刻本(即日本双红堂本、国家图书馆藏本),二者为不同的版本,它们在内容和版式上虽大体趋同,却存诸多差异。首先,从目录学角度,《暖香楼》有单刻行世的著录。

1935 年 4 月《浙江省立图书馆图书总目·中日文书第一辑》下册"中国文学:戏曲·杂剧类"载:"《暖香楼杂剧》,(民国)吴梅,奢摩他室,刊本。"此条目下又载:"《落溷记杂剧》,(民国)吴梅。民五,敬苍水馆,校刊本。"《总目》

---

① 苏州大学图书馆编《苏州大学图书馆古籍普查登记目录》,国家图书馆出版社 2017 年版,第317 页载曰"奢摩他室曲丛第一集,吴梅辑,清宣统二年(1910)长洲吴氏灵鹣刻本,一册,存二种二卷(通天台一卷、暖香楼杂剧一卷)"。

② 详见杨胜强《吴梅〈奢摩他室曲丛〉本之〈暖香楼〉刻年正误考》。

"戏曲类"未著录合刻本之吴伟业"梅村乐府二种",而单行之《落溷记》(按:亦名《落茵记》)亦于书中独记,故时《总目》编者所见恐为"单行本"。依目力而见,最早著录其为单刻本的为1936年私立无锡国学专修学校图书馆编《私立无锡国学专修学校图书馆目录:旧书之部·集部·别集》,载曰:"《暖香楼杂剧》一卷一册,吴梅撰,奢摩他室第二种曲。""奢摩他室第二种曲"八字为正文首页第一行左下栏所刊,合刻本与单刻本均有(见下图7、8)。又1963年北京图书馆编《西谛书目》卷五《集部下·曲类》中载:"《暖香楼杂剧》一卷,吴梅撰,刊本一册。"《书目》记"《暖香楼杂剧》刊本一册"一语兼具"《暖香楼》为一册"之嫌,这与下一条目"《湘真阁曲本》一卷,吴梅撰,石印本一册"(按:《湘真阁曲本》石印本为一册,笔者亲见无疑,见下详辨)对比可知。《西谛书目·序》载称郑振铎先生全部藏书均由北京图书馆(今国家图书馆)庋藏,而国家图书馆《暖香楼》单刻本正文首页右下有一模糊钤印(疑似"北京图书馆藏"),或郑先生所藏之本恐为此。① 如前述,国家图书馆藏有单刻本,著录者如2005年张耘田、陈巍主编《苏州民国艺文志(上)》曾载:"《奢摩他室曲丛》,长洲吴氏灵鹣1910年刻本,中国国家图书馆存。"同页又曰:"《暖香楼杂剧》一卷,长洲吴氏灵鹣1910年刻本,中国国家图书馆。"《艺文志》所记只是"一卷"之称,未予明确《暖香楼杂剧》是否仅为单行一册。笔者以为,视《暖香楼杂剧》为"一本"者而记载最清晰的当为1936年《宇宙风》第15期施蛰存先生《记一个诗人》一文,其写道:

　　　　今晚和母亲从桂花糖而谈起桂树,从桂树又谈起了二十六年前的苏

---

① 按:首都图书馆网站"检索条目"载:"《暖香楼杂剧》,吴梅撰,清光绪三十二年(1906)。"又,1981年梁淑安、姚科夫《中国近代传奇杂剧简目(下)》云:"《暖香楼》,作于光绪三十二年丙午(1906)。《奢摩他室曲丛》本。光绪三十二年(1906)〔刊〕。首都图书馆藏。"1996年《中国近代传奇杂剧经眼录》第135页且如是载:"《暖香楼》……《奢摩他室曲丛》本,光绪三十二年丙午(1906)刊。首都图书馆藏。""《暖香楼杂剧》刊于1906年"云云为误。梁、姚二先生据首都图书馆所藏本将《暖香楼》刻年误断,其误由乃是因体例问题,单刻本《暖香楼乐府题辞》只刊"岁丙午",故著者依此而误断刻年。

州醋库巷的旧居,因而便想起了那个同居的书呆子了。

……

直到我有能力欣赏文艺作品的时候,最先,是偶然在旧的《小说海》杂志看到一篇题名为"力人传"的文章和一些诗,觉得好,后来又在吴梅的初刻本《暖香楼杂剧》卷首读到一首调寄《八声甘州》的题词,觉得更好,这才把那作者的名字深深地记忆着。那名字叫作沈修。

记得有一天,父亲在我书桌上翻阅我的书籍,随手就翻开了那《暖香楼杂剧》,他就告诉我:这沈修,号休文,就是我们住在苏州醋库巷那屋子里的"毒头伯伯"。父亲并且仿佛记起了似的说,这一本《暖香楼杂剧》恐怕也是他送给我们的。

施蛰存先生其时所见《暖香楼杂剧》恐为单刻本。理由有二:《奢摩他》本之《暖香楼》,其与《通天台》合刊,此可从国家图书馆藏本、上海戏曲藏家王伟立先生藏本、苏州大学图书馆藏本(下册)得以证明,详述见上。此其一。其二,施蛰存先生文中"翻开了那《暖香楼杂剧》""这一本《暖香楼杂剧》"云云可以佐证施本非与《通天台》合刊,乃单刻本。

其次,从版本角度,单刻与合刻二本差异较大,难以说明单刻本为合刻本的"节采本"。傅惜华先生《清代杂剧全目》"附录:清末至建国前杂剧简目"载曰:

《暖香楼》,吴梅撰。此剧流传版本,计有:(一)清光绪三十三年(1907)上海创刊《小说林》月刊所载者;(二)清宣统二年(1910)刻长洲吴氏编《奢摩他室曲丛》第一集所收本。首有作者自序,高祖同序,朱锡梁、沈修、张采田、邹福保题诗、题词。标名云:《暖香楼杂剧》。下注:"奢摩他室第二种曲。"署题云:"长洲吴梅灵鹣。"

比勘原版，傅先生所据实为合刻本，因为单刻本并无“张采田、邹福保题诗、题词”等文。校核二本，其内容、版式虽很相似，但显然不是同一刻本系统（见下图 2、3、4）。

都陳迹冶夢春懷奇翠翹
曲譜湘眞李十娘煖香樓上太郎當憑君細數
雙紅豆回首鍾山巳夕陽
朱錫梁
八聲甘州
佐秦淮韻冶幻虹雙鶼雲攪鴛衾笑文章廉盜
烟花貞色疑寇疑淫錯累嬌眞裂膽喚醒女蘿

《暖香楼杂剧》
图 2　国家图书馆藏单刻本

陰聊狎紅裳飲杯綠盈斟　青史明窗偷詠算
粉樓戲刼濁蓮將侵護靈芍香草心識戀芳深
是中人存亡皆徇恨半天離碧隱眉岑憑君手
記銷魂事寃海銅沉
沈　修

《暖香楼杂剧》
图 3　国家图书馆藏单刻本

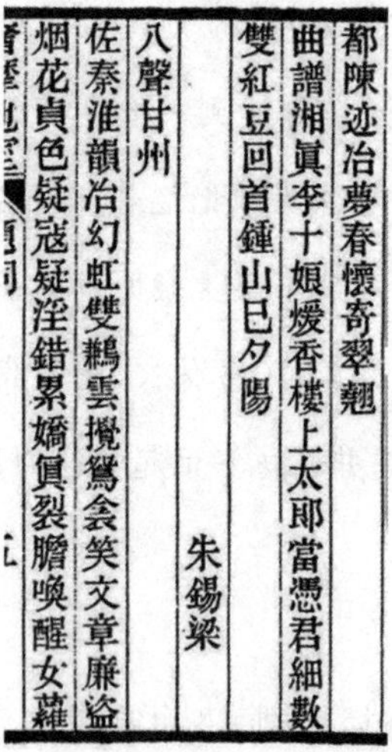

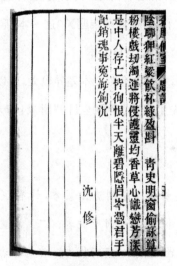

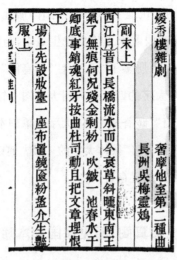

《暖香楼杂剧》
图 4　国家图书馆藏单刻本

（1）"朱锡梁"三字同板，但位置不同。合刻本中，其叶行是一，在"题词"二字下方；单刻本中，其叶行是六，独占一行。

（2）"沈修"二字不同板。合刻本中，其叶行是六；单刻本中，因该板"朱锡梁"独占一行，故左方文字次列皆下推一行。单刻本之"沈修"在下一板，且独占一行。

（3）张采田《前调》、邹福保等文，合刻本有，单刻本无。

（4）《暖香楼杂剧》正文首页，"副末上""下""场上先设妆台一座布置镜奁粉盏介""生艳服上"，二本中的版式大小明显不同，其中合刻本较小，单刻本与整体契合。

（5）正文中，合刻本作"睡迷离"，单刻本作"怯生生"。

（6）正文中，合刻本作"就做了梳头老爷罢"，单刻本作"就做仔梳头老爷罢"。

（7）正文中，合刻本作"卑人只好没分晓的"，单刻本作"卑人只好没分晓得"。

(8) 正文中，合刻本作"伏地下介"，单刻本作"服地下介"。

(9) 合刻本中，上海戏曲藏家王伟立先生藏本，与国图翻刊本在正文内容一致，不同的是，王本在上册多了"通天台""临春阁"，在下册多了"梅村乐府""暖香楼"等写有篆体大字的四页。苏州大学图书馆藏本（下册），与国图翻刊本一样，无"梅村乐府""暖香楼"篆体大字。单刻本中，国家图书馆藏本和日本双红堂本都印有"暖香楼"篆体大字的一页。何以如此，恐为合刻本之国图本和苏大本脱落所致，然犹存疑待考。

三、《湘真阁》新见民国刊本略述

1939 年《文学集林》第一辑徐调孚《吴梅著述考略》及其后 1942 年《戏曲月辑》第一卷第三期之《霜厓先生著述考略（增补稿）》，二文皆载《湘真阁》版本情况：

> 《湘真阁歌谱》，民国二十一年木刻《霜厓三剧歌谱》本。本剧即《暖香楼》之改本，又尝自制歌谱，付"新乐府"崑班演出，剧文改作年月无考。谱则民国十六年作，又本剧曾与歌谱合刊，有石印小册及仙霓社铅印小册；并曾载民国十七年《戏剧月刊》第一卷第四期及二十八年五月十五日至二十三日《汇报》（俱未附谱），且均分作四折，大约为便于搬演也。

除徐先生著录的 1928 年《戏剧月刊》本（按：附工尺谱，见图 5）和 1939 年《汇报》本外，仍有：

（1）1929 年《光华期刊》第 4 期《湘真阁总剧一折》本。

（2）1929 年沈味之编《现代文学类选·现代的戏剧》之《湘真阁》本。

（3）1936 年《世界晨报》6 月 26 日至 7 月 6 日连刊之《湘真阁曲本》本。

其中，上述三本只刊剧本均未附谱，见下图 6、7、8。

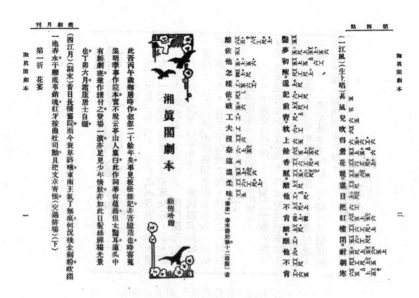

1928 年《戏剧月刊》第四期《湘真阁剧本》

图 5　来源于全国报刊索引数据库

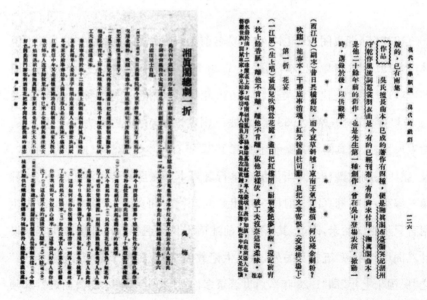

1929 年《光华期刊》第 4 期
《湘真阁总剧一折》

图 6　来源于全国报刊索引数据库

1929 年沈味之编《现代文学类选·
现代的戏剧》之《湘真阁》

图 7　来源于全国报刊索引数据库

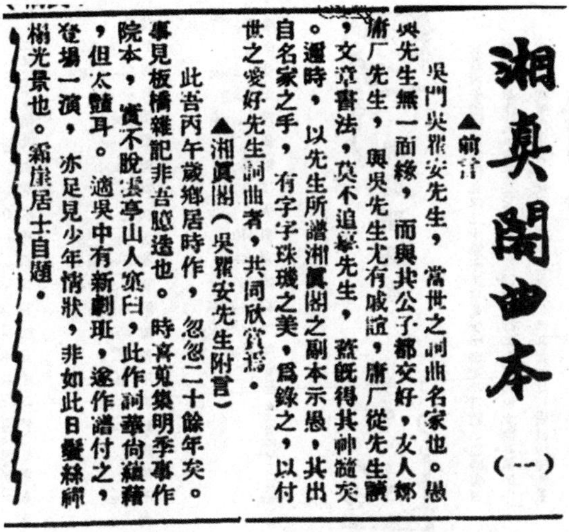

湘真閣曲本（一）

▲前言

吳門吳瞿安先生，當世之詞曲名家也。愚瀟廠先生，與吳先生尤有戚誼，友人鄭文澄書法，莫不追摹先生，與共公子都交好。愚邇時，以先生所譜湘真閣之副本示愚，嵇既得其神髓突自名家之手，有字字珠璣之美，爲錄之，以付世之愛好先生詞曲者，共同欣賞焉。

▲湘真閣（吳瞿安先生附言）

此苦丙午歲庖居時作，忽忽二十餘年矣。時齊蔑樂明季事作事見板橋雜記非吾臆造也。院本，但太贄耳。邇吳中有新劇班，途作譜付之，蜜不脫婁亭山人窠臼，此作詞藻尚穠藉，登場一演，亦足見少年情狀，非如此日饌絲絃梢光景也。霜崖居士自題。

1936 年 6 月 26 日《世界晨报》《湘真阁曲本（一）》

图 8　来源于全国报刊索引数据库

　　1927 年《湘真阁》石印本，它与易名前为《暖香楼杂剧》的 1907 年《小说林》本、1910 年《奢摩他》本，与之后 1928 年《戏剧月刊》本、1929 年《光华期刊》本、1929 年《现代文学类选》本、1936 年《世界晨报》本等四种民国刊本，及与 1933 年《霜厓三剧》、1933 年《霜厓三剧歌谱》①，存在着颇为复杂的关系。附工尺谱之《湘真阁》本，除前述所言 1927 年石印本、1928 年《戏剧月刊》本，及《霜厓三剧歌谱》本外，当代仍有单行著录本，即《昆剧传世演出珍本全编》第三编第六函《湘真阁·时剧·单出武戏》所刊《湘真阁》。此本略吴梅先生附言只从正文始录，附谱，其折数与前述诸本稍许迥异，分《开场》《花宴》《设计》《阁诨》《压惊》五折。另外，徐先生记载的"曾载民国十七年《戏剧月刊》"之"民国十七年"即"1928 年"，后世著录多作"1930 年"误说，此微而难察却须

---

① 按：《霜厓三剧》有 1932 年刻本、1933 年刻本，《霜厓三剧歌谱》有 1933 年刻本，然《歌谱》有 1932 年刻本存疑。《霜厓三剧》《霜厓三剧歌谱》版本的刊刻时间较为复杂，盖行文论述中皆取 1933 年刻本为准。其中，《歌谱》本有 1933 年刻本、1972 年台北鼎文书局本、2002 年《吴梅全集·创作卷》本、2010 年傅惜华藏古典戏曲珍本丛刊第 115 册本。

当注意。

四、《暖香楼》与《湘真阁》题名关系考略

1938 年 3 月 4 日《力报》刊登署名为禅翁之作《〈湘真阁〉与〈暖香楼〉》,其载曰:

> 昆曲《湘真阁》,曩年"新乐府会"一度排演,该曲即系《奢摩他室》杂剧之《暖香楼》,出吴梅手笔,故曲牌填词,二剧均相仿佛。……以同一剧情,同一曲谱,而剧名前后更易,不悉何意。相传"暖香楼"遗址,在秦淮河边之金陵闸,惟是否为李十娘旧居?《板桥杂记》,亦未明载,然"湘真阁"为马湘兰所居,湘兰画兰辄于纸尾钤此小印。是□张冠李戴,更属不妥矣。

禅翁先生所言失实有二。其一,"以同一剧情,同一曲谱"为非,因为《奢摩他》本之《暖香楼》从未附谱。其二,"然'湘真阁'为马湘兰所居,湘兰画兰辄于纸尾钤此小印"一句不实,因为马香兰此女子,名守真,号湘兰,其于纸尾小印应为"馬湘蘭",其乃禅翁先生误认作"湘真阁"。然"剧名前后更易,不悉何意……是□张冠李戴,更属不妥矣"等语,笔者赞同。

首先,《暖香楼》"润色少作"易名《湘真阁》,此可从 1927 年苏州利苏印书社《湘真阁》石印本序中清楚而知:

> 此吾丙午岁乡居时作,忽忽二十余年矣。事见《板桥杂记》,非吾臆造也。时喜搜集明季事作院本,实不脱云亭山人窠臼。此作词华尚蕴藉,但太艳耳。适吴中有新剧班,遂作谱付之,登场一演,亦足见少年情状,非如此日鬓丝禅榻光景也。丁卯六月,霜厓居士自题。

《暖香楼》为"岁丙午（按：1906 年）"时之作，至 1927 年"润色少作"更名《湘真阁》。1933 年时《霜厓三剧》收录《湘真阁》。问题是，1933 年《霜厓三剧》中高祖同《湘真阁序》"岁丙午又著第二曲种曰《湘真阁》，以冶艳为主"及同书吴梅先生《湘真阁自序》"岁丙午……一日而毕，曰《湘真阁》"的两处记载，与 1907 年（光绪三十三年）《小说林》第一期本及《奢摩他》本（按：单刻本亦是）中吴梅先生的《暖香楼乐府题词》"岁丙午……一日而毕，曰《暖香楼》"，它们之间存在着令人困惑不解，亦即前述禅翁《〈湘真阁〉与〈暖香楼〉》一文所质疑的地方：何以"岁丙午"之作前曰"《暖香楼》"又后称"《湘真阁》"呢？《湘真阁》之名实际并非"岁丙午"之时而得，"岁丙午"与"《湘真阁》"如此搭配，犹"新瓶"装上"旧酒"，此是否妥当仍待商榷。虽说"岁丙午……曰《湘真阁》"看似说明不了什么问题，然而从严格意义上公允地说：欠缺考虑。因为从 1907 年《小说林》本，到 1910 年《奢摩他》本，再至 1927 年《湘真阁》石印本，这三本前后增删改易颇多，可谓"面目全非"。

五、1927 年《湘真阁》石印本题名称为《湘真阁曲本》最是确切

笔者曾与中国昆曲博物馆浦海涅先生通信讨论此问，浦先生说："书中有谱，但实际上没有《湘真阁曲谱》，书内也未提，写《曲本》还情有可原。"1927 年《湘真阁》石印本乃是附工尺谱曲本，称《湘真阁曲本》，浦先生之述为是。肖伊绯先生《孤云独去闲：民国闲人那些事》一文中第 105 页和第 107 页贴有题为《湘真阁曲本》的图片，图下注曰"吴梅著《湘真阁曲本》，吴梅订谱手迹"。笔者致信肖先生问及"《湘真阁曲本》"题名之事，肖先生复曰"确是通过首页题目"。检《湘真阁》石印本，知正文附工尺谱，其首页与末页皆记有"湘真阁曲本"五字，见下图 9、10。盖以善本所载而论，1927 年石印本《湘真阁》题名称之《湘真阁曲本》最为确切。

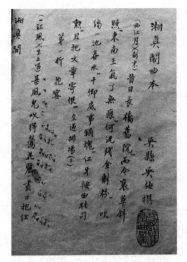

图 9　1927 年《湘真阁》石印本　　　　　　图 10　1927 年《湘真阁》石印本
来源于《孤云独去闲：民国闲人那些事》　　　来源于中国昆曲博物馆
作者肖伊绯先生影像传递　　　　　　　　浦海涅先生影像传递

　　1927 年《湘真阁》石印本题名在民国刊本或当代著录中的别名颇多。1928 年《戏剧月刊》本载题名为《湘真阁剧本》附工尺谱一文，该本署名"顾传玠赠"。1929 年《光华期刊》第 4 期《湘真阁总剧一折》本为无工尺谱剧文。1929 年沈味之编《现代文学类选·现代的戏剧》之《湘真阁》本亦是无工尺谱剧文，然其却在序言称"《湘真阁》曲本"。《吴梅日记》载先生于 1932 年九月初十一"早起，校《霜厓三剧》，将前后格式，统归一律，惟《湘真阁谱》，以底稿在苏，只得搁起，拟作曲谱序一篇，而客人纷至，未动笔也"及于同年十月初一"早起赴校归，姜玉林至，交《湘真阁谱》去"，由此知，《日记》所称《湘真阁谱》之名已非是 1927 年《湘真阁》石印本，恐或称《霜厓三剧歌谱》之《湘真阁谱》更适宜。至于其他异称，诸多著录亦广泛存在，兹举如下：

　　"《湘真阁》曲谱"（或"《湘真阁曲谱》"）等题名，如 2002 年吴新雷主编《中国昆剧大辞典》（南京：南京大学出版社）第 430 页与第 903 页、

　　2006 年苏州市平江区地方志编纂委员会编《平江区志·上册》（上海：上海社会科学院出版社）第 362 页、2008 年陈嵘主编《永恒：价值与魅力》（苏州：古吴轩出版社）第 170 页、2010 年桑毓喜《幽兰雅韵赖传承：昆剧传字辈评传》（上海：上海古籍出版社）第 41 页、2012 年陈其弟《桃花坞》（苏州：苏州大学出版社）第 208 页、2012 年张泽贤《民国出版标记大观（精装本）》（上海：上海远东出版社）第 278 页、2013 年尹占群《苏州近现代名人及遗迹》（北京：文物出版社）第 151 页等皆是载。

　　"《湘真阁歌谱》"等题名，如 1942 年王玉章《霜厓先生在曲学上之创见》文（转引 2002 年河北教育出版社《吴梅和他的世界》第 167 页）、1981 年郑逸梅《南社丛谈》（上海：上海人民出版社）第 640 页、1998 年毛祥麟《艰难的评论》（昆明：云南大学出版社）第 191 页、2008 年梁淑安《南社戏剧志》（北京：社会科学文献出版社）第 125 页、2002 年王卫民《吴梅评传》附录《吴梅年谱》第 282 页（石家庄：河北教育出版社）、2009 年胡庆龄《吴梅戏剧美学思想研究》（南昌：江西人民出版社）第 148 页、2013 年张芳《民国初期戏剧理论研究》（长春：吉林大学出版社）第 18 页等皆是载。

故知"《湘真阁》曲谱"或"《湘真阁曲谱》"应是最接近石印本《湘真阁》题名性质，"歌谱"所称大概因为《霜厓三剧歌谱》，或不尽然。要之，1927 年《湘真阁》石印本其题名后世虽多有迥异，然以善本《湘真阁》石印本所载"湘真阁曲本"而论，《湘真阁》石印本所称"《湘真阁曲本》"最为切实。如《湘真阁曲本》是称者，有 1929 年《现代文学类选·现代的戏剧》载"《湘真阁》曲本，是他二十余年前的旧作"；1963 年《西谛书目·集部下·目五·曲类》载"《湘真阁曲本》一卷，吴梅撰，石印本一册"，此最得其是；1981 年傅惜华《清代杂剧全目》载"民国十六年（1927）石印本……标名云：《湘真阁曲本》"；1994 年《中国音乐书谱志·先秦—1949 年音乐书谱全目》载"《湘真阁曲本》（即《霜厓三剧》），吴梅撰，民国石印本（工尺）"（按：《湘真阁曲本》非是《霜厓三剧》，误）；2005

年张耘田、陈巍主编《苏州民国艺文志（上）》载"《湘真阁曲本》，1927年石印本，中国国家图书馆存"，等等。

二十世纪三十年代亦有体现1927年《湘真阁》石印本题名性质的有力文献，如1929年11月27日《大晶报》刊载一则署名"留兰""香糖"而题名为"湘真阁曲本"的新闻，现录文如下：

"新乐府"之排演。《湘真阁曲本》，为词曲家吴瞿安先生旧著，时在二十余年前，此中之事，实见诸《板桥杂记》，而非先生臆造者。二年前，沪上"新乐府"，出演于苏州，闲时尝请益于先生之门，先生遂以作谱付之，并令之表演。登场之日，先生观而叹曰："亦足见少年情状，都非如此日鬓丝禅榻光景也。"盖先生此作，词华蕴藉而艳腻。全本凡分四折，曰《花宴》、曰《设计》、曰《阁诨》、曰《压惊》。四折之中，尤以《花宴》为独绝，中有词云："溅花枝春意芳菲，滞春风花容艳丽，正春魂睡了，花魂销矣……"续以旦李十娘白"官人，这花煞是可爱也"，生姜汝须白"卑人爱不在花，爱的是爱花的人儿"。柔情和水，软语如環，读之具有蚀骨销魂之妙。先生作谱既成，乃手钞一册，付以石印，馈诸亲朋，时余亦得一二册，则为吾友邹一庸君见赠者，珍重之什，不敢弃也。昨晚（星期六）"新乐府"忽贴"湘真阁"于大世界，《湘真阁》之演于海上，此殆第一次。一庸约余，辄偕往观。一编在手，按曲寻声，味尤醰然。"新乐府"中，以顾传玠饰姜汝须自见不凡，以朱传茗饰李十娘亦佳，而一庸为言："传茗之歌浮而不能流转，滋可病也。"此语殆亦非诬。余谓荀慧生而工崑曲，令之为此，而以传玠为傅，则必较传茗佳矣，佳且不止十倍也。是夕者，我友施治约先生，乃未俱来，彼若俱来，且将大然我说，以治约先生，醉心于慧生歌也。尝为余言，以慧生而较兰芳，则慧佳矣，佳且不止十倍也。场中晤吴瞿安先生四公子吴孟刚君，彼方读于光华大学。此夜乃随其校师若干人来，特聆此曲。余问何不以《曲本》来，则曰："能默歌矣。"一庸又言吴家四公子，皆能尽其翁之所能也。

文中"何不以《曲本》来"此句，以"《曲本》"指称"《湘真阁曲本》"可谓是将 1927 年石印本之性质说得非常清楚。又 1936 年《世界晨报》6 月 26 日至 7 月 6 日连刊题名为《湘真阁曲本》的无工尺谱剧文，其在 6 月 26 日刊载《湘真阁曲本（一）》曰：

> 吴门吴瞿安先生，当世之词曲名家也。愚与先生无一面缘，而与其公子都交好，友人邹庸厂先生，与吴先生尤有戚谊，庸厂从先生读，文章书法，莫不追慕先生，盖既得其神髓矣。迩时，以先生所谱《湘真阁》之副本示愚，其出自名家之手，有字字珠玑之美，为录之，以付世之爱好先生词曲者，共同欣赏焉。

"迩时，以先生所谱《湘真阁》之副本示愚，其出自名家之手，有字字珠玑之美，为录之"一段中，该"所谱《湘真阁》之副本"出于何本呢？有人曾提出疑义，即 1936 年 7 月 4 日《金刚钻》第 3 版中署名"红羊"而题名为《湘真阁曲本》文曰：

> 《世界晨报》刊有《湘真阁曲本》，不知得之何所……《戏剧月刊》曾刊其全本，《世晨》所载，或即转自《戏刊》也……

《金刚钻》报刊所言"《世晨》所载，或即转自《戏刊》也"，非是。比勘 1927 年《湘真阁》石印本与 1928 年《戏剧月刊》之《湘真阁剧本》，《戏剧月刊》本虽将剧文连同工尺谱几乎摘自石印本，但不同的是，《戏剧月刊》本文尾阙失"湘真阁曲本终"，又较石印本"便是奴家得遇官人好不侥倖也"阙"侥"字，而《世界晨报》本文尾刊有"湘真阁曲本终"，文中亦有"侥"字。就此可知《世界晨报》连载的《湘真阁曲本》并非传自《戏剧月刊》。同时，《世界晨报》本较石印本仍有几处异文，及一处衍文，即"（生）呀，姐姐，今日敢为玩赏牡丹"中的"（生）呀"为衍。《世界晨报》本与1927年《湘真阁》石印本相合最多，或疑转自石印本，但是其中稍许不同为何难以辨明，待考。

要之，二十世纪三十年代多称《湘真阁曲本》。今《湘真阁》流行本乃是《霜厓三剧》之《湘真阁》，及《霜厓三剧歌谱》之《湘真阁谱》（按：石印本《湘真阁》难见），然三本各不全同，故后世著录提及1927年《湘真阁》石印本时，以其本称而称之，即《湘真阁曲本》，应最是切当。《湘真阁》种种别名对石印本而言影响不是甚大，但何以出现众多别名就值得思考，总的来说，原因有三：1927年石印本《湘真阁》不易得，致使石印本"湘真阁曲本"五字难以窥见，此其一；其二，流传最广之《霜厓三剧歌谱》之《湘真阁谱》一文已然删去"湘真阁曲本"五字，后人只能根据民国刊本（如1928年《戏剧月刊》本）及后《霜厓三剧歌谱》之《湘真阁谱》来辨别以称呼1927年《湘真阁》石印本；其三，沿袭前人著录未能辨别原始。三者中，其三最为普遍，亦是诸名异出、定称难同的主因。

结语

总而言之，是文依据大量文献资料考略《暖香楼》、《湘真阁》民国新见刊本，梳理其中各个版本流转，特别是对《暖香楼》单刻和合刻的问题及其二者区别进行细致剖析，同时还涉略"暖香楼"、"湘真阁"题名关系的考辨以及1927年石印本《湘真阁》性质及其相关问题的探究，综合起来其目的在于"辨章学术"，即意谓将文献难见及流传生异或致误的纷繁文献材料进行勾陈爬梳，以辨明于今后。浦江清《悼吴瞿安先生》曾曰："故如戏曲史目录考订之学则考据家之事，今方今未艾，如材料增多，方法加密，后者可胜于前。"确是的然。

——《浙江艺术职业学院学报》2019年第4期

冯先思

吴梅佚文辑考

  吴梅先生是戏曲研究大家,其全集在 2002 年出版之后,又有多人为之增补。如谢冬荣从中国国家图书馆所藏吴梅捐赠文献中辑录题跋七则,[①]冯先思从中辑录吴梅信札六通;[②]浦海涅从民国《戏曲》杂志中辑录佚札七通;[③]胡永启据上海图书馆藏书辑录题跋两则;[④]郭建鹏则主要依据民国期间发行的报刊资料,辑补诗文数十篇,[⑤]其中一些篇目虽非佚文,但与全集所收存在大量异文,也是校补完善吴梅作品的重要参考。

  最近几年拍卖市场出现了一些吴梅手札,大多不见于王卫民编校《吴梅全集》收录。其中源出民国期间商务印书馆的档案以及收信人家属的几批,

① 谢冬荣:《吴梅先生藏书题跋辑录》,《文津学志》第十一辑,国家图书馆出版社 2011 年版,第 246—252 页。
② 冯先思:《吴梅致王立承论曲书札五通笺释》,《文献》2020 年第 2 期。
③ 见豆瓣网"收皮囊的恶魔"2014 年 7 月 7 日日记。(https://www.douban.com/note/367367407/)
④ 胡永启:《吴梅集外题跋辑考》,《文献》2015 年第 6 期。
⑤ 郭建鹏:《〈吴梅全集〉集外诗文补遗》,《古籍整理研究学刊》2018 年第 6 期。

流传有序，较为可靠。今辑录佚文如下，以俟将来增订《吴梅全集》者采摭。

一、吴梅致刘世珩信札四通

其一

《董西厢》弟有一跋，今来书未写，可补入之。又弟前校《董西厢》，此时亦需对勘，缘其中牌名正衬，初校本煞费苦心，此番更须□，望速见寄为盼。刻下将《红拂》《杀狗》一阅，二三日内便可寄去。弟回舍后，别无他事，专以校曲为业，故暑假期内可以完全交卷也。《纳书楹》"北西厢"谱，弟处未有，友人中更无从设法，尚希他处另寻；或与琉璃厂书贾商酌就近找觅，当有所得耳。前所假梅村三种及原刊本《长生殿》，如已无用，望即见还。又《霞笺》弟处止有毛刻，兄尚有他本足供参考，兹盼盼。此复，即请箸安。弟吴梅顿首。五月廿三日。

（北京琴岛荣德 2019 年春拍）

【说明】此信无上款，疑前另有一纸，今佚。从信中所讨论的内容来看，此札当系吴梅为刘世珩校曲时所书。刘世珩，字聚卿，号葱石。安徽贵池人。光绪二十年（1894 年）举人。官至直隶财政监理。辛亥之后隐退。刻有《暖红室汇刻传剧》等丛书。刘世珩藏札已经星散，近年拍卖市场往往有之。

其二

葱石先生阁下：前上一函，想登记室。《四声猿》校毕，寄至沪上尊纪孙裕处。顷又续校《红拂》《杀狗》两种，亦邮递海上尊庽矣。《董西厢》弟初次校本急于要用，望即寄示。三妇评本《牡丹亭》、《梅村三种》、初印本

《长生殿》如已无用,亦并寄还弟。尊处校件毕后,拟将旧作《惆怅爨》续成,亦消夏一法也。手上敬请箸安。弟吴梅顿首。五月廿六日。

(孔夫子旧书网)

【说明】花笺有"且奉数八行/以慰远别"九字双钩,题紫霞主人摹。刘世珩暖红室刻《四声猿》卷末有吴梅题跋一则(作于1917年),述其校订徐渭杂剧之原则。此札与上一札内容相关,亦当作于1917年。又西泠印社2018年秋拍有一件况周颐致刘世珩札一通,或即同年所作,其文云:"《四声猿》共七十五叶,校毕呈鉴,大误尚多也。梦月簃无信来,或变卦矣。葱石先生。臣敬上,六月七日。"可见刘世珩校刊明徐渭《四声猿》杂剧之时,在吴梅之外,还曾请况周颐校阅。

其三

　　葱石先生赐览:惠示谨悉。《董西厢》正在校比,弟拟八月初三日到申(带来),藉趋府侯教。顾鹤逸画卷当遵命带上也。何日北行,念念。此上,即请箸安。弟梅顿首。七月廿九。

　　弟顷有友人持明肃府拓本十七帖,系用太史纸。程君□神采奕然,至精,意欲求售,兄意中如何? 梅又及。

(孔夫子旧书网)

【说明】此札红格六行,天头有篆书"国立北京大学"六字。此札当作于1917年。

其四

　　葱石先生足下:顷寄上《霞笺》一种,察入。刻方校《拜月》《荆钗》,

毕后即寄。此上，即请箸安。弟吴梅顿首。八月九日。

前寄上减本《紫钗》，想收到矣。

（孔夫子旧书网）

【说明】此通笺纸无格，有"鹤寿"二字，魏碑体，红色双钩。红字题"耦园所藏宋本"，另有"东来义"三字商标。此札当作于1917年。

二、吴梅致陈乃乾信札五通

其一

乃乾先生道鉴：醉中识荆，误以足下为友年，醒后思之，殊发嚓。重印《盛明杂剧》，诚盛事也，拙作三十首，可附刊卷首（须别属他人另书一通，弟原稿字迹不好故也），用特写奉签典，即希亮督。（出书后能惠我一部否？）手请近安。弟吴梅顿首。十月廿二日。

（嘉德四季第42期拍卖会"共读楼存札"）

【说明】陈乃乾（1896—1971），浙江海宁人。文献学家，编辑出版家。此札一纸，为苏九华制笺，红格八行。《霜厓诗录》有《读盛明杂剧诗》三十首，诗序云作于"甲子季冬"，即1924年。此札日期当为公历1924年11月18日。

其二

乃乾先生大鉴：昨奉惠赐《盛明杂剧》一部，拜领谨谢。拙诗三十首，止误刊一字（第二页下半张第八行"宦途尽荆棘"句，"宦"误作"官"），足征校勘之细，小有出入，固无妨也。敝校学子多欲置办，已托会计处专函左右，俟见字后即祈速寄为荷。又前日过南京书店，属其致书足下，索赠一部,今书已到,亦祈转复也。弟年来颇搜罗传奇,尊处如有旧刻为弟所无者,望先示知。专肃鸣谢,即请大安。弟吴瞿安顿启。十二月十八日。

赐示乞寄:南京城北太平桥廿九号/苏州双林巷廿五号。

明日返里,一星期后可回宁。

(嘉德四季第 42 期拍卖会"共读楼存札")

【说明】此札两纸,为国立东南大学稿纸,红格六行。左下略残。此札日期为阴历,当为公历 1925 年 1 月 12 日,时吴梅任教于东南大学。

其三

乃乾先生大鉴:久疏笺候,惟起居安适为慰。顷友人见示《滂喜斋藏书记》,得读大序,推崇文勤,固无溢美,而记述尚多错讹,敬为兄言之。此记初稿确出缘裻丈之手,其实未尽善也。文勤介弟仲午先生(即缘丈高弟),竭半年之力为之删补是正,晨钞暝写,盛暑弗辍,是不啻仲午重订也。又文勤无子,吴中人皆知之。大作中两言"潘氏子",复云后嗣不肖,实不知所指何□。往昔端午桥抚吴,与仲午时相过从,尝婉讽献书,屹不为动。文勤既无子,则不肖之名无所归属。若以仲午当之,则如此宝藏,不为势屈,正与尊论"有力者负之而趋"一语相反。横受恶名,非平恕之道也。然则书既刊成,何复禁不印行也?此实为艺风也。艺风藏弄至富,晚岁名愈高。海上名流搜罗旧椠,辄取决于一言,齿牙所及,不无夺人所好之处。此记红本初出,艺风即属书仲午,假《淮海长短句》一书,仲午畏之,遂取版片归。夫书既误成,刻又藏事,别生感触,不愿早行,此其中必非无故,足下明慧,当可晓然矣。大序既印成,无从更动,乞兄再撰一跋,坿装书尾,将前言释讹成一善本,不独文勤、缘丈衔感九京,即仲午有灵,亦且铭佩结草焉。专此上读,即请道安。小弟吴梅顿首。八月十四日。

再，尊序作于甲子冬，仲午卒于乙丑正月，此文定未见也。

（嘉德四季第 42 期拍卖会"共读楼存札"）

【说明】此札红格八行，三纸。左下略残。吴梅所读《滂喜斋藏书记》当为民国十三年（1924 年）陈乃乾慎初堂铅印本。札末云"仲午卒于乙丑正月"，则此信当作于 1925 年以后。

其四

乃乾先生大鉴：两次惠示俱悉。会费两元自当缴奉。惟敝校处大西路，弟又不出校门，希足下饬纪来校一取。好在诚之、子泉诸君亦须缴款，宜若可为也。复请著安。弟吴梅顿首。五月廿七。

（嘉德四季第 42 期拍卖会"共读楼存札"）

【说明】此札信纸为上海光华大学用笺，红格八行。"诚之"即吕思勉。此信当作于吴梅任教上海光华大学期间（1928 年春始，秋即开始宁沪两边兼课，到 1931 年终止）。

其五

授经、乃乾先生大鉴：惠书诵悉，黄氏《曲海》久已不传，今公等搜罗完备，煞费经营。承属将贱名列入校勘，自当遵示。出书后望见寄一部为祷。手复即请大安。弟吴梅顿首。八月一日。

（嘉德四季第 42 期拍卖会"共读楼存札"）

【说明】此札一纸，左下有"九华制笺"四字，红格六行。董康（字授经）等人曾整理黄文旸所撰戏曲提要，定名为《曲海总目提要》，于一九二八年出版，即此札所谓"黄氏《曲海》"。吴梅曾为此书作序（1928 年），卷三、八、十三、十

八、二十八、三十三、三十八、四十三等卷署吴梅校订。① 从此札内容来看,当作于《曲海总目提要》正式出版之前。

三、吴梅致王云五信札七通

其一

　　云五先生大鉴:兹寄上《辽金文学》稿本(另挂号寄上),即希察入,收到并盼赐复。字数三万五千字弱,润赀早日见寄尤盼。尚有《元文学》一部分,以开学在即,未便动笔,但年内总可交卷也。手上,即请刻安。弟吴梅顿首。九月三日。

(孔夫子旧书网)

【说明】此信出自孔夫子旧书网,红格六行。另有商务回信,其文云:"瞿安先生大鉴:顷奉赐书,祗悉。前恳撰述《辽金元文学》一书,辽金部份已告完成,附下全稿一册,照收,甚感。承示字数约三万五千字弱。谨照原约千字五元,计奉酬壹佰柒拾伍元。兹附上苏州小说林书社划条一纸,请察纳见复为盼。又该书系《万有文库》第五期书,须于年内出版,其元代文学务请拨冗早日命笔,于十月底前交齐,是为至荷。复颂大安,并候示复。"(一九三三年九月六日)此信另有打字件,日期署九月七日。

　　孔夫子旧书网曾有王云五致吴梅信,约请吴梅为《万有文库》撰写《辽金元文学》一书。该信书写于商务绿格十行稿纸之上,右边有装订打孔两个,当出于商务旧档。王云五信为档案录存之副本,非原信。其文云:"瞿安先生大鉴:敬启者,前承惠允为敝馆《万有文库》编著《辽金元文学》一书,莫名感纫。

---

① 《曲海总目提要》实为董康、陈乃乾二人经理出版,参王文君《大东书局本〈曲海总目提要〉出版始末考——以 1926—1942 年〈申报〉广告为中心》,《文学研究》2019 年第 1 期,第 79—89 页。

除辽金部份已蒙撰就交下外，尚有元代文学，务恳拨冗于十月底前掷下，以便付排。因此书为文库第五期书，必须于年内赶出，尚祈亮照，是为至幸。肃此奉恳，顺颂撰祺，并候赐覆。"日期为一九三三年十月十七日。此信另有打字件，日期署九月十八日。

其二

云五先生大鉴：快函奉悉，《元文学》自当遵命从速动笔，但本月交卷，梅所未能。大约年底，谅可脱稿。若急于出版，盍先将《辽金文学》一册印行？况《元文学》亦较前稿略多，似不妨作两小册也。希俯允为祷。手复，即请大安。弟吴梅顿首。十月廿五。

（孔夫子旧书网）

【说明】此信源出商务档案，右边有穿孔两个。信纸红格八行，左下题"国立中央大学"六字朱文。商务回信今存，源出档案。其文略云："瞿安先生大鉴：前奉惠书，得悉尊著《辽金元文学》一书其元代文学即可执笔，于年底完成，甚感。惟《万有文库》已不及加入，拟俟全稿奉到，另印单行本出版。知注，特为奉闻。复颂著祺。"此信另有打字件，日期署一九三三年十月廿七日。[①]

其三

云五先生大鉴：惠书并著作让与契约及提要俱到，兹一一填就，请即察入。润赀尚有百七十五元，望即惠寄为荷。手复，即请著安。弟吴梅顿首。十二月三十日。

（孔夫子旧书网）

---

① 原作"十一"月，又涂去"一"字。

【说明】此信源出商务档案,信纸为"国立中央大学用笺",有红框。左边打孔两个。此信有蓝笔批语:"末批稿费175元已开/张",当系张元济手笔。从稿费来看,此信当作于一九三三年。吴梅签署契约之后寄返商务,商务覆信云:"瞿安先生大鉴:昨奉赐覆,并签就寄还尊著《辽金元文学》契约及提要各一份,敬已收悉。随函附奉南京敝分馆支票一纸,计酬赏银壹佰柒拾伍元,即请察纳,并乞见复为盼。泐此奉达,顺颂撰祺。"(一九三四年一月五日)

其四

云五先生大鉴:八日奉惠书并《辽金元文学》稿费,弟二次银洋壹百七十五元正,已收到无讹。特此奉告,以清手续。此复,即请大安。弟吴梅顿启。一月九日。

(孔夫子旧书网)

【说明】此信当作于廿三年。素纸无格,有朱红外框。天头有编码,盖亦源出商务档案。此前吴梅曾将元代文学部份交稿,商务即覆信吴梅,今存档案所录副本,其文云:"瞿安先生大鉴:昨承寄下大著《辽金元文学史》元代文学部份原稿一册,照收,甚感。谨依约奉酬壹佰柒拾伍元。查此书连前送《辽金文学》部份酬资壹佰柒拾伍元,共计叁佰伍拾元。兹随函附上著作物让与契据,及图书提要各一份,即乞签填掷还,容即将元代文学酬资奉上,尚祈亮照为荷。泐此并谢,顺颂著祺。"日期为一九三三年□月廿八日。[1]

其五

另有《曲学通论》亦拟交贵馆印行,全稿约四万字。请照千字五元计

---

[1]　原稿模糊,疑为十二月。

算。（一九三四年三月二十四日）

【说明】此信从商务印书馆档案中录出，略举大义，姑录存之。商务回信今存，原件模糊，以□代缺字。其文云："瞿安先生大鉴：奉本月廿四日手示，知敝馆日前寄上大著《词学通论》文库所赠书二册，业已递达，至以为慰。交下尊著《曲学通论》讲义稿一册，拜读甚佩。敝馆之□，拟送酬壹佰陆拾元，倘蒙慨允，即请赐复。俾便订约奉款。泐此布达，顺颂著祺。"日期为一九三四年三月二十八日。

其六

云五先生大鉴：接虞字一九四八号，惠复知拙作《曲学通论》拟以银圆壹佰六十枚见酬。弟祗祈与《词学通论》合入文库而已，自当如命。该款望即汇至苏州双林巷廿七号敝居为盼。春假返里，须四月七日返京故也。手复，即请大安。弟吴梅顿首。三月卅日。

【说明】此札源出商务档案，左右两边各有穿孔两个。信纸红格六行，左下题"清秘"二字朱文。此札当作于一九三四年三月卅日。

其七

云五先生大鉴：昨快函发后，即接尊处挂号（虞字2027）信，稿费百六十元，亦收到无误。特此奉复，以清手续。此上，顺颂著绥。弟吴梅顿首。四月十八日。

再请尊处致函北大出版部，说明《词余讲义》一书，已由弟让渡版权，属勿再印为祷。又拜。

【说明】信纸为"国立中央大学用笺",有红框。此札当作于一九三四年四月十八日。商务虞 2027 号信今存,出商务档案,打印件,红格十行,题"商务印书馆启事专用笺"。右边有穿孔两个。全文为:"瞿安先生大鉴:顷奉赐覆,知尊著《曲学通论》一稿,敝馆拟奉酬一百六十元,已俯允,至以为感。谨附上著作物让与契据及图书提要各一份,即乞签填掷还,容即奉款。专覆,顺颂著祺。二十三年四月三日。"吴梅此札,今存商务覆信,其文云:"瞿安先生大鉴:奉十八日手示,敬谂。日前寄上大作《曲学通论》酬金壹佰陆拾元,已尘左右,至以为慰。又此书版权已让渡敝馆,北大出版部方面,请尊处通知停印为盼。专覆,顺颂大安。"日期为一九三四年四月二十一日。

四、吴梅致丁英桂信札三通

其一

奉上《吴骚合编跋》一篇,乞斧正。开列缺损各字,亦一一校补列下。

卷三缺三十三叶,卷四缺二十一叶,此和缺叶系取曲中佳句作图,余均相同。

(孔夫子旧书网)

【说明】此信从商务印书馆档案中录出,系撮取吴梅信文大义,非其原文。今吴梅原信不可得见,姑录存以俟来哲。档案所标日期为"廿三年九月八日"(1934 年),从丁英桂回信来看,吴信作于九月六日。吴梅地址为"南京大石桥 14 号"。档案记录云:"附跋稿二页。此信交丁英桂先生核示。"丁英桂批语云"原信及跋稿暂留敝处。请先覆谢吴君。丁英桂。"丁英桂致信吴梅,请求补阙字缺叶,并求撰写跋文,其信今存,见孔夫子旧书网。丁信有草本及打字本,揆其形制当出商务旧档,乃档案录副,非致吴梅原信,亦见孔夫子旧书网拍卖。其文略云"瞿安先生台鉴:敬启者,前荷假印明刊《吴骚合编》

一书,未及照出,因遭国难,先行缴还。敝馆辑印《四部丛刊续编》,广征善本,近山东刘□□君□将所藏此书寄示,察其印本尚好,未便负其美意,即行摄照。不意照成之后,细检中有缺损数字,又缺卷三第三十三叶、卷四第二十一叶两叶,谨将刘本毛样全份(计四册)寄呈,拟再乞假尊本,俾得补全。并恳赐撰跋文,藉为此书增色,无任感幸。专此,敬颂著安。"卷末日期为"二十三年八月九日"(1934 年)。商务档案载丁英桂覆信,见孔夫子旧书网拍卖,其文云:"瞿安先生大鉴:接奉九月六日手教,敬悉。寄下《吴骚合编》跋文,拜读,敬佩。刘本缺损各字,并承校补,尤深感幸。至卷三卷四各缺一叶,尊示谓皆是图画,惟真初印者有之。敝处仍拟留意觅补。先生见闻所及,有可通假者,敬乞随时指示为荷。专此奉覆,祗颂台绥。"此覆信亦当为 1934 年作。

其二

前寄上《吴骚合编》跋文一篇,想已收到。奉上拙著《词学通论》订正本一册,请于再版时更正。

(北京保利十二周年春季拍卖会)

【说明】此信从商务印书馆档案中录出,亦略举大义,姑录存之。档案所标日期为"廿三年九月十四日"(1934 年)。档案记录云:附《词学通论》订正本一册。此信交丁英桂先生收。丁批语云:"查改正本内删节处甚多,要牵动全部。可否请著作人照原有字数修改。丁英桂。"《吴骚合编》印成之后,商务曾致信吴梅,商务档案尚存副本,其文云:"瞿安先生大鉴:前承赐撰《吴骚合编》跋文,增光铅椠,无任感纫。该书现已印成,谨另邮寄赠四部,以供青览,尚乞察存。又书中卷三、卷四缺图两叶,已向北平图书馆借到补足,知荷垂注,合并奉闻。专此,顺颂文祉。"(日期为一九三四年十月五日)此件经张元济核定。《吴梅全集》理论卷中有《吴骚合编跋》两则,第二则署"甲戌七月"(即一九三四年),或即此札所言之跋。

其三

　　惠赠《吴骚合编》四部照收,谢谢。亡友朱梁任曾购百衲本廿四史一部,由苏州振新书社邹章卿经手,今朱君家属觅定单不得,请尊处存根一查,朱君家属拟将此券转□□□□□,应如何手续补给该券,乞示知。

(孔夫子旧书网)

　　【说明】此信从商务印书馆档案中录出,略举大义,姑录存之。原稿模糊,以□代缺字。日期为"二十三年十月十三日"(1934 年)。商务回信今存,其文云:"瞿安先生大鉴:奉十月十三日惠函,谨悉。日前寄赠《吴骚合编》四部,已荷察存为慰。承示朱梁任君曾购百衲本廿四史一部,其家属因觅定单不得,嘱查存根。兹已转请敝馆发行所查明,据称朱君于十九年九月一日定过一部,定单为 A2529 号,第一、二期书均已取去,如定单遗失,照章应登沪报声明挂失,再觅保补券,始可取书云云。特为奉陈,即请转达朱君家属为盼。专覆,顺颂台绥。"日期为一九三四年十月十六日。

五、吴梅致冒广生信札一通

　　鹤亭先生大鉴:

　　大作已细加稽校,小注眉端。君才雅近吾家石渠,字字镂心,大为佩服,大为佩服。[①] 拙诗一套,聊以代序,通首无重韵,别纸写呈拍上。又闻贵居停陈协之先生雅喜搜罗古籍,敝藏曲本有四百五十余种,拟欲让人,为娱老之计,先生能为介绍否? 如有意,再将目录寄奉也。手请著

---

① 　为,原稿作"之",据文意改。后一"大为佩服"原作省略符号,今补出全文。

安。晚吴梅顿首。五月朔。

（北京百赏雅集 2014 年春拍）

【说明】此札花笺一纸，图案为淡红梅花。此信所谓冒鹤亭"大作"当为《疚斋杂剧》，吴梅《霜厓诗录》有南吕《懒画眉》曲一套，即此札所谓"拙诗一套"。《吴梅日记》一九三五年六月一日（农历五月初一）日记云："谈及冒鹤亭事，相与绝倒。下午读其《疚斋杂剧》，即赋南词一套，代序。"①可见此札当作于一九三五年六月一日。

六、吴梅致徐养秋信札一通

养秋先生大鉴：

惠示拜悉。至前信谓《西厢记》冲突致谇，现查无其事，求将前言取消，万勿介意至祷。近有小词一首，音律不协，姑呈一笑。

满江红（谢子香老人惠枇杷）满树黄金，又渐近端阳，况深得双峰灵气，夕阳红映。熟后共称兹味美，摘时但怕吾师诤。有谁知，飞锡渡江来，倾筐赠。　梅未熟，酸难近。桃已实，甘难并。记那年，花下也曾题咏。此树依然成硕果，今吾渐已雕双鬓。便欲从杖履，入山中，参禅定。

先生收藏秘笈，锐志刊校，久为同仁钦慕，届时务望光临，并携带珍本数种，俾增眼福。此复，即请著安。弟吴梅顿首。六月十九日。

附寄十四字小联，妥收为荷。

（北京瀚海 2017 春季拍卖会）

【说明】此札一纸，花笺，有红色古鼎图案，外壁有铭文"□作旅鼎"。今存信封，题："敬祈面呈/徐养秋先生台启/吴绂"。信中所言"十四字小联"今亦存，联语云"金谷已空尘记题叶西廧吹花南浦；亭皋正望极暂停杯雨外舞剑

---

① 《吴梅全集》日记卷下，河北教育出版社 2002 年版，第 568 页。

灯前"。《吴梅全集》未收此阙《满江红》。

七、吴梅致倬云信札一通

奉上《北盟会编》第二十三卷至二十八卷,祈察入。至诸录杂记半本,尽载靖康北狩事迹,宜存弟处备查,无所谓附传也。并以附闻。此请倬云仁兄同门大人撰安。弟吴梅顿首。

(孔夫子旧书网)

【说明】此通笺纸红格,有图案,梅竹菊插花瓷瓶,红绿相间。瓶旁有古书一函,另有笔筒上有"豫泰"二字。

八、吴梅新订《红楼梦》"扫红"工尺谱跋

南曲各牌板式皆有一定,不可更动。此套相传为胡孟鲁先生笔,谱为殷四桂生所订者也。曲谱所收《乞梅》为余作,亦经余订谱。惟【黄莺儿】下为俗工删去【簇御林】【猫儿坠】二支而已。《扫红》【宜春令】殷谱多误,正衬既不分清,正赠又不明点,而字之阴阳,腔之疾徐,俱未深讨,久欲为之重订,而苦无暇晷也。丙子三月,始竭一日之力,成此一套,学者可按此歌拍矣。按【宜春令】首曲,为七句二十一板,弟二、三、四各曲,则二十四板,照格前二曲慢唱,后二曲快唱。殷谱第二曲后半即去赠板,盖学《玉簪》"偷诗"【宜春令】格,今仍之。惟宝玉黛玉沁芳故事,唱时不宜太快,故第三曲,仍用四拍,至第四曲始快唱也。此调合处有二字句,《琵琶记》之"衷肠"、《西厢记》之"只见"、《红梨记》之"拚醉"、《玉簪记》之"心知"皆是。订谱时最易滑过,而不知有一正板。又末二句皆四字,为仄仄平平仄平平仄,而仄仄平平句止第一字有板,第三字独无,不知律者往往在第三字上亦点一板,则大误矣。殷谱于此三句皆模糊不

清,余不得不重订焉。是岁四月十四日,霜厓癯叟吴梅记。"瞿安"(朱方)"吴梅"(朱方)

(嘉德国际 2019 年春拍)

【说明】据拍卖公司说明,此乃吴梅手抄曲谱二册,包括《桃花扇·抚兵》、《桃花扇·投辕》、《红楼梦·扫红》三折。

九、他人致吴梅信札选录

此外,拍卖市场中的名家信札还有一些他人致吴梅的信件,有些也有助于增进对吴梅其人其学的了解,今摘录数通如下。

1. 邓邦述致吴梅信札一通

　　求书之件另纸奉呈,能于公行前赐下,至感不情,并乞见恕。专此,敬颂瞿庵先生吾师岁祺。弟述顿首。小除。

　　(一)乐章词释　(二)清真词释　(三)二窗词释　(四)南词斠律
(五)北词斠律　(六)散曲研究　(七)度曲述要　(八)订谱述要

(西泠印社 2015 年春拍)

【说明】据拍卖公司图录说明,此乃邓邦述致吴梅信札。据王卫民《吴梅年谱》,1934 年 11 月 2 日至 1935 年 2 月 14 日,吴梅曾作《柳词校释》,或即《乐章词释》。此书未收入《吴梅全集》。吴梅日记载拟清真词数阕,知其于周邦彦词有独爱,今其全集未见《清真词释》。二窗当为草窗、梦窗。今其全集有《汇校梦窗词札记》。吴梅弟子王玉章有《北词校律》,其全集有《南北词简谱》。《散曲斠究》、《度曲述要》、《订谱述要》似皆散佚不存。此皆吴梅未刊著述,还有待进一步搜集。

北京瀚海 2013 年秋拍有吴梅书稿一种,系写本,已装为册页,凡四十六开。卷末署吴梅民国三年并印章。揆其内容,韵散相间,迹近弹词之体。未悉此稿有确切来源否,姑附此以俟论定。

2. 商务印书馆致吴梅一通

瞿安先生大鉴:

　　敬启者,《奢摩他室曲丛》第一、二两集早经出版,第三、四两集亦经装制完全,但未及发行,遽遭国难,甚为悗惜。按之敝馆通例,凡有价值之出版物,将次装完之际,钉就样本,先送原著作者鉴阅,不记彼时曾否寄呈,邮架有无庋存。敬祈查示,至为感盼。耑此,祗颂撰祺。廿六年三月三日。

【说明】此信出自孔夫子旧书网,系商务档案。信纸绿格十行,上端绿字"商务印书馆信稿纸",有蓝色戳记"候复"。信纸右边有装订打孔两个。另有张元济签名,以及批语"可发"。旁加盖蓝色戳记"已缮/3 MAR 1937"。又有打字件。吴梅曾与商务合作出版戏曲珍本,而第三四集惨遭日军轰炸焚毁,此信即其见证。

3. 商务印书馆致吴梅一通

瞿安先生大鉴:

　　顷奉尊致王云五先生函,藉悉日前寄赠大著《曲选》一部,已尘察为慰。□□《霜厓曲录》广告事,兹已转请敝推广科酌办。承绍介陈□岑先生著《清夜钟声录》《左国姓氏汇考》《江西战垒纪闻录》《铁轨辑录》《铁军记传十二出演》等五稿,拟交敝馆印行,仰征问垂盛意,至深感幸。敝馆劫后,印刷能力尚未充分恢复,而最近又以赶排积稿及重印被毁各书,工作冗繁,一时尚无余力承受,有违雅意,不□□反原稿□□□计二十一册,另邮挂号寄还,费神转达陈君,至感。专此,复颂大安。(一九三三年六月十四日)

【说明】此信出自孔夫子旧书网。原稿两纸，阙字处乃水印所遮。此亦商务印书馆致吴梅之札。1930年吴梅在商务曾出版《曲选》，此札云寄赠《曲选》一部，盖重印所寄样书。1932年"一·二八"事件中，上海商务印书馆曾遭焚毁，即信札所云之劫。

十、结语

吴梅先生存世墨迹很多，本文择要将其中可靠的散佚信札、题跋录出。[①]还有一些韵文，尚待甄别，其中或许还有全集未收之篇什。吴梅题跋之伪作民国时期即已出现，例如美国国会图书馆藏臧懋循改本《紫钗记》，书前有吴梅题跋两则，题诗两首，实非吴梅亲笔。其真迹现藏国家图书馆，乃得自吴梅后人，最为可靠。而美国藏本系民国时从中国购买，乃书贾伪作以谋善价者。该馆所藏"明刻本朱有燉杂剧"，实乃苏州旧书店伙计将民国间影印本染纸冒充。[②]《紫钗记》吴梅伪跋或许与伪本朱有燉杂剧系出同源，亦未可知。吴梅乃曲学大家，散佚诗文尚多，今人辑录之时当仔细甄别，不然易为人所欺。

（本文承中山大学黄仕忠老师指正，特此致谢。）

——《古籍整理研究学刊》2020年第3期

---

① 拙文所录如有伪作，还请不吝赐教。
② 冯先思：《朱有燉杂剧版本新探》，《戏曲研究》第107辑，文化艺术出版社2018年版，第162—164页。

冯先思

吴梅致王立承论曲书札五通笺释[*]

一、王立承生平与著述

　　王立承(1883.9—1936.2)，字孝慈，别署顾误生、鸣晦庐主人、珠还室主人。① 河北通县人(今北京通州区)。王孝慈生平资料存世较少，姜德明②、沈津③、郑伟章④等都曾著文钩沉遗事，家谱收藏大家励双杰以及王孝慈后人王

---

* 本文系教育部人文社会科学研究青年项目"戏曲与俗文学文献校勘研究"(17YJC870005)阶段性成果。

① 见张豂子《歌舞春秋》"谭鑫培盖棺论定"条，广益书局 1951 年版，第 3 页。
② 余时(姜德明笔名)：《"老实人"王孝慈》，《鲁迅研究月刊》1990 年第 1 期，第 77—79 页。
③ 沈津：《从王孝慈手钞的两种戏曲书说起》，收入氏著《书丛老蠹鱼》，中华书局 2011 年版，第 197—204 页。
④ 郑伟章：《北京文献家新考》，《藏书家》第 20 辑，齐鲁书社 2016 年版，第 33—38 页。

开颖，也曾讨论王立承生平事迹。励、王所述最为全面、准确。^①今综合以上诸家说法，详其所略，略其所详，撮述王立承家世、生平及著述如下。

王立承父名芝祥，字铁珊。光绪二十三年（1897）举人，宣统三年（1911）任广西布政使。辛亥役起，率部起义，任广西副都督。民元初肇，任南京临时政府第三军军长、南京留守府军事顾问、南方军宣慰使，授上将衔。后加入统一共和党，任干事。不久该党与国民党合并，为国民党九大理事之一。1924年11月任京兆尹，12月任侨务局总裁。后弃官归田，致力慈善事业。1930年7月21日病逝，享年七十三岁。

近来孔夫子旧书网出现王立承与瞿兑之兰谱一份，^②审其字迹，当为王氏手书。此谱订于1924年，著录其生年为"光绪癸未年（1883）八月二十二日申时生"，较励双杰所藏家谱信息更为丰富。^③

王立承早年随父宦游南北，生计无忧。酷嗜京剧，尤好谭派。尝撰《闻歌述忆》，专记与谭鑫培交游事。^④又撰《仙韶余沨》，其友人誉为论杂剧空前之作，惜今不传。^⑤另编有《英秀集》、《太原先德集》、《程幼博墨苑考》等。

《英秀集》并非王立承所作，而是将谭鑫培戏单装裱成册，遍邀名流题咏之作。杨圻《题王孝慈英秀集册子》序述此书本末甚详，^⑥其文云：

> 清供奉谭叫天年七十余矣。逊国后，航海至沪鬻艺，法曲只应天上，广陵尚在人间。坐客闻歌，辄动天宝之感。王君孝慈，每夕听歌，必存其

---

① 王开颖：《关于父亲——纪念父亲诞辰九十周年》，见《王达津文粹》，南开大学出版社2006年版，第521—536页。励双杰：《鸣晦庐主人王孝慈家世考》，《图书馆研究与工作》2013年第1期，第66—69页。

② 王立承与瞿兑之兰谱，见孔夫子旧书网拍卖区图片 http://www.kongfz.cn/19896935/。

③ 家谱图片见励双杰新浪博客：思绥草堂。（http://blog.sina.com.cn/s/blog_4b98a71f0101e31b. html）

④ 此书初名《闻谭述忆》，发表于《梨花》杂志，1937年北平松筠阁铅印行世。又收入张次溪编校的《清代燕都梨园史料续编》一书中，有1988年中国戏剧出版社整理本。

⑤ 参姜德明《王孝慈与〈闻歌述忆〉》，收入《梨园旧事》，北京出版社2015年版，第235—240页。

⑥ 杨圻：《江山万里楼诗词钞》，上海古籍出版社2003年版，第167页。

曲目，凡四十日得四十篇，辑为《英秀集》，属题歌诗。嗟乎，叫天老矣。白发哀吭，其能久乎？声音之道，入人也深。后世君子，欲以见人情、现世运，其将有感于斯编。

谭鑫培一名英秀，故名其集为《英秀集》。王立承之子王南冷撰《谈戏单》一文，亦曾述及，其文云：

> 先父孝慈少年极嗜"谭"剧，每英秀度曲，即往顾听，几无间夕。而每日积所得戏单，裱之成册，并遍请友朋题跋而存焉，晚年常抚观之以为乐，予因得见之。①

《英秀集》部分篇目曾发表于 1919 年《春柳》杂志，王南冷《谈戏单》一文亦有部录文。题咏者有易顺鼎、袁寒云、杨圻、吴闿生、汪辟疆、侯毅、刘叔通、刘伯远、曾克端等人。王立承哲嗣王达津，乃天津南开大学教授。王达津之女王开颖在《关于父亲》一文中曾述其家世，谈及王立承著述时说："孝慈还著有《仙韶余渖》、《英秀集》（这两本亦为研究戏剧的难得资料，不过，可能已不存于世了）。"②可见其后人已经对此书内容不甚了了了。事实上，《英秀集》并非"不存于世"。

《英秀集》曾为著名藏书家周叔弢收得。《弢翁藏书年谱》1936 年载周叔弢致王晋卿书信云：

> 王孝慈有手写《谭叫天戏目》附题跋一本，望托乔君再往王宅一询可否出售，索价若干。前有索价二百元之说，未免胡要，此次望问一实在价

---

① 王南冷：《谈戏单》，《实报》1936 年第 16 期，第 77—79 页。
② 王开颖：《关于父亲——纪念父亲诞辰九十周年》，第 521—536 页。

格为要。①

信中所云乔君即乔景熹，为景文阁书肆主人。周叔弢后又致景文阁书信云：

> 前谈王家戏单有题跋者，祈再代问可售否。如有他种，亦望代收，每
> 册不能过五元也。②

王立承1936年2月去世，这一年周叔弢拜托书贾去王家求购《英秀集》，很可能是王立承去世之后的事。但是从王南冷的《说戏单》一文来看，③当时王家并未将这一戏单出售。弢翁后来终得此册，已在二十多年之后。黄裳《关于"自庄严堪"》④一文在谈及弢翁晚年的藏书兴趣时说：

> 先生收清活字本，迄一九六六年五月"文革"开始时停止，五年中共得四百余种，皆捐赠天津图书馆。每年所得近百种，可见收书兴致不异昔时。先生余兴所至，兼及敦煌卷子、古玺印、书画、旧墨，并注意及王孝慈所藏的《谭叫天戏目》附题跋，可见兴趣之广。

由此可见《英秀集》最终还是归周叔弢所有。其书今藏中国国家图书馆，著录题名为《辛亥庚戌剧目》，据谷曙光目验，⑤该册收谭鑫培戏单三十二张，装为册页一本。⑥

---

① 李国庆编：《弢翁藏书年谱》（增订本），紫禁城出版社2007年版，第145页。
② 李国庆编：《弢翁藏书年谱》（增订本），第146页。
③ 王南冷：《谈戏单》，《实报》1936年第16期，第77—79页。
④ 收入黄裳《春回札记》，福建人民出版社2001年版，第99页。
⑤ 谷曙光：《新善本〈辛亥庚戌剧目〉考论》，《文艺研究》2009第6期，第160—163页。
⑥ 谷文最先发表在《文艺研究》，又收入杜长胜主编第三届京剧学国际学术研讨会论文集《京剧与现代中国》，以及谷曙光《梨园文献与优伶演剧：京剧昆曲文献史料考论》。三次发表文本不尽相同，逐步修订，但仍未将《辛亥庚戌剧目》与《英秀集》联系起来。

　　吴晓铃在《西谛题跋》"瑞世良英五卷"条注释中言，"王立承藏书尽归北京图书馆"[1]，并不确切。哈佛燕京图书馆就收藏王立承旧藏戏曲两种，[2]吴晓铃、马彦祥、郑骞、慕湘也有王立承旧藏，[3]近年拍卖会也偶见王氏旧藏。[4]北京中国书店员工王雨曾收藏王立承著作《程幼博墨苑考》一书，[5]这样看来，王氏部分藏书或许曾售归中国书店。

　　《太原先德集》，《山西省图书馆普通线装书目录》著录为"王孝慈编辑，娄东二原庄祠，民国九年（1920）刻本，线装"[6]。《苏州民国艺文志》著录为"王寿慈编辑，娄东二原庄1918年补刊本，南京图书馆藏"[7]。按励双杰《鸣晦庐主人王孝慈家世考》，王孝慈家三代单传，其家未见有名王寿慈者，"寿慈"或为"孝慈"之误。又励双杰藏《太原王氏支谱》，述王立承家事甚悉，励氏怀疑《太原王氏支谱》与王立承有莫大的关系。[8]

　　王立承生前曾撰《鸣晦庐藏书目录》，有民国间石印本，《中国著名藏书家书目汇刊》（近代卷）第三十四册据以影印。[9] 此目收录王氏一生所藏版画、戏曲文献之精品。中国国家图书馆还藏有王立承手抄《鸣晦庐书目》稿本（善本号02707）和《王孝慈藏曲目》稿本（《中国著名藏书家书目汇刊［近代卷］》第四十册收入此目，据国家图书馆藏民国间抄本影印）[10]。据《马隅卿小说戏曲论集》编辑前言介绍，马廉《隅卿杂钞》中有《鸣晦庐王氏王孝慈寄存书目》

---

① 郑振铎撰，吴晓铃整理：《西谛书跋》，文物出版社1998年版，第35页。

② 参沈津《从王孝慈手钞的两种戏曲书说起》，第197—204页。

③ 如吴晓铃藏影印本《金盒龙膏记》即王立承旧藏，见《首都图书馆藏绥中吴氏赠书目录》，国家图书馆出版社2015年版。郑骞有《止酒停云室曲录》，著录王立承旧藏多种。

④ 如中国书店1999年拍卖过王立承旧藏《列女传》，2016年北京匡时拍卖公司图录有王立承旧藏《列女传》、《情邮记》。

⑤ 王雨：《王子霖古籍版本学文集》第三册，上海古籍出版社2006年版，第107页。

⑥ 山西省图书馆编：《山西省图书馆普通线装书目录》，北岳文艺出版社1998年版，第562页。

⑦ 张耘田、陈巍主编：《苏州民国艺文志》上册，广陵书社2005年版，第49页。

⑧ 励双杰：《鸣晦庐主人王孝慈家世考》，《图书馆研究与工作》2013年第1期，第66—69页。

⑨ 《中国著名藏书家书目汇刊》（近代卷），商务印书馆2005年版。

⑩ 有关王立承藏书目录的介绍，参见冯先思《鸣晦庐藏书略目笺注》（与梁健康合作），《戏曲与俗文学研究》2018年第1期，第250—305页。

及《藏曲略目》。① 此外中国艺术研究院图书馆也藏有《鸣晦庐书目》一种，可能就是马廉所说的《寄存书目》②。

王立承的著述中还有一种《明代版画刻工姓氏录》③，此录见于郑振铎天一阁藏《录鬼簿》跋，实际为扬州陈大镫创稿④，后王立承增补，嗣后马廉、郑振铎各又增入部分内容，最后归马廉所有。今其书随马廉藏书归北京大学图书馆。⑤ 国图藏王立承《鸣晦庐书目》稿本（善本书号 02707）也有部分明人版画刻工的内容。

王立承酷嗜京剧，复好藏书，专收明清戏曲和版画文献。民国时期几种重要的明代版画如《十竹斋画谱》、《金瓶梅》版画二百幅⑥、程氏《墨苑》⑦得以影印出版，端赖王立承慨允出借底本。他与郑振铎、马廉、吴梅等戏曲收藏研究者时有过从，而其晚年也因为与马廉有藏书纠葛，⑧诱发疾病，郁郁而终。

王立承还精于绘画，黄裳《凤城一月记》一文述其 1950 年初访问北京琉璃厂来熏阁访书见闻时，曾看到马廉旧藏《燕子笺》一书，为董康重刻本，书前有王立承摹图两幅。⑨ 黄裳购得之，后又散出，为山东蓬莱慕湘藏书楼所

---

① 马廉著，刘倩编：《马隅卿小说戏曲论集》，中华书局 2006 年版，第 2 页。
② 参中国艺术研究院图书馆编《中国艺术研究院图书馆抄稿本总目提要》第十册，国家图书馆出版社 2014 年版，第 225 页。
③ 此书一名《歙中绣刻图画名手录》，见郑振铎《中国古代木刻画史略》，上海书店出版社 2011 年版，第 111 页注释[1]。
④ 陈大镫(1866—1925)，原名陈止，又名霞章，字孝起，号大镫，江苏仪征人。光绪甲午举人。南社成员。有《戊戌诗存》、《戊丁诗存》等。王立承《情邮记跋》云"余知明刻图画之精，自仪征陈孝起霞章；知传奇绘图之精，自长州吴瞿安"，见本文后引。
⑤ 详参郑振铎撰，吴晓铃整理《西谛书跋》，文物出版社 1998 年版，第 634—636 页。
⑥ 这一版画，《金瓶梅》研究者多认为已经佚失，不可踪迹。实际此图后归郑振铎，最终入藏中国国家图书馆，详参《西谛藏书善本图录》，中华书局 2008 年版，第 222—223 页。
⑦ 陈垣曾借王立承《墨苑》一书影印行世，收入陈垣辑《明季之欧化美术及罗马字注音》，1927 年辅仁大学影印。
⑧ 伦明：《辛亥以来藏书纪事诗》"马廉"条，上海古籍出版社 1990 年版，第 155 页。
⑨ 黄裳：《来燕榭文存》，三联书店 2009 年版，第 8 页。

得。[①] 前述哈佛燕京图书馆就收藏王立承旧藏戏曲两种，也有王摹版画，其图之精，可约略见之。

王立承著述不多，身后寥落，其生平资料亦有待钩沉。王氏晚年曾整理藏书，写下不少题跋，可惜散在诸书，尚待搜辑。[②] 中国国家图书馆藏《吴瞿安先生手札》稿本一册（善本号 02708），存吴瞿安与王孝慈书札五通，迄未刊布。这些信札写于 1922 至 1923 年之间，是了解王立承、吴梅交游不可或缺的珍贵史料。[③]

今据国图藏稿录文，对于吴王二氏商借曲本诸事本末略为疏释，以就教于方家。为方便讨论，下文先列出吴梅书札原文，次列笺释。

二、信札笺释

（一）

孝慈先生足下：

奉惠书如与故人晤对。离索之戚，为之一洗。吾兄新得诸种，皆海内奇珍。弟旧藏"诚斋乐府"卅种，并无散曲、套数，是兄所得者为孤本矣。弟意欲将《画中人》《西园》两种缺页为兄钞补，即乞兄将《诚斋乐府》别钞一帙寄下，为投报之要挟，想吾兄必许我也。又细绎来示，知吾兄所得《粲花》二种，实皆两衡堂本，行款、鱼尾皆与敝箧相同。凡《粲花》无畐

① 杜泽逊：《蓬莱慕湘藏书楼观书记》，《藏书家》第 8 期，第 70—71 页。

② 其戏曲题跋参见冯先思《鸣晦庐藏书略目笺注》（与梁健康合作），第 250—305 页。

③ 王卫民《吴梅年谱》于此两年纪事颇为简略。王卫民先生编校的《吴梅全集》理论卷下册列"书牍"一目，收吴梅信札十七家数十通，其中多为吴梅生前发表之作，而据手稿收录的仅有"致陈中凡荐王起书"一封。吴梅手札散在人间者，亦复不少，都有待搜集整理。如豆瓣网"收皮囊的恶魔"2014 年 7 月 7 日日记《〈吴梅全集〉中未收的吴梅书牍》一文收录佚札七通。（https://www.douban.com/note/367367407/）

者，皆坊本也。若如《情邮》佳椠，世间宁有几许乎。《红拂》残本当以奉赠，惟敝箧尘封已久，俟秋高气爽晒书期内检出，以呈左右也。南中剧本亦均昂贵，吾乡又无大书贾，苟得一二佳刻，必送至海上，而海上寓公未必尽买，则退归敝处，价亦稍杀矣。第此就书贾中穷乏者言之也，若如杨受祺、柳蓉村、罗子经等，又非急求售主者，其价往往倍蓰常人，人亦无如之何。弟回南后未买书，而日日在坊间行走，顾一无所得。独有一事足以告公者，则《太平乐府》已钞补完全矣。弟初得此书，坊人不知为元刻（缺三卷），仅以洋蚨三十枚购之。此次回南，族弟某忽然从冷摊得此册，止七卷至九卷，恰为弟书所无，因即借钞成帙，而与《四部丛刊》所列又是一板，费二十余日钞毕，此亦暑假中乐事也。南都一席亦如鸡肋，所冀不致拖欠而已。八校情形今日如何，千希兄告我一二。又阅报，知兄有秘书长之望，在他人方贺之不遑，而弟则不甚为然，国事如此，何从补救？若处本初弦上，居黄祖腹中，则汪容甫所云，笑齿啼颜，尽成罪状，欲求日处斗室中作冬烘先生者，且不可得矣，兄谓何如？日来此间大风，上海竟日有崩屋伤人者。弟作此书，门外风声如潮。时晚餐方罢，饮酒斗许，十指间拂之有醉意，公试嗅之，得无掩鼻乎。手复，顺请道安。

弟梅顿首。九月二日，灯下醉笔。

按，此信作于 1922 年。这一年，吴梅从北京大学辞职，来到首都南京，担任东南大学教职，住南京大石桥二十二号。此信开头说"奉惠书如与故人晤对。离索之戚，为之一洗"，可知此信或许是吴梅离开北京之后，较早与王立承的通信。

从来信可知，王立承介绍他新得曲本有《诚斋乐府》、《画中人》、《西园》。后两种属吴炳"粲花五种"（《绿牡丹》、《疗妒羹》、《画中人》、《西园记》、《情邮记》）中的作品。王立承《鸣晦庐藏曲略目》著录其中三种，分别为《画中人》、

《西园记》、《疗妒羹》（注云"明两衡堂本"），皆列入甲类。①《画中人》又见《王孝慈藏曲目》著录，注云"有两部"②。

　　吴梅信中说"又细绎来示，知吾兄所得《粲花》二种，实皆两衡堂本，行款、鱼尾皆与敝箧相同。凡《粲花》无图者，皆坊本也"。按吴梅所说不确。带图者诚为原刻，然据行款、鱼尾，不足以区别原刻本和明两衡堂刻《粲花斋新乐府四种》本。据傅惜华《明代杂剧全目》可知，吴炳五剧原刻本，今存《画中人》（上海图书馆、傅惜华均藏之）、《西园记》（傅惜华藏）、《情邮记》（国图藏）三种。中国国家图书馆另藏《画中人》单刻本（索书号 15131），《北京图书馆古籍善本书目》著录为"明末两衡堂刻粲花斋新乐府四种本"（此本国图网站有电子影像）。若按吴梅"带图者为原刻"的说法，国图此本当为粲花斋原刻，并非两衡堂本。

　　中国国家图书馆藏《粲花斋新乐府四种》两套（索书号 04137，吴梅旧藏；另一部 A03484），收入吴炳剧作四种，《画中人》、《西园记》、《绿牡丹》、《疗妒羹》。书前有两衡堂牌记"粲花斋新乐府四种"，并列四种剧名，左下题"金陵两衡堂梓行"，吴梅藏本并有钤印"两衡/堂"（白方）。今以《画中人》带图本与《粲花斋新乐府四种》本相比较，我们发现所谓原刻本和两衡堂本实为同一版的前后刷本，不仅仅行款、鱼尾一致，就是点画、句读之间的形状、位置的差异都非常小。两衡堂本后印，版面破损较多，且在刷印时删去原有的版画，又不收《情邮记》，所以容易认为是两个不同的刻本。

　　《情邮记》原刻本今可见到三种：一为吴梅藏本，今藏中国国家图书馆（索书号 4138），《古本戏曲丛刊》三集据以影印；一为中国国家图书馆藏本（索书号 11522，李家瑞旧藏，参图 1）；一为王立承藏本（此刻本见北京匡时拍卖公司 2016 年 6 月拍卖图录）。王立承藏本有图，内封大字题"东岸驿情/邮传

---

① 参冯先思《鸣晦庐藏曲略目笺注》（与梁健康合作），第 250—305 页。
② 同上。

奇",小字题"粲花/主人/编"①。中国国家图书馆另藏清青萝书屋刻本《情邮》一种(索书号 A03464,系董康旧藏)。书前有内封,大字题"情邮",小字题"粲华主人原本/青萝书屋重镌"。书前除无图外,还阙无疾子《情邮小引》一文。正文则改原刻白口、白鱼尾为黑口、黑鱼尾,并将书眉批语移入行间。卷端且镌印两枚"阳春/白雪"(墨圆)、"秋水/山房"(白方)。

图 1　原刻本(国图藏 11522)

吴梅信中说"若如《情邮》佳椠,世间宁有几许乎",一来因为当时此本传世甚罕,另外二人交往之初,王立承曾借吴梅所藏此剧摹写录副。王立承后来也收有一部原刻本,见《鸣晦庐藏书目录》著录,此本见诸北京匡时拍卖公司 2016 年 6 月拍卖图录,②书后有王立承跋,记述吴梅、王立承结识经过,特别是吴梅对王立承收藏眼界扩大的重要性。两人因逛书店而相识,又因《情

---

① 吴梅藏本无此封面,详王立承刻本《情邮记跋》(见本文后引)。
② 又见 1999 年北京瀚海春拍古籍善本图录。

邮记》而订交,《情邮记》对二人来说,有着非同寻常的意义。王跋云:

> 余知明刻图画之精,自仪征陈孝起霞章;知传奇附图之精,自长洲吴瞿安。一日偶游宣内小市,邂逅瞿安,一见如故,即邀余过其东斜街寓庐。出《情邮记》图见示,展读之下,叹为精绝,即以假归摹图为请,吴慨允焉。持归细阅,爱不能释。月余杋成,并迻录全书,以示瞿安。吴诩为鬼工,且题识于卷尾,由是时相过从。又闻其弟子程君穆倩亦藏一书,惜只存下卷,心颇羡之,以为虽然非全书,亦慰情胜无矣。嗣后广购明人诸曲,物归所好,颇有佳椠,迄未得此曲,殊引为憾。十九年春,由津来北平,闲游隆福寺书棚,晤宝书堂主人,云有《驿情记》。初闻之不辞所谓,比一涉想,已知当是此书,喜极,急令觅出。但存上卷,全图八幅,宛然在眼,乃以银五币购归。且较瞿安所藏多一封面题字,即卷首“东岸驿情邮传奇”也。惜印刷较后,不及吴藏为初拓耳。昨晤长乐郑西谛,语以得此始末,西谛欢然,谓余有奇福,且谓世间珍物,苟诚求之,会有自来之日也。民国二十二年十一月十四日,潞河鸣晦庐主人王立承识。[1]

吴梅所云“红拂残本”,盖明容与堂刻《李卓吾评点红拂记》,《瞿安藏书目》甲字号内有《李评红拂(残)》[2],当即此本。《瞿安藏书目》乃吴梅手定于 1936 年,时王立承业已去世,可见此书并未赠与王立承。

吴梅又向王立承介绍南方旧书店的情况,提及三人,分别为“杨受祺、柳蓉村、罗子经”。按杨受祺当即苏州来青阁主人杨寿祺。杨寿祺(1892—1962),字彭龄,苏州人。开设来青阁书庄。杨寿祺祖父即从事古旧书经营,

---

① 此跋涉及郑振铎与王孝慈交游事,未见陈福康《郑振铎年谱》(修订本)(上海外语教育出版社 2017 年版)记载。彼时,郑振铎与鲁迅正拟刊行《北平笺谱》,与王立承时相往还。

② 《瞿安藏书目》,今藏国家图书馆,收入《吴梅全集》理论卷第三册,河北教育出版社 2002 年版,第 1632 页。

故杨氏于版本目录之学颇为精通。脉望馆藏《古今杂剧》流落书估之初,杨氏即将此发现告与郑振铎。[①] 郑氏与杨寿祺过从甚密,不少戏曲文献即购自来青阁,郑振铎《新镌全像蓝桥玉杵记》跋云:"余于来青阁收得明刊戏曲最多;战后半载间,寿祺凡有所得必归之余。戊寅秋日,寿祺电告余,收得明刊白绵纸本《蓝桥玉杵记》,末并附杂剧二种。余立即驱车至来青阁,细阅一过,爱不忍释……时正奇窘,然终以半月粮购得之。亟付装潢,面目焕然若新刊。诚是明刻传奇中之白眉,亦余曲藏中最可珍秘之一种矣。"[②]柳蓉村在上海开设博古斋。罗子经,即罗振常,在上海开设蟫隐庐书店。

　　吴梅信中说"《太平乐府》已钞补完全矣。弟初得此书,坊人不知为元刻(缺三卷),仅以洋蚨三十枚购之"。《太平乐府》即元杨朝英编《朝野新声太平乐府》,吴梅藏六卷残本,今归国家图书馆(善本书号 04887),书后今无所钞补之三卷。吴梅此书跋云"己未夏日得于述古堂"[③],己未年为 1919 年,时吴梅寓居北京。述古堂乃北京琉璃厂书肆,于时店主为河北深县于魁祥,曾购得山东藏宋本八经、宋版《唐十家小集》等善本书籍,享誉一时。

　　吴信云"又阅报,闻兄有秘书长之望"。《申报》(上海版)1922 年 8 月 22 日载"王氏(王宠惠)虽极力挽留,而因林去志坚决,当派王立承氏就任此席。闻王立承为王铁珊之子,原任院秘书"[④]。1922 年北洋政府命颜惠庆出面组阁,王宠惠任北洋政府司法总长。[⑤] 未几,颜惠庆辞职,王摄行国务总理之职。八月,唐绍仪组阁,王宠惠任教育总长,因唐未曾到任,再次代理内务总

① 潘建国:《也是园古今杂剧发现及购藏始末新考》,《文学遗产》2019 年第 1 期,第 149—160 页。吴真:《〈脉望馆钞校本古今杂剧〉发现史之再发现》,《文献》2019 年第 5 期,第 12—30 页。
② 郑振铎:《西谛书话》,三联书店 2005 年版,第 218 页。
③ 见国图藏《朝野新声太平乐府》吴梅跋语,善本书号 04887。
④ 《申报》(上海版)1922 年 8 月 22 日。
⑤ 王宠惠(1881—1958),字亮畴,广东东莞人。美国耶鲁大学法学博士。历任北洋政府诸部总长,南京国民政府司法院长、台湾"外交部长"、代理"行政院长"等。

理。九月，内阁改组，王受命署理国务总理，时王立承任国务院秘书。[①] 时任国务院秘书长林步随于八月下旬辞职，《申报》云以王立承任秘书长。据《北洋政府职官年表》，此年林步随自六月十二日署理国务院秘书长，九月十四日即由吴佩潢署理，并于十月二十一日辞职，[②]王立承秘书长之望，并未实现。

（二）

孝慈先生道席：

　　奉到惠书，本拟即答，缘挂号书件未来，弟又回里扫墓，又至海上一行。直至昨晚回宁，知尊件《诚斋乐府》《扬州梦》已于日前送到，想公盼望复书，已非一日矣，歉歉。宪藩乐府，属弟加跋，谨当续貂。弟已郑重藏弄，手自钞录，并拟铅印数十本，藉为讽籀之地，兄或不以为妄否。承示新得各种，闻之欣羡。《扬州梦》弟亦有之，尚是葭秋原刻，惜四种未全。《鹦鹉洲》久闻其名，而从未见过，今兄于无意得之，更为可宝。静庵《曲录》误处颇多，诚如尊论，而自古词家往往自隐其名，专以别号显者，无怪后人考订之难也。《诊痴符》即《鹦鹉洲》原名，如《称人心》、《舞霓裳》之类。昔贤多有之，非伯良《曲律》误记也。伯良《曲律》为平生杰作，与郁蓝生之《曲品》同负盛名，且同盛行越中。弟昔与刘葱石言之，皆重刻在《汇刻传奇》中。是书鸠工已过十年，至今尚未印出，方知懒性不能成事也。董刻有冯序而少毛诗，刘刻有毛诗而缺冯序，实因散藏本亦缺冯序之故。所云方诸馆即伯良斋名，据《南词定律》、《太霞新奏》，尚有《方诸馆乐府》一书，皆伯良散曲，弟亦未曾寓目。兄有之否？倘能延津剑合，亦艺林佳话也。《想当然》，弟亦无有，渴欲一读，若页数不多，请公

---

① 据励双杰藏王立承家谱《太原王氏支谱》，民国二年(1912)王立承即任大总统府秘书厅秘书，民国三年(1914)任政事堂机要局金事。

② 钱实甫编：《北洋政府职官年表》，华东师范大学出版社1991年版，第53页。

觅写官一钞，且不必工楷，拜托。著坛本《还魂》久在敝箧矣。《画中人》、《西园》缺页，仍请公开一细目，以便钞奉。承属欲假《秦楼月》一读，弟遵即如命。惟此时尚不能即日寄上，缘宁寓并未携来，弟又须暑假旋里。且自去年由京返苏，书箱四具，航行时颇多水淹，此书亦在淹湿诸本内。当时即托坊友装池，讵料坊友迁延过年。弟前日返里，与之交涉，据云二星期后便可完工（尚有《宣和谱》、《一笠庵》诸种在内）。今弟已回宁波，至五月方归。则此书寄上时总在五月下旬矣。想兄亦未必急急也。至尊藏两书，弟当宝诸箧笥，非遇知心而兼知音者，决不轻易出示。一则重吾兄之托，一则全弟之私德也，一笑。日来厂肆有佳椠否，弟处宁垣，闻见鄙僿，得兄时惠教言，尤所盼切。专后即请近安。

小弟梅顿启。四月九日下午。

再启者，辱承垂询新得各曲，实伯刚之误。弟去岁回里后所得各书，实无佳本，兹一并告诸足下知之。

一，《双纱记》，坊本，记碧纱笼及欧阳文忠红纱眼镜事。

二，《和戎记》，坊本，记昭君出塞事。

三，《寻亲记》，即六十种本而刻刷略清楚些。

四，《元宝媒》，坊本。

五，《三元记》，坊本，记商辂事。

此外所得如李本《昌谷集》、沈本《古今词选》单行本，《孟东野集》等，皆与词曲无涉者。兄得无笑我弇陋乎。再请大安。

弟梅又启。即日。

赐示寄南京大石桥廿二号。

按，此信作于1923年4月9日。吴梅向王立承索阅《诚斋乐府》、《扬州梦》，两书已寄到南京，吴向王致意。王立承分享两种新得曲本《鹦鹉洲》、《想当然》，并向吴梅索阅《秦楼月》一书。吴梅以此书需要装池，答应日后奉寄。

本札吴梅对王立承的疑问逐一解答。王立承获得《鹦鹉洲》之后，发现王骥德《曲律》曾引陈与郊《诊痴符》剧即《鹦鹉洲》文，故疑王骥德误将《鹦鹉洲》记作《诊痴符》。王骥德《曲律》卷二"论须识字第十二"云："仅陈玉阳《诊痴符记》【玉抱肚】曲'打球回纷纷衩衣服'独是"①（此曲见《鹦鹉洲》第一出）。吴梅认为《诊痴符》为《鹦鹉洲》别名，并以陈二白《称人心》一名《巧移花》、洪升《舞霓裳》一名《长生殿》等为例说明。

按《诊痴符》实为陈与郊传奇作品集总名，此集收入《樱桃梦》、《鹦鹉洲》、《麒麟罽》、《灵宝刀》四种。② 王立承仅有《鹦鹉洲》刻本一种，王氏《鸣晦庐藏曲略目》注云"师俭堂刻本"，列入甲类。傅惜华《明代传奇全目》著录《鹦鹉洲》明万历刻本一种，③卷端题"任诞轩编"，未言版刻堂号，书眉多音释，实乃陈与郊自刻本。师俭堂刻曲今不下十余种，④上海图书馆藏有师俭堂刻本《鹦鹉洲》、《麒麟罽》，与傅惜华著录之本非同一版刻。⑤ 王立承藏本今已不知所在。

吴梅谈及王骥德《曲律》在民国时期的两个刊本，一为1917年董康诵芬室刊本，一为刘世珩暖红室刊本。两本的区别为"董刻有冯序而少毛诗，刘刻有毛诗而缺冯序"。冯序即《曲律》书前冯梦龙序，毛诗即《曲律》书后毛以燧《哭王伯良先生诗十三首》。按刘世珩（1874—1926）为晚清民国之际著名的收藏家，所刻丛书在一千卷以上，较为出名的有《聚学轩丛书》、《贵池先哲遗书》、《玉海堂影宋丛书》、《宜春堂影宋巾箱本丛书》、《暖红室汇刻传奇》等。刘世珩曾邀请吴梅参与校刊戏曲文献，吴梅也为此提供不少底本。吴梅所言刘刻王骥德《曲律》，今未见传本，盖已鸠工而未刻成者。《暖红室汇刻传奇》所刻作品总数各家书目著录不一，究竟收录多少种，迄未见有较为准确的说

---

① 王骥德著，陈多、叶长海注释：《曲律注释》，上海古籍出版社2012年版，第146页。
② 见陈与郊《樱桃梦》剧前总目云"勘破一生樱桃梦，姻缘两世鹦鹉洲。为国忘家麒麟罽，仗义全贞灵宝刀"。
③ 傅惜华《明代传奇全目》，人民文学出版社1959年版，第108页。
④ 今存"六合同春"六种（《西厢记》、《琵琶记》、《红拂记》、《幽闺记》、《玉簪记》、《绣襦记》），"二刻六合同春"五种（《明珠记》、《异梦记》、《留真记》、《玉杵记》、《昆仑奴》），外加陈与郊两种，已有十一种之多。
⑤ 承学友王风丽博士寄示上海图书馆藏本书影，谨致谢忱。

法。而吴梅所云刘刻《曲律》，透露了刘氏刻书未曾完成的计划，向未见人述及。

《想当然》，王立承《鸣晦庐藏曲略目》著录，列入甲类，注云"卢柟次楩撰。极难得。茧庐刻本。有图。"此本今藏中国国家图书馆（索书号 A01846）。《古本戏曲丛刊》初集据此本影印。剧名全称"谭友夏批点想当然传奇"。

著坛《还魂记》，《鸣晦庐藏曲略目》《王孝慈藏曲目》著录，注云"明著坛本"，列入甲类。著坛为明末张弘、张弢兄弟二人共用之室名。① 吴梅云"著坛本《还魂》久在敝箧矣"，吴氏所藏著坛本《玉茗堂四梦》，今藏于国家图书馆（善本号 04121）。郑志良认为此本并非真正的著坛刻本，著坛所刻卷端题"清晖阁批点玉茗堂还魂记"②。按郑说是也。吴梅藏所谓著坛本《玉茗堂四梦》，卷前有大字行书题"还魂"，次汤显祖"牡丹亭记题词"（宋体大字，每半叶六行，行十二字。计两叶），次王季重"批点玉茗堂牡丹亭词叙"（宋体小字，每半叶九行，行二十字。计三叶。文末有陈仲醇、米仲诏附记两则。眉端有批语，宋体小字），次陈继儒"王季重批点牡丹亭题词"（宋体小字，每半叶九行，行二十字。计一叶。文末有谑庵题记一则。眉端有批语，宋体小字），次汤显祖"题词"（宋体小字，每半叶九行，行二十字。计一叶。文末有王季重、刘越石题记两则。眉端有批语，宋体小字），次著坛主人张弘毅孺父"清晖阁批评玉茗堂还魂记凡例"七条（其"孺"字误为"獳"形），以上各页板心下方题"著坛藏板"。次目次（宋体，每半叶八行）。卷端首行上方大字题"汤义仍先生还魂记"，下方小字题"临川玉茗堂编"。板心上方题"还魂卷上/下"，白口，白鱼尾。正文每半叶十行，行大小二十一字。

国家图书馆藏《清晖阁批点玉茗堂还魂记》（善本号 16240，参图 2）乃郑振铎旧藏。卷前有郑振铎跋语，次王季重"批点玉茗堂牡丹亭词叙"（宋体小字，每半叶九行，行二十字。计三叶。文末有陈仲醇、米仲诏附记两则。眉端

① 郑志良：《"著坛主人"考》，见《明清戏曲文学与文献探考》，中华书局 2014 年版，第 247—252 页。
② 同上，第 247 页。

有批语,宋体小字),次目次。卷端首行题"清晖阁批点玉茗堂还魂记",次行题"会稽著坛订正"。每半叶九行,行二十字。白口,无鱼尾。板心上方题"玉茗堂还魂记卷上/下",下方题"著坛藏板"。板心中间右侧有页数。书眉有批语,宋体。

　　大略言之,真正的著坛藏本为九行二十字,卷端题"清晖阁批点玉茗堂还魂记"、"会稽著坛订正"。而吴梅藏本则为十行二十一字,卷端题"汤义仍先生还魂记"。吴藏本正文、批语一同著坛本①,或系明末清初翻刻之本②。王立承所收著坛本《还魂记》未标行款,未悉与吴梅是否同一版本。③

图 2　郑振铎藏著坛本(16240)

　　吴梅藏《宣和谱》见于《瞿安藏书目》呷字号,注云"孤本"④。按此剧二

----

① 国图藏郑振铎藏本书前序言、题记较少,书后补钞有张氏兄弟题记。据郑志良文,真正的著坛本当与翻刻本诸题词一致,有凡例、题词等。吴梅藏翻刻本无书后张氏兄弟题跋。
② 其卷前题书封题"还魂"二字,样式与读书坊刻诸曲本近似。杭州读书坊曾汇集各书坊传奇旧版,汇编发行,往往统一书前题字,而于正文更改无多。
③ 清乾隆年间冰丝馆刻玉茗堂四种曲亦据著坛本翻刻。
④ 《吴梅全集》(理论卷)第三册,第 1641 页。

卷,又名《翻水浒》,全名为"存庐新编宣和谱传奇",清古吴介石逸叟撰。吴梅云"孤本"不确,此剧今存数本,上海图书馆藏本系王培孙旧藏,收入《古本戏曲丛刊》第五集。国家图书馆亦有藏本(善本号 00599,参图 3),卷前阙叶系配补,卷端题"存庐新编宣和谱传奇卷上"。吴梅藏本今藏中国国家图书馆(善本号 04375),书前内封大字题"传奇翻水浒记",小字题"介石逸叟新编"、"宣和谱定本/金闾载道堂梓行"。书前较上图藏本多"宣和谱小引"一纸,内收【临江仙】曲一支,楔子目四题。① 卷端题"传奇翻水浒记卷上"。国图所藏两本盖本为同一版,吴梅藏本后印,改卷端题名耳。

图 3　国图藏本(00599)

　　吴梅《奢摩他室藏曲待价目》收录"一笠庵四种",云"吴门坊刻本,四册",分别为《一捧雪》、《人兽关》、《永团圆》、《占花魁》,此四曲不知去向。又《占花魁》一部,亦一笠庵本,今藏国家图书馆(善本号 04176)。又吴梅《瞿安藏书目》叱字号有《眉山秀》二册,亦当为一笠庵原刻本,今藏国家图书馆(善本号 00571)。

　　信末吴梅介绍新得曲本五种,其中《双纱记》今存中国国家图书馆(善本

---

① 《古本戏曲丛刊》第五集已据吴梅藏本补入"小引"。

号04107),为来集之倘湖小筑本,国图另藏有灯语斋刻本《双纱记》(善本号17020)。《和戎记》、《商辂三元记》皆系富春堂本,吴梅《奢摩他室曲丛目》有此两种,然未见诸《瞿安藏书目》。又《寻亲记》,吴梅云"即六十种本,而刻刷略清楚些",《瞿安藏书目》第二十一号有"汲古阁六十种曲"九十二本,内有《寻亲记》。又《元宝媒》,见于《瞿安藏书目》叱字号著录,另有《珊瑚玦》四本、《双忠庙》四本。吴梅藏书带草堂刻周穉廉《容居堂三种曲》,今藏国家图书馆(善本号04148)。王立承亦藏有周氏"容居堂三种曲",见《鸣晦庐藏书目录》著录,云"八册。明刊本",《隅卿日记选钞》云"宝华堂曾得是书,以三十元售与王孝慈"(第二册,1926年3月1日)①。《不登大雅文库书目》著录此书,眉批"孝慈三十元"②。此书现存北京大学图书馆(索书号 MSB/812.087/7720)。《不登大雅文库珍本戏曲丛刊》第16—19册即以此书为底本影印。

(三)

孝慈先生撰席:

奉环示,如与故人晤对,为之神往。葭秋堂《扬州梦》系康熙刻本,每半页九行二十八字,并无图绘。"葭秋堂"三字在每卷首出下,不在板心。所云四种系《双报应》、《扬州梦》、《搜神案》、《续离骚》也,弟亦不全,未知兄能为我留意否?《秦楼月》实因不在行箧,未能寄奉。苏州舍间只有庶祖母一人,年老又不识字,只有友人往来时,托其带至宁垣,再行寄上尊处耳。《诚斋乐府》披览四五遍,疑套数内仍有残缺,但此非可钞补者,奈何。《想当然》系谱何种故事?首折"鹊踏枝"即"蝶恋花"之别名。明词平仄多不讲究,不独次楗而已也。《易鞋记》弟所未见,《红拂》则弟已有数本,独无朱墨本耳。因记"逃海"折,伯起源本袭用北词"新水令",所谓

---

① 马廉著,刘倩编:《马隅卿小说戏曲论集》,第219页。
② 马廉著,刘倩编:《马隅卿小说戏曲论集》,第369页。

"一鞭残角斗横斜"是也。"虬髯"、"报雠"、"出海"决非《北红拂》曲,尤西堂有《北红拂跋》一篇,亦未提及谁氏手笔。此出恐已湮佚矣。《画中人》、《西园》二记,缺页仍请吾公见示,以便为兄钞补。《一种情》曲,据焦里堂说,为石渠少作,今得公详解,方知里堂亦未见此书。弟虽见闻不狭,而此曲亦未寓目,足为吾兄贺也。《双纱》是合《红纱》、《碧纱》为一,无图,来集之作,体例与《四艳》同,皆一书而消纳数事者。《元宝媒》为"可笑人"之一种,可笑人姓名无从考求,兄知之否?乞见告。汲古本《六十种曲》初印本此间竟未一见,弟尝谓南京书铺只是书渣,每月京客必来一二次,出价颇巨,一辈书贾宁等京客,不愿与买客交涉,盖买客非真知书者,反不如同行之价值较高也。弟曾见一嘉靖白纸《孟东野集》,索价三十元,亦不为高。弟还以二十元,当时尚未回绝,明日再探,则已为京客三十元购去,思之可惜也。《雍熙乐府》及《大成九宫谱》,此间有友人托购,乞公留意焉。手复,即请著安。

弟梅顿首。四月廿二日。

按,此信作于1923年4月22日。吴梅为王立承介绍自藏葭秋堂四种曲相关情况,描述《扬州梦》行款,然后介绍《双纱》体例,并询问《元宝媒》作者"可笑人"的身份。

此前,王立承将两书寄达南京,其中有《扬州梦》一种。吴梅云"《扬州梦》弟亦有之,尚是葭秋原刻,惜四种未全",盖王立承未悉四种为何,故此信吴梅答以"《双报应》、《扬州梦》、《搜神案》、《续离骚》"。清嵇永仁撰《扬州梦》、《双报应》葭秋堂刻本,见《瞿安藏书目》甲字号记载,[1]今皆藏中国国家图书馆(《扬州梦》A03467,《双报应》04155)。王立承亦藏有嵇曲三种,分别为《续离骚》、《双报应》、《扬州梦》,总题"抱犊山房三种曲"[2]。

---

①　《吴梅全集》(理论卷)第三册,第1632页。
②　参冯先思《鸣晦庐藏曲略目笺注》(与梁健康合作),第250—305页。

　　从吴信可知，王立承最近新得曲本三种，即《易鞋记》、朱墨本《红拂记》、钞本《一种情》。《易鞋记》见王立承《明刻图画书籍藏目》著录，注云"明金陵唐氏文林阁本"。朱墨本《红拂记》见《王孝慈藏曲目》著录，注云"明凌氏朱墨本"。此本今藏中国国家图书馆(善本号 A01856)，《古本戏曲丛刊》初集据此本影印。钞本《一种情》见于王立承《鸣晦庐藏曲略目》著录，云"沈宁庵原撰，伶人抄录本，芒父藏"，《王孝慈藏曲目》注云"明沈宁庵撰。康熙内府抄本，景抄"。按沈宁庵即沈璟，芒父即姚华。姚华所藏《一种情》为清康熙二十八年(1689)钞本，现藏中国国家图书馆(索书号 A03444)，《古本戏曲丛刊初集》据姚本影印。

　　《容居堂三种曲》署"可笑人"填词，收传奇《珊瑚玦》、《元宝媒》、《双忠庙》等三种。吴梅此时尚不知道"可笑人"真实身份。马廉日记中已经考出可笑人为周稚廉，时间在一九二六年三月一日。他说"《容居堂三种曲》——《珊瑚玦》《元宝媒》《双忠庙》——清可笑人撰。据王国维《曲录》著录，可笑人有二种曲，曰《珊瑚玦》《元宝媒》，周稚廉亦有二种曲，曰《珊瑚玦》《双忠庙》。按可笑人者，疑即周之别号，《曲海目》误作二人。王国维未见原书，故《曲录》均仍其误也。宝华堂曾得是书，以三十元售与王孝慈，余仅略略翻阅而已。三月一日记"①。该月二十日，马氏又据《松江府志》等书考出更多周氏生平。大略言之，周稚廉，字冰持，华亭人，茂源孙。赋性颖敏，读书日以寸计，为文信笔千言，才名籍甚。为人恃才傲物，尤藐视富贵人，不轻与接，以国子生入棘闱，屡不及格，遂愤懑以死(《华亭县志》作年二十九)。著有《容居堂集》，杂著若干卷。② 此外许之衡《曲录》批注也有同类考证，其文云："可笑人一本：即周稚廉。《千古丽情集》云是周鹰垂作，误。鹰垂，稚廉之父。"③

---

① 马廉著，刘倩编：《马隅卿小说戏曲论集》，第 219 页。
② 马廉著，刘倩编：《马隅卿小说戏曲论集》，第 220—221 页。
③ 许之衡批注《曲录》，今藏首都图书馆，近年朝华出版社据其影印出版，有些批语删去未印，不尽保存原貌，且未言批注者为谁氏。许氏批注原书为《晨风阁丛书》本，一函三册。今据原本迻录。

　　吴梅怀疑明刻本《诚斋乐府》"套数内仍有残缺",大概是指第二卷末尾倒数第二页和第三页位置的错乱,涉及套曲《南吕一枝花》(赠秀莲)、《仙吕点绛唇》(仲春席上)两曲。依据《雍熙乐府》所引两曲,①可知此二页位置应当互换,这样两支曲词就都文意连属了。

(四)

孝慈先生大鉴:

　　宁垣返里,卧疾旬余。读大札不能即答,歉歉。日来起居愉善,至以为慰。前假尊藏《诚斋乐府》,顷已属儿辈钞毕,惟尚须校一过,故不即寄还邺架。先取敝藏《秦楼月》及尊处《扬州梦》两种,由邮局挂号,奉上左右,吾兄可即钞录。弟拟将《诚斋乐府》付诸手民,并作一跋,俟脱稿后先行奉寄台阅,所以不敢书在册后者,恐有续貂之诮。待公斧藻后,再当缮诸书尾也。《想当然》、《一种情》、《灵宝刀》、《鹦鹉洲》四种,公有钞残副本见示,甚善,第不急急也。日内续有所得否? 京尘溷洞,铜驼会见荆棘,公对新亭能无挥涕。弟南中偃卧,无善可陈,日看钟山,以为消遣而已。宁垣无书可买,寻常康乾刊本已视为珍品,遑论其他。而皖、鄂书贾时来取货,价亦不廉,至读书人反不敢问津矣。手复,即请著安。

　　　　　　　　　　　　　　　　弟吴梅顿首启。七月十八日。

　　按,此信作于 1923 年 7 月 18 日。此前几通书信往还,王立承介绍新得朱有燉《诚斋乐府》刻本,吴梅索阅,王即寄达南京。吴梅虽已缮录完毕,还想再多校阅几遍,并打算等题跋写好之后,寄示王立承首肯,再缮录于书尾。此信发出的同时,吴梅将《秦楼月》、《扬州梦》两书寄还王立承。

---

① 《一枝花》见《雍熙乐府》卷八第五十二叶,《点绛唇》见《雍熙乐府》卷四第六叶。

朱有燉《诚斋乐府》刻本今残存两卷,明宣德刻本。每半叶十行,行二十字。四周双边,黑口。上下黑鱼尾。板心题"诚一"以及叶码。卷前有宣德九年《诚斋乐府引》一叶。卷端大字题"诚斋乐府"(占两行),题名下题小字,卷一为"散曲",卷二为"套数"。曲牌阴文。卷一计五十九叶,卷二残存三十三叶又半叶。卷二第二十八叶右上有修版痕迹一处。今藏中国国家图书馆(善本号 04899)。吴梅钞本《诚斋乐府》亦藏国图(善本号 04377),套数末《咏绣帘》一曲残缺,吴梅据《雍熙乐府》引文补全。书末有吴梅、任讷跋语,书眉有任讷校记。书后有《诚斋乐府辑补》,录曲五套。吴梅据《词林摘艳》卷九补《四季行乐》、《赏牡丹》,卷七补《将相》、《上文臣》,据《雍熙乐府》卷一补《雪中田猎》。但是于《雪中田猎》标题下注"此套重复可删",郑振铎《〈词林摘艳〉里的戏剧作家及散曲作家考》一文指出,《赏牡丹》实为杂剧《天香圃牡丹品》一剧选曲。但是谢伯阳《全明散曲》认为《将相》一曲为汤式所作,[①]则朱有燉佚曲实只有两套。[②]

朱有燉乃有明杂剧大家,今存杂剧三十一种。吴梅曾经收藏有二十二种。[③] 吴梅曾将这二十二种,并张元济辗转假借的两种,编入《奢摩他室曲丛二集》,铅印行世。故吴梅见到朱有燉《诚斋乐府》,也拟刊行。第二信云:"宪藩乐府,属弟加跋,谨当续貂。弟已郑重藏弄,手自钞录,并拟铅印数十本,藉为讽籀之地,兄或不以为妄否。"第四信云"弟拟将《诚斋乐府》付诸手民"。第五信云:"此书本拟付印,以公同好。继以印价太贵,校费支绌而止。(弟本意属校中印刻。)"(见下文)虽然三次提到印行,最后因为印刷费用的问题,还是没有印行。只是为王立承的刻本和自己录副的钞本各写一跋,两跋内容也大同小异。

---

① 　谢伯阳编:《全明散曲》,齐鲁书社 1994 年版,第 381 页。

② 　本有五首,有一首重复。吴梅致王立承第五信中云三首(见下文),大概是指"《四季行乐》、《将相》、《上文臣》"三曲而言。

③ 　吴梅所藏二十二种今归中国国家图书馆,《中华再造善本续编》影印。

直到 1936 年卢前刻《饮虹簃所刻曲》问世时,《诚斋乐府》才得以出版,了却吴梅一桩心愿。这个刻本也附吴梅跋语一则。此跋与钞本《诚斋乐府》所附跋语内容近似,两相比较,卢刻本附跋只是删去钞本跋语一些词句,并无新增的内容。今录其所删语句如下:

此本为友人通州王孝慈克承旧藏宣德九年刊本。

孝慈得此,诧为奇宝,邮寄南都,属为校核。余方主讲南雍,因属诸生录一副本。迨暑故乡,遂事雠校,上方朱笔,皆余手书者也。

钞本《诚斋乐府》吴梅跋语末署"癸亥季夏之月辛丑,长洲吴梅书于蓬庵",知此跋实与刻本《诚斋乐府》跋语同时写成。

虽然吴梅在为明宣德刻本《诚斋乐府》所写跋中说"爰识其尾,归诸孝慈云",事实上此明刻孤本并未归还王立承,后来与吴梅其他藏书捐赠北京图书馆。从《吴梅日记》可以看到,一九三二年初,日本攻占上海,发动"一·二八"事变,形势非常危急。吴梅此时正在南京东南大学任教,鉴于局势不靖,辞去教职,移家上海租界,在银行家王伯元所坐馆谋生。据《吴梅日记》记载,此年四月,他在南京的藏书次第运至上海,计一百五十箱。从四月十一日(旧历三月初六)起,至四月二十八日(旧历三月二十三),开列各箱书目,记载甚悉。其中十三日记有《诚斋乐府》钞本一册,十六日有《诚斋乐府》宣德本二册。[①]

宣德本《诚斋乐府》是世间孤本,吴梅所藏之本无疑得自王立承,但是吴梅究竟何时得到,王立承又因为什么原因出让呢?王立承《鸣晦庐藏曲略目》著录《秦楼月》影钞本一部,注云"朱素臣撰。一笠庵原刊本。瞿安藏书。影

① 《吴梅全集》(日记卷),河北教育出版社 2002 年版,第 118—135 页。

抄精本"。王立承另藏刻本一部,《鸣晦庐藏书目录》著录,注云"二册。清初刊本"。这部刊本即吴梅藏本。此刊本今藏中国国家图书馆(善本号A04177),《古本戏曲丛刊》三集以此书为底本影印。

《古本戏曲丛刊》第三集所收《秦楼月》有王立承跋,对此有详细说明,其文云:

> 此为瞿安所藏,予以函寄《诚斋乐府》散套小令两册(宣德锦窠老人自刻本),易此以归。久假均未返赵,互攘之契,二人实默契于心矣。戊辰春,陶君兰泉景印罕见各曲,选及此种。予独靳《二分明月集》①未与,此曲遂流传于世。瞿安并未责予之冒昧,不先白之而亦未辨(其)是其所藏者否也。或以以宣德本易清初本为予实自损,抑者但予于书中绣画独有特嗜,方以为受瞿安之惠,只逾量焉。病起整理旧藏,兼收新籍,粗计所有已藏明清(独收康乾时刻,以后未收)曲本,多至四百余种,乐此不疲,云未有艾。喜志此本得藏始末于此,只以解友人之惑。(隅卿曾有疑猜,非所以对磊落如予者,可以休矣。)二十二年九月卅日潞河孝慈王立承识。

1938 年初,吴梅在明刻本《诚斋乐府》封面上写下一段题记,其文云"此为孤本,往王君孝慈假吾《秦楼月》二卷去,以此为质。今孝慈墓木已拱,《秦楼月》又为陶兰泉印石行世,独此书尚存箧中。江潭避寇,展对凄然矣。丁丑祀灶日书"②。

---

① 《秦楼月》为清初苏州剧作家朱素臣作品,以姜实节(剧中改名吕贯)与陈素素爱情故事为蓝本创作。陈素素,号竹西女子,别号二分明月,扬州人。《二分明月集》即陈氏诗集,附刻于《秦楼月》一剧之后,题《二分明月女子集》。
② 见国家图书馆藏《诚斋乐府》刻本书封。

（五）

孝慈先生大鉴：

损书奉悉，《秦楼月》留在尊处，从容缮录，不敢促迫。至《诚斋乐府》，弟已加一跋在卷尾，难免续貂之诮。细案全书，疑多缺失，套数中"咏绣帘"一套，已从《雍熙乐府》补全，别纸夹附。其他尚有补钞三套。弟录本中已增入，兄若欲之，当写奉也。此书本拟付印，以公同好。继以印价太贵，校费支绌而止（弟本意属校中印刻），然总有机会可图耳。《双鱼》为兄所得，无任艳羡。据来示所云，板式恐是富春堂本，缘弟有他曲，如《全德》《和戎》之类，亦复如是也。能草录见寄，尤盼。弟南都无事可做，无书可买，状元境一带虽书铺林立，然求一康乾刊本，已难若登天，遑论词曲，益神往琉璃厂、隆福寺间也。江南图书馆颇有曲本，虽所藏不多，然皆希见之品。弟所见者，如《豫让吞炭》、《寒衣记》、《梁状元不伏老》、徐文长《歌代啸》诸种，为生平所未寓目者，想兄亦未必尽见乎？弟极思一钞，而以价昂缩手，（每千字须四元余）且写官字迹亦不见佳。每逢休沐，总至该处盘桓数时，书生结习，措大举动，殊可笑也。弟与兄嗜好相同，年又相若，惜南北迢隔，不能时常晤对，用是耿耿。都中各机关枵腹，从公大是苦事，兄所受影响，当亦不小乎。手复，即请大安。

弟梅顿首。十一月廿六

老伯大人前请安。

尊处羊肉胡同门牌，弟记不清楚，乞示。

按：此信作于 1923 年 11 月 26 日。吴梅向王立承介绍《诚斋乐府》的辑补情况，以及江南图书馆（今称南京图书馆）见闻。该馆所藏《豫让吞炭》、《寒衣记》为《古名家杂剧》本,徐文长《歌代啸》[①]为清道光间山阴沈氏鸣野山房精钞本(南京图书馆藏,索书号 GJ/EB/114235)[②],以上三种为孤本。《梁状元不伏老》为钞本(南京图书馆藏,索书号 GJ/101159),此剧今有嘉靖四十五年(1566)刊《海浮山堂词稿》附刻本、《盛明杂剧》二集本、《酹江集》本,此钞本以《海浮山堂词稿》附刻本为底本。

《瞿安藏书目》叱字号有《豫让吞炭》、《歌代啸》一本,《击筑余音》、《不伏老》、《僧尼共犯》一本。[③] 其中《豫让吞炭》、《不伏老》两剧大概就是吴梅从江南图书馆传钞之本。吴藏本《歌代啸》今藏国家图书馆(善本号 04105),此本纸薄抄精,卷末有吴梅跋云"癸亥秋仲,自南京龙蟠里图书馆抄录。此剧刻本从未见过,馆中藏弄者亦为旧抄本也。同里沈氏亦有借钞本,合吾书计之,世间恐无第四本耳。是岁腊月,手校一过,略易讹字,未遑按律也。长洲吴梅"。吴梅 1931 年十月初六日(农历)日记云"旧生王焕镳送赠《歌代啸》剧,《南雍志》二种"[④],可与吴跋参看。

国学图书馆[⑤]在 1932 年曾影印《歌代啸》钞本,两相比较,可知吴梅钞本未录插图四图,书末较影印本多出"题后"一纸(参图 4)。此叶计十行,行十字不等,行草书。"题后"不全,揆其文义,似与此杂剧无涉,殊不可解。其文云"文语'玉吾'云尔,三金滕之举,遂有谓公知而为之者。孟不堕郎,或疑诛卯时露手脚太蚤。胥借吴报楚,因杀身报吴。萧借汉报韩,亦灭项报汉。未易以成败论英雄。平、勃如先雉俎,不知谁氏可为谋之? 王龙陵亦自陨家声耳,万一"[⑥],文末吴梅题云"以下原阙"。

① 孙书磊《南图藏旧精钞本歌代啸作者考辨》(《中国戏曲学院学报》2010 年第 3 期,第 45—49 页)一文认为,作者当为冲和居士(方汝浩)。
② 书前有短跋云:"道光丙戌清明,侨寓沈氏鸣野山房,霞西主人手抚精本见视,拟假录一过,以志凤缘。"(霞西主人即沈复粲,又号鸣野山房主人。)此钞本曾经影印,收入姜亚沙编《中国古代杂剧文献辑录》,全国图书馆文献缩微复制中心,2006 年。
③ 《吴梅全集》(理论卷)第三册,第 1643 页。
④ 《吴梅全集》(日记卷)上册,第 40 页。
⑤ 即吴梅所谓江南图书馆,今南京图书馆前身。
⑥ 释读草书承安徽大学刘刚老师帮助,特致谢忱。

图 4　国图吴梅钞本《歌代啸》书末题记

　　王立承新得《双鱼记》,《鸣晦庐藏曲略目》著录,注云:"沈宁庵撰。继志斋重校刻。极罕见。有图。"此本卷端题"重校双鱼记",此本今藏中国国家图书馆(索书号 A01858),《古本戏曲丛刊》初集据此本影印。原书卷首有王立承题跋一则,影印本置于卷末。有首都图书馆藏许之衡钞本《双鱼记》一本,书前有许氏题跋一则,其文与王跋几乎全同。唯最后一句王跋小字云"顷得诸厂肆,喜而识之",许氏大字作"顷得诸友人藏本,爰假得而录存之。丙寅四月,许饮流记"。① 马廉《隅卿日记选钞》著录此书行款,以及插图目录。②

　　吴梅以为王藏《双鱼记》为富春堂本,并举所藏《全德记》、《和戎记》等为例。按吴梅所云不确,《双鱼记》为金陵继志斋本,《全德记》亦当为广庆堂本,《和戎记》虽为富春堂本,然其版式亦与富春堂版常见的样式略有差异。《奢

---

① 《绥中吴氏抄本稿本戏曲丛刊》(第三册)(按该书总目录误作第四册,实则收在第三册),学苑出版社 2004 年版,第 250—251 页。许钞本题记之末有校语"顷得诸厂肆,喜而识之",当本自王跋。

② 马廉著,刘倩编:《马隅卿小说戏曲论集》,第 314 页。

摩他室曲丛目》著录富春堂本传奇有《三元记》(沈受先作)①、《和戎记》(注云"原缺")、《寻亲记》(王錂作)、《青楼记》(注云"原缺")、《目连救母》等五种,广庆堂本有《葵花记》②、《全德记》、《剑舟记》等三种。③《奢摩他室藏曲待价目》则云"《寻亲记》富春堂本,有图。(今藏国图,善本号 04141)《全德记》(今藏国图,善本号 04132)同上,有图。《白兔记》富春堂本,(今藏国图,善本号 04140)"。吴梅所藏《商辂三元记》、《和戎记》、《青楼记》(注云"原缺")、《目连救母》、《葵花记》、《剑舟记》等六种,皆曾交付商务印书馆出版,不幸毁于日本轰炸。④

三、吴梅五札为自留底稿说

国图所藏《吴瞿安先生手札》本有信札六通,前五种上款皆为王立承,第六通无收信人,揆其文义,当作于 1939 年,这一年三月,吴梅在云南去世。全文如下:

> 自姚东归,须走安南达海防,乘外国船到申,每人川资约二百五十元。兄全家七大五小,作八大人算,亦须两千多元之谱。此款如何办法,大是问题。行箧存内廷钞本曲若干种,托君出售,不识部中尚需此否?此书苟得二千元,则吾事济矣。弟台希为我善谋之。目如下。霜厓再拜。
>
> 圣世寿征二册、草木衔恩二、百子呈祥一、丰乐秋登二、寿协三朋一

---

① 按此盖编纂书目者误记,《三元记》有两种,一为商辂事,一为冯京事,第二信吴梅言有商辂本(富春堂本)。

② 今国图亦藏有广庆堂本《葵花记》,惜仅存上卷。

③ 《吴梅全集》(理论卷)第三册,第 1549 页。

④ 参《吴梅全集》(日记卷)上册,第 148 页。

盛世新声一、永祝长清一、箕畴五福一、寿征辐辏一、太平有象一、多寿记一、斗金瓶十、玉狮记十（此二种妙绝）。共卅四册。[①]

信中云"自姚东归"，经过安南到达海防（今越南海防市），然后乘船到上海。这条线路是抗战时期进出云南的重要通道，所谓"姚"当为云南省大姚县，抗战中吴梅避难流徙，在弟子李一平的邀请之下，从湖南湘潭来到云南，最终落脚大姚县李旗屯，寓居李氏宗祠，[②]可见此时吴梅当在云南，时在1939年初。而王立承在1936年初，即已去世。吴梅也不可能再给王去信。纵然由于战时信息交流不畅，不知王氏身故，从信件措词来看，收信人也不会是王立承。吴梅称呼收信人为"弟台"，亦与王立承身份不合。这样来看，收信人当为吴梅弟子辈。既然如此，这批信札可能并非吴梅寄与王立承者，而当为吴梅自留底稿。吴梅身后，其藏书大多捐给国家图书馆，这些为数不多的自留信稿，可能也随着大批藏书入藏国图。

四、结语

吴王信札讨论最多的话题，就是新收戏曲版本存佚优劣，而以王立承向吴梅介绍新收曲本为多。因南方书铺不如北京发达，吴梅向王立承介绍新得的曲本仅仅有《双纱记》、《和戎记》、《寻亲记》、《元宝媒》、《三元记》等五种。而王立承新收则有十二种之多，且多精品，其中《画中人》、《西园》、《鹦鹉洲》、著坛本《还魂》、《想当然》、《易鞋记》、《红拂》朱墨本、《双鱼记》八种列入王立承《鸣晦庐藏曲目》甲类，《一种情》、《灵宝刀》（摹本）、《秦楼月》列入乙类，《扬

---

① 这批曲本，总题"演剧十三种"，见于《奢摩他室藏曲待价目》，云"此为内廷之曲，在殿本七种之外，海内无第二本也"。今归国家图书馆（善本号05612）。
② 苗怀明：《吴梅评传》，南京大学出版社2012年版，第333—336页。

州梦》列入丁类。①《扬州梦》为清嵇永仁"葭秋堂"四种之一,吴梅仅有《扬州梦》、《双报应》两种,王立承《鸣晦庐藏曲目》著录《扬州梦》、《双报应》、《续离骚》三种,另外一种《搜神案》今已不传。

王立承、吴梅因嗜书而相识,因嗜曲而交好,两人"以曲会友",这五封信展示了二十世纪二十年代戏曲文献搜集之艰辛,戏曲研究草创期学人研究之甘苦。王立承生平资料传世无多,《吴梅全集》中所收信札也大多生前公开发表,而友朋往来信札,大多星散,存者寥寥,更见其可贵。这五通信札展示了王立承、吴梅交游之个案,我们可借此了解当时戏曲研究、戏曲收藏的情形。

(本文初稿承黄仕忠老师指正,特致谢忱。)

---

① 《鹦鹉洲》、《想当然》、《易鞋记》、《红拂》朱墨本、《一种情》、《灵宝刀》、《双鱼》等七种,吴梅信中称未见,亦可见王氏藏本之精。

冯先思 _____

在自注与过录之间

——吴梅《曝书杂记》批注发覆*

随着国家古籍保护工作的逐步展开，一大批珍贵古籍善本的影像数据得以在互联网公布，其中尤以中国国家图书馆所公布善本数量最多，达到一万七千余条目，收入的古典典籍的总数已经远超《四库全书》数倍。对于广大读者来说，不可不谓福音。只要注册国图网站账户，即可浏览上万种善本古籍全文，这必将对古代中国研究产生极大的影响。数量如此巨大的善本，已经远非个人一生时间所能穷尽阅读。

近来笔者标点整理《曝书杂记》，即于国图网站检索，发现此书有吴梅、刘履芬批校本各一种，随即过录二家批语，发现两家内容相似之处颇多，此文即述整理二家批语的感受。

* 本文为中山大学青年教师培育项目"新出曲学文献研究"（17wkpy84）的阶段性成果。

一、吴梅批注《曝书杂记》版本著录不确

　　《北京图书馆古籍善本书目》著录三种《曝书杂记》的批注本,分别为李慈铭、刘履芬、吴梅三家,其中刘履芬、吴梅的批本皆著录为同治七年(1868)清钱泰吉《甘泉乡人稿》本。①

　　北图善本书目此条版本著录略有未达之处。《曝书杂记》一书初为两卷,道光十九年(1839)蒋光煦刻入《别下斋丛书》。咸丰四年(1854)增补一卷,收入钱泰吉文集《甘泉乡人稿》卷七至卷九。咸丰六年(1856)蒋氏也补刻一卷,是为《别下斋丛书》三卷本。太平天国间,《甘泉乡人稿》书板不幸焚毁。同治七年(1868)杜文澜重刻三卷本于苏州。同治十一年(1872),钱泰吉之子钱应溥,在其父学生陈锡麒资助下重刻《甘泉乡人稿》,其卷七至卷九《曝书杂记》,即采用杜文澜重刻三卷本之板片,所以杜刻本的板片书题改为"甘泉乡人稿"。这一板片除了用于印刷文集,还有单行之本。这种卷首标"甘泉乡人稿"的单行本,虽然牌记和同治七年本一样,但其实际印刷时间一定在同治十一年(1872)之后了。这种单行本一般会有同治七年(1868)牌记,或者《甘泉乡人稿》前的钱泰吉画像、莫友芝画赞,以及钱泰吉墓表等。

　　既然《甘泉乡人稿》在同治十一年(1872)才开始重刻,那就不会有"同治七年《甘泉乡人稿》本"。所以在同治七年至光绪十一年(1868—1885)之间,杜文澜重刻三卷本有两种不同的身份。在著录的时候不妨将卷首标"甘泉乡人稿"的单行本,恢复其本来身份,著录为杜文澜刻本。而将与其文集其他卷次一并印行的版本,著录为《甘泉乡人稿》本,庶几可以接近本来面貌。光绪十一年(1885),钱泰吉之孙钱志澄重修同治本《甘泉乡人稿》,又按全书行款重刻卷七至卷九,是为光绪重修本。《续修四库全书》所收《甘泉乡人稿》即此

---

① 《北京图书馆古籍善本书目》史部,书目文献出版社 1989 年版,第 1139 页。

本。故《甘泉乡人稿》本《曝书杂记》又有光绪重刻本,著录时还要注意区分。

二、吴梅批注《曝书杂记》的时间

吴梅批注《曝书杂记》书末有跋语,其文曰:"此书久藏箧中,壬申秋杪,归自申江,经乱身世,重理藏籍,则为蠹鱼残蚀矣。为读数过,偶有所知,备录上方。九月初二日,瞿安吴梅校记。"壬申年即 1932 年,这一年,日本大肆进攻上海,制造了"一·二八"惨案,上海损失惨重。其中最令吴梅心痛的莫过于商务印书馆涵芬楼被炸事件,这一年"奢摩他室曲丛"第三集已经印制完成,装订竣工,打算等第四集印完,一同发行,却不幸遭此大难,不仅已经订好的都毁于炮火,就连印刷的底本——吴梅珍藏的二十七种戏曲珍本,[①]也一同化为乌有。加上其他生活中的诸多不快,这一年 9 月初,吴梅离开上海,暂住苏州,等到 10 月初又回到南京中央大学。[②]

检吴梅 1932 年日记,可知他在苏州期间开始读《曝书杂记》,到 10 月 2日方才校毕,与吴梅跋中所题"九月二日"时间相符。国图所藏吴梅批本正是其日记中的校订之本。

十六日(西十六日)。阴。早起阅《曝书杂志》,颇有不惬处,偶有所得,即书眉端,他日亦可存录也。[1932 年八月十六日(公历 9 月 16 日),第 207 页]

八月廿二日(西廿二日)。雨。早起阅《曝书杂记》,深服其见闻之博,而差误处亦有之,为录入眉端。[1932 年八月廿二日(公历 9 月 22日),第 209—210 页]

八月廿六日(西廿六日)。阴。余取《曝书杂记》校订。……小饮即

---

① 《吴梅日记》,见《吴梅全集》本,河北教育出版社 2002 年版,114 页。
② 详参王卫民《吴梅年谱(修订稿)》,见《吴梅全集》本,河北教育出版社 2002 年版,第 960 页。

睡,梦见子庚,丰采奕奕,较生前为胜,言多不记,似谢我整理书籍者。嘻,亦奇矣![1932 年八月廿六日(公历 9 月 26 日),第 213 页]

　　九月初一日(西卅日)。晴。在家阅《曝书日记》。[1932 年九月初一日(公历 9 月 30 日),第 216 页]

　　九月初二日(西十月一日)。晴。至家仍阅《曝书杂记》两卷。校毕,天已薄暮,遂不出门,在家小饮,九时睡。[1932 年九月初二日(公历 10 月 1 日),第 217 页]

　　九月初三日(西十月二日)。晴。复阅《曝书杂记》,将第三卷校讫。[1932 年九月初三日(公历 10 月 2 日),第 217 页]

可见吴梅批注《曝书杂记》从八月中旬开始,到九月初结束,前后历经半个多月的时间。若单看吴梅日记所述,似乎这些批注都是吴先生独得之语,如"颇有不惬处,偶有所得,即书眉端,他日亦可存录也"、"早起阅《曝书杂记》,深服其见闻之博,而差误处亦有之,为录入眉端"等语皆是。但经与刘履芬批语比对,笔者发现,情况并非如此。

三、《曝书杂记》吴梅、刘履芬批本的关系

1932 年,吴梅在苏州期间开始整理刘子庚寄存的古红梅阁藏书,数量相当可观,达到二十一箱。从 9 月 12 日开始整理,花费了十天时间,方才完成,其事详见《吴梅日记》。

　　十二日(西十二日)。晴。丁水福偕其伙友来,为整理古红梅阁遗书,存置十年,未曾启视。子庚已逝,后嗣零落浙中,不知近状,西华葛帔,深动吾怀,览其遗编,可胜太息。书计廿一箱,尽一日之力,仅理十二箱,其中虫蚀鼠损,见之可惜。而泖生先生手录各书,尚有数种,弥可宝

贵。他若残缺破损，不知凡几。吾爱书成癖，未免凄黯。因思一世搜罗，终难保守，高阁束置，徒饱蠹鱼，然则人又何乐藏弃耶？［1932 年八月十二日（公历 9 月 12 日），第 205 页］

　　廿一日（西廿一日）。阴。早起作书札，盼望校修不至，仍与大儿理书。是日理至五十四号，楼上楼下，及古红梅阁旧藏，皆整顿一新，惟外书房有六号未登录。［1932 年八月廿一日（公历 9 月 21 日），第 209 页］

　　日记提到的子庚，即刘毓盘（1867—1927），子庚其字，号嚙椒。浙江江山人。光绪二十四年（1898）拔贡。北京大学教授。撰《词史》、《中国文学略史》等书。刘毓盘与吴梅岳父邹福伟是至交好友，吴梅在新婚时与刘结识，二人一见如故，经常往来，切磋词曲。[①] 后来二人又一同在北京大学任教，故而过从甚密。刘毓盘是清代藏书家刘履芬之子。因刘履芬[②]收得明周朝骏《红梅记》传奇，而名其藏书处曰"红梅阁"，有《红梅阁书目》传世。

　　刘子庚继承其父藏书，身后藏书星散。[③] 但是大约在 1922 年，刘子庚曾寄存藏书二十一箱于吴梅处。事见《吴梅日记》上文所引。

　　这批藏书颇多精品，日记中曾开列部分书目，可略窥其大概。值得注意的是，其中有不少刘履芬的校本，如刘履芬手校《水经注》，"据孙伯渊、洪稚存旧校迻录，于经注之误，小注之羼杂，及错简夺文，一一厘正，密行细字，精美无伦"[④]。另有刘履芬录诸家批本《经典释文》，"刘泖生迻录潘㟭侯（锡爵）、顾之逵、管吉云（庆祺）汇校本，旁行斜上，朱墨几遍。而汇校有二源：一由管吉云假江铁君所临惠、段、臧、顾诸家语而合并之；一由黄荛翁从朱秋崖家假

---

①　详细参苗怀明《吴梅评传》，南京大学出版社 2012 年版，第 139 页。

②　刘履芬（1827—1879），字彦清，号泖生。浙江江山人。以同知直隶州充苏州书局提调。其父为清嘉庆十三年（1808）举人，曾任知县，全家遂后移居苏州。吴梅与刘履芬之子刘毓盘有交往。

③　沈乃文：《藏书家刘履芬》，《藏书家》第 18 辑，第 18—22 页。

④　《吴梅日记》，见《吴梅全集》本，河北教育出版社 2002 年版，第 679 页。

惠松崖手校语,而录入卢刻本。又转假影宋钞本,即松崖据以校《易释文》者,莪翁并见,故题语及之"①。此外还有《湖山便览》刘泖生批本八册②、《前汉书》刘泖生校(精)③、刘校《史记》泖生手八册④、刘校《文选》廿四册⑤等书,大多在吴梅去世之后,随着吴梅藏书一同捐献国家,收归中国国家图书馆所有。

吴梅在整理红梅阁藏书之时,看到了刘履芬批注的《曝书杂记》(国图藏本上有吴梅印鉴),于是在他批注之时也顺带过录了部分刘氏批语。经与刘履芬批校本比对,我们可以发现,吴梅的批注大多因袭刘氏批语。刘履芬批语有八十五条,吴梅有八十三条,二者有因袭关系的多达六十条。

吴梅在书末跋语说"此书久藏箧中,壬申秋杪,归自申江,经乱身世,重理藏籍,则为蠹鱼残蚀矣。为读数过,偶有所知,备录上方。九月初二日,瞿安吴梅校记"。这里的"偶有所知"的"知"多从刘履芬批语中来。比如书前刘、吴二人的题辞就极为相似。

> 刘履芬批:是书卷帙不少,然余见往往有出此书外者,而中所载者转未及尽见,安得身游琅嬛福地,一畅襟抱耶。同治癸酉清明记。
>
> 吴梅批:是书卷帙所载不少,然余所见往往有出此书之外者,而卷中所录亦未能尽见。因录记眉端,徐徐访求也。霜厓。

吴梅在过录之时,有些批语完全相同。陈述版本相同的有,"纪元通考"条:

> 刘履芬批:纪元书最多,万季野、赵琴士皆有之,李申耆最备最通行。

---

① 《吴梅日记》,见《吴梅全集》本,河北教育出版社 2002 年版,第 690 页。
② 同上,第 126 页。
③ 同上,第 135 页。
④ 同上,第 138 页。
⑤ 同上,第 138 页。

吴梅批：纪元书最多，万季野、赵琴士皆有之，李申耆最备最通行。

评论古书内容相同的有"武功志、朝邑志"条：

刘履芬批：余只藏《武功志》，余种并未之见。○《朝邑志》，虞山顾氏《小石山房丛书》刊本，见之，较《武功志》更简。○《武功志》以后稷、唐高祖并列"人物"，余意极其未安，未知有同心人否？

吴梅批：余仅有《武功志》，余均未有。○《武功志》以后稷、唐高祖并列"人物"，心窃未安，不知有同心人否？○《朝邑志》，虞山顾氏小石山房本见之，较《武功志》更简。

更多的情况则是略改措辞，实际所表达的内容仍然一致。如"臧氏经义杂记"条：

刘履芬批：《经义杂记》近有翻刻，殊恶劣，盖备习经解所须。

吴梅批：《经义杂记》有翻刻，但恶劣不堪，盖备习经解者为兔园册用也。

又如"章益斋影钞宋本乐书"条：

刘履芬批：记见过宋本《乐书》，字大如指。又元刻一部，字较小，惜模糊处多。此影宋，未知大小若何？

吴梅批：曾见宋本《乐书》，字大如指，元刻则较小，而模糊太多。此影宋本未知大小若何？

又如"读经当先正音"条：

刘履芬批：海宁查翼甫茂才藏有元本《九经直音》，拟刊之江苏书局，尚未成也。庐陵孙奕季昭撰。《提要》载其书，而佚其名。（癸酉）

吴梅批：元本《九经直音》，庐陵孙奕季昭撰。闻江苏局曾重刻之，余未见也。《提要》载其书而佚其名。此书最有益于学者。

吴批在修改措辞时，特别注意将刘履芬的口吻改为自己的所述。比如"顾涧薲所校书"条：

顾涧薲《思适斋集》十八卷，海昌杨芸墅属上海徐君渭仁付梓。

刘履芬批：此书近汇入《春晖堂丛书》。○笔记多嫚骂语，徐氏欲刻不果。

吴梅批：此书刊入徐紫珊《春晖堂丛书》中。○闻老辈云，笔记多嫚骂语，故徐氏不刻。

顾涧薲即顾千里，清代校勘学家。刘履芬的批语认为顾氏《笔记》之所以未获刊刻，是因为其中谩骂之语过多。刘履芬身经其世，所以得而闻之。至吴梅这样不同一个时代的人，恐怕难以获知，所以批中加"闻老辈云"四字，这个老辈恐怕就是刘履芬吧。

又如"乾道、淳祐临安志"条：

刘履芬批：《乾道临安志》三卷，余曾抄得，盖从阮文达家旧藏本校录者。

吴梅批：《乾道临安志》，刘泖生先生曾据阮文达藏本校录，子庚为余言。今不知存何人许。

　　吴梅将刘履芬的直接陈述,改为引述,并且还将刘履芬得自阮元藏本的这一信息源标出,乃从刘履芬的儿子刘子庚听说。吴梅与刘子庚的交情,世所共知,所以这样说,似乎也是理所当然的事情。但是如果将刘履芬的批语拿来比对,吴梅措辞实际是不想叫读者知道,他曾经参考过刘履芬的批语。

　　与此类似的还有"周砚农手写铁网珊瑚"条:

　　　　刘履芬批:砚农手书《铁网珊瑚》,查翼甫云在其外舅蒋寅昉处,乱后无恙。

　　　　吴梅批:砚农手书《铁网珊瑚》,闻刘子庚云,洪杨乱后尚存。

　　查燕绪(1843—1917),字翼甫,祖籍浙江海宁,寓居江苏苏州。张裕钊入室弟子。清光绪十一年(1885)举人。查燕绪、蒋寅昉都非吴梅同时代人,关于《铁网珊瑚》的这一写本的归宿,吴梅自然也只能从刘子庚那里听说了。

　　吴梅过录的批语还特别注意避开刘履芬生涯中的带有个人色彩的细节,例如"震川评点史记"条:

　　　　刘履芬批:光绪丙子六月,魏庆塘观察邦庆以蜀刻《归方评点史记合笔》见贻,王少鹤副都辑者。○震川评点《史记》,繁略各有不同,当是过录之误。

　　　　吴梅批:震川评点《史记》,以余所见,繁略各有不同,当是迻录之误。

又如"南昌学重摹石经苏州府学石经"条:

　　　　刘履芬批:光绪乙亥冬,余收得徐武子手纂《杜诗执鞭录》五册,中间楷隶咸备。又有姜如须跋语,王绂卿假以入《苏州府志·艺文》。○此石近嵌紫阳书院讲堂壁间,石有新补刻者。

　　吴梅批：武子曾纂《杜诗执鞭录》，其中楷隶咸备。《苏州府艺文志》列其名。○此石嵌紫阳书院。乱后有补刻者，今苏州中学礼堂壁间可观也。

　　刘履芬所述"光绪乙亥"云云，自非吴梅所能经历，所以径行删去。而对《杜诗执鞭录》的评价，没有很明显的个人属性，所以吴梅就过录下来。后面的"紫阳书院"则改为当时已经改名的"苏州中学礼堂"。

　　又如"陈简庄所藏经籍"条：

　　刘履芬批：吴革本《彖》、《象》分卷，内府有翻刻本。向朱修伯曾以见贻，后为吴仲仙制军携去。○光绪丙子，海昌孙铨伯武部寄赠刻本。○顾子长乱前有糊翻岳板《孝经》一卷，曾经借印。○宋刻"四书"向曾见之，称《大学章句》、《中庸章句》，后均附《或问》，字大而刻不精。闻为丁松生所购，向藏蓼门蒋氏。

　　吴梅批：吴革本《彖》、《象》分卷，内府有翻刻。○宋刻"四书"，都中曾一见之。标《大学章句》、《中庸章句》，后均附《或问》。字大而刻不精。闻蓼门蒋氏有之，但未见也。

　　吴梅批语中不再涉及刘履芬与朱修伯、孙铨伯等人的交游往还之事，只能说一些事实陈述类的内容。吴梅曾经在二十世纪二十年代在北京大学任教，逛旧书店是他业余生活的一大爱好，他是否真的见过宋本"四书"，别人恐怕无从得知。这种巧妙的转述，使得读者无从质疑其是非有无。若非与刘氏批语比对，恐怕难以发现其中的"奥妙"。

　　又如"郝兰皋尔雅义疏"条：

　　刘履芬批：《尔雅义疏》与金诚《求古录礼说》同刊，今偶有存者，辄索重价。同治癸酉五月管叔壬以饷余。〇聊城杨至堂河帅曾刻郝《尔雅义疏》足本，不如张氏之删节也。光绪乙亥收得。〇亦两江总督所刻版，在淮安杨小匡农部家。〇此书谭荔村以贻余。

　　吴梅批：《尔雅义疏》与<u>金城</u>《求古录礼说》同刊，今坊估辄索重价。〇今《郝氏遗书》有通行本。〇聊城杨至堂曾刊郝《疏》足本。

　　刘履芬与管叔壬、杨至堂、杨小匡、谭荔村等同时代人的交游自然不会出现在吴梅批语中，吴梅批语仍然是事实陈述，但在过录时出现了纰漏。《求古录礼说》为清儒金鹗所著，金鹗字风荐，号诚斋。刘氏批语误脱"斋"字，"诚"字的"言"旁又为行草书，其形近"土"（见附图）。吴梅不察，径将从"言"的"诚"，过录为"城"，可见吴梅的批语属于过录，而非自作了。

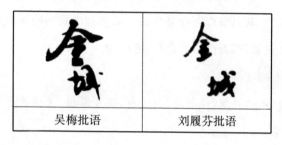

| 吴梅批语 | 刘履芬批语 |

　　当然，吴梅批语中也会加入一些自己亲身经历的内容。例如"玉海"条：

　　刘履芬批：往闻之管洚美云，《白孔六帖》明后无刻本，然皆系两书合刊。唯汪阆原曾藏宋版《白六帖》，为聊城杨至堂河帅购去。

　　吴梅批：《白孔六帖》明后无刻本，然皆二书合刊者。昔汪阆源藏有《白六帖》，为杨至堂购去。今海源阁物尽归鲁省公藏，不知此书尚在否。

　　海源阁藏书星散流落在民国时期，刘履芬不及见，自然无法预知。
　　又如"家梦庐翁记所见旧本书"中"三苏先生文粹"条：

　　刘履芬批:《三苏文粹》丁雨生中丞藏宋版,密行小字,极精。〇中丞藏宋本书极多,唯世彩堂韩集宋板宋印,纸薄而墨采浓厚,最为甲观,梦寐犹忆及之也。

　　吴梅批:《三苏文粹》闻丁雨生藏有宋本,密行小字,极精。今不知归何人。雨生所藏宋本书,以世彩堂《韩集》最精,今海上有珂罗板印行。惜为市侩所得,秘不示人耳。

　　吴梅所说世彩堂《韩集》的珂罗版,为罗振常影印,时在民国,刘履芬亦不及见此。

　　刘履芬有些批语中透露出刘氏藏书的品种,吴批也照录,可能这些书后来归吴梅所有。刘履芬去世之后,其子刘毓盘(字子庚)得到其部分藏书,刘子庚又不幸去世,其藏书即寄存吴梅处。后来刘氏藏书随吴梅所藏,捐赠给北京图书馆。例如"郡斋读书志袁本、衢本"条:

　　刘履芬批:汪刻《读书志》刊成后,香子覆校,又得数十条,其原本手迹,今藏余所。

　　吴梅批:汪刻成后,香子又校得数十条,原本手迹今藏余家。

　　既然其书已归吴梅所有,其批注自然可以标注此书的归宿。只是不知道当初吴梅是把这一得自刘家的藏书视为己有,还是当作刘氏寄存,从字面上尚难以分辨。

　　总之,经比较两家批语异同,基本可以确定,吴梅的批注是带有过录性质,大部分内容源自刘履芬批语。吴梅在转录之时,有选择地挑选了事实陈述类的内容;有些地方修改措辞,改用自己的口吻叙述,有些地方还试图掩盖袭用刘履芬批语的痕迹。殊不知吴、刘批本如今皆公布在国家图书馆网站,读者一经比对,即可明白二者之间的联系。

　　批注是学者著述的重要形式。清儒考据学的不少重要作品,是基于学者的批注,经过整理之后的著述往往以札记、笔记、补注、考异、拾遗、杂志等语词命名。即以王念孙为例,其学术成就以《读书杂志》最具代表性,陈鸿森、虞万里①等人的研究已经揭示王氏父子的著述是如何从批注演变为著作。管庭芬、章钰则吸收了几十种《读书敏求记》的批注而纂成《校证》。华学诚整理了上海图书馆所藏王念孙、刘台拱的《方言》批注,将王刘二氏的《方言》批校本,收入《扬雄方言校释汇证》之中,则是将"批注"转化为"著述"的当代例证。而黄焯《经典释文汇校》、赵振铎《集韵校本》则更是汇集清人以及近现代学者的批校成果,成为现今《经典释文》和《集韵》研究较为值得重视的校勘成果。正因为如此,名家的批校往往使一部普通古籍跻身善本,《中国古籍善本书目》经部著录清人批校本,即将近九百种,占全部种类的 17.2%,而这些批校大多未经整理。

　　有些名家的批校因为有一定的学术性,即便是后人的过录本,也能进入善本之列。不少过录本,一般会有题识来说明过录时的相关情况。但是当一部批注本没有说明这些情况的时候,需要加以比对,才能得出近乎事实的判断。

　　　　　　——天一阁博物馆编《天一阁文丛》第 15 辑,浙江古籍出版社 2017 年版

---

① 　如陈鸿森《〈经传释词〉作者疑义》,《中华文史论丛》2006 年第四期,第 29—75 页。虞万里《王氏父子著述体式与〈经义述闻〉著作权公案》,《文史》2015 年第四期,第 121—182 页。

胡永启

吴梅集外题跋辑考

吴梅(1884—1939),字瞿安,号霜厓,亦自称老瞿,江苏长洲(今苏州)人。吴梅是近现代著名的文学理论家,一代词曲大家,著有《顾曲麈谈》、《曲学通论》、《中国戏曲概论》、《词学通论》等。近在上海图书馆新见吴梅的几则题跋,为 8 卷本《吴梅全集》(王卫民编校,河北教育出版社 2002 年版)所未收,现辑录如下。

一、《南宋六十家小集》97 卷,宋陈起辑,清初毛氏汲古阁影宋钞本

半页 10 行,行 18 字,小字双行,白口,左右双边,单鱼尾。另有半页 9 行,行 18 字,左右双边,单鱼尾;半页 8 行,行 15 字,四周双边,双顺鱼尾。①

---

① 上海图书馆编目作"26 册",且仅列"双鱼尾,四周双边"这一种版式,失查。

在末册卷尾衬页上题：

　　壬申九月杪，霜厓居士吴梅谨读，拟作一跋附后。时寄宿墨皇阁。
（下钤"老瞿"朱文长方印）

在该衬页下半页上又题：

　　右毛钞宋贤小集五十八家，皆据临安府棚北大街陈宅书籍铺本景写。其《雪严吟草》《芸居乙稿》二种，虽无毛氏图记，而行款悉同，则亦景钞陈刻无疑也。旧藏吾友邓君孝先[①]所，今归伯元[②]兄。或以雪严、芸居二家稍逊。前列诸种，余谓有《芸居》一集，是书史珍贵也。陈氏父子芸居、续芸皆意刻书（故友叶吏部德辉作《书林清话》述陈氏父子至详）[③]，芸居所刻多唐人集，续芸所刻多说部、宋人集。吴梦窗《丹凤吟》词所云"桂斧月宫三万手，计元和通籍"者，盖指芸居言。今此书皆宋人所作，可证为续芸所刊。而《芸居乙稿》即附列于末，是以父作居殿焉。此书总有几家，虽未可知，而芸居以后，决无他家附入，便可推知，岂非因宋之一集弥足宝贵耶？毛刻各书，雅多可商处，而钞本特精。往见钞本各词，远胜汲古阁雕本。今又见此书，可云生平幸事。癸酉元旦，霜厓吴梅题记。（下钤"瞿安"朱文长方印）

　　据《瞿安日记》，吴梅自壬申（1932）二月廿一日至八月初一日，应王伯元

---

① 邓邦述（1868—1939），字正闇，号孝先，自号沤梦老人、群碧翁，江宁（今南京）人。光绪二十五年（1899）进士。筑"群碧楼"，藏书近四万卷，协助端方收购丁氏"八千卷楼"藏书，参与筹办江南图书馆。著有《群碧楼诗草》《沤梦词》《群碧楼善本书目》《寒瘦山房鬻存善本书目》等。

② 王伯元（1893—1977），名怀忠，浙江慈溪人。曾创办裕发永金号，又入股多家金号，因经营有方，遂成为巨富，被称为"金子大王"。喜字画，不惜重金购藏。

③ 括号内文字原为双行小字。

请,馆其家,课其二子,颇受主人的厚待。其间,吴梅常食宿以及会友于此,甚至将自己的部分藏书也移来寄存。是年九月廿八日再至王馆,次日的《瞿安日记》载:"午间阅伯元旧藏。毛钞宋本各家诗集,精如鬼工,计六十家,旧为老友邓孝先(邦述)所藏,庚午之冬,无以卒岁,遂让与伯元,值银洋八十元。此次来申,伯元嘱余作跋,因为董理,并取首末两册归也。"①此可印证前则题记,也可视为后则题记部分内容的草创状态。"墨皇阁",王伯元馆无此称谓,《瞿安日记》也无此专用名词,倒是其壬申年二月十五日条载:"饭毕至伯元书室……《唐拓圣教序》,世推墨皇者,亦在藏弄中。"②一般的,在为友朋著藏制序题跋时,赋予一定的溢美之词也是必要的、常见的。吴梅受到礼遇,在题识时,结合王伯元知书识画的喜好,以其藏品价值达到的空前高度名其馆以雅号,也是对主人的一种尊重和答谢。可以断言,"墨皇阁"即指王馆。

《瞿安日记》癸酉(1933 年)正月初八日记:"早间欲作毛钞《六十家诗》跋,而客陆续至。……晚将毛钞宋人诗跋做好,明晨往申矣。"初九日又有:"早起赴申,为王伯元延请事。"初十日:"傍晚伯元饬车来接,遂返王氏……余前取毛钞本书,亦即还之。"③记跋作于正月初八日而非"癸酉元旦"。结合《瞿安日记》记事认真至甚的程度与抱以"唯恐不详"的想法,④和此处记录作跋、还书等相关细节的条理清晰、言之有序程度,以及《瞿安日记》癸酉年"元旦日"条无涉此事只字,基本上可以认定"初八日"说属实。

首册卷端有辛酉(1921 年)六月邓邦述序,其中说道:"此五十巨册皆据南宋书棚本影钞,内有'陈解元书铺印行'木记者约十四五处,亦有版式疏阔,或原有缺叶至十叶者,悉仍其旧,无窜改臆断之习,乃至序后图印,亦俱摹写酷肖,令人一见辄疑为原板初印,不知出于写官技能之巧,至此而极。……此

---

① 吴梅:《瞿安日记》"卷上",《吴梅全集》,河北教育出版社 2002 年版,第 227 页。

② 《瞿安日记》"卷上",《吴梅全集》,河北教育出版社 2002 年版,第 109 页。

③ 同上,第 265 页。

④ 王卫民:《日记卷·说明》,《瞿安日记》卷首附,《吴梅全集》,河北教育出版社 2002 年版。

五十册未可遽云完帙,但塙从刻本逐写,不失庐山真面,与宋本只隔一尘,与他家著录传钞本不可同年而语矣。……此五十册海内决无第二,是孤本也。论其精绝,殆将驾宋本而上之焉。此书毛氏钞成,其前后所钤诸印,亦皆精美。……宣统纪元,余在沈阳,书友谭笃生贻书告余,劝余收之,余时未见此书,但嫌书价太昂,笃生乃亲斋出关,举以相示。及余亦既觏止,遂不复问价,唯恐其不为我有矣!世间尤物,何必南威西子,然后足以移情而动魄哉。后有览者,其必不以余言为过分也。"高度评价了该版本的价值,陈述了该巨册的基本情况及购藏经过,同时流露出自己极度珍视的心情。

在邓序后,有吴湖帆题记:"庚午冬日,吴湖帆借读。"后钤"梅景书屋"朱文方印。吴湖帆(1894—1968),江苏苏州人。收藏宏富,善鉴别、填词。画风独树一帜,是二十世纪中国画坛重要的画家之一。"梅景书屋"为其室名,也是当时江浙一带影响最大的艺术沙龙。

在末册卷后衬页吴梅跋前另有邓邦述题记:

> 余前获毛氏精景宋钞本宋贤小集,凡五十八家,五十册。顷阅市,又得《雪严吟草》、《芸居乙稿》二种,虽无毛氏图记,而钞手精整,亦与前书在伯仲间。回装入箧中,合为六十家云。甲子孟夏,正闇记。(下钤"群碧楼"朱文方印)

此跋可与吴跋及上述引录《瞿安日记》、邓序等内容对读,以进一步了解该集的转藏、合成、传阅及题跋等问题的来龙去脉。

邓邦述在编目后题"以上凡六十家,都九十六卷",经核查,实为 97 卷,邓说偶误。《中国古籍善本书目·集部·总集类》有著录,作 97 卷。

集中藏印另有"毛晋"、"汲古主人"、"毛氏子晋"、"希世之珍"、"三李盦"、"正闇"、"群碧楼"(朱长)、"群碧校读"、"正闇秘笈"。

二、《濯绛宧存稿》，刘毓盘著，钞本

在其末页题：

　　拜读大作，"织绡泉底，去尘眼中"①，合白石、白云为一，而又得其声律之微，当代作家以此为第一，惜无紫霞翁为之商订，《广陵散》益复寂寞耳。鄙意衰宋靡响，争学辛、刘，而完颜亮"一挥截断紫云腰，仔细看、常我②体态"之类，即为北曲之滥觞。故以北曲之声度范诗余之音律，十得七八节。北曲板式，本无定所，而诗余板式又复佚亡。若有余力，当为制谱。他日相思，聊度新声，即当觌面，又不徒缠绵悱恻已也。质诸先生，以为何如？长洲吴梅。

　　刘毓盘（1867—1927）是清末民初著名的词人和词学家，《濯绛宧存稿》是他唯一的词集。钞本卷前有光绪辛丑（1901）彭世襄序，正文首行顶格题"濯绛宧存稿"，第二行低一格题"噙椒词"，第三行低两格是自识："五季北宋，津逮风骚。二窗中仙，开辟门户。华年选梦，锦字缄愁。律据音先，意写言外，美人香草，无憾极矣。江山刘毓盘子庚识。"提出自己的词学见解。以下是词作，计66首。

　　跋文谈到两个方面的问题：一是评价刘毓盘词。刘毓盘幼承家学，在学词之始，便走着融浙常两派之长为一的门径。③在后来的治词中，还在词律的考究上下过一番功夫，认识到了填词守律的重要性。经过多方探索与实

---

① 见张镃《题梅溪词》。
② 通行本作"嫦娥"。
③ 刘毓盘：《唐五代宋辽金元名家词集辑·自序》，《唐五代宋辽金元名家词集辑》，北京大学出版部1925年排印本。

践,逐渐形成了自己特有的词学审美取向,即在浙常两派"各有可取"①的基础上,又偏向于浙派重协律的一面,所谓"律据音先,意写言外"。反过来,又将此一词学主张贯彻到词作中去,并取得成效,诚如他向人推介说:"凡载在这册集子(《濯绛宧存稿》)里的词,没有一首不能按之管弦的。"②吴梅所评,除去几分溢美的成分,是极为符合刘毓盘词的风格的。二是展示出吴梅研究词的音律的思路。词乐的失传,使词的音律及与之关系密切的板式也随之亡失。吴梅利用词曲间的渊源关系,结合自己深厚的学术功底,抓住词、曲在演奏时有各自的板式且二者板式间存在着较大的近同性这一关键问题,大胆地提出考究词的音律的构想,以期洞悉唐宋词演唱的真相。实践证明,吴梅提出的研治词的音律的方式方法是行之有效的。

《濯绛宧存稿》另有三种刻本,分别收词 66 首、68 首、79 首。对比发现,它们是在保持钞本原有词调及其排序的基础上,增入词作(收词 66 本除外)、更订部分字句而成。三刻本内封均有吴俊卿篆书"濯绛宧词"四字,落款"己酉(1909)六月"。当前,多家藏书机构以此落款时间作为三本的刊年。单就收词 79 首之本来看,其《喜迁莺》词序曰:"鸳湖在嘉兴东门外……时重葺烟雨楼成,拈此题壁。"结合嘉兴烟雨楼重建于民国七年(1918)的史实,知该词作于是年,相应的,该本刊年也不会早于是时。可见,不加区别地据吴签编订刊年,有失武断。

钞本卷端钤"上海图书馆藏"印、封底左下方钤"龙榆生捐赠图书"印,此当是龙榆生旧藏。龙榆生一生曾两次将藏书捐给国家:一在新中国成立初,主要捐献给上海市历史文献图书馆(即今上海图书馆前身之一);一在 1964 年,捐赠的单位有上海音乐学院、浙江图书馆、广西图书馆、南宁图书馆、杭州大学文学研究会、浙江文物管委会。③ 据此,该钞本或在新中国成立初即捐予今上海图书馆。

---

① 刘毓盘:《词史·自序》,《词史》,上海书店 1985 年版,第 2 页。
② 查猛济:《刘子庚先生的"词学"》,《词学季刊》第一卷第三号,第 44 页。
③ 龙榆生:《词籍题跋》,《词学》,华东师范大学出版社 1985 年版,第 111—127 页。

三、《类聚名贤乐府群玉》，五卷，明四明范氏天一阁钞本

在卷后衬页上题：

　　此为四明天一阁旧物。范氏书散，遂归许君博明。以余粗识声律，属为校核。余按：元人选辑词曲诸书，就今人所见者，以杨淡斋《太平乐府》、《阳春白雪》为最富。此外，惟《群珠》、《群玉》二集为最精。《群珠》不可求（李玄①玉《北词广正谱》曾选《群珠》小令一二首）②，则此书为瑰宝矣。余取旧藏淡斋二选及《张小山小令》、《乔孟符小令》、《太和正音谱》、《词林摘艳》诸书，互相比勘，颇多是正。盖此书虽是明钞，而夺讹处亦复不少，因一一录诸上方，各标所自出，通计一百八十余条，而后此书可读矣。集中小山、孟符两家，所录特多，足征巨眼，而马致远仅选一首，郑德辉止选二首，未知何故。又《贯酸斋乐府》内有徐甜斋、周仲彬、钟继先、任则明诸作，未免糅杂无次，且徐、周、钟、任四家之词，集中亦复入选，何以羼入《酸斋》下也？又【三棒鼓】"声频"一曲，为《正音谱》所未载，细按文义，虽分三叠，而通协平斜韵墒为一支，疑曹明善之自度腔矣。又王日华乐府十六首，皆赋双渐、苏卿事，盖亦一时风尚，如王实甫有《苏小卿月夜贩茶船》、庚天锡有《苏小卿丽春园》。而此集第四卷吴克斋【上小楼】曲亦有"题小卿、双渐"者，可知双、苏事，元人皆艳述之，惟此曲设为问答，与诸家不同而已。其【庆东原】曲下细注有"风月所举问汝阳记"，当是剧名，日华即据以作词者，惜亡佚矣。余竭五日力校此，他日尚须借钞一帙，作案头讽籀焉。壬戌季夏，长洲吴梅跋。（下钤"霜厓/居士"白/朱文方印、"瞿安手痕"朱文方印）

---

① "玄"字原文缺末笔。
② 括号内文字原为双行小字。

《类聚名贤乐府群玉》是现存元人选编的散曲总集。其专选小令，今存21家，计600余首。其中一半左右为其他元曲选本所无，故而它保存了散曲史上的重要材料。除了有着极高的文献价值外，它在当时也产生了较大的影响。另外，在选本的批评模式上、编排体例上也有所突破和创新，是元代散曲本的翘楚。

许厚基(1896—1958)，字博明，浙江吴兴人，侨居苏州。家境殷实，曾被讥笑不学无术，遂发愤读书，斥巨资购书，进而广收宋、元、明本古籍。范氏"天一阁"、卢氏"抱经楼"、姚氏"咫进斋"等家藏书零星散出时，他购得若干明刻本和名人精校本，在上海书肆又购各藏书家散出旧籍，藏书渐丰，堪与吴中邓邦述、费树蔚媲美。

比起上文几则未刊题跋，"类聚名贤乐府群玉五卷"题记已在《文献》上登载，[①]王卫民在此基础上增补"据范氏天一阁藏本抄，惜《群珠》无从物色矣。戊辰至日霜厓手记"一段，改称"乐府群玉题记"（下称"题记"）收入《吴梅全集》中。[②] 经对比，它与此处一则（下称"题跋"）颇有出入：第一，题写对象不同。"题跋"本系他藏明钞本，"题记"本属自钞本（今藏国家图书馆），二者间存在着"祖本"与过录本的关系，因而致误的原因也不一样，"题跋"本误处源自原钞，"题记"本主要来自程龙骧及吴梅子、媳三位钞录者。第二，题写时间不同。"题跋"在"壬戌（1922）季夏"，"题记"依次在"戊辰（1928）至日"和己巳（1929）"五月杪"。这也使二者间存在有部分出入，比较之下，"题跋"讲究准确，且注重保持本貌，"题记"则侧重于表达趋于确当、问题定性细化、根据情况适当扩大或缩小表述的范围等，而它们在文字上的差别主要集中在后半部分，可见，二者是各有长处，体现出了吴梅对此一问题认识的递嬗之迹。按照编辑全集习见的原则和做法，凡遇见讨论同一问题而出现的在字句乃至认识上有差异的两篇或几篇文字时，通常是皆收之。执此而言，此属集外题跋，故

---

① 见《吴梅戏曲题跋(下)》，《文献》1982年第4期，第92—93页。

② 见《吴梅全集》"理论卷·序跋"，《吴梅全集》，河北教育出版社2002年版，第1039—1040页。

而也一并辑出,方便比勘研究。

卷首衬页上有罗振常题跋,已被收入《善本书所见录》中。[1] 卷中钤印另有"罗振常印"、"许厚基秘笈印"、"怀辛居士"、"博明鉴藏"、"希世之宝"、"余园藏书"、"霜厓手校"。

该集或作元无名氏选辑。《中国古籍善本书目·集部·曲类》有著录,作"元胡存善辑"。

上辑吴梅题跋,或述版本源流与得失、递藏流变,或作品评骘、阐发己见,或内容勘订与评议,涉及面广,且多有新见,极具文献价值和理论价值。题跋的对象分别是诗、词、曲,跋文除第一项侧重于形式方面的考察外,后两项则主要是就内容层面上的探究,这适与吴梅熟于词、娴于曲的身份相一致。

——《文献》2015 年第 6 期,作者有增补

---

① 罗振常著,周子美编:《善本书所见录》,(上海)商务印书馆 1958 年版,第 192—193 页。

郭建鹏

《吴梅全集》集外诗文补遗

　　曲学大师吴梅,其一生著述繁多。不仅在戏曲研究上奠定了现代曲学学科之基础,浦江清云"海内固不乏专家,但求如吴先生之于制曲、谱曲、度曲、校订曲本、审定曲律均臻绝顶之一位大师,则难有其人,此天下之公论也"[1],而且在诗词创作方面亦成果丰硕,陈立夫云"昔陆放翁《剑南》一集,十九志存匡复,先生方之,殆无多让,谥之曰民族词人,宁曰非宜?"[2]关于吴梅的创作,其自己集得《霜厓诗录》、《霜厓词录》、《霜厓曲录》,自其去世半个多世纪以来,其作品少人问津。1992 年,王卫民先生集得其作品成《吴梅全集》,并由河北教育出版社出版,这是学界之快事,然而,近读《吴梅全集》,发现有集外文存在,大约五十余首。但细琢磨,作为全集,不至于遗漏这么庞观。于是将其认真校读,才发现个中原因。原来王卫民先生只是将吴梅自辑《霜厓诗录》、《霜厓词录》、《霜厓曲录》原封不动收入全集,只补佚了《避寇杂吟·二十

①　浦江清:《悼吴瞿安先生》,《戏曲》第一卷第三辑,1942 年 3 月 17 日。
②　陈立夫:《悼吴瞿安先生》,《时事新报》1939 年 4 月 16 日。

六首》、题《秣陵春》传奇二首、戊寅中秋、戊寅除夕忆仲培弟,对其他佚作并未补充。并且,王先生没有对其进行校勘,致使同题诗字句不同、同诗而题目不同等,让读者发生误解,今就此提出,求教于方家。

一

关于集外之作,吴梅曾解释说:"吾自选词三百首,留待死后刊出,其余可毁弃之,不需多印。凡为前人刊印续集、外集、补集者,不仅不为原作者之功臣,且违背其藏拙之意旨,而后人往往不明此意,刻意搜求遗佚,殊可笑也。"①因《吴梅全集》已作补佚工作,故今将其集外散珠拈出,以供研究者参考。

1. 信阳题何大复集②

列地聊京雒,雄城控义阳。

中州文物尽,余子态郎当。

正始风流沫,奇才吾道光。

平生忧乐念,不独任词章。

射策承明日,兰成最少年。

文章超北地,旌节壮南天。

控疏风雷藁,传书内外篇。

海峰凭吊处,凄绝玉郎泉。

----

① 王卫民编:《吴梅和他的世界》,河北教育出版社 2002 年版。
② 在《吴梅全集》中有《信阳读何大复集》,虽一字之差,但内容不同。此组 14 首见《南社诗集》,开华书局 1930 年版。

一代名山业，成弘据上游。

宗风思历下，后起孕弇州。

大雅今难作，斯人不可求。

蜉蝣争撼树，公论足千秋。

读莼农《碧血花》剧即集剧中语默题四绝

除却温柔不是乡，生憎无福到鸳鸯。

沧桑世味何人晓，莫向春风问短长。

死别生离百样磨，声声行不得哥哥。

红冰碧血安排妥，我亦闻歌唤奈何！

一夜西风送落花，年来怕过玉勾斜。

眼中多少知音者，金粉飘零黯暮霞。

淮水兴亡咽暮潮，国魂好像美人招。

钟山王气惊飘荡，何处重寻旧板桥。

善哉行

鸳鸯于飞，疾风吹之；

虽无矰缴，不遑绥之。（一解）

釜中煎豆，灶下燃萁。

托根不异，贵贱乃歧。（二解）

食熊则肥，食鼋则瘦。

彼其之子,云何不寿?(三解)

谁光大道? 入主出奴,

谁树大节,矫矫易污。(四解)

君子有所思行

单襦难御寒,寸铁难杀人。

植基苟非厚,跬步皆荆榛。

咄哉庐中士,蹀躞甘食贫。

遭时即不造,谁知席上珍。

驱车出门去,无媒羞自陈。

手持溪纱泣,欲语先逡巡。

江城地卑湿,首夏犹清新。

相期慎眠食,尚弗丧其真。

企喻歌二首

抽刀不断水,举杯不断愁。

介虫尔何物,骑马胜骑牛。

呜呜陇头水,采采陌上花。

水统舆花谢,同此天之涯。

由石城登清凉山绕道访随园遗址

积阴满清晓,杖策扣禅关。

初日大江黑，平林乱叶殷。

笙歌影梅宠，（梅村清凉山赞佛诗，为董妃作，即小宛也）坛坫小苍山。

莫作揶揄汉，性灵未易攀。

无题

东风偷嫁恐无缘，瘦损菱花绝可怜。

晴日秋苏蚨蝶病，晚风人度鹧鸪天。

沈郎癯骨不盈把，帝子愁年那易捐。

欲忏浮生惆怅事，一龛佛火礼金仙。

娇扶小婢拜星前，罗袜盈盈两瓣莲。

半枕缘愁中酒夜，一绡红泪葬花天。

更无春梦如寒蝶，自署香名是病鸳。

欲寄相思到遥浦，云屏阁睡擘恋笺。

梨花瘦尽若为情，痴立东风百感萦。

缄恨更无人可语，慵妆转觉媚横生。

棠心懊恼宜浓睡，花意婀娜似薄醒。

娇小韶年等闲度，熏笼愁倚到天明。

宛转难温半叠衾，万愁都上五更心。

恨如海样诗难写，人到情多病易侵。

豆蔻年华金缕曲，刺桐风月白头吟。

展奁一照涕横集，手把娇花嬾上簪。

《检点》四首

紫鲸怖鸽有微温，自拜情天忏绮魂。

白紵三千绕谱曲，碧城十二未开门。

云封桂窟秋无际，月晕梨涡夜有痕。

检点平生惆怅事，不须芳草怨王孙。

烛龙弹泪彻阶除，帘押银葱卷未舒。

熙载心怀宁乞食，樊南词赋尚佣书。

情场窈渺忽忽过，法界华严了了如。

九曲屏山人不寤，一庭深露湿蟾蜍。

荆卿匕首竟通灵，雪愤鱼肠恨血腥。

吉网罗钳开间纳，斧声烛影隔江听。

爱书茜烈魂何壮，钩党株连事忍经。

独上东皋怀故邑，皖公山色尚青青。

窄窄银河又暮秋，不惜风雨苦淹留。

天寒易水何曾被，日落娥江悔不投。

刬忏红情工写怨，艳飞碧血惨埋愁。

风波亭下冤霜急，一笑昙花悟得不？

莫更二首和小洲

烛烬香销共一舟，绮窗如墨絮春愁。

惊心夜月窥小人，瞥眼秋波迸雨流。

浊世文章增涕泪，中年丝竹动朋俦。

阮咸莫更当筵唱，孤负箫娘记曲筹。

碧纱帘下暗香浮，梦影微茫散未收。

孔雀东南绕避地，顽云西北又高楼。

雕笼不许藏鹦鹉，珊枕何妨碎蚍蜉。

便是相逢成隔世，荒唐镜誓几生休。

步北城狮子山访阅江楼遗址不得

六龙会此驻云车，何处重寻帝子家？

千载长江流别泪，不应憔悴宋金华。

读尤西堂《钧天乐》乐府

青衫似草可怜生，独自崎岖上帝京。

莫怪年来头易白，愤王庙下泪如倾。

文人口孽在词章，暮雨潇潇午梦堂。

千古蛾眉同一哭，还魂记与返生香。

读朱素臣《秦楼月》乐府

旧家词客数吴郎，哀乐中年鬓易霜。

记取玉箫来世约，虎山山下碧鸡坊。

琼花终古艳江都，重谱虹桥仕女图。

十里隋堤曾走马，不知陌上有罗敷。

读李玄玉《眉山秀》乐府

蜀江水碧蜀山青，不信风时尚性灵。

若论琼枝依碧月，夫人恰是护花铃。

报答红儿绝妙方，新词解唱满庭芳。

闭门推出窗前月，却喜梅花有主张。

读舒铁云《瓶笙馆》乐府

当垆拥髻艳千秋，修月乘槎赋壮游。

绝似豆棚风露中，水天闲话夜窗幽。

琵琶弹碎王郎曲，铜柱诗成遍百蛮。

留得一生歌哭地，南天怅望铁云山。

2. 题哲夫永寿残砖[①]

寒琼多雅癖，宝此汉时砖。

南海留残拓，东京结古缘。

大观成集帖，永寿纪编年。

---

① 《南社湘集》第三期，民国二十五年（1936 年）。

　　　　定有浮邱子,为君携墨毡。

3. 偕小洲过明故宫①

　　　　一抹青山认故家,丝丝衰柳尚栖鸦。

　　　　洛阳风雨燕台月,并作金陵顷刻花。

　　(明祖都南,长陵都北,而由崧又继祖武于南,同此顷刻耳。)

　　　　桃花扇底诉飘零,禾黍高低蔓草青。

　　　　试向通天台上表,不关恩怨孔云亭。

4. 赠钝根②

　　　　衡湘自昔才人聚,绝代船山是我师。

　　　　名下盛推王壬老,吴中又遇傅修期。

　　　　十年不见长相忆,一醉陶然共赋诗。

　　　　迟我空山歌哭地,翦灯同谱岸堂词。

　　(枯坐空山,读桃花扇,钝根旧事也。)

5. 观演铁云乐府博望访星龛易哭庵③

　　　　爨弄当筵杂白科,乘槎壮志悔蹉跎。

---

① 《南社丛刻》第十集,江苏广陵古籍刻印社 1996 年版。
② 《沪江月》1918 年第 2 期。
③ 《江苏》(东京)1903 年第 7 期。

不须更画旗亭壁,此亦黄河远上歌。

桃花人面久飘零,重招檀痕教小伶。

今日闻鸡谁起舞,银河风浪警秋星。

(《桃花人面》、《闻鸡起舞》,皆铁云杂剧,今不得传。)

灵鹊佳期事有无,三秋一夕几功夫。

文人惯作游仙曲,绝倒河东项曼都。

一曲鸾笙厌教坊,灵芝藕雪播词场。

饶他傅粉参军妙,玉貌珠喉让女郎。

(陈云伯《紫鸾笙》谱,戴女郎藕雪能歌,铁云桃花人面中《声声慢》一阕,今灵芝、玉楼又登场,按拍足可骖靳。)

6. 登曾公阁有感[①]

癸卯秋日,同震泽某君过此。某君题其壁云:三盈小阁一方池,未是天长地久时。一将功成万里血,看来毕竟汉家儿。百年隐痛剥肌胃,满地生祠莽大夫。小阁江天容我望,人毫不惜惜人奴。余揣其意,一似重有忧者,感今吊昔,率书其尾。

英雄失路书生哭,汉家奇祸胡儿福。

累累白骨战功高,一手掩尽天下目。

---

① 《沪江月》1918 年第 4 期。

朱衣君臣地下笑,夫差不免吴宫沼。

庐中胯下尚有人,南冠痛哭愤王庙。

叩关大子争上游,齐襄来复九世仇。

公兮公兮投袂起,不措牵羊大国羞。

公之爵兮侯伯子,大官巍巍纡青紫。

公之功兮千万祀,煮豆燃其同根死。

公之生兮立生祠。公之死兮传青史。

公之才兮亦足多。偏衣金玦整太和,

公之后兮海不波,燕赵之士慷慨歌。

乌呼公死何太早,公若不死今日之事公奈何!

7. 餐菊①

屈子离骚句,餐英志可伤。

先生何所感,秋日独擥芳。

陶令归来日,丛花处士庄。

白衣人送酒,芳意醉重阳。

8. 游摄山栖霞寺诗②

破晓出郭门,童冠已结队。

---

① 《新中国》1919 年第 1 卷第 6 期。
② 《江苏文献》第 1 卷,第 3—4 期。

遥岑不一拳，渐行大如盖。

鼓勇学揉升，松风发清籁。

漫山枫叶红，艳夺春花爱。

路转风益高，人影落天外。

石凳盘危梯，有进不敢退。

躬高聊纵目，大江抱襟带。

一路心胆惊，自此得舒泰。

回眸瞩下方，岚气浮朝霭。

青苍间金碧，此景无从绘。

与人奋归足，疾于舟下濑。

须臾落山腰，别启众妙界。

千佛皆傅粉，一一成少艾。

群峰各逞妍，靓妆泼浓黛。

一步一佳境，举止迷向背。

巍然古经幢，风霜未摧坏。

雕镂穷鬼工，神妙到衣襘。

谛观应化迹，深得佛三昧。

吾闻摄山寺，齐梁盛彦会。

总持碑既扑，僧绍宅安在？

南都几丧乱，旧迹遭湮晦。

偏山扪古刻，大通纪年最。

隆万亦时见，独鲜清一代。

我昔芒屩游，殿宇半倾败。

弹指二十年，法筵重光大。

觉师古道场，传灯亮无碍。

丈室试参禅，虚空生梵呗。

9. 经明故宫①

枝头嫩叶已藏鸦，南服沉吟唱楚些。

禾黍高低秋雨冷，行人遥指帝王家。

10. 和作②

雪魄冰魂伴骚客，暗香疏影属逋仙。

多君闲却调羹手，收拾幽芳入短篇。

昨夜轻雷芳意催，小园裙屐为谁来。

好花不入东皇眷，此事应知第一回。

华灯飞尽主宾谁，爱惜花枝亦一痴。

却怪春风都不管，费人几首性灵诗。

每为名花细细愁，漫将闲事诉从头。

江南草长莺飞日，再约先生清夜游。

11. 瑞龙吟·探梅邓尉，苦念昔尘，归舟惘惘，感吟自遣，步清真韵。③

横塘路，无奈细草笼沙，乱云迷树。嬉春商略吴天，画船载酒，重来

---

① 《国民日日报汇编》1904 年第 3 期。
② 《医药学》第十三卷第十二期。
③ 《广箧中词》，人民文学出版社 2011 年版。

旧处。乍凝伫,还记万梅花下,那人当户。凭高短笛频吹,四桥暮雪上,寒灯并语。

何限湘累哀怨,忍过南瓦,重寻歌舞。回首断魂山川,凄艳非故。题香醉墨,休谱萍洲句。空追念、双崦试桨,修廊联步。梦影随春去。芳辰俊赏,都成恨绪。霜点青丝缕。经数载,江湖听风听雨。夜寒对月,客衣谁絮?

12. 龙山会·题巢南《征谳论词图》①

倚楫枫江夜,笑撮红箫,载雪词仙亚。晚花寒抱蕊,湖海气,销入华胥林下,(勒山先生曾欲辑《松陵词》而未果,君踵成之)回眼沸沧州,待凭吊,汾湖旧霸。展秋怀,搴宾校梦,(潘玉士刊《蓉洲谱》有搴宾图,朱古征刊《梦窗词》有校梦图)然脂暝写。还忆醉啸吴山,销箧新声,散古香无价。涤溪云水阔,流韵事,重补虹亭词话。京路倦游心,载瑶册,驴疲稳跨。自低徊,遥斟北斗,浩歌铜瓦。

13. 寿春楼·题洪防思《长生殿》乐府②

招清虚纤阿,问开元影事,凄艳如何?记得长生秋夕,绛河微波。题玉燕,悲铜驼,算自来、欢场愁多。便锦袜留痕,香囊忏梦,愁过马嵬坡。

梧桐雨,秋宵矬。指棠梨一树,谁吊青娥?可惜优昙身世。不如鹦哥。南内夜,无人过,掩镜眉、依稀双蛾。只天上人间,霓裳羽衣长恨歌。

---

① 《国学杂志》1915 年第 1 期。
② 《南社丛刻》第九集,江苏广陵古籍刻印社 1996 年版。

14. 秦淮曲宴词·集《石帚词》语

红云低厌碧玻璨,十亩梅花作雪飞。

歌罢淮南春草赋,舆君闲看壁间题。

玉笙凉夜隔帘吹,巷陌风光纵赏时。

三十六陂人未到,当初不合种相思。

惆怅归来有月知,蓊灯心事峭寒时。

文章信美知何用,谁识三生杜牧之?

15. 凄凉犯·题庞檗子遗词依石帚四声①

玉田赋笔,经年懒,中仙一去萧瑟。可园试酒,横塘闻韵。俊游空忆,零星醉墨。更谁指、红楼信息! 想当时、秋风旧国,两栽入瑶席。

弹尽西州泪,几许骚魂,古藤阴侧。桂娥照影,也依依、故人颜色。漫谱吴丝,怕吹破、山阳夜笛。问吟踪、独有燕子尚记得。

16. 鹧鸪天·题《彊村词隐图》②

啼发行吟泽畔身,舻棱回首几重云。西风鲑菜人无恙,南国莺花梦不春。

邛竹杖,榖皮巾,水天闲话上彊村。紫霞自石知音渺,青眼高歌自闭门。

---

① 庞树柏:《玉玲珑馆词》卷首,民国六年(1917)。

② 《中大校友诗鸿》第5集,中央大学校友诗社编1998年。

17. 戊寅·七夕[①]

报影居深巷,连宵雨未停。

一尘栖入口,万户隐双星。

河汉风波恶,东南草木腥。

微闻穷塞外,精锐走雷霆。

七月二十二日作

弥天战血哀尘劫,动地春雷愧盛名。

经醉湖山得朝气,不祥文字感劳生。

幽栖未办王官谷,美善如游护世城。(是日为余五十五岁诞辰,家人共进一觞。)

何日长河洗兵马,一犁梅雨共归耕。

水调歌头·戊寅中秋

上届足官府,下土偏烽烟。江东都付荆棘,休问古幽燕。一望中原太息,万户苍生无色,倾国又苻坚。指日睡狮醒,飞捷到甘泉。

对佳节,思故里,惜流年。月如无恨,今宵为我西偏。安得楼船横海,化作霓旌仙队,雅乐奏钧天。

---

① 《民族诗坛》1938 年第 2 卷第 2 辑。

18. 八声甘州·戊午季秋客京师步屯田韵①

浣征衫嫩雨蘸新寒,飘零客悲秋。甚华年选梦,沧波煮泪,偏说登楼。多事伤高赋远,去住两休休。残笛回风起,银汉斜流。

莫说苕华人老,早谢堂燕散,芳意全收。笑惊霜卷羽,头白尚淹留,傍西风、关河摇落,剩故宫、眉月伴扁舟。屏山外,数归鸿渺,独自凝愁。

霓裳中序第一·酬路金坡并寄仇涞之金陵

南云梦故国,坠叶青溪无信息。何处夕阳巷陌,记花榭试灯,星桥横笛。关河浪迹,怕谢堂莺燕偷识,沧波恨,碧城按曲,冷落旧瑶席。

凄寂,凤台春色,待问讯西洲倦客。兰成词赋自惜,玉井苔荒,锦岭云隔。断红留醉墨,听故里幺蟾夜泣。霜风老,京尘衣袂,去住两难得。

19. 赠吴中曲友②

南羽调·胜如花

清明节,云水乡,美景良辰共赏。最难的胜地联欢,更休提钧天绝响。待按拍千花齐放,话姻缘西楼粉香。论功名南柯枕长,万古情场,付词人传唱。真和假何须惆怅,试看他粉末排当,试看他粉末排当。

---

①　《国民》(上海)1919年第1卷第1期。

②　《艺文》1936年第1卷第2期。

前调

　　从前事，还忖量，旧观桃花梦想，乐琴书小筑三楹。布氍毹平添十丈。点缀出骚坛清况，玩新词题诗几章。结新知题名几行，十载年光，幸白头无恙。还今夜风清月朗，好同听一曲《霓裳》，好同听一曲《霓裳》。

20. 寿内子五十①

> 结缡始十六，弹指卅十四年。
>
> 贫家生事薄，身口无华鲜。
>
> 敝屣尘世荣，伴我耕石田。
>
> 珍惜到丝粟，乱世微命全。
>
> 吾发已种种，君亦垂华颠。
>
> 君言有独到，足为今女师。
>
> 生儿作公卿，此意非吾思。
>
> 危邦尸高位，尤非年少宜。
>
> 幼日须习苦，不必饲肉糜。
>
> 长日能自立，不必官台司。
>
> 独有结姻事，毋夺儿辈私。
>
> 父母一固执，隐患从此滋。
>
> 卓尔新家范，惜哉无人知。
>
> 饥驱遍南北，客舍常携君。
>
> 夕阳对尊酒，丝竹时杂陈。
>
> 两京盛冠盖，属和多阳春。

---

① 《江苏文献》1卷5—6期。

　　　　　君或脱钗珥,治具款众宾。

　　　　　兴至亦引吭,客散旋杜门。

　　　　　十载展双眼,棋局长安纷。

　　　　　一笑作达语,同是传奇人。

　　　　　养拙卧江左,事事襟抱宽。

　　　　　诸子四方去,糊口皆粗安。

　　　　　幼者病新愈,所惜昏未完。

　　　　　了却一重案,五岳可纵观。

　　　　　平生历百苦,此至如锡鞶。

　　　　　但得买山资,便舍苜蓿盘。

　　　　　多君助我厚,感激镌心肝。

　　　　稚孙同月生,(三儿良士新举一雄)拟绘全家欢。

二

　　读《吴梅全集·霜厓诗录》,发现在此收录的作品与吴梅早期在报刊上发表的作品出现一些出入,如下:

　　1. 避寇杂吟①

目录	吴梅全集	斯文
第1首	瓮天虫语自酸辛。	瓮天虫语[独沾巾]。
第2首	七月十一日,敌空中投弹,爆毁多处,为祸苏之始。	八月十六日苏城初次被炸。
第3首	居木渎二十日未出一游。	居[香溪]二十[余]日未出一游。
第6首	八月初八日行。自苏至京,车行甚速。	八月[十二]日行。自苏至京,车行甚速。

――――――――――

① 《斯文》1943 年第 3 卷第 7、9、12 期,另见《民族诗坛》1938 年第 5 辑。

续　表

目录	吴梅全集	斯文
第7首	枕中亦有淮南**秘**,多恐**风霜**顷刻消。	枕中亦有淮南[宝],多恐[轰雷]顷刻消。
第8首	**过国学**。	**过国学**,[被毁十之二,图书馆亦罹劫。]
第9首	老病相如**百感生**……遥**知**茅屋秋风**起**,青**眼**高歌洗甲兵。	老病相如[万感萦]……遥[怜]茅屋秋风[破],青[眼]高歌洗甲兵。
第11首	**检校群书大费神**……鸡鸣风雨忆斯人。	[四库罗胸未疗贫]……[潇潇]风雨忆斯人。
第14首	三绝曾**探**黄鹤铭……小庐镇日**惟**高卧,铁笛梅花**亦倦**听。《民族诗坛》1938年第5辑P15—20 **惟高卧**为**容高卧**	三绝曾[扪]黄鹤铭……[蓬]庐镇日[客]高卧,铁笛梅花[未忍]听。
第15首	岘首重来**谁堕**泪,衰兰**丛**菊抱冰堂。	岘首重来[余涕]泪,衰[杨]丛菊抱冰堂。
第16首	**极**天横祸捷雷霆。……**八月二十日汉上被祸死伤达五百许,胭脂山在武昌,芭蕉巷在汉口。**	[揭]天横祸捷雷霆。
第18首	**幸**逢杨意赐杯羹。	[多]逢杨意赐杯羹。
第19首	定王台下**许**停骖,**放目山川一纵谈。自笑此身无定向,附注:抵湘潭。**	定王台下[共]停骖,[指点江山试。自笑劳人生计拙,]
第20首	环**庐**一带竹篱笆,门外秋塍发菜**花**。亦有飞鸢行**站站,不惊林下野人家。**	环[篱]一带竹篱笆,门外秋塍发菜[芽]。亦有飞鸢行[跕跕],[未]惊林[外]野人家。
第21首	**老去诙谐语不穷。百岁辞场应首列**,蚍蜉撼树笑群公。	[阮瑀翩翩作记工。不厌江河垂万古],蚍蜉撼树笑[痴虫]。
第22首	午睡蓊腾**不费钱**。	午睡蓊腾[似小年]。
第23首	花影移窗月**又西**,全家鼻息逐高低。**自知不作还乡梦,但拥寒衾等**晓鸡。	花影移窗月[渐]西,[家人]鼻息逐高低。[自怜难]作还乡梦,[不整]寒衾[待]晓鸡。
第24首	**谁怜**皇甫是书淫?……独操南风托楚音。	[亦知]皇甫是书淫?……[自]操南风托楚音。
补12首	独**处**江皋借箸筹。	独[赴]江皋借箸筹。

2. 题《秣陵春》传奇二首　《南社诗集》题为:读吴梅村《秣陵春》乐府

吴梅全集	南社诗集
晋唐残帖记澄心,法物凄凉感古今。彻悟渊明形影旨,为君倚笛一沉吟。	秣陵春色愁如许,知尔萧条身世悲。法曲凄凉谁按拍?不堪流涕说兴衰。
金华殿上题名日,白袷飘然一少年。老去填词多**隐语**,**暮春野祭作神弦**。	金华殿上题名日,白袷飘然一少年。老去填词多[感慨,龙髯攀泣渺南天]。

3. 题天香石砚室棋谱

吴梅全集	南社诗集
但能饮酒不能棋。楠庭嗜棋**亦**嗜酒,**示我图谱征我诗**。颇闻棋**法**在善守……近来此技**久沦废**,制谱行世谈何易。四大家法**已销沉**,棋门灞上**如儿戏**。楠庭**好**[嗜]棋二十年……巾角**逍遥**赛谪仙。世间万事**各**有癖,**用**尽心兵书一册。长安棋局正纷纭,**莫**向人前分黑白。……力学三年**成**国手。……与君**睹**棋再赌酒。	[止]能饮酒不能棋。楠庭嗜棋兼嗜酒,示我图谱邀我诗。颇闻棋[诀]在善守,……近来此技[等捐弃],制谱行世谈何易。四大家法[半沦亡],棋门灞上[真]儿戏。楠庭[嗜]棋二十年,……巾角弹棋赛谪仙。[乌呼],世间万事[皆]有癖,[使]尽心兵书一册。长安[成]局正纷纭,[时]向人前分黑白。……力学三年[嫩]国手。……与君[赌]棋再赌酒。

4. 湘真阁　《南社诗集》题为:自题《暖香楼》乐府后

吴梅全集	南社诗集
南院西风衰草黄,**秦淮此夜有微霜**。	秦淮春老不胜凉。

5. 南曲计一出《南社诗集》题为:《镜因记》(未完稿)计九出

吴梅全集	南社诗集
过江名士今何在?**断雨残虹听伎堂**。	零落青溪听伎堂。

6. 旧院行　《南社诗集》题为:走马城南(石灞街为旧院故址,南都盛时,依约可思也。仲夏与小洲暨缪秩平[衡]过此,市间萧瑟,盖又经兵火矣。乐府有走马城南行,见郭茂倩古乐府,作此以示小洲秩平,同此悲喟矣。)

吴梅全集	南社诗集
东南王气**有如此。……美人武定桥头住**,水榭风来暗香度。不须松柏结同心,门前**即是西陵路**。枣花**帘卷凝新妆**,子夜**哕唢**皆擅场。顿老琵琶张卯笛,缠头掷锦**来**侯王。一自中原催战鼓,十里朱楼罢歌舞。南渡衣冠异昔时,西昆弦**管翻新谱**。我今重上凤凰台,古意苍茫付酒杯。画舫晴波齐打桨,可怜故国**埋蒿莱。鸣筎芳树悲风动,秦楼未醒**南朝梦。功臣妻女教坊司,**碧血红颜**千古痛。空城寂寞打春潮,何处重寻长板桥?**莫问沧桑花月影**,孝陵松杠亦萧条!	淮水青青钟山紫,东南王气[乃有]此。功成捧爵称千秋,君王诏起十三楼。美人[家傍桃根渡],[水阁]风来暗香度。不须松柏结同心,门前[便是相逢路]。枣花[帘下斗明],子夜[新声]皆擅场。顿老琵琶张卯笛,缠头掷锦[皆]侯王。一自中原催战鼓,十里朱楼罢歌舞。南渡衣冠异昔时,西昆弦[索无人]谱。我[来]重上凤凰台,古意苍茫付酒杯。画舫晴波齐打桨,可怜故国[生]蒿莱。[西山日落]悲风动,[寒鸦枯木]南朝梦。功臣妻女教坊司,[红泪千秋心骨]千古痛。空城寂寞打春潮,何处重寻长板桥?莫[唱淋铃天宝曲],孝陵[梧槚已满满]!

7. 玉漏迟·路金坡(朝銮)访我斜街寓斋,次草窗韵,即题其《瓠庐词》后,己未二月丁卯。雪窗读金坡《瓠庐词》,倚弁阳老人题《梦窗霜·花腴卷调》。

吴梅全集	南社诗集
滞酒**看花**,休计近来愁抱。回首西园赋笔,空梦里珠香萦绕。窥镜笑,庾郎鬓影,都非年少。 短衣染遍京尘,**甚此夕当歌,有人凄啸。万里南云,闲了故园花草。静里樽相对,尽过客留题凡鸟**。寒衣悄,铜街尚余残照。"静里"句,《草窗词》诸刻作"载酒倦游处"五字句。惟《历代诗余》作"载酒倦游何处"。今从之。	滞酒[淹]花,……[怎]此夕当歌,有人凄啸。万里南云,[荒]了故[山烟]草。[俊侣问何处,尽驻日东风归鸟]。寒[意]悄,铜街尚余残照。"静里"句,《草窗词》诸刻作"载酒倦游处"五字句。惟《历代诗余》作"载酒倦游何处"。今从之。

8. 题广州城砖拓本·庚申[砖为南宋时物,有文曰"端平三年六月修大乡人八百"十二字,盖理宗时造也。蔡哲夫(有守)嘱题,为作短歌。]《南社诗集》题为:题哲夫端平三年砖拓。

吴梅全集	南社诗集
端平三年六月日,修大乡中人八百。邪许齐唱筑城谣,苦哉用尽丁夫役。广州城下民力疲,汴州城外敌骑驰。金社虽屋元兵入,行看大厦难支持。四时尽说西湖好,三朝忍读北盟稿。留此干净广南城,可惜又近崖山道。椎毡摹拓小朝廷,……君才不让遗山叟,盍补南天野史亭?	端平三年六月日,修大乡中人八百。邪许齐唱筑城谣,[壮]哉用尽丁夫役。广州城下[春风生],汴[梁]城外[多哭声]。金社虽屋元兵入,[赵家从此无中兴]。[临安日下罪己诏,江淮未见红旗报]。留[将]干净广[州]城,可[怜]又[接]崖山道。[残砖]摹拓小朝廷,……[何方看作陶家甓,再启天南墨妙亭]?

9. 瞻园梅花歌:次江晋之(迟)韵癸亥　《医药学》题为:和作①

吴梅全集	医药学
咏梅盛推杨万里,白石小词差快意。垂垂疏影悄无言,默默柔魂呼不起。我乡艳说邓尉山,……江郎独绘金陵花,妙手不让大小李。瞻园古花经两朝,开谢自见造化理。托根此日君最高,纵遇冰霜应不避。……老去婆娑心未死,……世间定有称心事。微闻官阁回东风,不信韶光淡如水。劝君努力爱春华,小园且住为佳耳。二月江城雨信稀。	咏梅[惟有]杨万里,白石小词差[得]意。[暗香疏]影悄无言,[淡月]柔魂呼不起。[吾]乡艳说邓尉山,……[老]独[赋]金陵花,[好诗]不让大小李。瞻园[一夕惊风雷],[孰与名花勤料理]。托根此日[幸]最高,[历劫从来谁许避]。……[此树]婆娑心未死,……[此]间[那]有称心事。微闻官阁[生]东风,[未必]韶光淡如水。[园林雪后态横斜],[不妨小]住为佳耳。[江南二月风雨稀]。

10. 云笙再和前诗,俺然意远,所谓"老树着花无丑枝"也,四叠前韵报之。

《医药学》题为:迟鸿云笙叠韵见示因三次前韵

吴梅全集	医药学
君言字字如吾意。咏花写到花中魂,……平生爱饮兼爱花,……每为嬉春开酒筋,时复探芳置行李。花开花落小兴亡,……悟彻寒暄天地心,坦然任运漫趋避。自来好物不坚牢,芙蓉早凋幽兰死。惟有此花冠众芳,意态倔强令公喜。果然冷淡守生涯,……三月春深好放船,……江城撅笛吹落梅,君歌一曲吾倾耳。相携共醉瞻园中,不烦寄慨花荣悴。	君[诗]字字[在]吾意。[惜]花写到花中魂,……平生爱[书]兼爱花,……每为[游]春开酒筋,时复[游山]置行李。花开花落小[沧桑],……[一枝悟彻]天地心,[却笑世人工]趋避。[从]来好物不坚牢,芙蓉早凋[芳]兰死。惟有[梅花傲一春],意态倔强[殊可]喜。果然冷淡[作]生涯,……[二月东风]好放船,……江城[玉]笛吹落梅,君歌一曲吾倾耳。相[期]共醉瞻园中,[莫言花事今憔悴]。

11. 晋之次韵见示，有"好花每苦风雨摧，美人亦作尹邢避"之语，为低徊久之，三叠前韵《医药学》题为：四叠前韵

吴梅全集	医药学
经年滞迹长干里,惟君知我登楼意。官梅留伴古墙根,老干苔封鳞甲起。园林一望雪作团,干净只**此**方寸地。诗筒忙过上巳天,**不问人间闲桃李**。齐向睽仙候起居,要乞东君勤料理。他年花国策**诗**勋,**鲲生甘作**三舍避。……无色无空无生死。仙才君许追**圃**翁,禅语吾将参法喜。**空堂**招得美人魂,**高卧都忘尘世事**。瞻园便是罗浮山,况见蓬莱三**浅**水。神仙侍从**处**士花……萧萧寒月出东**斋**,花容不似嫦娥悴。	[半年留滞]长[千]里,[有谁]知我登楼意。[老梅最称幽人心,襕襹中夜起]。园林[十亩]雪作团,干净只[有]方寸地。诗筒忙过[赏花时],[韵事竟同元白李]。齐向睽[问]仙候起居,[一切芳华置不理]。[倘从]花国策[奇]勋,[三家焉有]三舍避。……无色无[花]无生死。仙才[应]许追[通]翁,禅语[有时]参法喜。空[山]招得美人魂,[定上瑶台修故事]。瞻园[山势拟罗浮],[但少]蓬莱[清]浅水。神仙侍从[高]士花,……萧萧寒月出东[墙],[春容休诃]嫦娥悴。

12. 蔡云笙(晋镛)见和前诗,因复次韵　《医药学》题为：前诗三人中皆未专赋瞻园因五叠前韵以示迟鸿云笙此后亦可不作矣

吴梅全集	医药学
看花人至皆如意。禊游不**逊**曲江边……**屈指东风次**第来,大功坊畔成禁地。**天家嘶骑几探芳**……五百年后花又开,老逋未悟沧桑理。**吾侪足傲南面王**,群芳罗拜无回避。……**此**园梅花犹不死。独标古艳抱冬心,花若有知应自喜。帝王难**挽**造化功,留**得**江南一**奇**事。……供养依然北湖水。**将花上拟**六朝松,……**窥镜莫讶花容悴**。	[年年春]至皆如意。禊游不[让]曲江边,……[看到]东风[第一枝],大功坊[成锦绣地]。[乌衣裙屐翩然来],五百年后花又[发],老逋[不]悟沧桑理。[花魁进号作花王],[莫怪群芳尽]回避。……[瞻]园梅花[偏]不死。[一枝荣悴见天心],花若有知应[色]喜。帝王难[夺]造化功,留[与]江南一[传韵]事。……供养依然[建业]水。[此]花[倘比]六朝松,……[春风莫似秋霜悴]。

13. 回春辞·戊戌　《医药学》及《南社诗集》题为：回春辞·辛亥八月十九日作

吴梅全集	医药学(南社诗集)
铜蠡昼静清漏长,罗屏四角生春光。美人十五时世妆,手拨银筝歌紫凰。……蓬莱波暖东风香,诸于绣裙开明堂。云汉灿灿垂文章,璎然剑巩朝花王。仙山楼阁春堂堂,请君安坐乐未央。	铜[虬夜永灯花凉],罗[帷一白]生春光。美人十五[清且扬],手拨[红霞飞]紫凰。[天鸡嘶风同朝阳],[宝琴瑶瑟弹潇湘]。[洞庭波]暖东风香,诸于绣裙[供华]堂。[绿房愿奏通明]章,[璆锵]剑[珮]朝花王。[午阴流梦春昼长],请君安坐乐未央。

14. 虞美人·潘生景郑(承弼)嘱题《先德兰石卷》 《制言半月刊》题为:题潘干臣《画兰图》

吴梅全集	制言半月刊
仙梦知难续。船庵风雪抱清芬。	[好]梦知难续。船庵风雪[守]清芬。

15. 眉妩·长安秋感 《新中国》题为:眉妩·题珏庵填词图

吴梅全集	新中国
看斜阳烟柳,淡月霜花……春明路……认半襟蔫泪犹暖。万人海,独听荒城鼓,恨欢事天远。 回眼、蓬莱三浅,苦茂陵秋老,青鬓先换。西北高楼起,雕檐外,窥人多少莺燕。钿车麝展,正画堂重理丝管。及听到啼乌,……	看[新亭]烟柳,[故国]霜花,……春明[外],……[怕半襟蔫泪无限。更凄感,鹤梦辽东醒],[甚]欢事天远。 回眼、蓬莱[清]浅,[早]茂陵[人]老,青鬓[应]换。[零落红桑影,江南路,横塘梅雨肠断。醉歌自遣,对少年金缕愁展,又秋冷薲洲]……

16. 寿楼春 《新中国》题为:寿楼春·社稷坛小集有怀秦淮旧游

吴梅全集	新中国
曾赋红情。可念朱楼阑夜……料近年桑干潮平。……芳郊外,凉风生,想西陵杜曲,还有流莺。又怕红绡留字,紫云知名。先话别,重寻盟,任客中明朝阴晴。便韦曲相逢,霜天雁鸣,秋满城。	曾赋[闲]情。可念朱楼[残]夜,……料近[来秦淮]潮平。……[春明]外,凉风生,想西陵杜曲,[应]有流莺。又[恐]红绡留字,紫云知名。[杨柳色,章台青,听笛中梅花江城。正词客伤高,吴霜鬓星],秋满[庭]。

17. 临江仙

吴梅全集	制言半月刊
漫天晴雪扑雕鞍。……**看遍**六朝山。	漫天晴雪扑[归]鞍。……[但看]六朝山。

18. 翠楼吟·金陵秋感,寄张仲清(茂炯)广箧中词题目为:翠楼吟·秦淮遇京华故人

吴梅全集	广箧中词
月杵**秋高**,霜钟**晓急**,今宵**梦回天际**。湖山沦幻劫……**停云惊起,怕万一阴寒**,……**忍记金粉江城**,也建牙吹角,羽林千骑。玉京芳信渺,便南浦归帆慵理。……**雄心碎**。	月杵[声沈],霜钟[响寂],今宵[故人无寐]。[沀山沦小劫],……[南云凝睇],[又水国阴晴],……[可]记[残]粉[宫]城,[指暮虹亭阁],[冶春车]骑。玉京芳信[阻],[怕丝管经年]慵理。……[秋]心碎。

19. 秋霁·访朱古微丈(祖谋)于听枫园。庭菊盛开,玄言彻悟,次梅溪韵《中大校友诗鸿·第五集》题为:秋霁·次梅溪韵题诵村丈手稿

吴梅全集	中大校友诗鸿
扶醉探花**知未**得,记海槎去,**谁向**岭表重阳。	扶醉探花[还记]得,[但]海槎去,[重问]岭表重阳。

20. 桂枝香·登扫叶楼,倚王介甫体　《中大校友诗鸿·第五集》题为:桂枝香·题龚半千画册

吴梅全集	中大校友诗鸿
妆点晴峦似画,芳园半亩,恨无留迹……问烟月读去声扬州,何异江国。湖海豪情,认取旧家绪墨。白头愿共云山老,甚荒城笳鼓还急。暮寒天远,支筇归步,寺僧应识。	妆点晴峦[古]画……[当时俊侣,梁燕能识。……[对如此江山,谁伴幽寂]。湖海[元龙]未老,[醉嫌天窄。笛中唱到渔歌子,剩无多,金粉堪惜。暮寒人远,何时重认,旧家裙屐]。

以上仅是笔者在报刊上见到的散落于《吴梅全集》之外的作品,今拈出以飨读者。就其全集编排体例来看,编者并未进行分类、加工,导致一些诗作在

作品卷和日记卷同时出现，有的仅出现在日记卷，如

午后题许剑芙扇页，为《龙女牧羊图》，成二绝："勃溪小谪落红尘，雾
鬓风鬟似洛神。一诺传书便身报，仙家眷属太无因。"又云："北海孤臣能
抗节，南湘神女擅倾城。儒冠下第知多少，侥幸成仙是柳生。"①

再如：

拾翠羽

微步蘅皋，愁见旧家京洛。幻灵踪仙山楼阁。盈盈一水，怨怀无托。
千古恨，惟有美人沦落。　尺幅轻绡，留取古欢依约。更休问废台铜雀。
吴笺双璧，十三行作。今夜长，谁鼓玉琴秋鹤。②

若能够单独整理出来，将其列入辑佚卷，不仅能够反映出吴梅作品的思
想内容、艺术成就，也为研究者提供便捷。

——《古籍整理研究学刊》2018 年第 6 期

---

① 《吴梅全集·日记卷》第 7 页。
② 《吴梅全集·日记卷》第 3 页。

杜运威　丛海霞

吴梅遗札六通笺释 *

吴梅(1884—1939),字瞿安,号霜厓,江苏长洲(今苏州)人。自一九二二年起,执教东南大学(后改名中央大学)。抗日战争爆发后,举家西迁,历湘潭、桂林、昆明等地。一九三九年,病逝于云南大姚县。吴梅在词曲界的影响力非常之大,不仅培养了不少声名卓著的戏曲研究学者和文学家,还创作出成就颇高的文学作品,被誉为"近代著、度、演、藏各色俱全之曲学大师"①。文史著作有《霜厓诗录》、《霜厓词录》、《霜厓曲录》、《瞿安日记》等,学术论著有《词学通论》、《中国戏曲概论》、《顾曲麈谈》、《南北词简谱》等。

卢前(1905—1951),原名正绅,字冀野,号饮虹、小疏等,江苏南京人。就读东南大学时,跟随吴梅学词曲。卢前才华横溢,素有"江南才子"之称。吴梅曾说:"余及门中,唐生圭璋之词,卢生冀野之曲,王生驾吾之文,皆可传世

---

*　本文为教育部人文社科青年基金项目"抗战时期旧体诗词研究"(19YJC751003)阶段性成果。

① 王玉章:《霜厓师在曲学上之创见》,《戏曲月辑》1942 年第 5 期。

行后,得此亦足自豪矣。"①著有《中兴鼓吹》、《饮虹乐府》、《明清戏曲史》、《词曲研究》、《民族诗歌论集》等。抗战时期,任国民参政会参政员,并主编《民族诗坛》期刊。

卢前去世后,经唐圭璋先生介绍,卢氏后人将部分藏书捐赠给东北师范大学。现存吴梅寄给卢前的书信手稿,正是当年捐赠之一种。遗札首页之"卢前"、"冀野"、"小疏斋"三枚篆书印章可以佐证。王卫民整理《吴梅全集》时没有收录该手稿。

遗札合为一卷,封面有魏建功②一九四零年夏所署"吴霜厓先生遗札"。遗札写作时间从一九三八年九月四日,至一九三九年二月二十八日前后。吴梅仙逝于一九三九年三月十七日,这六封信,记载了晚年最后数月,他与卢前来往的始末。信中内容比卢前《霜厓先生年谱》③、李一平《瞿安先生逝世先后略述》④及王卫民《吴梅年谱》⑤的论述更为清晰,特别是吴梅从桂林迁居云南大姚的经过,展示了一些不为人知的细节。遗札末尾有胡小石题诗一首,曰《辛巳(1941)立秋后十日为冀野世兄题瞿安遗椟时同寓江津白沙镇也》,又别录早期与卢前交游诗两首。为保存此遗札原貌,诗歌依样录于文章之末。

一九四二年,文通书局编辑部抄录了该遗札的部分内容,后发表在《文讯》第二卷第一期上。⑥ 受抗日战争的困扰,《文讯》的传播影响十分有限,且目前仅存数期残本,以致遗札尘封不闻。今依据东北师大图书馆藏手稿原件,录全文如下,并作笺释说明。

①　吴梅著,王卫民校注:《吴梅全集》日记卷(下),河北教育出版社 2002 年版,第 667 页。

②　魏建功(1901—1980),字国光,笔名天行、文里、山鬼,江苏海安人。著有《古音系研究》等。

③　卢前《霜厓先生年谱》有多种版本:其一,民国二十八年(1939)石印本,附于《南北词简谱》后;其二,名为《吴瞿安先生年谱》,发表于《时代精神》,1940 年,第 2 卷第 1 期;其三,卢前编,徐益藩校订本,发表于《戏曲月辑》,1942 年,第 1 卷第 3 期。下文所引,未特殊说明,皆自《戏剧月刊》本,1942 年第 1 卷第 3 期。

④　李一平:《瞿安先生逝世先后略述》,《戏曲月辑》1942 年第 1 卷第 3 期,第 79—80 页。

⑤　见王卫民《吴梅评传》后附录,河北教育出版社 2002 年版。

⑥　吴梅:《霜厓遗札》,《文讯》1942 年第 2 卷第 1 期。

第一封

　　冀弟①如晤，得八月廿日惠书，如与吾弟晤对，快慰无似。战局日
急，敌又增军，武汉防务既坚，当无他虑。九月后，大有进展，但愿如弟台
之言，则吾辈东归有望矣。伯沆②、翼谋③巍然尚存。伯沆又和我"衔"字
韵诗十章。由徐生益藩写示五六首，恨不全赌也。仲仁丈④在汉上时，
曾一度通信，并改张继枫桥诗见示，风趣亦复不恶。自赴港后，久未奉书
矣。仲敏⑤在上星期三十号惠顾寓斋，匆匆数语而别，渠办汉民中学，由
滇迁桂已历六月，而愚未之知。四儿⑥途遇，邀之来寓，吾亦将往南门外
一游该校也（校在穿山之旁）。近日兴会，殊不见佳，喉瘖如故，重以咳
呛，每日清晨六时即起，盥漱既毕，旋进早餐，餐毕作隔日日记。记毕复
各处来信。如是后即午饭，饭后略睡，睡起阅报，但看大字题目而已。阅
报既罢，改旧诗十余首。如有客至即止，日日如此。吾不知人生生趣果
何在也。中大一席，实因病弱辞去，并非矫异。

---

① 冀弟，即卢前，字冀野。吴梅称其冀弟，或弟台。
② 王瀣(1871—1944)，字伯沆，号冬饮，又别署沆一、伯涵、无想居士等。江苏溧水人。先后执
　教于两江师范学堂、金陵女子大学、中央大学等学校。著有《冬饮庐诗稿》、《冬饮庐词稿》等。
③ 柳诒徵(1880—1956)，字翼谋，号劬堂，又号龙蟠迂叟、盋山髯、能稼楼主人，江苏镇江人。三
　十岁，举优贡，毕业于南京三江师范学堂，执教于江南高等学堂、两江师范学堂、南京高等师
　范学校、东南大学等学校。1927年，任江苏省立国学图书馆馆长。抗战期间，任教重庆中央
　大学。后升任中央研究院院士。主编《江苏省立国学图书馆图书总目》、《江苏省立国学图书
　馆现存书目》。著有《中国文化史》、《国史要义》、《中国版本概说》、《劬堂读一书录》等。
④ 张一麐(1867—1943)，字仲仁，号民佣、公绂、江东阿斗、大圜居士等，江苏吴县人。光绪十一
　年(1885)举人。民国初期，任总统府秘书长、机要局长、教育部总长等职。1932年与李根
　源、陈衍、金天羽等人发起成立中国国学会，并担任会长。抗战后，与李根源等人发起创立
　"老子军"，影响甚大。又任国民参政会参政员。有《古红梅阁集》、《心太平室集》等行世。
⑤ 任中敏(1897—1991)，名讷，字中敏，以字行，号二北、半塘，江苏扬州人。1918年考入北京
　大学，受业于吴梅。后历任广东大学、上海大学、复旦大学、四川大学、扬州师范学院等校教
　授。著有《敦煌曲初探》、《唐戏弄》、《任中敏先生诗词集》等。
⑥ 吴梅四子吴南青，1910年生，字怀孟。

　　来亦垂问生活如何，嗟呼，必待生活优裕，始行退休，天下能有几人？避寇以来，所费至钜，稍有储积，挥斥一空，今兹日用，皆沆、良①两儿供给。房饭茶酒，月约百八十元（雇工在内），而老人酒资，实过于米价。长此坐食，心亦不安。此间亦有友朋数人，为都中曲友，时时过从，而绝无杯酒之欢。盖彼此皆在穷乡，心照不宣也。吾盖不知人生生趣何在也。中国文化院导师，承弟台开列贱名，感谢无已，若果开办，大苏涸鲋。惟军事旁午，未必注意及此。愚意无功受禄，似非所宜，孟子所谓供养之士也，届时再说。而弟台爱我之意，已令人沦肌浃髓矣。精卫②、楚伧③二公晤时乞为致意。刘三④长逝，思之腹痛。回思南北一堂，说天说鬼，此乐不可复得。颇欲作诗挽之，而心思迟钝。屡作屡辍，亦不解何以然也。《民族诗坛》⑤仍未寄到，若邮递贵阳，恐付洪乔矣。请君再寄一份可乎？《广箧中词》，曾托榆生⑥兄寄，为邮局所阻，时不寄包裹，无如何也。今当向退庵⑦函索矣。故乡消息，闻之痛心。至有撇笛度曲，献媚敌酋者，

---

① 吴梅次子吴涑青，字沆玉，1906年生。吴梅三子，吴翰青，字良士，1908年生。

② 汪兆铭（1883—1944），字季新，笔名精卫，祖籍浙江山阴（原绍兴县）人，有《双照楼诗词稿》。

③ 叶楚伧（1887—1946），原名单叶、宗源、宗庆，以字行，江苏吴县（今昆山市周庄镇）人。他是同盟会会员，民国著名报人，南社中坚分子。历任国民党中央宣传部部长、江苏省政府主席、国民政府委员、国民党中央执行委员会常委兼秘书长、国民党立法院副院长等。著有《世徽楼诗稿》、《楚伧文存》等。

④ 刘三（1878—1938），原名宗龢，字季平，号江南，因排行第三，别署刘三，晚号黄叶老人。1905年，因修建邹容墓一事而得"刘三义士"之名。辛亥革命后，执教北京大学、北平高等师范学校、镇江敏成中学、东南大学、持志大学等。著有《黄叶楼遗诗》、《拨灰集》、《焚椒录》等。

⑤ 《民族诗坛》是卢前主编的文学期刊，主要发表古典诗词曲，是抗战时期影响较大的旧文学刊物。

⑥ 龙榆生（1902—1966），名沐勋，字榆生，江西万载人。1928年后，历任暨南大学、中山大学、太炎文学院等校教授。1940年出任国民政府立法委员，饱受诟议。抗战胜利后，被判入狱12年。1956年，任教上海音乐学院。著有《中国韵文史》、《词曲概论》、《词学十讲》、《唐宋词格律》、《风雨龙吟室词》、《忍寒庐词》等，编著《近三百年名家词选》等。

⑦ 叶恭绰（1881—1968），字誉甫，又字誉虎，号遐庵，别署矩园，广东番禺人。早年毕业于京师大学堂仕学馆，后留学日本。其间加入同盟会。清末任交通部承政厅长，兼铁路总局长。民国后，曾任北洋政府交通总长，孙中山广州国民政府财政部部长，南京国民政府铁道部部长。1927年出任北京大学国学馆馆长。新中国成立后，曾任中央文史馆副馆长，第二届全国政协常委。著有《遐庵诗》、《遐庵词》、《遐庵汇稿》等。

无耻至此，可叹可恨。惟亦有不污伪职，航海来桂如章君伯寅（慰高）者①，又令人肃然起敬，可与仲仁披镝，一时瑜亮，非此两人。吴风不振矣。丁初，我藏曲如此之富，至竟未知，往与西亭茶话，日日相见，初我亦未言及，身后遗书，零落殆尽。而此帙竟获知遇，所谓丰城剑气，未甘沉埋也。属书签，遵即奉上。希謦入，他日书成，望寄一部，快读为托。南儿病已痊愈，承雅爱嘘植，铭篆无似，近方谋路局事，成否尚不可知。而中学教员，其意不再作冯妇矣。涷儿局移衡阳，随之而南。翰儿在湘潭总局，时有函至。惟涷儿事忙，至今未能来桂一行。虽思无益也。拉杂奉复，即颂

　　著绥　九月四日　霜厓顿启（南儿随叩）
谭府均此候安

　　按：一九三八年八月二十日，卢前寄信给吴梅。此为九月四日，吴梅回信。根据信中"由滇迁桂"及卢前《霜厓先生年谱》记载，知本年六月底，吴氏一家已经抵达广西桂林。信中所说内容有四：第一，确认好友王瀣、柳诒徵"巍然尚存"。这源于抗战时期常有讹误消息流传。不知吴梅从何处得知，二人在战乱中"去世"，实则仍然健在。信中所提王瀣作诗和吴梅"衔"字韵，见《王冬饮先生遗稿》所载《次吴霜厓除夕韵即柬璞斋》，文中又有二次吴韵、三次吴韵……十次吴韵等多首。② 第二，吴梅明确表示辞去中大讲席，主要是因为喉癌疾病困扰，并非其他缘故。此前已经与中央大学罗家伦、中文系主任胡小石有书信来往，本处也向卢前亮明态度。第三，对抗战时期谄媚敌国之人表现愤慨，极力褒扬不畏艰险、忠贞爱国之士，特别称赞章伯寅。第四，受卢前邀请，拟担任中国文化院导师，然不知是否能落实。

---

① 章伯寅（1877—1948），早年留学日本，历任江苏教育厅、上海市教育局督学，及交通大学、齐鲁大学、国立师范学院教授。抗战期间，辗转至大后方避难。1948年，因脑溢血去世。
② 王瀣：《王冬饮先生遗稿》，出版地不详，1947年版，第25—26页。

第二封

　　冀弟如晤，久未通候。维兴居安吉。教部寄到《中文学科科目表草案》一件，兄以此时身非教授，援不在位不谋政之意，未曾函复。今又奉函催，据云汇集各方意见，加以讨论，俾成定案。兄思越职言事，心终不安，而又不欲直覆部长，因恳台端将鄙意代达。俾知我非置诸不理也。养疴桂垣，日益憔悴，喉痹怔忡外，重以咳呛，每至五更，披衣起坐。咳急则喉中如烧，心荡则身中无主。王禄将尽，此子恐不永年矣。计生平撰述，约告吾弟，身后之托，如是而已：

　　霜厓文集(钞)二卷　未誊清(有一部说经史者在家中，故不能写出)

　　霜厓诗集(钞)四卷　已成清本

　　霜厓词钞　一卷　已成清本(顷嘱中敏油印数份，分致诸同学)为他日刻木计

　　霜厓曲录　二卷　已刻　(即足下为我付梓)

　　霜厓三剧　三种　附谱　已刻

此外如《顾曲麈谈》《中国戏曲史》《辽金元文学史》，则皆坊间出版，听其自生自灭可也。惟《南北曲简谱》十卷，已成清(本)。为治曲者必需之书，此则必待付刻，与前五种同时行世。此刻略费，将来与诸儿商酌，及诸同学酌助，或可雕木也。惟弟台当主任此事耳。(大约同学中，君与仲敏为主，此外潘君景郑①，可以任赀若干，此外非所知矣。)

　　目下心中一无牵挂，每日仍作日记，无事与孙辈游戏。惟不多出门，此间虽有轰炸，尚不过烈。华南事起，昆明极度紧张，亦不轻言他迁也。

---

① 潘景郑(1907—?)，原名承弼，字寄泅，江苏苏州人。早年从吴梅学词曲，后从章炳麟学训诂。民国时，任太炎文学院教授，及《制言》杂志编辑。新中国成立后在上海图书馆工作。编校辑成《著砚楼书跋》、《绛云楼题跋》、《汲古阁题跋》、《驻野山房书目》等。

（新见《广箧中词》,亦以之消遣）拉杂奉告,即得近祉。

八月廿一日（即十月十五日）霜厓顿首

君前函告文化学院,何日见诸事实,吾想不及待矣。

按:该信作于一九三八年十月十五日,卢前《霜厓先生年谱》中所指"殁前三月,以二十七年十月十五日函前渝州"[①]者,正是这封信。信件主要内容有二:第一,托卢前转告教育部,对《中文学科科目表草案》的基本意见。第二,托卢前整理后续文集出版事宜。在吴梅看来,他的学生中只有卢前和任中敏能够担当此大任。一九四三年,卢前在文通书局出版《霜厓曲录》、《霜厓诗录》、《霜厓词录》等,完成吴梅最后心愿。

第三封

冀弟如晤,《民族诗坛》两册（一、二）及大札俱到,颂毕非常感泐。愚幼失怙恃,幸嗣祖栽培,方知文字。生平处境,皆在忧患中。承君雅爱,属自撰年表。昔瞿木夫[②]、程序伯[③],六旬时曾有此举,人谓名位不尊,通人齿冷。仆何人斯,敢为此耶！日来秋气侵肺,咳呛殊剧。中夜披衣,倚枕达旦。心中自思,人世因缘,皆已毕事,即复奄忽,亦可不恨。故身虽疲恭,而心境转宽。近以时局影响,汸、良两儿力请入滇,又为设法假车,大小咸备,如此周到,不日西迈。尊处如有函件,请俟吾入滇电告后再赐寄可也。惟瞭望故乡,日远一日,颓唐若斯,首丘何日,此则不无惘惘耳。

---

① 卢前:《霜厓先生年谱》,《戏曲月辑》1942年第1卷第3期,第66页。

② 瞿中溶（1796—1842）,字镜涛,一字苌生,号木夫。贡生,嘉定人。曾任湖南布政司理问、安福县知县。作《瞿木夫先生自订年谱》。

③ 程庭鹭（1796—1858）,清代画家、篆刻家。初名振鹭,字缊真,号绿卿。改名庭鹭,字序伯,号蘅乡。著有《以恬养智斋诗集》、《尊璞堂诗文集》、《红蘅词》等,有《梦庵居士自编年谱》一卷。

吾诗写成后,颇思先付油印,分致同好。为他日锲木时计,则手抄孤本不至,即不使遗失亦无妨,且到滇后另设法。今人知吾词曲,不知吾诗亦有数百首,且不拾人牙慧也(自题云:不开风气,不依门户。独往独来,匪今匪古。身丁乱离,茹恨莫吐。小道可观,又安足数。可以见吾志趣矣。)中秋有五律一首①,附寄一粲,词则有前小调一支耳。此复。即颂近绥。

十一月十五日　霜厓　四儿随叩

按:该信作于一九三八年十一月十五日,时吴梅在桂林,住定桂门魁星街一号。信中主要内容有三:第一,告知卢前,咳呛依然严重。由于长期身体抱恙,导致吴梅的心思极其敏感,动辄感叹"人世因缘"。第二,关于卢前所请年表问题,吴梅认为自己名位微薄,不得随意撰写。第三,吴梅对自己的诗歌成就十分自信,特别强调不拾人牙慧,不依傍门户,以诗歌表达志趣的基本理念。自题内容堪为诗歌创作观的核心思想。目前学界多聚焦吴梅词曲,对诗的关注还不多,该材料是重新认知其诗歌价值的重要突破口。

吴梅《霜厓诗录》在一九三八年前后有过系统的整理。徐调孚《霜厓先生著述考略》载:"此为先生于二十六年客居湘潭时手定之诗集,凡四卷,计古今体诗三百八十一首,起清光绪二十四年,迄民国二十六年。"②又卢前《奢摩他室逸话》云:"先生之诗,自二十七年二月起,至重九日,写成四卷。"③信中所说油印云云,即指本次所整理的诗集。

---

① 信中所指中秋五律,即《戊寅中秋》:"寒辉添半臂,清警撼孤城。相对望佳节,凭空起恶声。连宵耿无寐,举国事长征。谁似子龙胆,闻危镇不惊。"见卢前《霜厓先生年谱》(《戏曲月辑》本)"一九三七年条"。
② 徐调孚:《霜厓先生著述考略》,《戏曲月辑》1942年第1卷第3期。
③ 卢前:《奢摩他室逸话》,《时事新报》1939年4月23日。

第四封

　　冀野弟台如晤，兄于本月十日飞机入滇（大队人马尚未至），不日将赴大姚，依一平以居。如有信件，可径寄大姚，式如下：云南，大姚县李旗屯，李一平①先生转。

　　《民族诗坛》，止得一、二两册，此外仍盼寄。词钞已写成，油印毕而装订无人，故仍在中敏处。② 已属其寄上十册，收到请望分赠兄之旧识为祷。喘疾未瘥（他无所苦，夜不能寐耳），肺疾又现。戒烟戒酒是照例文章，但身处异乡，不无云立之思。天将命作杨升庵，亦无奈何也。此间熟人至多，大不寂寞。

　　奉上即颂

　　　　　　　　　祝安。　　十二月十六日　霜厓顿首

　　中大助教与同学，又有书敦返，兄行将就木，尚能登坛耶？（已有复书言）乞善为我解焉。

　　按：该信作于一九三八年十二月十六日。其中关于吴梅由桂林迁昆明的具体时间一直难以确定。卢前《霜厓先生年谱》记载较粗略，只说"十二月再迁云南"。李一平《瞿安先生逝世先后略述》又云："先一年春，师赴湘潭，平自匡庐往谒，因有入滇之约。……广州沦陷，遂践约入滇，平迎至昆明。"③王卫民《吴梅年谱》明确是"十二月上旬应门生李一平之约，由桂林乘飞机抵昆明"④。而根据该信，我们可以肯定吴梅迁昆明的确切时间是十二月十日。据下一封信交代："自桂林至昆明，余夫妇及谏媳，皆乘飞机。"知吴梅夫妇与

---

① 李玉衡，字一平，云南大姚人，1904 年生，1924 年考入东南大学，随吴梅学词曲。多次邀请吴梅入滇，至此方如愿。
② 词钞指吴梅《霜厓词录》。
③ 李一平：《瞿安先生逝世先后略述》，《戏曲月辑》1942 年第 1 卷第 3 期，第 79—80 页。
④ 王卫民：《吴梅评传》，河北教育出版社 2002 年版，第 314 页。

次子吴涷青妻子乘飞机,其他人乘卡车后行。

第五封

　　冀弟如晤,接十二月二十九日惠书,并分赐百金,已由大姚教局长刘子之君,饬人(专往楚雄)走领。现在一次均未收到,俟收到再复。玉龙堆十二号是中大旧徒由君少熙①住宅。兄初入昆明,不知旅费之昂。少熙与李一平,劝移家暂居也。(少熙与一平为中表昆弟)其地转交信件亦可,但不如大姚耳。(大姚为县城,李旗屯离城十五里,一平时时派人入城,专取信件等品)此后,如有公文件,请寄大姚县长周介卿转,或托教育局长刘子之,皆可收到。但又不如直书大姚县政府李一平收转为爽快也。

　　此次行旅之费,颇觉不赀。皆由沆、良两儿分任。自桂林至昆明,余夫妇及涷媳,皆乘飞机。由昆明达镇南,余夫妇又用小汽车,而大批眷属行李,则坐大卡车。计自桂林出发,而柳州,而荷也、而六寨、而独山、而贵阳。又自贵阳以达安顺、而盘县、而平彝、而曲靖,方至昆明。其中受颠簸之苦,饥寒之苦,已是够用,而平彝附近又遇上土匪,幸未动手,此真侥天之倖矣。来昆明后休息一周,又驱车上道。自昆明至镇南,有公路可行。镇南以西则驴马人夫,三十里、四十里一歇,两日方至李旗屯。现已四日,托庇祖安,故详述此函以告足下,庶免远念。而两儿之盖藏尽矣,贱恙奔波后转佳。寒热已退,咳嗽略少,惟气喘脚软,则依旧如故耳。此间无刻工,故受君之赐,亦无从开支,祗得移作米盐门户之用。此时正值枯竭,真不啻雪中送炭也。谢谢!

　　又记:前日来函,部中有征聘文献委员之举。承君以贱名开列。不

────────────

①　由少熙乃李一平表兄,中央大学毕业生。

识此事如何？倘果实行，则有此的款，可略轻儿辈负载。即君所来百头亦可陆续奉缴也，希直告。此复即请近安

兄霜厓　顿首　一月十八日

按：吴梅于一九三九年一月十四日，抵达云南大姚县。① 该信作于一月十八日。今天所能见到的卢前《霜厓先生年谱》、王卫民《吴梅年谱》以及其他友朋资料中，都没有关于从桂林迁大姚李旗屯的具体始末。这封信件是补充吴梅行年活动的重要文献。

上一封信仅仅告之吴梅乘机飞至昆明，该信则详细记载从桂林出发，辗转柳州、贵阳及其他各县的具体行程。尤其吴湅青、吴翰青等人在平彝时还遇上土匪，个中危险，实在令人担忧。至昆明后，吴梅与大部队会合，一起乘车赴镇南，此段道路通畅，借卡车托运眷属行李还比较方便。但自镇南至大姚李旗屯，卡车不通，只能以驴马驮运，非常艰难。本次羁旅奔波对吴梅身体影响极大，甚至就是催命符，原本咳呛已经十分严重，如今更是气喘脚软。李一平《瞿安先生逝世先后略述》载："平迎之昆明，时师已病甚，主由少熙氏有劝师居昆明者，师坚拒之。卧病月余，勉堪杖履，即挈眷偕行，乘汽车二日，肩舆二日，始抵大姚。"②经此劳顿，吴梅身体已大不如前。

第六封

冀弟如晤，得上月廿三日书并附仲老一笺，俱已收领。兄于廿八日，用快邮寄还《楚凤烈》，并作《羽调胜如花》一曲代序。原文错误处已一一正，此件当已收到矣。读来示，又承惠百元，只有好领。但未识此时已汇出否。（是否汇昆明农民银行特别存折 313 瞿记）如尚未寄出，请暂留君

---

① 卢前：《霜厓先生年谱》，《戏曲月辑》1942 年第 1 卷第 3 期，第 66 页。
② 李一平：《瞿安先生逝世先后略述》，《戏曲月辑》1942 年第 1 卷第 3 期，第 79—80 页。

处。兄《霜厓诗》，因此间无好刻手，拟在蜀中付刻。顷将油印本一册，手校数过寄上。尊款即作刻赀也。（刻式模仿《彊邨语业》，君谓何如？）如已汇出，再设法寄缴，或部款发后，请君付手民若干皆可。两次感赐，君厚我至矣！将何以图报乎。此非一谢字所能了矣。仲老处复笺乞转递之。

手复，即请公绥

小兄吴瞿安顿（四儿随叩）

《羽调四季花·校订〈楚凤烈〉毕赋此代序》

法曲续长平。（一谓帝女花）。把贤藩事，娇儿怨，又谱秋声。凄清，前朝梦影空泪零，如今武昌多血腥。旧山川，新甲兵，乱离夫妇，谁知姓名。安能对此都写生？苦语春莺，正是不堪重听。倒惹得茶醒，酒醒，花醒，月醒，人醒。　计三十三板

己卯人日霜厓初稿

按：文初所说"上月廿三日书"当指一月二十三日，此时吴梅在大姚李旗屯。文末己卯人日，即一九三九年正月初七（二月二十五日），吴梅作《羽调四季花》。二月二十八日，将信以快邮形式和校订好的《楚凤烈》传奇寄出。据卢前《霜厓先生年谱》载，吴梅"二月十五日，校阅前所为《楚凤烈》传奇，题《羽调·四季花》"[①]。结合此信，知吴梅校订《楚凤烈》传奇持续十余日，从二月十五日至二十五日，并在二十五日完成《羽调四季花》初稿。《楚凤烈》传奇曾在一九三七年，作为"民族诗坛专刊之一"种，由独立出版社出版。后一九三九年，又在岳池陈氏朴园出校订本。今所见两种传奇本中，前者无序，后者只有《羽调四季花·校订〈楚凤烈〉毕赋此代序》一曲，并未见信中所说《羽调胜如花》曲。可能二者同指一曲。

---

① 卢前：《霜厓先生年谱》，《戏曲月辑》1942 年第 1 卷第 3 期，第 66 页。

附胡光炜①诗歌一首

《辛巳(1941)立秋后十日为冀野世兄题瞿安遗椟时同寓江津白沙镇也》

翔东②死成都，瞿安死大姚。

觥觥二酒人，离魂不可招。

畸人病不死，濩落同悬匏，

裹足卧瘴村，上客渔与樵。

花间小犬喧，冀野来秋毫。

抱示瞿安笔，开编思摇摇。

神州板荡来，吴会虏骑骄。

肩书走西南，万里穷回飚。

邮笺日夜出，细字说所遭。

审湘审滇海，斯人良已劳。

血点身后言，凄切凤鸣条。

平生杨升庵，一醉固久要。

前奉客昆州，西望青醮峣。

天际李旗屯，孤棺蛮华飚。

遗墨赖子收，颇叹风义高。

灯窗纳虫语，荒忽八月潮。

卅载讲筵侣，顾影余萧骚。

---

① 胡光炜(1888—1962)，字小石，号倩尹，又号夏庐、子夏、沙公，浙江嘉兴人。历任北京女高师、东南大学、西北大学、中央大学教授。于文字学、史学、诗学、书法理论均有深研。著《甲骨文例》、《愿夏庐诗词钞》等。

② 胡翔东(1883—1940)，名俊，字翻京，号翔东，一作翔冬，祖籍安徽和县，生于南京。毕业于日本早稻田大学，后执教于两江师范、金陵大学、东南大学(现南京大学)等学校。为人耿介，狂放不羁，人称"胡三怪"，与王伯沆、柳诒徵、黄侃、王易、汪东、汪辟疆称为"江南七彦"。著有《自怡斋诗存》。

国门何日入,腹痛门帘桥。

又遗札封底题诗二首

《暑夜冀野过话,回怀瞿安苏州》

散发绳床星作堆,拨灯蚊市哄如雷。

无端酒气惊人梦,一个卢生高咏来。

银河低户万虫沉,江海茫茫此夜心。

却忆酒边吴季子,阊门晓角替愁吟。

此十五年前旧作,自遭丧乱,诗稿尽失,冀野犹能忆之,附录册后。

光炜并志

按:以上三诗附在遗札之后。胡光炜即胡小石。第一首诗歌前半部略述创作缘起,吴梅病逝于大姚,卢前携遗札而来,作者睹物思人,感慨万千。自"神州板荡来"而后部分,概述吴梅避居西南及与卢前来信交往始末。本诗既是对吴梅晚年与卢前书札来往的阶段性小结,也是对抗战中像吴梅这样魂断他乡文人的共同感喟。第二、三首诗是胡小石二十年代之旧作,据卢前回忆而一并录此。

(本文写作,承卢前后人卢偌先生提供遗札图片,谨此致谢。)

——《文学研究》7卷2期,南京大学出版社2021年12月版。

谢冬荣

吴梅先生藏书题跋辑录

吴梅(1884—1939),字瞿安,一字灵鹴,晚号霜厓,江苏长洲人。先生是近代著名的学者,在诗、词、曲等方面都有精深的研究,特别是在戏曲方面取得了卓越的成就,被誉为曲学大师。先生一生著作颇丰,主要有《词学通论》、《中国戏曲概论》、《顾曲麈谈》、《曲学通论》、《南北词简谱》等。近年由河北教育出版社出版、王卫民先生编辑的《吴梅全集》共八大册,洋洋数百万言,基本包括了吴梅先生的所有著述。

先生还是民国时期著名的藏书家。他一生酷爱藏书,常常节衣缩食,访书购书,乐此不疲。结合自己的学术研究,先生在戏曲文献的收藏上用力较深。先生收藏的戏曲文献不仅品种齐全,而且版本珍贵,多善本、异本。这也就成为他藏书的最大特色。先生在藏书上多钤盖印章,常见的有"瞿安眼福"、"臞安"、"长州吴梅字臞盦"、"吴某"、"霜厓藏曲"、"长洲吴氏藏书"等。先生卒后,其后人在建国初年通过郑振铎先生的介绍,将全部藏书捐赠给了当时的北平图书馆,即现在的国家图书馆。[①]

先生的藏书题跋并不多见,但是往往价值较高,特别是他的戏曲题跋,尤为后人关注。《吴梅全集》所收先生的藏书题跋绝大部分即是戏曲方面的题跋。近日,笔者从馆藏吴梅藏书中辑得几则藏书题跋,为《吴梅全集》失收,或可补其缺。其中二则还有先生弟子的题跋,现一并辑出,于此可见先生与弟子之间的深厚情谊。

一、《日知录》

壬申岁,客南都,与季刚时相过从,谈艺极欢。癸酉春,季刚言得《日知录》钞本,与传刻大异,当是顾君稿本,或自稿本移录者,拟详校一通,附潘刻之后。余颇服膺焉。嗣后不常见,未知果校与否。今岁九秋,季刚末,门第子掇拾旧稿,幸此校记存。盖季刚生时曾付铅椠,故能完备也。岁暮返里,遂移录上方。乙亥小除夕,长洲吴梅书于百嘉室。

《日知录》三十二卷,(清)顾炎武撰,清康熙三十四年(1695)吴江潘耒遂初堂刻本,十册。

黄侃(1886—1935),字季刚,湖北蕲春人,国学大师,师事章太炎,曾在北京大学、武昌高等师范学校、东北大学、中央大学等学校任教。著有《礼学略说》、《文心雕龙札记》等数十种。

民国二十一年(1932)十一月二十八日,黄侃先生在沧县张继处"借其近买抄本《日知录》(称《何义门校本》),中如'素夷狄行乎夷狄'一条,诸本有目无文,此本文全,洵异书也"[②]。在之后的两个月中,黄先生将此抄本与通行

①　徐雁、谭华军:《新中国成立之初对文献典籍的抢救和保护(下)》,《图书馆》2003年第2期。
②　黄侃:《黄侃日记》,江苏教育出版社2001年版,第839页。以下引日记之文,时间为阴历。

之本相互校对,并撰成《日知录校记》一书。① 先生依据书法拙劣、评语庸陋等方面认为该抄本并非何义门批校本,又根据其中的避讳至雍正,认为是雍正时抄本。经与黄汝成《日知录集释》和《日知录刊误》对校后,先生认为该抄本是从原本移写的,因此弥足珍贵:"考今本所刊落有全章、有全节、有数行,自余删句换字不可遽数,凡皆顾子精义所存。"②

《日知录校记》成书不久,中央大学出版组即将之铅印出版。黄先生在日记中对此记载甚详:民国二十二年(1933)四月六日,"校中送所为代印《日知录》样本来,款式甚劣,讹脱甚多"③;闰五月八日,"食后,以《日知录校记》稿付旭,托其与中央大学为予印行之样本校勘"④;到七月二十日,出版工作完成,"《日知录校记》印成,送来百册"⑤。不过,黄先生对此铅印本似乎并不满意,曾嘱托弟子龙榆生再谋刊刻,于是便有民国二十五年(1936)万载龙榆生刻本。⑥

吴梅先生与黄侃先生相识近二十年,先后同事于北京大学、中央大学,在交往过程中,虽然难免不快与冲突⑦,但是两人关系密切,时常相互问学。民国二十一年(1932)十二月二十一日,吴梅先生拜访黄侃先生,"又得见《亭林日知录》原稿,中多忌讳,通行本多删去,此真瑰宝也"⑧。二十四年(1935)九

---

① 黄侃:《黄侃日记》,第 855 页。民国二十二年(1933)正月二十七日:"钞《日知录校记序》毕,全书告成。"

② 黄侃:《日知录校记·序》。

③ 黄侃:《黄侃日记》,第 877 页。

④ 黄侃:《黄侃日记》,第 891 页。"旭"指汪东。汪东(1890—1963),字旭初,号寄庵,江苏吴县人,与黄侃同为章太炎高足。

⑤ 黄侃:《黄侃日记》,第 905 页。

⑥ 龙榆生先生在《日知录校记·跋》中详细记载了该书刊刻的缘起及经过:"去年春为先生五十寿旦,沐勋自上海入京祝嘏,其夕侍宴于浣花酒楼……酒半,忽举杯相属曰,子往年为朱彊村先生校刻遗书甚善,吾亦将以此事累子矣。归检此手稿及余杭大师手序文见授,并谆属以刊布行款,令自题端……其秋,沐勋尽室徙岭表,于兹事犹有未遑,不料重阳后二日,而先生凶问至,抚卷怆痛,真不知涕泪之何从也。逾岁北还上海,值先生逝世周年,诸及门会奠于南京量守庐,群议校理遗著,因亟以此册付吴门写样,逾月刊成。"

⑦ 郑志良:《吴梅与黄侃失和事实考论》,《南京师范大学文学院学报》2004 年第 1 期。

⑧ 吴梅:《吴梅全集》日记卷卷 4,河北教育出版社 2002 年版,第 258 页。

月,在得知老友黄侃病逝的消息后,吴梅先生悲痛地写下了如下挽联,以表哀悼之情:"宣南联袂,每闻广座谈玄,可怜遗稿丛残,并世谁为丁敬礼;吴下探芳,犹记画船载酒,此际霜风凄紧,伤心忍和柳耆卿。"①

二、《新刻增补艺苑卮言》

此书得自北京,尚是程仲仁刻本。世多征引此书,而得见原书者卒鲜。近人耳食殊堪发噱,又有以弇州晚岁之言妄肆诋毁,更谬。癸酉十二月,吴梅。

《新刻增补艺苑卮言》十六卷,(明)王世贞撰,明刻本,八册。

王世贞(1526—1590),字符美,号凤洲、弇州山人,江苏太仓人。明嘉靖二十六年(1547)进士,历官至南京刑部尚书。著有《弇州山人四部稿》、《艺苑卮言》等。王世贞是明代中叶著名的文学家,先与李攀龙(字于鳞)主持文坛,李氏卒后,独自一人主持文坛达二十年。王世贞在《艺苑卮言》一书中评论诗、文、词、曲,充分展现了自己的文学主张。该书在明代虽有刻本,不过清代重刊次数较少,故而到民国时期并不多见。

在民国二十二年(1933)十二月的日记中,吴梅先生简要叙述了阅读《艺苑卮言》的情况:"(九日)晚阅《艺苑卮言》,惜为妄人涂乙,顾不害为好书也"②;十二日,"人倦欲卧,取《艺苑卮言》阅之"③。上述题记大概就写于此时。

吴梅先生曾谈到如下一段话,对我们理解这则题记的含义不无帮助:"王弇州与李于鳞辈,绍述空同之学,是古非今,气焰极盛,曾作《艺苑卮言》,大旨

---

① 吴梅:《吴梅全集》日记卷卷12,第626—627页。
② 吴梅:《吴梅全集》日记卷卷7,第386页。
③ 吴梅:《吴梅全集》日记卷卷7,第387页。

谓文必西汉,诗必盛唐,大历以后,诗不足观。一时学子皆附和之。晚年深悔少作,尝云:'幼时与于鳞荣古薄今,几成痼习,所作《艺苑卮言》,中多偏激之谈,今行世已久,未便改削,惟有随事更正,勿误后学而已。'"[①]

三、《明三十家诗选》

允庄诗学得诸梁楚生女史,本朝闺秀当为巨擘。此选力辟归愚、竹垞诸选之门户,而于青邱尤为心折。一代盛衰之迹厘然可按,不徒知人论世已也。且于明末遗老更加搜采,湛若、存古以及卧子、亭林咸归论列,其寄托当别有在诗史云手哉。庚戌冬日,长洲吴梅识。

《明三十家诗选》初集八卷二集八卷,(清)汪端辑,清同治十二年(1873)蕴兰吟馆刻本,八册。

汪端(1793—1839),字允庄,浙江钱塘人。因父母早亡,汪端由姨母梁德绳(字楚生)抚养成人,后嫁同里陈孟楷为妻,著有《自然好学斋诗钞》。

明诗选本,在《明三十家诗选》之前已有钱谦益的《列朝诗集》、朱彝尊的《明诗综》、沈德潜的《明诗别裁集》等。梁德绳认为它们都有未尽如人意之处:钱书"冗杂无次序",朱书"亦博而不精",沈书"即《明诗综》约选之,沿袭皆前人旧说,无足观览",而对《明三十家诗选》大加褒扬,认为该书所选"以清苍雅正为宗,一扫前后七子门径,于文成、青邱、清江、孟载诸人表章尤力,至于是非得失之故、兴衰治乱之源尤三致意焉。读是书者,不特三百年诗学源流朗若列眉,即三百年之是非得失亦了如指掌"。[②]

关于汪端及其《明三十家诗选》一书,吴梅先生曾评论道:"清时闺秀,当以汪允庄为第一,少学诗于梁楚生女史,尝读沈归愚《明诗选》,心勿善也。既

---

① 吴梅:《吴梅全集》理论卷,《蠡言》,第1452—1453页。
② 梁德绳:《〈明三十家诗选〉序》,清同治十二年(1873)蕴兰吟馆刻本。

归陈小云（孟楷），取明人诗集尽读之，留高青邱、吴梅村二家，既而又去吴梅村。人问其故，则曰：'吴诗秾而无骨，不如高诗之淡而有品'……又以归愚诸选于青邱多有微词，遂欲尽翻五百年诗坛冤案，于是有明三十家诗之选。书中各有小传，遍列前人评语，而以己意论断之，斟酌尽善，如顾亭林、陆桴亭诸作，亦入选中，可谓得古人守节不阿之心，不仅在词章间也。"①

四、《王西楼先生乐府》

此录自钱塘丁氏旧藏嘉靖刊本。刊本半页九行行二十字。《曲律》谓太学书目所载，不知即是此本否。西楼著《野菜谱》，谱中缀词此本不载，更不知此本是否西楼乐府之全也。十一年秋校讫记此，任讷。

此录钱唐丁松生藏本、任君中敏转以赠余者也。西楼词虽散见《词纪摘艳》诸选本，而全帙曾未读过。中敏贶我厚矣！前年得常伦《楼居词》及王九思《碧山词》、康对山《片东词》，今复得此，自诩眼福不浅。壬戌孟冬，吴梅漫识，时在南京大石桥寓斋。

《王西楼先生乐府》一卷，（明）王盘撰，民国间抄本，一册。

王盘（约1470—1530），字鸿渐，江苏高邮人，明代戏曲家。

根据上述题跋，此本应据钱塘丁丙藏嘉靖刊本抄录。丁丙（1832—1899），字嘉鱼，别字松生，晚号松存，浙江钱塘人，是晚清著名的藏书家。其藏书目录《善本书室藏书志》著录了《王西楼先生乐府》一书，并有丁氏提要："盘少为诸生，弃，去家城西有楼三楹，日与名流谈咏，好山水游，工诗画，精音律……此乐府乃嘉靖辛亥盘甥张守中所刊，前有守中一序。"②

此书的抄录者任讷先生是著名的学者，在戏曲理论研究方面成就卓然。

① 吴梅：《吴梅全集》理论卷，《蠹言》，第1454页。
② 丁丙：《善本书室藏书志》卷四十，清光绪二十七年（1901）钱塘丁丙刻本，第35页。

早在北京大学中文系就读期间,任先生即师从吴梅先生学习词曲,后又曾经在先生家中就学一段时间,因而深得先生戏曲研究之学。[①] 在图书馆等地读书过程中,每每遇见有关戏曲方面的难得的善本佳椠,任先生时常会抄录下来,赠予吴梅先生。《王西楼先生乐府》以及下文的《元明杂剧六种》即是如此。

民国十一年(1922)秋前,吴梅先生在北京大学任教,并兼北京高等师范课,秋后,应南京东南大学之聘,举家南归,居住于南京大石桥二十二号。[②]

五、《张玉娘闺房三清鹦鹉墓贞文记》

原刻毁于倭寇,今虽石印,亦云瑰宝,世上恐不多见也。

初拟印入《曲丛》,闸北之变,原书及石印未装治者俱毁。此寄我作题跋者,幸而尚留,恐新书亦是孤本矣。

《张玉娘闺房三清鹦鹉墓贞文记》二卷,(明)孟称舜撰,(明)陈箴言等点正,民国间商务印书馆石印本,四册。

吴梅先生平生有三大愿望:一集《奢摩他室曲丛》以比《元曲选》与《六十种曲》,二订曲韵以比《中原音韵》,三正曲律以比《太和正音谱》。[③] 早在宣统二年(1910),吴先生即出版《奢摩他室曲丛第一集》三种。[④] 到民国二十八年(1939),商务印书馆出版了先生编辑的《奢摩他室曲丛》第一、二集。而第三、四集正准备出版发行之时,商务印书馆遭遇日机轰炸,《曲丛》的底本和石印本损失惨重:民国二十一年(1932)四月初三日:"按《曲丛》底本,共一百四十

① 张宏梁:《一代宗师任中敏——纪念任中敏先生百年诞辰》,《艺术百家》1997 年第 4 期。
② 王卫民:《吴梅评传》,河北教育出版社 2002 年版,第 276 页。
③ 杨振良:《吴梅与晚清曲学》,载《吴梅和他的世界》,河北教育出版社 2002 年版,第 330 页。
④ 上海图书馆:《中国丛书综录》第 1 册,上海古籍出版社 1986 年版,第 947 页。

七种，二百三十三册，前已缴还三十种，六十一册，此次续缴八十种，百零九册，尚有二十七种，则为日军焚毁矣"①；七月二十二日，"商务印书馆派丁君来……次言《曲丛》三、四两集，现尚存四集若干种，似先为补足短缺，即日发行，作第三集"②。《奢摩他室曲丛》的续集最终没有面世，只到第二集为止。而作为兵燹之余的《张玉娘闺房三清鹦鹉墓贞文记》，虽为石印，却是稀见之本。

六、《覆元椠古今杂剧三十种》

此书本吾乡顾鹤逸麟士所藏，后归上虞罗氏。余有元刻《琵琶》，亦士礼居物。匣面标题亦云乙编，则甲编不知流落何处矣。此本仅主角有曲有白，余则皆"云了"二字括之，是犹今人习曲单用单纲也（俗以各色曲白全者名为总纲，不全者为单纲）。各色白文皆逸，惜哉！长洲吴梅书于北京文科大学。

《覆元椠古今杂剧三十种》，日本大正三年（1914）京都帝国大学文科大学刻本，牌记题第九十三号，五册。

《古今杂剧三十种》是现存最早、唯一一部元刊杂剧选集。它最早为明人李开先所藏，入清后，先藏于何煌、元和顾氏等人之手，③后为著名藏书家黄丕烈所藏。④ 黄氏之后，该书又归元和顾麟士。⑤ 民国初年，罗振玉购得此书。《覆元椠古今杂剧三十种》一书即是日本京都帝国大学向罗氏借得此书

① 吴梅：《吴梅全集》日记卷卷 2，第 147 页。
② 吴梅：《吴梅全集》日记卷卷 3，第 196—197 页。
③ 苗怀明：《二十世纪〈元刊杂剧三十种〉的发现、整理与研究》，《戏曲艺术》2004 年第 1 期。
④ 黄丕烈：《荛圃藏书题识续录》，民国二十二年（1933）秀水王大隆学礼斋刻本。
⑤ 顾麟士（1865—1930），字鹤逸，江苏元和人，著名画家和收藏家。国家图书馆藏抄本《顾鹤逸书目》记载此书。又傅增湘先生曾经眼顾氏所藏元刊《古今杂剧三十种》，见《藏园群书经眼录》（中华书局 1983 年版）第 1611 页。

加以影刻出版的。十三年(1924),王国维据此元刻本再次影印出版。罗氏之后,该书归藏国家图书馆。

《古今杂剧三十种》的价值颇高。其中,有十七种属海内孤本,另外十三种虽见载于其他选本,但是文字多有异同。郑振铎先生认为此书是脉望馆抄校本《古今杂剧》之前的最大发现。①《续修四库全书提要》也认为"斯编为元刊之仅存者,虽尘劫之余,不过三十种,要为人间秘录,世有好学深思之士,其视此本固宜珍同拱璧矣"②。

元刊《古今杂剧三十种》的书匣上有黄丕烈手书"乙编"字样,王国维、狩野直喜等人据此认为应当还有"甲编"。吴梅先生在上述题记中也持有类似的看法。其实,所谓"乙编"是黄丕烈对其藏书中元版书的称呼,③不存在什么《古今杂剧三十种》甲编。

七、《元明杂剧六种》

钱塘丁氏旧藏《元明杂剧》六册,共二十七种。其中十种系《古名家杂剧》匏土丝三集残本,八种系《续古名家杂剧》宫商角三集残本,板心俱载卷数。其余九种板心独无卷数,亦无一见于《古名家杂剧》前后集者。虽板式、刻工与前十种似同,但必为他书之残本无疑也。九种内,《豫让吞炭》、《单鞭夺槊》、《王粲登楼》三种已见臧氏选本;《香囊怨》、《继母大贤》、《团圆梦》三种皆明诚斋作,见《诚斋集》中;余斛园居士作《寒衣记》、《骂座记》两种及无名氏《赤壁赋》一种为不经见者。又前十八种中,大抵为臧氏所选,惟元罗贯中《龙虎风云会》、无名氏《野猿听经》、《蓝采和》三种为不经见者。合计六种,因倩人影写一过,订作一帙,敬呈瞿庵夫子。

① 郑振铎:《跋脉望馆钞校本古今杂剧》,《西谛书话》,三联书店1983年版,第419—479页。
② 王云五:《续修四库全书提要》,台湾商务印书馆1972年版,第12册,第900页。
③ 郑振铎:《跋脉望馆钞校本古今杂剧》,《西谛书话》,三联书店1983年版,第419—479页。

夫子所藏,邈然曲海,不知此册亦足当一波否?

十一年残秋,装成检过,受业任讷谨记。

此六种杂剧为任君仲敏见赠之品。《风云会》系元人罗贯中笔。《寒衣》、《骂座》系叶宪祖六桐笔。余三种尚未考出。行箧无书,且俟异日。壬戌十月朔,长洲吴梅。

《元明杂剧六种》,(元)罗贯中等撰,民国十一年(1922)任讷影抄本,一册,先后抄录《宋太祖龙虎风云会》、《金翠寒衣记》、《灌将军使酒骂座记》、《龙济山野猿听经》、《苏子瞻醉写赤壁赋》、《汉钟离度脱蓝采和》等六种元明杂剧。

钱塘丁丙所藏《元明杂剧》,见载于《八千卷楼书目》中:"《元明杂剧》不分卷,不著编辑者名氏,明刊本。"①丁丙卒后,其藏书售归江南图书馆,故《元明杂剧》又见于《江南图书馆善本书目》:"《元明杂剧》,不著编辑者名氏,明刊本,六本。"②民国十八年(1929),当时主持江南图书馆馆务的柳诒徵先生将此书影印出版,并在书后撰长篇跋文予以介绍:"盋山图书馆藏元明人所制杂剧六册,无编者字氏,全书都廿七种,卷第糅杂不可考。版心或不标卷数,或仅刊卷字,或题一卷、二卷,或曰信卷三、信卷四,行格大致相同,惟不记卷数者中幅剧目皆顶格,记卷数者中幅剧目皆空一格,疑非一时所刊,或本非一书,丁氏汇而目为《元明杂剧》耳。廿七种中,见于《元曲选》者十六种,其曲白校之臧晋叔本多有增损,明周宪王《诚斋乐府》四卷视宣德本亦多删易,梓人误冠诚斋以杨字,丁氏《八千卷楼书目》亦沿其误,可哂也。其罗贯中之《宋太祖龙虎风云会》及无名氏之《汉钟离度脱蓝采和》见近人所得陈与郊《古名家杂剧》续集,未知有无异同。至斛园居士二种及《豫让吞炭》、《醉写赤壁赋》等剧虽见《太和正音谱》及《也是园书目》,世鲜传本。"

---

①　丁丙:《八千卷楼书目》卷二十,民国十二年(1923)钱塘丁氏铅印本,第30叶。
②　江南图书馆:《江南图书馆善本书目》集三,民国间铅印本,第54叶。

吴梅先生后来在编辑《奢摩他室曲丛》续集时,拟据此抄本收录上述六种杂剧:民国二十一年(1932)四月初三日,商务印书馆归还《曲丛》底本八十种、一百零九册,其中即有"《风云会》、《寒衣记》、《骂座记》、《野猿听经》、《蓝采和》、《赤壁赋》合一册"①。

——《文津学志》2011 年第 1 期

---

① 　吴梅:《吴梅全集》日记卷卷 2,第 147 页。

卷　四

卷四

宗白华

《悼吴瞿安先生》等编辑后语*

"乐府亡而词兴,词亡而后曲作,金元之间,作者至富,大率假仙佛任侠巷里男女之辞,以舒其抑塞磊落不平之气,——深惜元明作者辈出,而明示条例,成一家之言,为学子导先路者,卒不多见。又自逊清咸同以来,歌者不知律,文人不知音,作家不知谱,正始日远,牙旷难期,亟欲荟萃众说,别写一书。"吴梅(瞿安)先生《曲学通论·自序》里面这几句话已说明了他生平的事业和他在近代文学史上的地位。吴先生以文人而知音,他阐发了曲的文学价值,同时提高了文学的音乐性。一代词宗,年才半百,竟以抗志不屈,流离转徙,死于倭寇的侵略,平生收集曲本及藏书尽被寇劫。先生为人长厚,深于情,而刚毅有气节,这是他成功的原因,也是他流离转徙以致于死的原因。《学灯》特出专刊,以表敬意和哀悼。

——林同华主编《宗白华全集》第 2 卷,安徽教育出版社 2008 年版

---

* 原刊于《时事新报·学灯》(渝版)第 46 期,1939 年 4 月 16 日。陈立夫《悼吴瞿安先生》、段天炯《吴霜厓先生在现代中国文学界》等文,胡小石《哭瞿安》三首、胡翔冬《哭吴瞿安》二首等诗赋词,亦刊载于该期《学灯》上。

吴　宓

霜厓诗录 *

　　长洲吴梅瞿安，原作癯庵，号霜厓。撰作。四卷，一册，共诗三百八十五首。作者生光绪十年，殁民国二十八年。民国二十九年，白沙石印本，卢冀野编。作者手写稿本。

　　作者以词曲显，其诗风华婉约，以言情者为胜。始光绪戊戌。早有得于义山、梅村、白石。

　　一九〇七年丁未　《短歌赠黄慕韩(振元)》按此黄君似即黄摩西。

　　一九〇八年戊甲　《北泾种树行》真挚，类杜甫"纨绔不饿死……"与黄遵宪《拜先祖母墓》长篇。

　　一九〇九年己酉　《大梁怀古》四首，其一云："未必如姬真误国，可知公子亦能军。"其二云："若向宣和谈气节，廷臣还逊李师师。"似袁枚之诗。

一九一〇年庚戌　《仓桥记游诗》七绝十首，秦淮虎邱，携妓泛舟，饮酒度曲，此是作者最当行出色事，亦是最惬心之诗，如《板桥杂记》中所录也。其八云："玉版临池写洛神，双眉何事镇长颦。情场亦下伤时泪，红粉清流大有人。"

一九一二年壬子　《元旦书怀》云，"献岁东君又履端，乍经兵燹幸平安。列朝功罪谈何易，来日阴晴事大难。未熟黄粱容说梦，不惭青史勉加餐。书生本乏匡时略，敢向新廷乞一官。"按辛亥壬子间，南社文人，悉为民国革命元勋。惶惶宁沪，作者之所以自处者，高人一等矣。

一九一三年癸丑　《海上》一律，亦佳。"羁栖蚁螘留微命，曼衍鱼龙尽幻身。海上原非干净土，眼前犹有老成人。红牙顾曲周邦彦(古微丈)。白发谈经杜子春(升彦丈)。十里德星似京洛，素衣真欲化缁尘。"癸丑《悲哉行》，叙金陵(二次革命)事，持论公允。"车书文轨乍统一，潢池盗弄计亦疏。……北方健儿好身手，焚廪肱篋过萑蒲。"与姑丈"不惜元元命……"同也。《吴骚行》，自叙致力词曲之志。

一九一六年丙辰　《读汉书王莽传》，吊袁项城也。

一九一七年丁巳　《古艳诗》十二首，五古，是作者特长。丁巳入都，任北京大学词曲教授。是年有《闻歌有感，柬黄晦闻(节)罗瘿公(惇曧)》云："哀时竹肉艺通神，照座珠光幻色身。南士低徊北昆曲，(自注：京师习曲，谱异南人，因自名北昆曲。)一时倾倒两诗人。落花流水春光去，歧宅崔堂迹亦陈。无怪麻姑头易白，近来沧海早扬尘。"录此，以其有关晦师也。

一九一八年戊午　录与张孟劬先生(尔田)唱和三诗。(一)钱塘张尔田《崇效寺观丁香花》云，"乱眼千红未放愁，垂垂犹得慰羁游。暖风步障无尘到，斜日香车似水流。几日不来应作恶，一尊相对若为俦。明朝红紫多消歇，付与狂蜂烂漫收。"瞿安《偕孟劬崇孝寺观丁香花，即次其韵》云，"帝里观花动旅愁，支筇去作梵天游。柔香引客谁先醉，素艳翻风势欲流。好与梅兄同索笑，即为棠婢亦空俦。寸心千结烦君解，坐对南郊雨乍收。"(二)张尔田《史馆有怀瞿安》云,"经年寂寞草玄庐,静对庭花孰起予。南郭据梧聊冥坐,东方索米叹离居。一鸣漫诩燕奇骏,三字真成海大鱼。赖有当垆堪送老,不妨消渴问相如。"瞿安《答孟劬史馆见怀之作》云,"交盖春明慰索居,可园芳事付华胥。料无索米存佳传,不共然藜读秘书。红烛乌丝温小令,黄花翠竹悟真如。(君工词又通内典。)子云寂寞相如病,何日同乘下泽车。"(三)张尔田《再用前韵,柬瞿安,效宋元宪体》云,"自喜蜗牛占一庐,昌昌春物正关予。敢夸植援同康乐,还恐诛茅累隐居。危坂旋轮人似蚁,澄濠观水子非鱼。风花落眼都成悔,珍重刘怜荷锸如。"瞿安《孟劬叠韵索和,因次韵再答》云,"人境喧喧漫结庐,浓韶丽景孰华予。行看大陆龙蛇起,况有天门虎豹居。紫陌题襟感葵麦,白衣簪笔谢绯鱼。知公会得窥基法,好为金仙注六如。"

一九二二年壬戌　南归,就东南大学教席,宓与同事二载,未多往还。陈佩忍(去病)原名庆林。

一九二三年癸亥　《扬州杂诗,示任生中敏(讷)》七绝八首,颇佳。《五陵》云,"疑雨疑云未敢言,西施再世遇王轩。丽情一集真参幻,灵石三生业已冤。未信温柔重然诺,要知朝暮异凉暄。五陵裘马从挥手,待学兰成赋小园。"此作者解脱(忏情)之诗也。

一九二四年甲子　《读盛明杂剧诗》五古,三十首。与前《古艳词》同体,且较胜作者之特长,又系于曲,可为全集代表作。

一九二八年戊辰　《陈聆诗示近作四章,且云题固陈旧,君当有新意,盍和我。遂次其韵》四首,其三(老伎)有云,"从来曲艺精,岂在年少时。婉娈惬情性,小小逊师师。花开固悦目,花落无丑枝。"按此实深历有得之言。宓恒谓宏毅之男子,少便不凡。美慧之女子,老亦可爱。彼鄙薄之男,与陋拙之女,一生从无可动人意时,即此意也。

一九二九年己巳　《游摄山示李生一平(玉衡)》,按一平名玉衡,与宓同。(按宓原名玉衡,最佳,惜后一再改名。)

一九三二年壬申　《赠蔡生正华(莹)》,按正华与宓尝同学圣约翰,且同级。

一九三四年甲戌　《拟秦嘉赠妇诗》五古三首，清简真挚，盖自道其垂老夫妇之情，如柳先生《赠缪凤林新婚》诗。其二云，"惟有婚姻事，毋夺儿辈私，家庭一固执，隐患从此滋。孔雀东南篇，足继风入诗。举世尽从君，夫妇无仳离"。其三结云，"一笑作达语，同是传奇人"。皆真诗也。

一九三六年丙子　《不为》诗云，"联臂欢歌正未央，可知天意已新凉。风亭蝶舞犹延拍，水榭龙涎早罢香。此后寒温如隔世，近来士女爱啼妆。阑干十二都凭遍，不为旁人惜晚芳。"风神甚妙，正合作者此时，明年而国难起矣。丙子《徐小淑（蕴华）顾访寓斋赋赠》二首，其一云，"收拾瑶编拨冷灰，南朝刘鲍许追陪。波澜古井弹孤调，风雨长安荐一杯。独向江村培子弟，果然平地起楼台。(往与陈佩忍论近时闺秀，以陈璧君、张默君及君家姊妹，皆平地楼台，一空依附者。)敬容残客吾犹在，正盼脂车日日来。"其二云，"自笑师丹老善忘，虎邱花事久销香。可知助教金荃集，正待昭容玉尺量。(余手定词稿，君允为题语。)三径蓬蒿感迟暮，一门裙屐尽端庄。闲谈湖海元龙事，如见宫娥话上皇。(君谈佩忍事至详。)"按诗人老去，为同时知交之女士所作之诗，莫有不工者，亦研究文学与人生者所当注意之材料也。

一九三七年丁丑　《避寇杂吟》二十四首，仿龚定庵《乙亥杂诗》，实为全集压卷（最佳）之作。已登《民族诗坛》，兹不录。录其第一首云，"楚尾吴头历劫身，瓮天虫语自酸辛。吾诗寒瘦无宏诣，不作豪吟但写真。"此作者自评自赞，亦即宓《南游杂诗》第九十首之意也。余各首亦可为诗史，如编《近世诗选》，宜选此篇矣。

《哀散原丈》云，"伏阙陈书几不测，闭门觅句却能工。一官敝屣时中圣，四海骚坛属下风。入眼烟花非故国，挺身穷饿此衰翁。南都今又沦荆棘，忍过青溪半亩宫。(丈居复成桥。)"寅恪言，散原丈挽诗，以瞿兑之（宣颖）所作为最工，惜宓未得见。录此篇以待他日示寅恪。

又补录一九三三年癸酉《贞惠先生挽诗》并序，知徐世光字友梅，东海介弟。少举于乡，以县令需次山左，治河有功，旋登莱抗税民变，由同知洊至监司。辛亥后，居津，罕与人接。东海为相国，曾不一干。濮阳黄河决，曾治河工，又为水灾筹赈济民。闲居画梅花。殁后，乡人私谥贞惠先生。义宁陈三立为志其墓。子绪直。遗集曰《天心斋诗文集》。《挽诗》云，"先生政绩山左魁，防御河患尤恢恢。更与国家节货财，冗官粮储为奏裁。登莱抗税民喧豗，公能弭变称通才。国步改玉臣心灰，析津避世聊凿坏。濮阳泛滥众口推，手塞宣房万福来。家居犹负胞与怀，倾囊四出拯穷灾。闲时弄笔偶画梅，谁识广平中肠哀？如公白璧无纤埃。易名贞惠生平该。忆我北走黄金台，想望风仪羞自媒。公今朝天阊阖开，不须清浅悲蓬莱。贞元朝士皆倾陨，坐看起蛰多风雷。拟公靖节公莫猜，侧闻文学追邹枚，何时高诵天心斋？"

——吴学昭整理《吴宓诗话》，商务印书馆 2005 年版

江巨荣

吴梅的《顾曲麈谈》与《中国戏曲概论》

二十世纪初，我国学术界几乎同时出现了两位戏剧学大师。一位是王国维，一位是吴梅。王国维以深厚的历史研究的功力，独到的艺术鉴赏的眼光，广博的中外文化的视野，在世纪初完成了《戏曲考原》、《唐宋大曲考》、《宋元戏曲史》等重要著作，开创了古代戏曲研究的新时代；吴梅虽带有老派学者的学术个性，却也以深厚的传统曲学、戏剧学知识为根底，集度曲、制曲、藏曲、教曲、演戏于一身，发挥他独特的知韵守律、审音度曲、创作表演的特长，继往开来，对传统曲学的曲的本体论、创作论和中国戏剧史做了深入的研究，并在明清戏剧史的研究中做了许多开创性的工作，奠定了明清戏剧研究的基础，是一位博学的曲学家和戏剧史家。两位学者的学术成果相互补充，交相辉映，共同推动了我国曲学、戏剧学的现代化的进程。

一

吴梅(1884—1939),字瞿安,又字灵䲙,号霜厓,长洲(今苏州)人,出生在旧式仕宦人家。早年习举业,学古诗文,18岁补县学生员。两应江南乡试,皆不第。光绪末,科举废除,维新思潮兴起,吴梅与南社诸君子交游,也关心国事,喜谈革新,曾作诗悼念戊戌变法死难君子,表现了一定的政治热情。随着时代的变迁,他开始肆力于词曲之学,并选择教育为终身职业。从民国初年开始的三十年间,进入他学术活动的高峰时期。他不仅创作出许多戏曲作品,完成了很多学术论著,还先后应北京大学、北京高等师范、南京大学、东南大学、光华大学、中央大学、金陵大学聘,主持教席,教授词曲,为这个世纪培养了许多著名的词曲和戏曲研究家。正当盛年,卢沟桥事变爆发,苏州遭日寇轰炸,他不得不举家避难,因而迁武汉、湘潭、桂林、昆明,饱受风鹤之苦,最后逝于云南大姚,时年仅56岁。[①]

吴梅学有专攻又多才多艺。他能诗词,能文章,有诗文集若干卷,词若干卷。又精鉴赏,有《霜厓读画记》一卷。他擅于剧作,曾作杂剧9种,传奇4种。其中《轩亭秋》谱辛亥革命烈士秋瑾殉难事,《湘真阁》《风洞山》谱故国丧乱事,《苌弘血》谱戊戌变法六君子死难事,都有很强的现实性。他精于审音定律、度曲演剧,曾受邀入苏州道和曲社、上海琴社、中央大学潜社,并任南京紫霞曲社社长,与名曲家切磋曲艺,以曲唱和,十分频繁。一时名角,如韩世昌、白云生、梅兰芳也向他学艺。他不仅为人操鼓板,还能粉墨登场,曾演过《西厢记》中的莺莺,《牡丹亭》中的陈最良,《荆钗记》中的老旦,《千钟禄》中的解差等角色,戏路颇广。

他的主业在曲学和戏剧史的研究,完成的著作有《奢摩他室曲话》

---

①　参考王卫民《吴梅年谱》,见1982年中国戏剧出版社《吴梅戏曲论文集》。

（1907）、《顾曲麈谈》（1914）、《曲海目疏证》（1914）、《中国戏曲概论》（1926）、《元剧研究 ABC》（1929）、《瞿安读曲记》（1932）、《曲学通论》（原名《词学通论》，1932）、《南北词简谱》（1931）。他还为商务印书馆著有《辽金元文学史》一种，"一·二八"事变中毁于日军轰炸。今所见同名著作，系吴梅指定他人所作，商务为借重吴梅名望，刊出时仍署名吴梅。

吴梅还是著名的藏书家。在京六年就购书2万卷。所藏以杂剧、传奇、散曲、曲谱最多，仅编定《奢摩他室曲丛》时，他交商务印书馆的善本、稀见本就有152种，曲藏之富，甲于一时。于所见书，他亦勤于校勘，撰写题跋，身后有《霜厓曲跋》问世。

最后，他还是著名的曲学、戏剧学教育家。他在北京、南京、上海、广州多所大学任教，主讲曲学理论和中国戏剧史，一时才彦如任二北、卢前、唐圭璋、王季思、钱南扬、万云骏等词学名家和戏剧史家都出其门下，影响了我国现代词曲学和戏剧学的研究。今人在概括吴梅的戏曲研究之广时说："他于藏弄、于镌刻、于考订、于制作、于歌唱、于吹奏、于搬演，几乎无一不精；于文辞、于音律、于家数、于源流、与掌故、于著录、于论评，又几乎无一不究。盖集众长于一身，怀绝学以终世，天下一人而已。"[①]我们说他是一个全才的曲学家当不过分。

二

吴梅曲学研究的重点分两个方面。一是以考述曲的特性、构成、演唱为中心的戏曲本体论。二是描述宋金元直至明清时期，包括散曲、戏曲在内的"曲"的发展史。前者有《曲学通论》、《顾曲麈谈》诸作，而以《顾曲麈谈》为代表；后者除《中国戏曲概论》以外，还有《元剧研究》以及《曲海目疏证》、《瞿安

---

① 高明：《南北曲小令谱序》，转引自周维培《曲谱研究》。

读曲记》等成果，却以《中国戏曲概论》最为完整，并代表着他剧史研究的最高成就。两书虽有分工，各有侧重，但彼此互有关联，相互渗透，故这里选取的两部论著，一横一纵，大致反映了吴梅曲论、剧史论的面貌。

《顾曲麈谈》共四章，第一章为"原曲"，系探讨曲的源流、曲的特性、曲的音乐、文字构成和体式的部分。由于作者立足于研究元明清的剧曲与散曲，讨论的是元以后南北曲的直接曲源，因而没有涉及先秦古乐、乐府、唐教坊曲的渊源与演变，而直接把曲的渊源，归之于金元词调。他说："曲也者，为宋金词调的别体。当南宋词家慢近盛行之时，即北调榛莽胚胎之日。""沿至末年，世人嫌其粗陋，江左词人，遂以缠绵顿宕之声以易之，此南北曲之始也。"把曲看作词的后裔，南曲是北曲的后裔，这种看法，自王世贞提出后延续数百年，吴梅不过继承了旧说而已。实际上，曲的源流是多渠道的，词调只是曲调的一个源泉。南北曲之源主要来自民间，不是一种乐曲对另一种乐曲的更替。而且，南北曲之间只是流行地区不同，彼此没有先后继承关系。若从产生前后来说，南曲、南戏可能都还在北曲之前。所以王世贞、吴梅这种说法，既不全面，又不准确，这种曲学"原始"论就显得过于简略。

吴梅曲学理论最重要、最有心得的成果，是考辨宫调、曲牌、曲韵为中心的曲律论，以铺陈结构、摛文布采为主的制曲（文本创作）论，依腔订谱、按声习唱为内容的度曲论。[①] 三者关系密切，各自为用。曲律论是制曲、度曲的基础，制曲、度曲是论曲的功用。制曲是曲词创作，度曲则重在演唱。于此可见，吴梅的曲论有鲜明的重创作、重演唱的实践性特点。他在细致地论述和认识曲的格律、特征的基础上，在许多实践技能很强的地方，构筑起剧作家依律填词、谱曲家依声打谱、演唱家循声习唱三度创作的模式。吴梅自许自信者在此，他欲"将平生所得，倾筐倒箧而出"者也在此。

曲律论的第一课题是论宫调。它包括什么是宫调及南北曲中宫调与曲

---

① 周维培：《新曲学的崛起和旧曲学的终结》，《南京大学学报》1988 年第 4 期。

牌的领属关系。这是我们了解、认识曲文学,接触戏曲、散曲作品的第一道门槛,自然是曲论题中应有之义。然而,宫调论早已被古代曲学家谈了又谈,论了又论,成了所谓"千古之谜"了,吴梅在这迷宫前,又有什么新看法,新收获呢?他的新见解和新贡献,是撇开以繁琐和故弄玄虚为故伎的论调,根据作曲、度曲的实际应用,明确地指出:"宫调者,所以限定乐器管色之高低也。"他用为昆曲定调的笛色作说明,谓:一笛六孔,计有七音。依据按孔吹奏的部位不同,并以小工调为基础,依次转换,就能分别吹出不同调高的曲调,俗称小工调、尺字调、上字调等,也即相当于西乐的 $1=d$、$1=c$、$1=b$ 之类。他从而指明,"今曲中所言宫调,即限定某曲当用某管色。"这就把曲的宫调说得通俗易懂。他又把乐人广泛使用的笛调系统与古宫调术语加以对应归纳,确定昆曲十七宫调的笛色,即:

小工调:仙吕宫、中吕宫、正宫、道宫、大石调、小石调、高平调、般涉调属之。

凡字调:南吕宫、黄钟宫、商角调、仙吕宫属之。

六字调:南吕宫、黄钟宫、商角调、商调、越调属之。

正宫调:双调属之。

乙字调:双调属之。

尺字调:仙吕宫、中吕宫、正宫、道宫、大石调、小石调、高平调、般涉调属之。

上字调:南吕宫、商调、越调属之。

这就是我国民间广泛使用的宫调系统。吴梅以简练的文字揭示了"宫调"的实质,为我们解读曲文学的宫调符号开辟了捷径,演唱、演奏乐器者也便于操作,在曲学理论上做出了重要贡献。它也被现今的曲学论著广泛采用。[1]

───────────────

[1] 参见华连圃《戏曲丛谈》、韩非木《曲学入门》、赵山林《中国戏剧学通论》。

在曲牌与宫调的归属关系上，吴梅也依据曲谱做了细致的排列。其中有的是按一定的调高、结音、声情划分的，有的则由于文人"别出心裁，争奇好胜"，犯宫犯调造成的。曲牌连接有相当的自由，其相互关系实际上存在着许多混杂的现象，故不能简单地依样画葫芦。创作者只有熟悉曲情、曲理，参照实例用法，才能写出声情并茂的作品。随着时代的推移，曲、文创作的分离，宫调已成了曲牌一种不太严密的分类标目，而逐渐失去它的本质。认识到此，才有助于读者打破乐律神秘主义的迷信。

曲律论的第二个内容是论曲韵、行腔、板眼。不知韵就不能下字，不知韵也不能行腔接字，确定板位。任意而行，不仅不能合律，而且还会闹出笑话。所以吴梅律曲之初，即要求分定韵部，分辨四声，辨别喉颚舌齿唇之清浊和四声之阴阳。他在这里划出的韵部，虽大致根据《集韵》、《中原音韵》、《音韵辑要》，但已依填曲、唱曲的要求，作了部分的并合与区分。如东冬、萧豪的合并，鱼模之分为居鱼、苏模，都是符合实际演唱情况的调整。故作者自信地说："填词者就此韵用之，依韵以填词，守部以选韵，庶不致藐规越矩者矣。"这也可以说是昆曲曲韵辨识和应用的新成果。

阐明了曲的宫调、音韵的两大问题以后，吴梅转入南北曲作曲法的阐述。作曲法的依据其实来自南北曲本身的要求，所以它也是在创作的实践中继续阐述曲的特征。这些特征包括：曲牌有一定的体式，作曲需按它的字格、板式、曲情加以选择；汉字有四声，四声关系着曲的行腔高低和是否优美动听，因而作曲者必须注意用字；曲有节奏板眼，故不可随意添加衬字，以免荒腔走板；曲牌联套于引子、过曲、尾以及选韵都有约定俗成的套式，填词家应取名家作品作参考。北曲套数尤为严谨，故作者于每一宫调内特为选了长短套式，供人选择应用。他从北曲作品的实际出发，考校了周德清和李渔以来的"务头"论，终于别出新说，称"务头者，曲中平、上、去三音联串之处也"，这也是具有可操作性的见解。

这些特征论或作曲法，有的属于常识，如曲牌字有定格，韵有定位，板有定数。套曲连接,有引子、过曲、尾声,曲曲相连有一定的范式等,这些都是了解传统南北曲必须有的知识和制曲应遵守的规律,不能任意违反。有的属于技术性、专业性较强的要求,它对音韵学家、谱曲音乐家则可,对剧作者多加限制则未免苛刻。如"依字行腔",吴梅就指出:"字音与曲调,盎然相反。四声中字音以上声为最高,而在曲调中,则反处极低之度。又去声之字,读之似觉最低,不知在曲调中,则去声最易发调,最易动听。"所以下字、订谱或唱曲,都要依据字读的四声阴阳调值以为乐音。其中阴平声字,呈高平状;阳平声字,呈由低转高的升调状;上声字,先下行后上行,呈降升状。凡此等等,都直接影响字腔、旋律,有其内在规律,不能不有所讲究。古代曲家于声韵格律之学一般都有较深的修养,讲究起来也没有太多的困难。问题是剧作家在填词作剧的时候,他们主要依据曲情、曲理,依据人物感情需要遣词造句,何暇顾及阴阳清浊。故汤显祖说:"凡文以意趣神色为主。四者到时,或有丽词俊语可用,尔时能一一顾及九宫四声否?如必按字摸声,即有窒滞迸拽之苦,恐不能成句矣。"①可见,这类精致化的昆曲字腔、腔格,谱曲、唱曲的应当知道(其《度曲》章有详细的叙述),剧作家则不能被它捆住手脚。当然,吴梅虽讲究这些格律,他同时却也强调:"守法是死,填词是活。""即有舛误,亦当平心宽恕。"这倒也不失为融通之论,也应予以注意。

三

　　上面所说就是吴梅的曲律论。虽然在律曲的同时,他已说到了填曲作剧的许多方面,已属于"制曲"的范畴;但无论制曲中宜别曲牌也好,按式联套也好,都是与曲律相关的方面,所以注意的重点仍在律,即在曲的内部规范。至"制曲"一章,吴梅则把视角转向戏剧的社会作用、戏剧结构、文词等方面,也

---

① 汤显祖:《答吕姜山》。

就是戏剧文学鉴赏和创作方面的一些问题作论述。这里作者虽然也说到清曲(散曲)作法,实际上侧重在戏剧,故所谓"制曲"主要是他的戏剧创作论与批评论。

吴梅的戏剧创作论与批评论有明显的继承性。如论戏剧作用时,强调的"惩劝"说、"讽谏"说,从汉儒文学的讽谏和惩劝,到周德清、高则诚的戏剧惩劝、讽谏,直到明清的许多曲论家都反复说过;在论戏剧结构时强调"立主脑"、"脱窠臼"、"密针线"、"均劳逸",明显是王骥德、李渔曲论的承继。至于词采上贵浅显、重机趣、倡当行本色,反堆垛典故,也无不笼罩着古人的影子,没有几多新意。一个进入二十世纪的曲学家,仍说着数百年前的话语,其理论的保守和滞后无可讳言。但若仔细阅读他的理论,我们仍然可以看到一些突破和新意。如他尽管爱说戏曲扶偏救弊、有裨风教,但又说戏曲的作用主要在"感动人心,改造社会","为社会之警钟"。联系他创作的反映维新变法和秋瑾遇难的作品,就可以知道其"改造社会"、"为社会之警钟"的主张有相当直接的现实内容。它与近代戏剧改良运动的主张基本同步。他又说,戏曲"唯一之宗旨,则尤在美之一字"。这就是说,戏曲不仅有社会的需要,而且更有审美的需要。在我国传统的戏曲理论中有过胡祗遹的"九美"说,李卓吾的"自然美"说,于戏曲美的鉴赏作出了贡献,但千年以来,还没有人把美的鉴赏看作戏曲鉴赏的唯一宗旨。这恐怕已是"五四"前后美的教育的体现。把美作为戏曲鉴赏宗旨的主张此后也不断出现,但要普遍把它作为"唯一的宗旨",或主要宗旨,恐怕要在未来。这样,吴梅的这一理论又有较强的超前性。

至于结构论与词采论,吴梅蹈袭前人的东西也很多,但稍加研究,也可以看出他在继承中同样有所发展。如"脱窠臼"之求新、求奇,本是明清曲论的重要见解,至李渔而成为明确的号召。但李渔之论重在情节奇,语言新,反对在关目排场上因袭、效颦。吴梅却在整体上要求全面求新。他说:"窠臼云者,非特窃取排场,即通本无一独创之格,亦是窠臼。"这比李渔的要求又提高了许多。同时,他还根据现代舞台布景、道具日新月异的进步,提出采用的意见,亦很有现代感。辞采上,他反对骈俪,反对堆垛故实、辞意晦涩,也反对出语粗鄙、不登大雅之堂。这都无甚新鲜。他的进步,是强调戏曲语言需要依据人物性格,写出个性化的语言。如说:"所作曲白……要使其人须眉如生,而又风趣悠然,方是当行作手。"又说:"所填词曲宾白,确为此人此事,为他人他事不能移动,方为切实妙文。诗古文辞,总宜贴切,填词何独不然?各人有各人之情景,就本人身上挥发出来,悲欢有主,啼笑有根,张三之冠,李四万万戴不上,此即贴切之谓也。"这应是语言性格论的精辟见解。

总的说来,吴梅的戏剧创作论和批评论是总结多于创新,继承多于发展。他处在近现代思潮大变革的时代,却缺乏接受新事物、研究新问题的兴趣,所以虽在具体问题上时有精深之见,但又过于简略,没有形成明确、周密的理论,因而总体上缺乏时代感和新气息。这也许是他的学术个性造成的吧。

四

吴梅曲学研究的又一个重点是剧史研究。《麈谈》之第四章"谈曲"所述元明清曲家遗事轶闻、生平履历、曲作品评,已初具断代剧史的雏形。至《中国戏曲概论》则写出了上自金元,下至晚清六百余年间中国戏剧史的研究专著,在戏剧史研究上取得了新的成果。

剧史研究以王国维为肇始,他的《宋元戏曲考》自古巫歌舞直到元代戏剧的演变发展都作了非常有价值的论述,至今仍为学界所重。但王氏过于"信而好古",对明清戏曲多有偏见,视之为"死文学",所以他的剧史以元代为断,无意涉及明清,这就在戏剧通史上留下了很大的空白。以元剧的研究而言,王国维《宋元戏曲考》的重点也在与元剧相关的理论问题,于作家、作品则着言不多,读者对元剧的剧目、流派、衍变都难以得到清晰的印象,这作为一部早期断代的剧史也明显有所不足。吴梅的剧史研究则在王氏的基础上,把重点移向明清传奇和杂剧,移向元以后五六百年的明清戏曲史研究,而成贯通宋(宋金部分十分单薄)元明清的中国戏曲通史。如果说《宋元戏曲考》标志着我国第一部戏剧前期史的出现,《中国戏曲概论》则标志着我国第一部比较完整的、以戏剧成熟期为重点的戏曲史的出现。一般认为,中国戏剧成熟于金元,到明清而发展,并取得新的辉煌。因此之故,只有一部比较完整的、重在反映戏剧成熟期的戏曲史才能反映我国戏曲的成就和全貌。吴梅的戏曲史恰满足了这一需要。它的出现,奠定了元明清戏曲史的基础。故无论卢前的《明清戏曲史》、青木正儿的《中国近世戏曲史》等明清戏曲史之作受到他的影响,连后来的戏曲、散曲通史也受到他的启发。可见王、吴两家,都为中国戏曲史的研究作出了重要的贡献。

　　吴梅不单把中国戏剧史的研究跨度延伸到明清,还为元明清戏剧史的研究充实了内容。这包括介绍作家的生平、作品,品评作品的艺术特点,勾勒曲家的风格流派,梳理戏剧文学衍变的脉络等。吴梅处在剧史研究的初创期,当时资料匮乏,举步维艰。元代剧曲,虽有《录鬼簿》、《元曲选》及王国维的著作可以参考,明清部分则连一本独立的曲目目录也不完备,他硬是凭借私藏和查阅,首次开列了比较详细的剧目、曲目。如明杂剧、传奇、散曲目,清杂剧、传奇、散曲目。按今日的标准去看,其中的疏漏和失误固自不少,但主要作家和作品已大致无差。有的作家,如朱有燉,这里著录杂剧 25 种,虽不算齐全,但在当时已是最多的了。有的剧作,如《红梅记》,虽存明刻本,但《缀白裘》、《集成曲谱》所选只有两三出,读者、演者长久不知全貌,吴梅偶得全本于"破肆"中,然后详加介绍,这在剧目上也是重要的发现。至于元杂剧,虽大体本于王《考》,但他在作者、作品的著录上也有少量的补正。[①] 可见也做得颇为细心。《概论》如此重视曲目文献,正表现了早期剧史基础工作的特点。

　　吴梅的作家评价和剧史论也有精到之处。比较突出的有:一、在作品的品评上,他一方面看重文辞,另一方面又重视思想内容和其他戏曲因素的配

---

① 　如补罗贯中《风云会》、费唐臣《赤壁赋》等。

合。重文辞是前人论曲的重要标准,也是与戏曲文学的特殊性相联系的一个标准,故吴梅对关汉卿曲辞之雄肆、王实甫之妍炼、白朴之清俊、徐渭之精警豪迈、李玉之雅丽工炼都交口赞誉,许多曲词都烂熟于心,出口成诵。文中引用频繁,有满纸珠玑之感。但戏曲作品的成败优劣还取决于思想内容与其他因素的配合。他认为,天然之文,胜于乐官之造作。"闾巷琐碎、儿女尔汝"之事,胜于歌功颂德的官样文章。金元杂剧之所以成功,是因为一代才彦,绝少达官,表达的是"人民的崇尚,迥非台阁文章以颂扬藻绘可比"。明清作品的好坏也看它与社会风尚性情的关系。一味缋祀符瑞歌功颂德,就成官样文章;与社会风尚、性情相合,则成一代文学的代表。他批评《五伦全备》、《香囊》、《琵琶》及其模仿之作,为迂、为腐、为笨伯;批评夏纶的作品头巾气太重;赞扬《还魂记》描写永不消灭的至情、《东郭记》对世事的嬉笑怒骂、《红梨记》的故国沧桑之感,在这种抑扬中表现了对戏剧作品内容的重视。在不少剧目的分析中,他反对流传甚广的捕风捉影之谈,也是力求准确把握作品内容的表现。其他因素,如音律、角色、排场结构,在他的评论中也受到重视。这都反映吴梅的作品评价已趋向全面。二、在戏剧史发展过程的描述上,《概论》虽有罗列名单、堆砌资料之嫌,但吴梅还是注意梳理其衍变的阶段性,概括流派的个性特征。如他从出目、角色及有无歌舞动作等方面,比较精确地分析了元杂剧与诸宫调的不同,揭示出元杂剧在艺术上的进步。到明代,他又从结构的长短、南曲的应用、唱角的增多、曲词风格的变化,比较了元明杂剧的差异,看出杂剧体制的演变与发展。这都是对杂剧流变过程很简明的总结。在传奇的论述中,他将明传奇分为开国初的南剧、海盐腔的出现、昆山腔的繁盛等阶段,在昆山腔传奇中,依据文辞和格律,分出以沈璟为首的吴江派,以汤显祖为首的临川派,以梁辰鱼为代表的昆山派,并概括出他们的特点。清总论中,依据时代风气与戏曲的关系,分为顺康、乾嘉、道咸、同光等阶段,举出代表作家,作总体评价;后又总结说:"乾隆以上有戏有曲,嘉道之际,有曲无戏,咸同以后实无戏无曲矣。"把变化之迹概括得十分清晰简练,至今仍为许多剧史家所采用。总的说来,他的剧史也是材料多于观点,甚至淹没观点,许多很好的见解没有作充分的展开;但他不仅为后人画出了八百年剧史发展的脉络,还总结了许多重要的规律,值得我们借鉴。

五

　　曲学作为一种专门之学,有宏观的研究,也有微观的研究。有王国维的通才之学,也可以有吴梅的专家之学。从治学之专勤和所涉曲学门类之广博而言,吴梅成就的若干方面当时无人可与比肩,后人也无人全面达到他的水准。他的成果标志着旧曲学的终结和新曲学的开启,所以有不可替代的学术地位。但由于时代和研究方法的限制,他的曲论和剧史也留下不少的缺陷和错讹。这主要表现在:重字格、句式、声韵格律,轻内容的表达和创新。其视"临川四梦"为"南曲之野狐禅"可为显证。重度曲、制曲的实践功能,却极少涉及舞台表演和舞台艺术等更重大的问题。他将声歌之道限于律学、音学和词章,也就是这种倾向的表现。南曲研究中,他以昆曲为中心,以昆曲为标准,而对民间戏曲乃至京剧都不置一词,表现了戏曲观念浓厚的保守性和崇雅拒俗的文人趣味,以至被讥为"迷恋昆曲之残骸"[1]。在剧目、曲目、作者的著录上,不仅遗漏甚多,而且时有差错,如将《荆钗记》归与朱权,将沈自征的《渔阳三弄》错为《秋风三叠》,说徐渭的《四声猿》每本一折,都是作者疏于考校的结果。现在看来,他著录的剧目文献早已完成历史任务,现今的研究则必须借助于新的成果了。这是学术发展的必然。

　　——江巨荣《诗人视野中的明清戏曲》,复旦大学出版社 2018 年版

---

[1]　叶德均:《吴梅的霜厓曲跋》。

吴秀卿　慎载光

浅谈吴梅与戏曲改良运动

——以《湖州守》为中心

一、前言

　　吴梅是中国近现代之交最有影响力的戏曲研究者之一。他不仅在戏曲理论方面著有《顾曲麈谈》等作,在曲律研究方面更著有《南北词简谱》为后人研究曲律提供准绳。浦江清曾将其与王国维放在一起评价道:"近世对于戏曲一门学问,最有研究者推王静安(王国维)先生与吴(吴梅)先生两人,静安先生在历史考证方面开戏曲史研究之先路。但在戏曲本身之研究,还当推瞿安(吴梅)先生独步。"①也正是由于吴梅对戏曲本身有深度的研究,所以他不仅是一位研究理论、考证史实的戏曲研究者,也是一位可以粉墨登场的戏曲创作家。在《中国戏剧学史稿》一书中,叶长海就评价吴梅是"近世创作戏曲

---

① 浦江清:《悼吴瞿安先生》,王卫民编《吴梅和他的世界》,河北教育出版社 2002 年版,第 61 页。

颇有成就的作家"①。

　　吴梅一生所创作戏曲作品共十四部,按照创作时间先后有传奇《血花飞》、《风洞山》,京剧《袁大化杀贼》,杂剧《湘真阁》、《轩亭秋》、《落茵记》,传奇《镜因记》,杂剧《双泪碑》、《杨枝伎》、《钗凤词》、《无价宝》、《湖州守》、《国香曲》以及《义士记》。② 学者们大多以辛亥革命结束后所作杂剧《杨枝伎》、《钗凤词》二剧为基准,将吴梅的戏曲创作分为前后两个时期。对其前、后两时期的作品进行评价时,认为其前期创作"有一个特色,便是鼓吹民族主义……为那时的民族革命者作鼓吹宣传之用……他尽了他那个时代一个革命者的任务,这与他的慷慨激昂的性情很相合的"③,并认为其中传奇《风洞山》"为吴梅的代表作,思想性及艺术成就在吴梅剧作中均居首位"④。而吴梅的后期创作,由于其"逐渐疏远政治,所作戏曲意义不如前期创作"⑤。

　　然而,吴梅在《霜厓三剧·自序》中却说道:"初取戊戌政变事,成《苌宏血》十二折,后取瞿忠宣事,成《风洞山》二十四出,其实无所得也……此《三剧》(《霜厓三剧》)中,《惆怅》(《惆怅爨》,其中包括《放杨枝》一折、《钗凤词》一折、《湖州守》二折、《国香曲》一折)五折,用力稍勤。"⑥其看法与前段所述后来学者的观点截然相反。

　　为了解为何两者对吴梅作品的评价存在如此之差异,结合当时的历史背景,即二十世纪初展开的戏曲改良运动进行讨论,或许能够得到一些有价值的参考资料。本文中,笔者简单探讨了吴梅在戏曲改良运动前后发生的思想变化,并以此为前提,以《湖州守》一剧为例着重讨论吴梅的戏曲创作观之转

---

① 叶长海:《中国戏剧学史稿》,骆驼出版社(台湾)1987年版,第672页。

② 王卫民:《吴梅评传》,社会科学文献出版社1995年版,第33页。

③ 郑振铎:《记吴瞿安先生》,《国文月刊》1942年第42期,转引自王卫民编《吴梅和他的世界》,第71页。

④ 齐森华、陈多、叶长海主编:《中国曲学大辞典》"风洞山"条,浙江教育出版社1997年版,第535页。

⑤ 同注1。

⑥ 吴梅著,王卫民编:《吴梅全集·作品卷》,河北教育出版社2002年版,第322页。

变及其意义。尝试为评价吴梅戏曲创作及探讨其与戏曲改良运动之关系时提供更多样的视角。

二、戏曲改良运动与吴梅戏曲创作观之转变

1894 年清政府在中日甲午战争中失利后，中国人民的爱国情绪空前高涨。十九世纪下半叶传入中国的民族主义思想以及民权主义思想也在这一时期迅速发展，并与这股爱国激情融为一体成为一种反帝国主义的民族主义思潮。帝国主义国家的侵略行径将吞并中国的野心暴露无遗，许多爱国知识分子意识到了国家正处于决定存亡之刻。这些爱国知识分子参考西方国家的民权政治体系并借鉴日本推行的民主维新运动，开始大力宣传民权，欲借民主政治的推行救亡图存。

1902 年，梁启超发表《论小说与群治之关系》，一举将通俗文学推向了这场政治维新运动的最前沿。文中认为"小说为文学之最上乘"并且提出了"欲新一国之民，不可不先新一国之小说"①这个观点。这个观点迅速地改变了千百年来中国的文学构架，通俗文学不再是低级文学，反而成为"文以载道"的最尖锐的工具。文中的"小说"也同样包括戏曲作品在内。是年，梁启超分别在《新民丛报》和《新小说》中刊登了传奇《劫灰梦》、《新罗马》以及《侠情记》。② 一时间许多知识分子受到鼓舞，积极地响应号召参与到创作队伍中。一场为"新一国之民"而展开的文学改良运动就这样拉开了帷幕，声势浩大，影响空前。阿英总结这段历史道："当时中国处于'危急存亡之秋'。清廷腐朽，列强侵略，各国甚至提倡'瓜分'，日本也公然叫嚣'吞并'，动魄惊心，几有朝不保暮之势。于是爱国之士，奔走号呼，鼓吹革命，提倡民主，反对侵略，即

① 梁启超：《论小说与群治之关系》，《饮冰室合集》卷十，中华书局 1936 年版，第 6—7 页。
② 王汉民、刘奇玉：《清代戏曲史编年》，巴蜀书社 2008 年版，第 341—342 页。

在戏曲领域内,亦形成了宏大潮流,终于促进了辛亥革命的成功。"①

在这样一个大环境下,吴梅的戏曲创作与这场戏曲改良运动达成了价值观上的一致。受到民族主义思想的影响,吴梅于 1903 至 1907 年创作的多部戏曲作品都紧扣反清反帝的主题,积极地参与到了民族革命者的行列中。其中写瞿式耜抗击清兵的故事的《风洞山》更是呼应当时高涨的反清革命浪潮,加上"作品填词谱曲均严格遵循曲律规律,在当时亦属绝无仅有"②,在当时社会产生了很大的影响。

1912 至 1913 年,也就是辛亥革命期间,吴梅受到民权主义思想的影响,开始对民主、自由等问题进行了思考。这一期间所作传奇《镜因记》和杂剧《轩亭秋》、《落茵记》都是反映女性权利问题的作品。吴梅依旧以戏曲创作为手段,积极投身于民主革命当中。

直到这个时期,吴梅的创作一直紧密配合着革命斗争,其戏曲作品也都具有强烈的时代精神。虽然吴梅十分重视曲律,但他在这个时期的创作观念中还是更多地将戏曲当作了"载道"的平台。比起戏曲的形式,他将改良的重点放在了思想内容上:编写新戏、抨击时事、鼓吹革命。而这同样也是当时支持改良的剧作家们的主流创作观念,甚至多数作者只把重点放在宣传革命上,将戏曲完全看作是一种工具。这就造成了随着二十世纪初戏曲改良运动的展开,"爱国的作家或学者利用杂剧、传奇等旧戏曲形式写作爱国和革命的新剧本,但这种剧本大都是案头之作"③,甚至在情节设定及故事完整度上都存有严重问题的现象。从以"作品填词谱曲均严格遵循曲律规律,在当时亦属绝无仅有"④来评价《风洞山》一剧,也从侧面看出了戏曲改良运动期间很少有"严格遵循曲律规律"的作品。原本就已开始没落的昆曲不仅没能通过

---

① 阿英:《〈晚清文学丛钞·传奇杂剧卷〉叙例》,转引自叶长海《中国戏剧学史稿》,第 682 页。
② 齐森华、陈多、叶长海主编:《中国曲学大辞典》"风洞山"条,浙江教育出版社 1997 年版,第535 页。
③ 叶长海:《中国戏剧学史稿》,骆驼出版社 1987 年版,第 682 页。
④ 同注 2。

这场改良运动得到重生,反倒加速了它的衰亡。吴梅似乎意识到了以戏曲宣传革命的任务可以由他人填补自己的空缺,而传承、保护传统戏曲这门艺术的使命则并没有那么多人有能力去代替他完成的这个事实。

吴梅不仅意识到了上述问题,似乎还从对传统戏曲内容上的改良预感到了这场运动最终会再构架中国的戏剧形式。邓兴器在总结评价二十世纪初戏曲改良失败的原因时说道:“近代戏曲改良失败的原因之一,就是先驱者们把事情看得过于简单。他们主要关心的是在舞台上表现新生活、新思想这一强烈愿望的实现,还不太重视或来不及考虑去创造新的戏曲表现形式。同时,他们对传统戏曲形式的局限性也估计不足,认为只要在旧形式中填上新的内容,戏曲就改良了。因此不论表现什么题材,基本上都是套用旧有的戏曲程式。其间虽有一些小的改动,却始终不曾脱离旧戏曲形式的规范。所谓改良,多是‘改装’而已。这样的作品当然是没有生命力的。”[1]从这段评论可以看出中国戏剧的现代化改良不仅是在内容上,更是要在表演形式上开展才能获得具有生命力的作品。而这种“旧瓶装新酒”的“反映时代的作品很快就要成为过去”。[2]

与此同时,二十世纪初话剧的迅速发展似乎加深了吴梅对传统戏曲发展前景的忧虑。而正如他所担心的一样,在“五四”新文化运动期间卷起了全盘推翻传统戏剧、以话剧取而代之的文学革命浪潮。对于这段时期的“旧剧改革”,邓兴器总结道:“‘五四’时期对戏曲的批判,又走到了过于严峻的极端,乃至于认为传统戏曲无论内容和形式都无一不是封建的、非人性的、原始的、毫无美学价值的,非‘全数扫除,尽情推翻’而代之以西洋话剧不可。这事实上等于否定了戏曲有改革的必要和可能,也说明‘五四’的闯将们并没有正确把握由他们自己提出的‘旧剧改革’的真实意义,从另一个片面反映了改革者

---

① 邓兴器:《当代中国戏曲》“绪论”,载张庚主编《当代中国戏曲》,当代中国出版社1994年版,第11页。
② 赵景深:《晚清的戏剧》,《青年界》1935年第8卷第5期。

们的盲目性。"①由此可以知道,中国戏剧的成功转型需要对传统的戏曲进行形式及内容的改良,同时又要避免盲目地以话剧取代传统戏曲。对于此问题,吴梅于"五四"运动之前便已开始思索并寻求答案。

1913 年吴梅在完成了理论著作《顾曲麈谈》之后,对戏曲的创作观念发生了翻天覆地的转变。正如前文所述,此后的吴梅"逐渐疏远政治",不再将戏曲看作服务革命的工具。他将视线转移到了艺术本身,开始探求传统戏曲在未来的出路。自 1914 年改编《杨枝伎》、《钗凤辞》二杂剧始,吴梅退出了单纯为革命服务的创作队伍。他在传统戏曲"变"与"不变"的缝隙间找寻改良传统戏剧的出口,开始了与当时改良派与守旧派皆不同的、由个人发起的对戏曲改良的尝试。而这尝试的最终果实便是杂剧《惆怅爨》。

三、在"变"与"不变"之间的探索

吴梅所作杂剧《惆怅爨》包括《香山老出放杨枝伎》一折、《陆务观寄怨钗凤词》一折、《湖州守甘作风月司》二折以及《高子勉题情国香曲》一折,前后共历时十七年。吴梅本人在《霜厓三剧·自序》中表明其在此剧中用心颇多,并表示比起早年《风洞山》等作更有意义。结合前文所述内容,我们不难看到吴梅此言谈中有着更深层的含义。遂本文欲以《惆怅爨》中《湖州守》一剧为例,试探讨吴梅发起的与时代大趋势不同的针对传统戏曲改良之面貌。

吴梅在后期创作中已不再像早期那样编写时事剧了,他在《惆怅爨·自序》中明示《湖州守》的创作来源道:"读黄石牧《四才子》、陈浦云《维扬梦》诸传,心怦然动,遂有《湖州守》之作。"②通过这篇序文可以知道吴梅是受到了

---

① 邓兴器:《当代中国戏曲》"绪论",载张庚主编《当代中国戏曲》,当代中国出版社 1994 年版,第 11 页。
② 吴梅著,王卫民编:《吴梅全集·作品卷》,河北教育出版社 2002 年版,第 339 页。

黄之隽的《梦扬州》、陈栋的《维扬梦》等作品的启发,获得灵感而作《湖州守》。而黄、陈二作又都是根据《太平广记》中记载的有关杜牧的故事改编。为更清楚地比较其在整体内容上的异同,在此简单概括下提到的几部作品的大致情节。

《太平广记》中对杜牧的记载:

> 丞相牛僧孺出镇扬州时聘杜牧作掌书记,杜办公之余每日出没娼楼。牛惜才,暗中派人保护杜。几年后杜除授御史时才得知此事,流泪跪谢牛。
>
> 后杜因公停留洛阳时,前往司徒李愿家中参加宴会,常闻李家歌妓紫云貌美,便向其询问。李指示后,杜凝视紫云良久,叹美貌名副其实,引来众人笑声。
>
> 太和末,杜以幕僚身份至江西宣州。在观赏船戏时看中一位十多岁的少女,并与其订下十年之约。杜十四年后回来,想迎娶少女,却发现少女应经嫁给别人并生下三子。杜只能惆怅离去。①

黄之隽的杂剧《梦扬州》的大致情节为:

> 杜牧在扬州牛僧孺幕中,常至青楼冶游,与名妓紫云、红雨交往。僧孺爱才,为娶红雨。紫云入司徒李愿家,杜调京后在宴会上逢见,李即以紫云相赠。②

---

① 根据《钦定四库全书·太平广记·卷二八七十三·妇人四·杜牧》概括。
② 齐森华、陈多、叶长海主编:《中国曲学大辞典》"梦扬州"条,浙江教育出版社1997年版,第461页。

陈栋的杂剧《维扬梦》的大致情节为：

> 杜牧应牛僧孺之请入扬州幕府，然夜夜出游，耽于诗酒美色，全不以功名为念。僧孺惜才如命，亦不加阻拦，唯遣人暗中保护。杜牧结识扬州歌妓紫云，题诗帕一方赠之，以三年为期订后会之盟。朱衣使者指化杜牧，使其在梦境中历尽幕途恶况，杜幡然醒悟，去而求官，终于黄榜题名，官授监察御史。后僧孺谢政退居，杜牧在其家中得遇紫云，续成旧缘。①

吴梅的杂剧《湖州守》的大致情节为：

> 杜牧过湖州，访刺史崔元亮时看中少女绿叶，遂以白玉一双为聘礼，请崔元亮作伐。绿叶当时年仅十二岁，杜牧与其母相约，待他乞守湖州时方成好事，约期十年。十四年后，杜牧方如愿守湖州，知绿叶已嫁，只得索还白玉环，了却此桩公案。②

王卫民从作品中心事件的相似度出发，指出比起黄、陈二作，吴作更接近于嵇永仁所作传奇《扬州梦》。③ 王卫民提到的嵇永仁的传奇《扬州梦》的大致情节如下：

> 杜牧于司徒李愿宴会上索取歌妓紫云。李不置可否。韩歌娘设计，令紫云假装疯魔，得在歌娘家养病。杜牧用车接紫云与韩同往湖州赴任。不久淮南节度使牛僧孺奉诏征剿魏博，以杜牧参赞军事。杜前在湖

---

① 齐森华、陈多、叶长海主编：《中国曲学大辞典》"维扬梦"条，第471页。
② 同上，"风月司"条，第480页。
③ 王卫民：《吴梅评传》，社会科学文献出版社1995年版，第74页。

州时,曾与乡女绿叶有婚约,后绿叶被人卖至扬州落娼。牛节度府设宴,乐户以绿叶承应。杜牧情不自禁,往青楼私访。牛探知其事,为绿叶除籍,送至参军府与杜牧完姻。①

　　比较上述内容便不难发现:黄之隽和陈栋都是取材《太平广记》中没有给出结局的"紫云事",并将其完结为二人最终团圆的才子佳人戏。而嵇永仁在《扬州梦》中不仅成全杜、紫二人,甚至在《太平广记》中明确记载未能如愿的湖州婚约,在其笔下也被改写成了大团圆结局。这是由于传统戏曲作品中固有的意识形态所造成的,正如王国维说的那样"始于悲者终于欢,始于离者终于合,始于困者终于亨"②。

　　在新文化运动开展以话剧取代传统戏剧的"新旧剧之争"的时候,③吴梅虽依旧取材古人韵事以杂剧的传统戏剧形式创作了《湖州守》,但他与前人之作不同,只选取了"湖州婚约"一事,并且未对《太平广记》的内容进行改动。该剧虽是受到黄、陈等人作品影响而作,但吴梅将其写成了一部才子佳人未能团圆的"悲剧"④。这与二十世纪初西方悲剧的流入当然有着不可分的关系。不仅吴梅的多数早期作品是这样的"悲剧",清末民初以悲剧为结局的传奇杂剧作品也占了约总数的一半。⑤ 吴梅虽然认为二十世纪初的这场戏曲改良运动反而使传统戏曲面临更加严峻的困境,但并没有全盘否认戏曲改良的作用而执着于模拟古人的戏曲创作。悲剧意识的延续便是其中最具代表性的一点,这也是吴梅对于传统戏曲创作的一个基本观念。在舞台上以"大

① 齐森华、陈多、叶长海主编:《中国曲学大辞典》,"扬州梦"条,浙江教育出版社 1997 年版,第501 页。

② 王国维著,傅杰编校:《王国维论学集》,中国社会科学出版社 1997 年版,第 385 页。

③ 1917 年钱玄同在《新青年》发表《致陈独秀》一文。文中为提倡话剧,激烈抨击了旧戏。自此,激烈的"新旧戏剧争论"开始展开,戏曲改革进入了新的局面。

④ 二十世纪初中国知识分子对悲剧的理解还不够全面,这段时期涌现出来的"悲剧"在严格意义上不能称为悲剧。

⑤ 赵得昌:《清末民初的悲剧理论与悲剧结局》,《首都师范大学学报(社会科学版)》2005 年第3 期。

团圆"来编织对现实生活的幻想,以不可能发生的"假象"来填补内心中的欲望显然不是吴梅所追求的。以"悲剧"、"惨剧"打动观众,并通过这份震撼唤醒沉浸在幻想中的人们,直面内心世界真正的自我或许才是他所期待的戏剧效果。

《湖州守》一剧中吴梅精心刻画了多个人物,其中值得我们关注的是对"卜儿"这个人物的描写。与剧中旦所扮演的绿叶相比,卜儿的戏份明显要多得多,可以说是连接正末与旦两个脚色的关键人物。第二折卜儿上场诉说故事经过时提道:绿叶等待杜牧十年,不见杜回湖州,母女二人生活贫困潦倒。卜儿为维持生计只好劝说绿叶嫁给了本地大户,之后绿叶三年连生两子。[①]通过这段内容可以知道卜儿还是导致婚约未能实现的关键人物。卜儿这样的人物在传统戏曲中理应被刻画成一个纯粹的反面人物,通过其想方设法阻挠二人婚姻的情节以增强作品的戏剧性。可在吴梅的笔下,实在无法看出想把卜儿塑造成一个反面人物的意愿。杜牧与绿叶以白玉环订下十年婚约时,卜儿以"汉皋重解佩"[②]来赞美这段姻缘。十年后杜牧未能回湖州,加上一直以来为二人提供经济帮助的崔元亮也升任离去这一因素,使得母女二人贫困潦倒。为解决生存问题,卜儿在遵守十年期限过后只好选择了让绿叶嫁与他人。而其间绿叶"并不十分执拗"[③]的这一细节也能让我们察觉到当时文人为功名违弃誓言是件很寻常的事情,并且传达了绿叶对杜牧失去了期待这一信息,也为卜儿的举动增添了合理性。后得知杜以刺史身份回湖州时,卜儿说出"自悔当时一着差"、"事不三思多懊悔"[④]的内心感受表达了自己的那份后悔莫及。在吴梅的笔下,卜儿劝说绿叶嫁与本地大户也就成了无可奈何而又理所应当的事情,而不是出于卜儿内心世界的邪恶。

---

① 吴梅著,王卫民编:《吴梅全集·作品卷》,河北教育出版社 2002 年版,第 346—358 页。
② 同上,第 352 页。
③ 同上,第 353 页。
④ 同上。

　　没有刻画对婚事故意刁难的卜儿,也没有刻画十年过后卜儿劝说嫁与他人时誓死等候杜牧的绿叶,这让《湖州守》当中缺少了绝对的善与恶的对立;整部作品不足以制造出尖锐的矛盾,其戏剧性效果自然略显不足。在传统戏曲观众眼中,这部作品显然过于平淡。像这样站在传统戏曲角度看有些不妥的人物及情节,将它放到现实世界中重新审视却变得十分合情合理。比起极端的反面人物,吴梅笔下中间性质的角色更让人感到真实。传统戏曲中往往将社会问题具象化,集中到反面人物身上间接地展现给观众。而吴梅通过极力刻画与现实相符的人物将矛头直接指向了问题本身。卜儿身上并没有所谓的"性本善"或是"性本恶",她所做的一切只是为了在这个社会中生存下去,而这生存的手段便是她手中所仅有的女儿绿叶。这样一来,导致杜牧失落惆怅的原因便直接指向了贫富差距这个社会问题。这也是为什么吴梅在最后为杜牧安排了"俺想世间多少蠢儿郎,目不识一丁字,偏偏的珠围翠绕,享尽豪华。独俺杜牧之,空有才名,竟无艳福,便一个青衣婢子,也消受不起"①的感慨。这样的表现方式可以看作他在创作传统戏曲时融入现实主义表现手法的尝试。

　　前文中已经有所讨论,二十世纪初知识分子认为中国传统戏曲是落后的、是需要改良的。而这种思潮又是建立在承认西方戏剧具有文明性、现代性的基础之上。如果说二十世纪初的戏曲改良运动可以看作从多方面注入西方思想的过程,那么新文化运动时期以照搬西方戏剧的"新剧"彻底取缔传统"旧剧"的举动则应该看作在盲目现代化过程中的自我迷失。初期戏曲改良运动在注入西方思想时绝大多数仅是在表层进行粗糙模仿,正如邓兴器评价的一样,这场改良"多是'改装'而已"②。吴梅认识到了这一点,他站出来反对单纯模仿西方戏剧编写时事新剧。当然他也不认为对中国传统戏剧改

①　吴梅著,王卫民编:《吴梅全集·作品卷》,河北教育出版社 2002 年版,第 358 页。
②　邓兴器:《当代中国戏曲》"绪论",载张庚主编《当代中国戏曲》,当代中国出版社 1994 年版,第 11 页。

良的最终手段是以话剧取而代之。所以他在最大程度上继承、保留传统戏曲形式的同时,还凭着试图摆脱传统桎梏的创新精神大胆地抛开脚色行当的固定色调。将西方戏剧代表性的现实主义融入了其中,成功地将卜儿这个本应脸谱化的绝对反面人物还原成了在现实生活中随处可见的为生存而奔波的苦难庶民。这可以说是吴梅在他所进行的传统戏曲改良过程中的又一尝试。

四、对传统表演形式的严格遵守

虽然吴梅在审美视角和人物刻画方面都做出了一定尝试,但在作品形式上他严格恪守了杂剧的传统。吴梅在《顾曲麈谈》中整理归纳戏曲宫调时说"凡为一曲,必属于某宫或某调,每一套中,又必须同是一宫或一调。若一套中前后曲不是同宫,即谓出宫,亦谓犯调,曲律所不许也"[①]。虽然他在后文提到"北曲有借宫之法,南曲有集曲之法"[②],但并未在《湖州守》中别出心裁地使用"借宫之法"。他在《湖州守》第一折中选取的所有曲牌皆属黄钟宫,第二折里所选曲牌都属正宫,严格遵守了传统戏曲的"分宫配调"。

吴梅又在讨论北曲之做法时指出"元剧中每一种剧,大半以一角色任之。盖北词一套,须以一人独唱,非如南词之不拘何人皆可分唱也。且元剧率以四折为断,而此四折之曲,不可使他角色分劳"[③]。《湖州守》二折中,他也丝毫没有违背北曲、杂剧的传统演唱形式。全剧二折的所有唱曲部分全部由扮演杜牧的正末来担当,正是所谓的"一人独唱"、"不可使他角色分劳"。

由于戏曲改良运动期间绝大多数创作家将戏曲看作宣传进步思想的平台,所以出现了"文"多于"曲"的现象,并且出现了大量无法登台演唱的"案头之作"。"新剧"更是以"话"作"剧",没有丝毫唱词部分。戏"曲"渐渐趋近于

① 　吴梅著,王卫民编:《吴梅全集·理论卷》,第 7 页。
② 　同上,第 17 页。
③ 　同上,第 73 页。

戏"文"或戏"话"。吴梅坚持"曲",即音乐性为中国传统戏剧的本质,在剧中运用大量唱词描写了人物内心世界的变化。而且他重视曲律,为作品赋予了较强的演唱性,[1]避免了《湖州守》成为如当时多数传奇杂剧创作作品那样无法登台演唱的"案头之作"。

吴梅在《湖州守》中如此执着于形式的传统性,可以感受到他试图还原、挽救在戏曲改良运动期间被扭曲的、且在新文化运动中正面临被取代危机的中国传统戏曲的强烈意愿。当然,这份执着同时也使得吴梅在尝试改良传统戏曲时受到了形式上的不小束缚,其改良结果也未能尽如人意。比起"改良"旧剧,让人更多地误解成了"还原"旧剧,这是非常遗憾的一点。

五、结语

二十世纪初戏曲改良运动的局限性对中国传统戏曲的发展产生了不小的副作用,以此为出发点便不难理解吴梅从创作革命戏曲转变为重视戏曲形式本身的创作的原因。若再考虑到新文化运动期间对传统戏曲本质产生怀疑所引发的"新旧剧之争"甚至危及了中国传统戏曲之存亡的问题,以"疏远政治的创作"来评价吴梅坚持传统戏曲形式所创作的作品似乎就有些过于简单且不够全面了。在吴梅戏曲创作的活跃时期,"革命"虽是整个时代的大主题,但我们不能以时代的主旋律作为评价该时期所有文学作品的唯一标准。包括《湖州守》一剧在内的杂剧《惆怅爨》在保护传统戏曲、探索传统戏曲未来出路方面做出的贡献,是很难以衡量革命文学的标准去评价的。认识到这点之后,吴梅在《霜厓三剧·自序》中所说对自己的作品所做的一番评价也就不难理解其中真意了。吴梅对《风洞山》等剧的否定态度并不是在否定这些作品的价值,而是站在以改良为手段使传统戏曲得以保存并发展的角度来看

---

[1]　根据吴梅著,王卫民编:《吴梅全集·日记卷》,第335页内容可知包括《湖州守》在内的《霜厓三剧》在吴梅五十寿宴上全部得以搬演。

时,《风洞山》等剧与《惆怅爨》等后期作品相比有些略显不足而已。

虽然由于时代背景、个人背景等多方面因素,吴梅以改良为手段保护传统戏曲形式时还是存在着不少局限性,如他没有重视包括京剧在内的地方戏,只执着于昆曲这一单一戏曲形式这点。但通过本文分析《湖州守》杂剧中对传统戏曲形式的一些"保留"与"变化",可以很好地为我们今后在保护传统戏曲时提供重要的参考,并在日后探讨中国传统戏曲的发展方向时,吴梅对于戏曲的探索同样也将会是一份宝贵的资料。

——《戏曲研究》第 99 辑,文化艺术出版社 2016 年版

程华平

吴梅曲学教育的文化史意义

1942 年,郑振铎在《记吴瞿安先生》一文中这样写道:"吴瞿安先生是一个终身尽瘁于教育事业的人。……他教了二十五年的书,把一生的精力全部都用在教书上面。他所教的东西乃是前人所不曾注意到的。他专心一志的教词,教曲,而于曲,尤为前无古人,后鲜来者。他的门生弟子满天下。现在在各大学教词曲的人,有许多都是受过他的熏陶的。"①尽管郑氏对吴梅教育生涯的描述并不完全准确,且有相互矛盾之处,但他充分肯定了吴梅曲学教育首开风气的成就。吴梅长期执教于高校,为戏曲教育事业倾尽心血,培养出了任中敏、卢前、唐圭璋、王季思、常任侠、赵万里、钱南扬、徐震堮、程千帆、沈祖棻、万云骏等蜚声国内外的著名学者,为我国曲学教育做出了巨大贡献。长期以来,我们对吴梅在制曲、谱曲、度曲、校订曲本、审定音律等方面的成就关注较多,而对他在曲学教育方面的贡献,认识很不充分,对他曲学教育的方

---

① 郑振铎:《记吴瞿安先生》,《国文月刊》1942 年第 42 期。

法、特点也没有给予认真的总结,更没有发挥其在今天曲学教育中应有的借鉴、指导作用。吴梅弟子王玉章称赞乃师"为近代著、度、演、藏各色俱全之一位曲学大师"①。

但对吴先生在教曲方面的成就没有谈及,这是吴梅研究中的不足,亟待我们加以完善,给出吴梅在戏曲文化史上应有的地位。

一

正如吴梅所说的那样:"曲之为道,托体既卑,为时又近。宋元史志,与《四库》集部,均不著录,后世硕儒,皆鄙弃不复齿及,而治此艺者,大都不学之徒,即有一二文士,喜其可以改易风俗,亦不过余力及此,未闻有观其会通窥其奥窍者,此亦文学家一憾事也。"②自古以来,正统文人一直将戏曲看作不登大雅之堂的东西,戏曲创作与研究不仅一直不受重视,而且长期遭受歧视、压制与摧残。

这种状况到吴梅步入曲坛的时候,依然没有改变。吴梅说:"余十八九岁时,苦无良师以为教导,心辄怏怏。继思欲明曲理,须先唱曲,《隋书》所谓'弹曲多则能造曲'是也。乃从里老之善此技者,详细问业,往往瞠目不能答一语,或仅就曲中工尺旁谱,教以轻重疾徐之法,及进求其所以然,则曰非余之所知也,且唱曲者可不必问也。余愤甚,遂取古今杂剧传奇,博览而详核之,积四五年,出与里老相问答,咸骇而却走,虽笛师鼓员,亦谓余狂不可近。余乃独行其是,置流俗毁誉于不顾,以迄今日。虽有一知半解,亦扣槃扪烛之谈也。"③正统文人不把戏曲研究当作学问;戏曲从业者虽有实践经验,但往往文化素养不高,缺乏研究能力。在元、明、清数百年的戏曲发展中,虽有一些

① 王玉章:《霜厓先生在曲学上之创见》,《戏曲月辑》1942 年第 1 卷第 5 辑。
② 吴梅:《曲学通论·曲原》,《吴梅戏曲论文集》,中国戏剧出版社 1983 年版,第 260 页。
③ 吴梅:《曲学通论·曲原》,《吴梅戏曲论文集》,中国戏剧出版社 1983 年版,第 3 页。

思想开明或离经叛道的文人染指戏曲,从不同侧面对戏曲艺术做了不少有益的探索,但正如王国维所指出的那样,这些著作大多"未有能观其会通"①,只是以记事的方式对戏曲的渊源、流变、作家作品作记载,绝少科学、系统性的描述,给人以零散、烦碎之感。随着以昆曲为代表的古典戏曲在清代中后期的式微,戏曲研究也陷入了低谷。

正是有感于此,吴梅乃"于举世不为之日,独明古乐,大畅宗风"②。不仅如此,吴梅对当时曲坛"务求自秘"的做法相当不满,明确地提出:"夫文章天下之公器,非我之所能独私,何必靳而不与至如是哉!余少时即经过此难,遍问曲家,卒无有详示本末者,故至今日,再不敢缄默以误世人,遂将平生所得,倾筐倒箧而出之,使人知有规矩准绳,而不为诵读所误,虽元人复起,亦且韪吾言也。"③吴梅的戏曲研究,具有了开通风气的意义。"近三十年来,曲学之兴起,风行海内,蔚然成观者,皆(吴)梅苦心提倡之功也。"④近代从事曲学研究的,当然不止吴梅一人,王国维等人的功绩同样是不可磨灭的。但几十年如一日,辛勤耕耘在曲学园地里的,则非吴梅莫属,近代以来,在制曲、谱曲、度曲、教曲诸方面所取得的成就,也少有人能出其右者。

吴梅从事曲学研究,除了对戏曲的无比热爱外,还有一个很重要的原因,就是他是将戏曲艺术当作我们民族优秀文化来看待的。他明显地感受到,在西学东渐的时代背景下,许多西方的文艺样式、文化观念正源源不断地输入中国,传统文化正在受到冲击。吴梅担心的是长此以往,我们的国粹将丧失殆尽。现在看来,吴梅的担忧有其狭隘的一面,但并非完全没有道理。当时戏曲创作的情形,也正如吴梅所描述的那样:"自逊清咸同以来,歌者不知律,文人不知音,作家不知谱。"⑤"戏曲之道,填词为首,订谱次之,歌演又次之。

① 王国维:《宋元戏曲考·序》,《王国维戏曲论文集》,中国戏剧出版社1984年版,第3页。
② 陈立夫:《悼吴瞿安先生》,《时事新报》1939年4月16日。
③ 王国维:《宋元戏曲考·序》,《王国维戏曲论文集》,中国戏剧出版社1984年版,第4页。
④ 常芸庭:《吴梅小传》,《国风》第3卷第4期,1933年8月16日。
⑤ 吴梅:《曲学通论·自叙》,《吴梅戏曲论文集》,中国戏剧出版社1983年版,第259页。

今歌演者有之，填词者已寥寥矣，至订谱则竟不一二遘焉，又何怪此艺之衰熄也。"①这种情况正是让吴梅感到万分焦虑的。

吴梅在痛心疾首之余，将振兴戏曲的使命自觉地承担了起来，将毕生心血都用在了戏曲创作、演唱规律的探索之上，并将心得毫无保留地公之于世，冀以对戏曲振兴有所帮助。

正因如此，当1917年北大校长蔡元培、主持北大文科的陈独秀出面礼聘吴梅至北京大学任古乐曲教授时，他欣然接受了。应该指出的是，当时正处在"五四"新文化运动前夕，西学正在成为最时髦的学问，相形之下，传统戏曲被当作旧学而受到歧视与冷落。吴梅在赴职前夕，作《仲秋入都别海上同人》诗，表达其既兴奋又感伤的复杂心情："州里多通异域文，五花翻纂要参军。寰中久已无新宝，日下何劳补旧闻。不第卢生成绝艺，登场鲍老忽空群。世人誉毁原无定，谁是观棋黑白处。"②当以治曲著称的吴梅登上北大这个全国最高学府讲坛的时候，当他第一次将历来被视为不登大雅之堂的戏曲带到大学课堂的时候，他的心情可想而知。门人唐圭璋说："那时一般学生都重经史而轻视词曲，以为词曲小道，研究它是不识时务，因此，有的学生在笑他，有的学生在议论他。"③吴梅坚持自己的信念，用自己的行动征服了学生与社会。郑逸梅也说："他上教室，常携一笛师，在教室中当场度曲，抑扬亢坠，余音绕梁，莘莘学子，很感兴趣。"④学生陈绍基也回忆道："先生教育诲人不倦，我曾看见先生戴着尖顶瓜皮帽，脚上穿着双梁鞋，修饰边幅上讲堂，站在台上娓娓不倦地说词曲的概论。先生课闲了，喜欢拿着关汉卿、马致远的戏剧曼声讴歌，能使听者神往。"⑤

①　吴梅：《王古鲁译〈中国近世戏曲史〉序》，《吴梅戏曲论文集》，中国戏剧出版社1983年版，第483页。
②　吴梅：《仲秋入都别海上同人》，《吴梅全集·作品》，河北教育出版社2002年版，第27页。
③　唐圭璋：《回忆吴瞿安先生》，《雨花》1957年5月号。
④　郑逸梅：《吴梅》，《南社丛谈》，上海人民出版社1981年版，第162—163页。
⑤　陈绍基：《追悼亡师吴瞿安先生》，《十日戏剧》，第2卷第20期，1939年总56期。

由于蔡元培校长重视美育,重视文学艺术,再由于吴梅先生的言传身教,研习词曲在北大一时成为风气。吴梅讲习戏曲,引发了知识界和戏曲界的极大反响。当时爱好戏曲的文人纷至沓来,校内外文人结成曲社,演唱戏曲,一时颇为流行。

吴梅在最高学府讲习戏曲,对于提高戏曲的社会、文学地位,改变贱视戏曲的社会风气,无疑起到了巨大的作用,对正统思想观念的冲击更是不言而喻的。入门弟子、时北大学生任中敏对乃师的成就总结道:"当时同学选修词曲者,对词与曲,或兼攻并重,或分治求专。课外复游于艺,验于器,以极其致,乃首先习唱昆曲,校内敦聘吴申老艺师赵逸叟先生任其事。一时同学乐受熏陶者,相率而拍曲、唱曲,摩笛击节,初不以事同优伶为怍。风气之开,自此始矣! 不久,京内戏剧之演员,如梅兰芳、韩世昌诸君,皆扣最高学府之门,向赵老鞠躬请益,瞿庵夫子(按,即吴梅)则从旁一一指陈肯綮。"①正是吴梅登高一呼,竭力鼓吹,列其门墙诸子的发扬光大,传统戏曲研究才得以一脉相承,显光辉灿烂于文坛,繁衍至今,乃成为许多高校深受学生喜爱的一门课程,这确实是戏曲文化史上值得大书特书的一大幸事。

二

吴梅一生以教学为业,先后在南北各大学主讲词曲二十余年,春风桃李,遍布天下,为我国培养了一批又一批词曲研究专家和教育家,其中很多人蜚声国内外。至于再传弟子和受他们教育、影响而走上研究词曲道路的,更是不计其数。吴梅曲学教育能取得如此巨大的成就,和他成功的教书育人的思想、方法是分不开的。

吴梅教学生涯与戏曲研究的历程基本上是一致的。1905 年春,吴梅应

---

① 任中敏:《回忆瞿庵夫子》,南京师范大学《文教资料简报》1984 年第 1 期。

聘主持蠡塾小学,同年秋至 1909 年秋任东吴大学堂教习。此时,吴梅对戏曲创作充满了热情,创作《风洞山》传奇和《暖香楼》剧本,并开始了《奢摩他室曲话》的写作。1912 年春,吴梅应南京师范聘,其间创作了《镜因记》传奇。1913 年春至 1917 年 8 月,吴梅在上海任民立中学教员,作《顾曲麈谈》。这一时期,他除了教书之外,主要时间和精力都放在了戏曲创作与研究上,只是教学内容和他的戏曲创作、研究还未能结合起来,他的戏曲作品与理论成果大都发表在当时的报刊上或单独出版,还没有像后来那样首先运用到课堂教学中。

　　《顾曲麈谈》的问世,奠定了吴梅在曲学领域的地位。1917 年,他应北京大学聘,教授古乐曲,并在北京高等师范兼课。在大学讲坛上。吴梅每次讲课都写出详细的讲稿。他在北京大学教授词曲,"每学期课程都有计划,并能完成任务。每授一课程都有讲稿,商务印书馆所印先生的《词学通论》、《曲学通论》以及《曲选》,都是平日教学时的讲稿"①。吴梅在给《曲学通论》所作的序中说:"丁巳之秋,余承乏国学,与诸生讲习斯艺,深惜元明时作者辈出,而明示条例,成一家之言,为学子导先路者,卒不多见。又自逊清咸同以来,歌者不知律,文人不知音,作家不知谱,正始日远,牙旷难期,亟欲荟萃众说,别写一书。因据王骥德《曲律》为本,旁采挺斋、丹邱、词隐、伯明诸谱,及陶九成、王元美、臧晋叔、李笠翁、毛稚黄、朱竹垞、焦里堂各家之言,录成此书。又作家数一篇,略陈流别,以资研讨。己未仲冬,删汰庞杂,付诸手民,大抵作词规范,粗具本末,而循声造谱,仍未疏论,盖口耳之间,笔不能达也。"②吴梅课堂教学的讲稿,能够充分吸收前人的研究成果,并时时结合自己的经验体会,加以阐释、发挥,提出独立见解,更系统、深入地阐明了制曲、度曲、谱曲的规律。可以说,辨章得失,析其条例,贯串旧说,成一家之言,导后来先路,实自吴梅始也。

---

①　唐圭璋:《回忆吴瞿安先生》,《雨花》1957 年 5 月。

②　吴梅:《曲学通论·自叙》,《吴梅戏曲论文集》,中国戏剧出版社 1983 年版,第 259 页。

　　《曲学通论》的写作与教学关系是如此，吴梅其他几部戏曲研究著作的写作也大都紧密结合戏曲教学。1922 年秋到 1927 年春，吴梅应聘到南京的东南大学任教。1928 年春至 1937 年夏，吴梅执南京中央大学教鞭，并先后兼任上海光华大学及南京金陵大学课程。南京的这几年，是吴梅戏曲研究及教学的黄金时期。《中国戏曲概论》、《元剧研究》、《南北词简谱》、《霜厓曲跋》等著作及《奢摩他室曲丛》的编辑都完成于这一时期。被吴梅称作"为治曲者必需"之书的《南北词简谱》，他在北京大学任教时就开始写作，在东南大学任教时他仍在继续撰写，并将它作为词曲课讲义，"辛酉之交，始辑是书，授徒南雍，暇辄录稿，取诸谱汇校之，而断以鄙议"，这本书从开始写作到后来修改、润色、定稿，吴梅张皇幽眇，独探玄奥，前后花费了十年时间和心血！弟子卢前在《南北词简谱跋》中赞叹道："先生竭毕生之力，梳爬搜剔，独下论断，旧谱疑滞，悉为扫除。不独树歌场之规范，亦立示文苑一楷则。"

　　吴梅从不把戏曲仅仅当作供人阅读的案头之作，而是强调戏曲可唱可演之特性。注重实践性是吴梅曲学教育的一大特点。吴梅戏曲创作成就卓著，有口皆碑，但他在曲学教育中，很少仅作戏曲文本的解读、戏曲理论的指点，而是紧紧抓住戏曲可演可唱的特点，在演唱中向学生阐释戏曲的本质与特点。吴梅在北大讲课时，就将笛子带到课堂，经常引吭高歌，边讲解，边演示，引得许多同学都来旁听。在其他大学上词曲课程，情形也是一样。

　　许多人都认为吴梅的长相不宜唱昆曲的青衣，郑逸梅就曾说过，吴梅"喜唱青衣，但他方脸八字须，极不相称，却满不在乎，只管唱着"①。吴梅友人龙沐勋也说："我从小就听到吴先生是爱唱青衣的，又是道地的苏州人，心目中猜想，他的面模一定是很漂亮的。可是后来见了他那四方的脸孔，养着两绺八字须，一双耳朵蓥起来，立刻就感觉到这怎么好扮青衣花旦呢？我对唱曲是十足的门外汉，所以他的嗓音，是否适宜于唱青衣花旦，我可不敢妄下雌

---

①　郑逸梅：《吴梅》，《南社丛谈》，上海人民出版社 1981 年版，第 162—163 页。

黄。"①沐勋的这番话说得很含蓄,但他觉得吴梅不合适唱青衣的看法还是很清楚的。

但吴梅不管,他不仅自己唱,而且还教学生唱。吴梅在中央大学任教时的学生谢孝思在《忆瞿安师》一文中写道:"我们班上几个同学学唱曲,先生曾介绍苏州的老乐工来教我们,每人每月交三元学费,先生亦不时亲来指教。"当时苏州昆曲传习所培养的"传字辈"艺人在南京演出,观众不多,吴梅却带领学生包场观看,"瞿安先生时在台上时在台下,指点评说,忙个不停,给演员鼓励提高,给学生实地指导"②。沐勋的堂兄沐仁在北大读书,每次回到家乡就和兄弟们在一起唱《絮阁》或者《思凡》,"说这是吴先生教他们唱的",后来龙沐勋结识了吴梅,"吴先生总是劝我学唱昆曲。他说词曲原来是相通的,研究词学的人,最好学会了几支曲子,自然别有受用。他自离开北大后,历任东南大学、光华大学、中央大学词曲教授。常常叫学生们在课余之暇,到他家里去学唱,那作风和以前在北大时,是始终一贯的"。③ 我们在吴梅日记中,看到学生到他家里唱曲的记载是非常多的。

另外,吴梅还组织学生成立词曲学社,师生一同进行词曲创作与演唱。唐圭璋说:"大概每月一集,拣一星期日下午,师生一同游览南京名胜,并作词和曲。题由先生出,作好也由先生改。……有时作的是曲,先生即席订谱,摩笛歌唱,极一时之乐。"④这样的曲社活动坚持了十余年,先后有社员几十人,凡是选读吴梅《曲选》、《南北词简谱》、《词学通论》等课程的学生都可以入社,都有机会和吴先生一起作词填曲,得到他的指导。

---

① 龙沐勋:《记吴瞿安先生》,《风雨谈》1943 年第 2 期。
② 谢孝思:《忆瞿安师》,《艺术百家》1994 年第 2 期。
③ 龙沐勋:《记吴瞿安先生》,《风雨谈》1943 年第 2 期。
④ 唐圭璋:《回忆吴瞿安先生》,《雨花》1957 年 5 月。

三

　　吴梅在戏曲教学中，从来不对学生有所保留，真正做到了知无不言，言无不尽。正如他的弟子常任侠所总结的那样，"师掌教南北各大学，垂数十年，瘏口哓音，诲人不倦"①。他对学生的指导、帮助是全心全意、毫无保留的。他将自己多年节衣缩食搜集而来的善本戏曲，任由学生阅读、摘录、整理发表。学生在他家中阅读戏曲，他还免费提供食宿。弟子任中敏就居住在吴梅的奢摩他室中，尽读百嘉室所藏曲，纂成《读曲概录》五册。门生徐益藩也说每次老师寒暑假返吴门，"益藩亦移家以就教，因得略窥其藏书"②。钱南扬说老师不仅待人诚恳热情，没有架子，而且在学问上，也是循循善诱，有问必答，悉心指导，"先生藏书颇丰，我在他家时，他都倾箧而出，让我饱览。我编写《宋元南戏百一录》的材料，就是从先生所藏的典籍中搜剔出来的"③。正如他的学生所称赞的那样："师于曲学，虽独发其秘，然不自秘。"④许多学生对老师的高风亮节，由衷敬佩不已，认为从师吴梅乃是此生之大幸。

　　对自己的弟子如此，对国内一切戏曲同道者，吴梅也都是如此。对此，郑振铎先生深有感慨地说道："他帮助他们研究，供给他们以全部的藏书，还替他们改词改曲。他没有一点秘密，没有一点保留，这不使许多把'学问'当作私产，把珍奇的'资料'当作'独得之秘'而不肯公开的人感到羞愧么？假如没有瞿安先生那末热忱的提倡与供给资料，所谓'曲学'，特别是关于曲律的那一部分，恐怕真要成为'绝学'了。"⑤吴梅是将戏曲作为国粹来看待的，他觉得治曲的人太少了，希望有更多的人来进行戏曲的学习与研究，使国学不至

①　常任侠：《与吴瞿安先生最后晤见记》，《时事新报》1939年4月16日。
②　徐益藩：《师门杂忆——纪念吴瞿安先生》，《大美报》1939年5月15日。
③　钱南扬：《回忆吴梅先生》，《戏曲论丛》第1辑，甘肃人民出版社1986年版。
④　金悫：《记吴瞿安先生数事》，《畅流》第18卷第12期。
⑤　郑振铎：《记吴瞿安先生》，《国文月刊》1942年第42期。

于失传、消亡。而当时日寇正加紧侵略我国,吴梅对日寇军事侵略极其仇恨,对日寇的文化侵略也始终保持着高度的戒备,因此,那些想向他求教的研究中国戏曲的日本学者也大都被他拒之门外。卢前曾说:"日本之治汉学者,若铃木虎雄、长泽规矩也、青木正儿辈,慕先生名,时时称引著说,屡请见,辄拒之。"①吴梅在 1931 年 11 月 19 日的《日记》中记载道,是日与友人会饮唱曲,想到日寇正在我国攻城略地,不禁感慨:"日人以文化侵略中国,中国学术,研讨皆精,尝豪语于众曰:中人治中国学,他日须以日人为师,今其言稍稍验矣。独此词曲一道,日人治之不精,然而近日亦有研勘者。去今两年,如长泽规矩也、吉川幸次郎,曾向余请益,看吾藏弄各书,可知其心之叵测矣。深望同人于度曲之余,再从事声律之学,勿令垂绝国粹,丧于吾手云云。"②事实上,1932 年 1 月 28 日,日寇飞机轰炸上海,商务印书馆涵芬楼被炸,许多图书、文稿都付之一炬,其中就有吴梅的《奢摩他室曲丛》。在后来的抗战中,"日本军国主义将领松井石根,在先生(按,指吴梅)故乡苏州旧居掠取先生珍藏的善本孤本以去"③。吴梅在悲痛之余,感叹说:"敌欲奴我民族,乃先灭我文化!八国联军焚北京之圆明园如此,今日寇轰炸我上海之涵芬楼,亦如此。有志复兴我国民族者,终必努力复兴我文化,此责艰巨!吾侪负之,不容辞也!"④我们或许并不完全赞同他对待日本的中国戏曲研究者的做法,但吴梅热爱、保护、弘扬国粹的精神与境界,是永远值得我们敬重与效法的。

吴梅对于研讨戏曲的学子,无不倾心指教,悉心栽培,不遗余力,对他们要求也是极其严格,一丝不苟。他总是对学生采用鼓励的态度,激励学生进步。吴梅曾在王季思的习作上写下了"复得斯才,我心喜极"的批语,王季思见后,"心里顿时一阵激动,我明白这是先生对后学者的鼓励"⑤。王季思曾

---

① 卢前:《吴瞿安先生事略》,《时事新报》1939 年 4 月 16 日。
② 王卫民:《吴梅全集·日记》卷上,第 65 页。
③ 段熙仲:《吴梅先生二三事》,《江海学刊》1984 年第 4 期。
④ 任中敏:《回忆瞿庵夫子》,南京师范大学《文教资料简报》1984 年第 1 期。
⑤ 王季思:《回忆吴梅先生的教诲》,《影剧月报》1994 年第 5 期。

写过两个剧本,吴梅进行了批改,并加上一段,连同他编选的材料发给学生,剧本署名:"永嘉王起初稿,长洲吴梅点定。"吴梅以平等态度对待学生,孜孜不倦地教导学生,宽宏大量地提携学生,于此可见一斑。学生每次作业,他都一一批改,而且批得又快又好,学生们无不敬佩。吴梅曾为卢前改曲,也是一字不苟,并对他"轻于下笔"的习惯提出了批评。可以说,"先生对学生一方面是和蔼、亲切、循循善诱;可是一方面也不宽假,不放任,不姑息;如有不当于理的,就会被严厉训斥。因此,学生既敬爱他,也畏惧他"①。他在教育界辛勤耕耘二十多年,桃李遍布天下。他对学生始终是平等、尊重的态度,"先生谦冲方正,师母温良躬俭,举室怡然,如沐春风。其视门人,亦如家人,了无厉言疾色,更无隐而不宣。肝胆照人,无不感奋;体念孤寒,尤见风义"②。

"先生待弟子,温暖如家人,殷勤训诲,老年学生,至今不忘。"③

良好和谐的师生关系,也是吴梅曲学教育取得巨大成就的重要原因。

作为度曲家、演剧家、藏曲家,吴梅曲学上的这些成就,无疑为他的戏曲教育提供了他人无法企及的优势,这就使得他的戏曲教育范围更为广博,包括戏曲典籍与史料的汇集、考订、校勘,戏曲创作论、戏曲曲律研究等,这些都包含在他的戏曲教学内容之中。吴梅开始真正将戏曲作为一门综合性的艺术来加以研究,在系统性、科学性上大大超迈了前人和同时代的人。他的学生们也正是在吴先生开辟的领域中,从不同方面在继续传播、研究着戏曲艺术。吴梅对我国戏曲艺术的贡献是难以估量的,其影响也是非常深远的。

——《艺术百家》2007 年第 4 期

---

① 唐圭璋:《回忆吴瞿安先生》,《雨花》1957 年 5 月号。
② 唐圭璋:《吴先生哀辞》,《黄埔刊》1939 年 11 月 20 日。
③ 段熙仲:《吴梅先生二三事》,《江海学刊》1984 年第 4 期。

薛玉坤

吴梅与清季民初词坛宗尚关系发微

吴梅（1884—1939）字瞿安，一字灵鹣，晚号霜厓，江苏长洲（今苏州）人。二十二岁时，即为黄摩西延任苏州东吴大学堂文学教习，后历任苏州存古学堂、南京第四师院、上海民立中学教师。三十四岁以后，复历任北京大学、东南大学（后改中央大学）、中山大学、光华大学、金陵大学教授，[①]是近现代海内公认的曲学巨擘。历来研究者，亦多瞩目于其曲学成就。然正如张茂炯所云："（吴梅）富藏书，博闻见，自经史大义，以至古今学术源流、文章派别，无不融会贯通。所为诗文，亦出入古作者林，自成一家，词曲特其绪余耳。则向之藉藉以曲家称霜厓者，盖犹未深知霜厓者也。"[②]其一生成就自不仅囿于曲学。即以其词而论，亦足为民国词坛一大家。夏敬观云："瞿安为曲家泰斗，

---

①　参见唐圭璋《回忆吴瞿安先生》，原载《雨花》1957 年 5 月号，引自王卫民编《吴梅和他的世界》，河北教育出版社 2002 年版，第 88 页。
②　张茂炯：《霜厓三剧序》，《吴梅全集》作品卷，河北教育出版社 2002 年版，第 370 页。

其词亦不让遗山牧庵诸公。"①叶恭绰亦云:"瞿庵为曲学专家,海内推挹。词其余事,亦高逸不凡。"②遗憾的是,霜厓词名为曲名所掩,其词学成就除邓乔彬《吴梅研究》③、王卫民《吴梅评传》④、严迪昌先生《吴瞿安先生的词与词学观》中略有概述外⑤,其他专论尚不多见。本文拟结合其词论及清季民初词坛宗尚,探求霜厓词风之形成与演变,并借由窥探吴梅在清季民国词坛的意义。

一

清代词学号称中兴,浙西词派标榜醇雅清空于前,常州词派张扬比兴寄托于后,至清季民初,词坛则大抵为常州词风所笼罩。龙榆生先生云:"言清代词学者,必以浙、常二派为大宗。常州派继浙派而兴,倡导于武进张皋文、翰风兄弟,发扬于荆溪周止庵氏,而极其致于清季临桂王半塘、归安朱彊村诸先生,流风余沫,今尚未全衰歇。"⑥但客观而言,对民国词学有极大影响的清季四大词人,其词学虽导源于常州词派,但理论与实践并不囿于门户之见,已在相当程度上表现出融汇常、浙二派的宏通视野。如张尔田称朱祖谋所为词"跨常迈浙,凌厉跞朱"⑦。唐圭璋先生以为:"(彊村)取径梦窗,上窥清真,旁及秦、贺、苏、辛、柳、晏诸家,打破浙派、常派一偏之见。"⑧而得以亲炙彊村的

---

① 夏敬观:《忍古楼词话》,《词话丛编》(第五册),中华书局 1986 年版,第 4810 页。
② 叶恭绰:《广箧中词》卷三,龙榆生《近三百年名家词选》引,上海古典文学出版社 1956 年版,第 237 页。
③ 邓乔彬:《吴梅研究》,华东师范大学出版社 1990 年版。
④ 王卫民:《吴梅评传》,河北教育出版社 2002 年版。
⑤ 载《词学》第十六辑,华东师范大学出版社 2005 年版。
⑥ 《论常州词派》,《龙榆生词学论文集》,上海古籍出版社 1997 年版,第 287 页。
⑦ 张尔田:《彊村遗书序》,龙榆生《近三百年名家词选》,上海古典文学出版社 1956 年版,第 184 页。
⑧ 《朱祖谋治词经历及其影响》,《词学论丛》,上海古籍出版社 1986 年版。

龙榆生则云："先生固雅不欲以常派之说自限也。"①对于清季四家中的王鹏运,龙榆生又认为："要之鹏运于词,欲由碧山、白石、稼轩、梦窗,蕲以上追东坡之清雄,还清真之浑化。"②此论实由常派词论家周济《宋四家词选目录序论》"问涂碧山,历梦窗、稼轩以还清真之浑化"化出,不过在周济所列诸人之外,复增以浙派推崇之白石。此外,四家中的郑文焯早年学词亦由姜白石入,"入手即爱白石骚雅"③,所作"取径白石,自成雅调"④,论词亦多尚"清空"⑤。况周颐学词受王鹏运、朱祖谋影响最大,龙榆生称:"是知况氏之词,体凡三变;所从得力,实为王、朱。"⑥从前辈学者对清季四家的评述不难看出,晚清词人对清词发展表现出强烈的自觉反思意识,对浙派末流流于空疏饾饤及常派过于艰涩之风,均有清醒的认识。其试图融通二家的努力,无论是理论,还是创作实践,都颇有建树。流风所及,影响民国词坛至深。诸如陈洵、吴梅、龙榆生、王朝阳、杨铁夫、赵尊岳、陈匪石,乃至汪东、邵瑞彭、沈祖棻、乔大壮等,无不受其泽溉。

　　就吴梅而言,其学词约略始于弱冠。《霜厓三剧自序》云:"年近弱冠,读姜尧章、辛幼安词……心笃好之。操翰倚声,就有道而正,辄誉多而规少,心益喜,遂为之不厌。"⑦所谓"就有道而正,辄誉多而规少",盖指吴梅常向此时客居吴下的朱祖谋、郑文焯、况周颐等晚清词老请教倚声之业,且多受奖掖。按,朱祖谋,光绪三十年(1904)出任广东学正,因与两广总督龃龉,三十二年(1906)"以病乞解职,卜居吴门。既而江苏创立法政学堂,聘为监督。士林仰

① 《今日学词应取之途径》,《龙榆生词学论文集》,上海古籍出版社1997年版,第106页。
② 《清季四大词人》,《龙榆生词学论文集》,上海古籍出版社1997年版,第447页。
③ 叶恭绰辑录:《郑大鹤先生论词手简》,《词话丛编》第五册,中华书局1986年版,第4331页。
④ 刘子雄:《瘦碧词序》,施蛰存《词籍序跋萃编》,中国社会科学出版社1994年版,第609页。
⑤ 按,郑文焯论词,既肯定"独皋文能张词之幽隐",亦主张:"词之难工,以属事遣词,纯以清空出之。""词原于比兴,体贵清空。""若词之大旨……体尚清空。"参见《郑大鹤先生论词手简》,《词话丛编》第五册,中华书局1986年版。
⑥ 《清季四大词人》,《龙榆生词学论文集》,上海古籍出版社1997年版,第467页。
⑦ 《霜厓三剧自序》,《吴梅全集》作品卷,河北教育出版社2002年版,第322页。

公清望，归依甚殷"①。郑文焯则早在光绪六年（1880）二十五岁时，即应江苏巡抚吴子健之聘，往赴苏州，"居乔司空巷潘氏西园"。以后长期游幕苏州。②而况周颐光绪末居常州，主持武进龙城书院，又入两江总督端方幕府。辛亥后，复以遗老自居，寄迹上海，鬻文为生。在彊村解职卜居吴下之后，蕙风亦多次过访。③

吴梅与几位词老的交游，正在辛亥改元前后彊村等人客居吴下之时。其弟子卢前所撰《霜厓先生年谱》云："宣统二年庚戌，先生二十七岁……时朱古微、郑叔问诸先生客吴，先生过从甚密。"④《奢摩他室逸话》亦有记载云："词老朱古微、况蕙风，皆与先生交厚。古微先生往来尤密，每值构衅蒸梨，辄避先生许。"⑤与诸词老的过从甚密，让吴梅收获颇多。特别是朱祖谋的耳提面授，对吴梅词学观及词风的形成，影响尤钜。吴梅在其《遗嘱》中自称："游艺四方，诗得散原老人，词得彊村遗民，曲得粟庐先生。"⑥

二

吴梅词学观主要见于其《词学通论》及为时人词集与词学研究著作所作序跋之中。其中《词学通论》堪称一部体大思精的词学论著，严迪昌先生曾撮其要者云：

在这部谨严中见通达，精深而去迂阔的通论里，瞿安先生就词的兴

---

① 夏孙桐：《朱彊村先生行状》，《词学季刊》创刊号，上海书店1985年影印。
② 参见戴正诚《郑叔问先生年谱》，《青鹤杂志》第1卷第6—19期，1933年2—8月出版。
③ 参见《况蕙风年谱》，马兴荣《词学》第二十辑，华东师范大学出版社2008年版。
④ 《北京图书馆馆藏珍本年谱丛刊》第199册，北京图书馆出版社1999年版，第735页。
⑤ 卢前：《奢摩他室逸话》，原载《时事新报》一九三九年四月十六日及二十三日，见《吴梅和他的世界》，河北教育出版社2002年版，第8页。
⑥ 卢前：《霜厓先生年谱》"二十八岁壬寅先生十九岁"条引，《北京图书馆馆藏珍本年谱丛刊》第199册，北京图书馆出版社1999年版，第732页。

起和演化变迁,以至对历代词人艺术风貌的辨认评析、词体的诸种特点及其与乐律声韵的关联、词创作应忌戒之弊病等,无不在继承总结前贤所论的基础上一一辨察取去,自出所见。较之以同时间问世的某些"词史"著述,《词学通论》所体现的真知卓识是显然的,即使历经半个世纪,先生所论依然精彩犹存。①

而邓乔彬《吴梅研究》则分声律论、创作论、词史论、作家作品论四部分,给予吴梅词学观全面论述。对此,本文自然无复赘言,只拟抉取吴梅词籍校勘活动及论词诸作中对吴文英的评价,辨析其与清季词坛偏师吴文英的关系。或可窥一斑而知全豹。

词史上,梦窗词一直颇受争议,毁誉参半。誉之者如沈义父《乐府指迷》称"梦窗深得清真之妙",毁之者如张炎《词源》则讥为"七宝楼台"。清中叶,常州词派兴起之初,张惠言尚以为梦窗不足取。其《词选序》云:"宋之词家,……其荡而不反,傲而不理,枝而不物。柳永、黄庭坚、刘过、吴文英之伦,亦各引一端,以取重于当世。"②及至周济,标举"问涂碧山,历梦窗、稼轩,以还清真之浑化"的学词路径,③始以梦窗为法乳,并给予梦窗词高度评价:"梦窗非无生涩处,总胜空滑。况其佳者,天光云影,摇荡绿波;抚玩无斁,追寻已远。君特意思甚感慨,而寄情闲散,使人不能测其中之所有。"④其后,常派另一代表人物陈廷焯创为词中"沉郁"之说,批评张惠言"不知梦窗",称"梦窗长处,正在超逸之中,见沉郁之意"⑤,为日后词坛偏尊梦窗奠下根基。延至清季民初,梦窗渐成学者词人研究和追摹的主要对象。梦窗词学,遂成一时显

① 严迪昌:《吴瞿安先生的词与词学观》,《词学》第十六辑,华东师范大学出版社 2005 年版,第301 页。
② 张惠言:《词选序》,《词话丛编》第二册,中华书局 1986 年版,第 1617 页。
③ 周济:《宋四家词选目录序论》,《词话丛编》第二册,中华书局 1986 年版。
④ 周济:《介存斋论词杂著》,《词话丛编》第二册,中华书局 1986 年版,第 1633 页。
⑤ 陈廷焯:《白雨斋词话》卷二,《词话丛编》第四册,中华书局 1986 年版,第 3802 页。

学,吴梅称"近世学梦窗者,几半天下"①。

清季民初偏尊梦窗的词坛宗尚,多得力于王鹏运、朱祖谋、郑文焯、况周颐诸人对梦窗词籍的辑佚、校勘、考订与笺释。王鹏运校刻梦窗词籍,始于光绪二十五年(1899),初与朱祖谋共校。其《梦窗甲乙丙丁稿跋》云:"是刻与古微学士再四雠勘,俶落于己亥始春,冬至初断手,约计一岁中无日不致于此。"②书成之后,王半塘又以新校写本寄郑文焯,郑氏为题《水龙吟》词。因梦窗词版本流传复杂,在半塘下世后,朱祖谋仍孜孜以求,前后历二十余年,每得新本,不惮重校。其刻入《彊村丛书》的梦窗词已是三校本,此校本《梦窗词集跋》对自己多年校勘梦窗词集的生涯有一段总结,且透露出另一版本来源,表示他日当再行勘校:

> 余治之二十余年,一校于己亥(1899),再勘于戊申(1908),深鉴戈氏、杜氏肆为专辄之弊,一守半塘翁五例,不敢妄有窜乱,迷误方来。今遵是编,覆审囊刻,都凡订补毛刊二百余事,并调名亦有举正者,旧校疏记,兼为理董,依词散附,取便繙帟。质之声家,或无訾焉。比见邓正闇《群碧楼藏书目》有张夫人学象手录《吴梦窗词集》一卷。……他日稽诸异同,倘犹有创获于是编之外者,当别为校录云。③

清季四大家中的郑文焯对梦窗词籍的校订亦用力甚劬,著有《梦窗词校议》、《梦窗词跋》,另有《手批梦窗词》存世。④ 而在王、朱校勘梦窗词过程中,况周颐也实预其事,赵尊岳《蕙风词史》云:"半唐校刊《梦窗词》,先生(蕙风)助成之。"⑤

---

① 吴梅:《乐府指迷笺释序》,《吴梅全集》理论卷中,河北教育出版社 2002 年版,第 982 页。
② 《四印斋所刻词》附《梦窗甲乙丙丁稿》,上海古籍出版社 1989 年影印。
③ 《彊村丛书》,上海书店、江苏广陵古籍刻印社据 1922 年归安朱氏刻本影印,第 1062 页。
④ 按,此书藏于原杭州大学图书馆,1996 年台湾"中央"研究院文哲研究所据以影印出版。
⑤ 《词学季刊》第一卷第四号,上海书店 1985 年影印。

　　流风所及，吴梅亦有汇校梦窗词之举。1931 年，吴梅授徒南京中央大学，主讲《词学通论》与《词选》两课，汇校梦窗词正是讲授《词选》课之需。其《日记》1931 年旧历九月十五日有记云：

　　　傍晚校《梦窗词》两页。余今授吴词，拟作札记，乃取毛本作主，以王幼霞、杜小舫、朱古微无着庵《彊村丛书》本，汇刻一通，而附以忆（臆）说。今日初着手，此后作为日课焉。①

　　吴梅汇校梦窗词的"臆说"后经王卫民先生整理为《汇校梦窗词札记》②。《札记》前有按语称："朱丈古微《读梦小笺》，亦择录入之，偶有臆见，附书于后。"此所谓《读梦小笺》，即刻入《彊村丛书》的《梦窗词集小笺》。是书凡笺梦窗词九十三阕，大抵探源本事，勾勒行迹，考释地名。其成果大多为吴梅录入《札记》之中。吴梅此举，足见其服膺彊村词学之深。

　　吴梅不仅效仿清季词人校勘梦窗词籍，其对梦窗词的体认亦与清季四家大略相仿。对梦窗词，前人多指斥其质实密丽，用事下语太晦，而清季四家则独能体悟其间脉络意绪，于梦窗用心颇多发明。如王鹏运以为："梦窗以空灵奇幻之笔，运沉博绝丽之才。几如韩文、杜诗，无一字无来历。"③朱祖谋称："君特以隽上之才，举博丽之典，审音拈韵，习谙古谐。故其为词也，沉邃缜密，脉络井井，缅幽抉潜，开径自行。学者匪造次所能陈其意趣。"④郑文焯亦云："君特为词，用隽上之才，别构一格，拈韵习取古谐，举典务出奇丽，如唐贤诗家之李贺，文流之孙樵、刘蜕，锤幽凿险，开径自行，学者匪造次所能陈其细

────────────

① 《吴梅全集》日记卷上，河北教育出版社 2002 年版，第 19 页。
② 原发表于《文学遗产增刊》十四辑，见《吴梅全集》理论卷中，河北教育出版社 2002 年版。
③ 王鹏运：《梦窗甲乙丙丁稿跋》，见《四印斋所刻词》，上海古籍出版社 1989 年影印。
④ 朱祖谋：《梦窗词集跋》，《彊村丛书》上海书店、江苏广陵古籍刻印社据 1922 年归安朱氏刻本影印，第 1062 页。

趣也。其取字多从长吉诗中得来,故造句奇丽。世士罕寻其源,辄疑太晦,过矣。"①四家之中,蕙风论词标举"重、拙、大",其论梦窗词云:

> 宋词有三要:重、拙、大。重者,沉著之谓,在气格,不在字句。于梦窗词庶几见之。即其芬悱铿丽之作,中间隽句艳字,莫不有沉挚之思,灏瀚之气,挟之以流转。令人玩索而不能尽,则其中之所存者厚。沉著者,厚之发见乎外者也。欲学梦窗之致密,先学梦窗之沉着。②

吴梅法乳彊村,其论梦窗之语,亦自可见渊源所在。《词学通论》第七章称:"梦窗词,以绵丽为尚,运意深远,用笔幽邃,炼字炼句,迥不犹人。貌观之,雕缋满眼,而实有灵气行乎其间。细心吟绎,觉味美于方回,引人入胜,既不病其晦涩,亦不见其堆垛。""梦窗长处,正在超逸之中,见沉郁之思,乌得转以沉郁为晦耶?"③其为蔡嵩云《乐府指迷笺释》所作序中又谓:"吴词潜气内转,上下映带,有天梯石栈之巧。"④以"幽邃"、"沉郁"、"潜气内转"等目梦窗词,显示吴梅实与清季词坛对梦窗的接收路径气韵相通。

三

清季民初词坛偏师梦窗,但其末流往往"未撷精华,先蹈晦涩"⑤,"宁晦无浅,宁涩无滑,宁生硬无甜熟,炼字炼句,迥不犹人"⑥,难抵清真浑化之境。

---

① 郑文焯:《郑校梦窗词跋》,引自龙榆生《唐宋名家词选》,上海古籍出版社1980年重印本,第293页。按,此段文字,《词话丛编》第五册所收《大鹤山人词话》附录《梦窗词跋一》无"其取字多从长吉诗中得来"以下数句。
② 《蕙风词话》卷二,《词话丛编》第五册,中华书局1986年版,第4447页。
③ 《词学通论》第七章,《吴梅全集》理论卷上,河北教育出版社2002年版,第468、469页。
④ 《吴梅全集》理论卷中,河北教育出版社2002年版,第982页。
⑤ 《乐府指迷笺释序》,《吴梅全集》理论卷中,河北教育出版社2002年版,第983页。
⑥ 蒋兆兰:《词说自序》,《词话丛编》第五册,中华书局1986年版,第4625页。

对此流弊，吴梅《词学通论》绪论即指出：

> 意之曲者词贵直，事之顺者语宜逆，此词家一定之理。千古佳词，要在使人可解。尝有意极精深，词涉隐晦，翻绎数过，而不得其意之所在者，此等词在作者固有深意，然不能日叩玄亭，问此盈篇奇字也。近人喜学梦窗，往往不得其精，而语意反觉晦涩。此病甚多，学者宜留意。①

而对如何救弊，晚清诸词老的努力路径大略可称为"以苏辛救吴"。如王鹏运，学者以为其丙申(1899)以后词，渐由稼轩、梦窗上窥清真。龙榆生《清季四大词人》一文称："要之鹏运于词，欲由碧山、白石、稼轩、梦窗，蕲以上追东坡之清雄，还清真之浑化。"②《东坡乐府综论》一文又称："并世词流，如郑文焯及朱彊村先生，并从王(鹏运)说，于苏词特为推重。"③夏敬观《忍寒词序》亦谓彊村"晚亦颇取东坡以疏其气"④。而四家中的况蕙风则摒弃表象，拈出"沉著"一词，勾连梦窗与苏、辛殊流而同源的关系，理清了清季词坛既偏师梦窗，又推重苏、辛的内在理路。其《蕙风词话》云："重者，沉著之谓。在气格，不在字句。于梦窗词庶几见之。……梦窗与苏、辛二公，实殊流而同源。其所为不同，则梦窗致密其外耳。"⑤

　　循此家法，吴梅在指出东坡词豪放缜密、两擅其长的同时，欲力图以稼轩"沉郁顿挫"补梦窗艰涩密丽之不足。其《词学通论》批评南宋词人刘过学稼轩是"豪放处又一放不可收"，指出"学幼安而不从沉郁二字着力，终无是处"，⑥而对如何打通梦窗与稼轩，复又明言"学稼轩，要于豪迈中见精致。学

---

① 《词学通论·绪论》，《吴梅全集》理论卷上，河北教育出版社 2002 年版，第 403 页。

② 《龙榆生词学论文集》，上海古籍出版社 1997 年版，第 447 页。

③ 《龙榆生词学论文集》，上海古籍出版社 1997 年版，第 264 页。

④ 龙榆生：《近三百年名家词选》引，上海古典文学出版社 1956 年版，第 184 页。

⑤ 《蕙风词话》卷二，《词话丛编》第五册，中华书局 1986 年版，第 4447 页。

⑥ 《词学通论》第七章《概论二》，《吴梅全集》理论卷上，河北教育出版社 2002 年版，第 473 页。

梦窗,要于缜密中求清空"①,确为卓荦之见。

吴梅并非长于立论而短于创作之辈。观其自作,"敛滂沛于尺素,吐哀乐于寸心"②,词风跌宕,摇曳多姿。或苍凉悲壮,痛快淋漓,或雄奇缜密,潜气内收。大多与其词论若合符契。仅以其《洞仙歌》(出居庸关,登八达岭)一词为例:

> 万山环守,一线中原走,芒帽冲寒仗尊酒。正长城饮马,大漠盘雕,羌笛里,吹老边庭杨柳。　雄关霄汉倚,俯瞰神京,紫气飞来太行秀。天末隐悲笳,残霸山川,容易到夕阳时候。甚莽路荆榛戍楼空,对眼底旌旗,几回搔首。

据卢前《霜厓先生年谱》,本词作于 1917—1922 年任教北京大学期间。此数年间,枭雄竞起,军阀乱战,天下岌岌。其民生之多艰、世变之无常,不亚南宋。当此乱世,吴梅绝非仅通雅故,能文章而已。感慨所寄,或绸缪未雨,或叹息厝薪。其内心之沉郁,则又不让稼轩、梦窗。所谓情动于中而形于言,这一时期所作各词,大抵如其弟子唐圭璋先生所言:"怀古伤今,辄多扬善疾邪之思;登山临水,尽是悲壮苍凉之音。"③此阕《洞仙歌》,忧时伤世,悲情郁勃。在艺术上,又极具吞咽顿挫之美,豪而能收,词笔蕴藉,正其所谓"豪迈中见精致"者。词中意象准确而精深,严迪昌先生以为"藏而不晦,密而不涩"④。歇拍"甚莽路荆榛戍楼空,对眼底旌旗,几回搔首"一句,显然又别有寄托,含蓄不尽。当然,全词是否已达清真浑化之境,尚可商议。但此词风格所透露出的信息,表明霜厓词风的形成,在个人性情、世变时序之外,清季民

---

① 《词学通论》第五章《作法》,《吴梅全集》理论卷上,河北教育出版社 2002 年版,第 430 页。
② 吴梅:《霜厓词录自序》,《吴梅全集》作品卷,河北教育出版社 2002 年版,第 106 页。
③ 《吴先生哀词》,原载《黄埔月刊》,引自《吴梅和他的世界》,河北教育出版社 2002 年版,第 55 页。
④ 《吴瞿安先生的词与词学观》,《词学》第十六辑,华东师范大学出版社 2005 年版,第 311 页。

初的词坛宗尚与吴梅词学法乳所在,应是一个无可忽视的主要因素。

　　要之,吴梅以其亲炙彊村,理论与实践并重,堪称近现代"彊村词派"中坚。倘若看到吴梅曾先后执教南北上庠,讲授词学,组织词社,民国及当代词家与学者如任中敏、卢前、钱南扬、唐圭璋、王季思等多出其门,其在近现代词史上光前裕后的作用,则又自不待言。

——《苏州大学学报》2009 年第 4 期

程 芸
_____

"文本"与"脚本"

——吴梅"以北词法填南曲"说发微

　　元杂剧的传播与接受是一个值得从文本、理论和实证等角度进行"多向度阐释"的重要课题,本文以汤显祖《临川四梦》与元杂剧的文体因缘为研讨中心,所推究的则是晚明南北曲之间的交流与互动,以及文人曲家看待元杂剧的不同审美倾向和文体选择。

一

　　汤显祖《临川四梦》以南曲曲调为主体,故吕天成《曲品》将其著录于"新传奇"之列,而晚明以迄讨论《四梦》声律或声腔的曲家,也多将视野聚焦于南曲的流变,少有人去发掘它们与北曲的关系。传统曲学的集大成者吴梅先生可能是一个突出的例外,他在《中国戏曲概论》之"明人传奇"中,曾以归划流派的方式,对明代戏曲的发展脉络作了简略梳理,其中就涉及汤作的"失律"问题。有云:"若夫作家流别,约分四端。自《琵琶》、《拜月》出,而作者多意拙素。自《香囊》、《连环》出,而作者乃尚词藻。自玉茗《四梦》以北词之法作南词,而僭越规矩者多。自词隐诸传,以俚俗之语求合律,而打油钉铰者众。"①这段话值得辨识的节点较多,为行文计,本文只关注"《四梦》以北词之法作南词"云云。寥寥数字,可谓语焉不详,因此,需要比照吴氏其他文字去阐幽发微。

我们注意到,吴梅在评阅怡府本《还魂记》时也表达了类似看法,他说:"玉茗以善用元词名,各记中以北词法填南曲,其精处直驾元人而上之,自有词家,无人能敌也。吕玉绳、臧懋循以南词法绳之,又何怪凿枘也。世人不知玉茗之所自,交口言其舛律,此少雅所以为之订谱欤?"②这里"以北词法填南曲"云云,正是对《牡丹亭》"舛律"原因的发掘,参照前文所引之"以北词之法作南词",可清楚地见出:吴梅所谓"北词法"与"南词法",主要是一种文体学视阈中的写作方法,而非演剧学视阈中的歌唱、表演技巧。但总体而言,这段文字依然有嫌晦涩,既没有明言"北词法"与"南词法"的具体差异,也没有指出汤氏"以北词法填南曲"究竟体现在哪些层面。

点检吴氏著述,《顾曲麈谈·原曲》另有一段话也与汤显祖戏曲的声律相关,并与前引二文形成某种"互文性"关系,可视作更具体的阐说。有云:"套式之最不可遵守者,莫如李日华之《南西厢记》,及汤若士之《玉茗四梦》……若如《玉茗四梦》,其文字之佳,直是赵璧隋珠,一语一字,皆耐人寻味。惟其宫调舛错,音韵乖方,动辄皆是。一折之中,出宫犯调,至少终有一二处。学者苟照此填词,未有不声律怪异者。若士家藏元曲至多,但取腕下文章,不顾场中之点拍。若士自言曰:'吾不顾捩尽天下人嗓子。'噫!是何言也。故读《四梦》者,但当学其文,不可效其法,此为金玉之语。"这里需要重视的有两点:

其一,吴梅提及了传统曲学的两个关键要素:宫调、音韵。如果说北曲

---

① 见吴梅《顾曲麈谈·中国戏曲概论》,上海古籍出版社 2000 年版,第 160 页。
② 王卫民编校:《吴梅全集》理论卷中,河北教育出版社 2000 年版,第 838 页。

（我们主要关注北曲杂剧）与南曲（我们主要关注戏文、传奇）之间存在着文体边界的整体性差异，那么，所谓"南词法"与"北词法"赖以相区别的前提，恰恰在于宫调与韵律。杂剧与传奇作为曲牌体的表演文学，宫调和韵脚的整一化是其联套的前提；早期民间南戏、文人传奇在宫调、韵律方面，表现出明显的随意性，如《南词叙录》所描述的"本无宫调，亦罕节奏，所谓随心令也"，其"曲之次第"虽有一定陈规，但不能等同于北曲基于宫调一律和韵脚一律基础上的联套。嘉隆以后，随着新昆腔（"水磨调"）的崛起，南曲"过搭之法"①受到广泛重视，日益凸显出以联套来编织排场的迹象，即宫调渐趋于整饬，而用韵则以《中原音韵》为尚。汤显祖《四梦》中宫调几无规律，用韵则多与《中原音韵》出入，这与嘉隆以后文人传奇的发展大势有明显不合，更不足为近代曲家取法，故吴梅有"套式之最不可遵守者"这样的判词。

其二，吴梅提及了汤显祖对杂剧的热好。这在晚明文献中是有据可查的。据姚士粦《见只编》载，汤显祖酷嗜元人杂剧，"自言箧中收藏，多世不常有，已至千种，有《太和正韵》所不载者。比问其各本佳处，一一能口诵之"；又据臧懋循《寄谢在杭书》（见《负苞堂文选》卷四），锦衣卫刘承禧家藏抄本杂剧三百余种，"世所称元人词尽是矣，其去取出汤义仍手"。可见，汤显祖曾推动了元杂剧在晚明的传播，但"口诵"或"去取"云云，主要是一种专注于案头的文学性的赏析与鉴别，而非对元杂剧作为一种既有戏剧形态其舞台性的发掘与推扬。事实上，元杂剧在晚明即便有零星演出，也不可能保持其原初的舞台特色；吴梅对汤显祖"但取腕下文章，不顾场中之点拍"之批评，从演剧史角度看，显然是一种苛责，但如果从阅读史角度看，则表明他也认识道汤氏之热好元杂剧，主要是基于文学性的审美诉求，而非舞台呈现的需要。

正是在这个意义上，我们认为以北曲为主体的元杂剧，主要是作为一种"文学遗产"而非"戏剧典范"，进入汤显祖的视野中。这二者所隐寓的审美倾

---

① 王骥德：《曲律·论过搭》，《中国古典戏曲论著集成》本。

向与文体选择,有着微妙而重要的差异。戏剧文体的舞台性与文学性之间的关系相当复杂,非本文所能详论,但大抵而言,倘若视元杂剧为一种"文学遗产",所关注的将主要是曲辞的文学风味,而倘若视元杂剧为一种"戏剧典范",则有可能转向元剧的形式规则之于当下戏剧活动的作用。

总之,吴梅注意到汤显祖《四梦》的"北曲化"特征,并认为"以北词法填南曲"(或"以北词之法作南词")是造成《四梦》"失律"的原因。而当代学者则往往认为,这是缘于汤显祖写剧时,以服务于昆腔新声("水磨调")之外的某种南曲声腔(如"江西化"的海盐腔,或"宜黄腔")为目的,其思路、结论迥异。哪种解释更充分,本文亦不能详论,拙见则以为,吴梅先生的论说提醒我们:南北曲的隆衰兴替,是中晚明文人戏曲史转换的关键环节,它深刻地影响着几代曲家的心态,也就有可能对汤氏的写作产生具体的影响。

南曲诸变体声腔日渐勃兴,北曲趋于衰微,这是明中叶后最重要的演剧史现象;而南北曲的兴替,特别是讲究"依字声行腔"的新昆腔("水磨调")的异军突起,又直接促成了以南曲为主体的"新传奇"的繁兴。"新传奇"概念见于吕天成《曲品》,隐寓着一种"新文体"意识的自觉,因此,当我们聚焦于《四梦》的"写作腔调"时,既要作声腔流变史的考察,也要从文体学角度去作辨析。

二

嘉靖中叶以后,南曲诸声腔蓄势勃发,成为舞台新时尚的态势已无可阻挡。而且,南曲自身也呈现出一种多个声腔剧种之间既争奇斗艳又相互影响的状态。以最先进入文人视野的"四大声腔"为例,其发展态势及所面临的文化淘洗并不一样。弋阳腔依然受到中下层社会的欢迎,在保持俚俗粗陋、率意活泼特征的同时,随着流播地域的不同也逐渐与当地方音、曲调相结合,从而形成了更多本土化的声腔变体;余姚腔迅速地从文献记载中消失,或许已为其他声腔所涵化,或因为难以承受文人声腔的挤压而衰亡;使用官话的海盐腔曾受到了文人士大夫阶层的追崇,被誉为"官腔"、"时曲",为其作剧的文人当不在少数,但是,随着经魏良辅等人改革并充分发扬文人词曲"依字声行腔"特点的新昆腔"水磨调"的崛起,到了万历中后期,"海盐不振而曰昆腔"①的格局已经形成,文人士大夫纷纷转而为昆腔写剧了。

南北曲的隆衰,以及南曲内部诸声腔的代兴,促成了一种"四方歌曲,必宗吴门"②的新型戏曲生态,也深刻影响着晚明文人曲家的舞台倾向。以梁辰鱼、沈璟为代表的吴地曲家尽其所学,发掘新兴昆腔的声韵之美,即便是浙江人王骥德、安徽人梅鼎祚等外省曲家,也多少表现出对昆腔的推崇。粗略而言,南曲之勃兴似乎正是以北曲之衰微为表征的。万历时期的吕天成《曲品》著录了嘉靖中叶以来"新传奇"一百八十种以上,这些以南曲为主体的作品大多出于文人士大夫的手笔。杂剧已相当地"南化"了,不但大量采用南曲,也很少遵循元杂剧"一本四折"的基本体制;原本以北曲清唱为绝技的宫廷、官署艺人,也逐渐疏远了对这种传统艺术的兴趣,以至于被视为"广陵散"③。

但另一方面,日新月异的追尚南曲的舞台流俗背后,还裹挟着某些文人对于北曲怀旧般的依恋。这也是元杂剧在晚明的传播与接受中,值得特别重视的一种审美倾向,它们或显或晦,有的只是曲家个人的偏好,有的则汇集成一股潜流,有的甚至跃然勃发,以至于深刻地影响着南曲发展的态势。

作为一种日渐式微而前代曾经辉煌过的艺术形式,元杂剧对于晚明文人曲家而言,其实兼具"戏剧典范"与"文学遗产"双重属性。我们注意到,一方面,大量戏文、传奇被收录进各类曲选或曲谱中,甚至被标举为"天下时尚"、

---

① 王骥德:《曲律论腔调》,《中国古典戏曲论著集成》本。
② 徐树丕:《识小录》卷四,《涵芬楼秘笈》(第一集)本。
③ 沈德符《万历野获编》卷二十五"北词传授"条有云:"今南教坊有傅寿者字灵修,其亲生父家傅,誓不教一人,寿亦豪爽,谈笑倾坐;若寿复嫁以去,北曲真同广陵散矣。"

"南北时尚"或"时调"、"新声",而另一方面,收罗、汇集、校正、刊行元人北杂剧也成为一时风尚。作为南曲名家的汤显祖之热好元杂剧,并非曲坛个案,如吴中昆腔曲家的领袖级人物沈璟就"沉酣胜国管弦之籍"(见吕天成《曲品》)①,还收藏有一定数量的杂剧文本(见王骥德《曲律·杂论下》),甚至关注过《西厢记》的"古本"问题。而明刊本元杂剧总集也多问世于嘉靖中叶以后,如李开先《改定元贤传奇》、陈与郊《古名家杂剧》、息机子《古今杂剧选》、臧晋叔《元曲选》、顾曲斋《元人杂剧选》等。元杂剧总集"爆发式"地问世,固然与晚明出版业的发达有关,但这并非一种单纯的市场取向,因为随着北曲演出的衰微,以及南曲各种"时调"、"新声"的流行,元杂剧对于市井阶层、下层文人而言,已缺乏足够的吸引力,其市场占有率是难以与各种新兴南曲相比肩的。

元杂剧在晚明的传播与接受,其深层次的功能是参与了士人群体中一种以复古(或崇古)为取向、以重塑经典为内核的"文化空间"的建构,并与诗文领域内的复古风尚相互掣应。因此,其背后普遍性的文化心态、审美选择尤其值得推究。一方面,中上层社会发达的藏书业为刊行前代"文学遗产",提供了一定的市场支持;另一方面,曲坛的"尚北"、"崇元"倾向,②又使得这种前代"戏剧典范"有可能激发出现实的舞台意义。嘉隆以后,南曲诸声腔剧种大兴,昆腔新声("水磨调")尤其受到欢迎,而就在南曲这种表层的荣光背后,还隐藏着另外一种普遍性的文人意识,这就是对北曲"典范美"意义的推扬。例如,沈璟、王骥德等吴越曲家就高度肯定北曲音乐体制、韵律规范的成就,及其之于南曲体制化、规范化进程的示范性。沈氏【二郎神】套曲《论曲》有云:"北词谱,精且详,恨杀南词偏费讲。"王骥德《曲律自序》则说得更为迫切:

---

① 沈德符《万历野获编》卷二十五"拜月亭"条有云"余最爱《绣襦记》中'鹅毛雪'一折……余谓:此必元人笔,非化(成化)治(弘治)间人所能办也。后问沈宁庵吏部,云果曾于元杂剧中见之。"据此可推知,吕天成所述属实。

② 参看程芸《沈璟"合律依腔"理论述评》,《文学遗产》2000 年第 5 期。

"元周高安氏有《中原音韵》之创,明涵虚子有《太和词谱》之编,北士恃为指南,北词禀为令甲,厥功伟矣。至于南曲,鹅鹳之陈久废,刁斗之设不闲。彩笔如林,尽是呜呜之调;红牙迭响,只为靡靡之音。俾太古之典刑,斩于一旦;旧法之渐灭,怅在千秋。"北杂剧的这种示范性,在臧晋叔《元曲选后序》中更被直接地表述为"使今之为南者知有所取则云尔"。

值得细究的是,尽管南北曲从元代以来就存在着交流与融合,但毕竟是源流、变异显有不同的两种艺术形态,到了万历时期,北曲舞台演出几已衰无,而元人北杂剧之"则"(形式规范),何以能反作用于"新传奇"的写作?

周贻白先生论及"戏文—传奇"的雅俗嬗变时云:"明代传奇不妨说是参合南戏和元剧而产生出来的另一种形式。其和南戏不同的地方,也许竟和元剧有关,不必皆为明人的创体。"①此说极精当,尤其是从文体学的视阈发掘到"新传奇"勃兴的内在动因。明中叶以后传奇戏曲的规范化、体制化,相当程度上是以北曲为参验标准的,这主要体现在两方面:其一,确立南曲宫调系统的整一性,为南曲联套提供前提性的支持;其二,确立南曲相对一致的用韵标准,以及每一曲调具体的声律细则,为"依字声行腔"的曲唱方式提供规范的文本支持。而前者又具有更根本的意义,因为在传统曲学看来,只有明确了曲调的宫调归属这一"乐体"问题后,才能就势导出句式、平仄、声韵等"文体"问题,如清初曲家李渔所云:"从来词曲之旨,首严宫调,次及声音,次及字格。九宫十三调,南曲之门户也。"②北杂剧有相对规整的宫调体制和韵律规范,因此,在"新传奇"的规范化、体制化进程中,北曲呈现出一种文体学意义上的"典范美"光彩,从而在文本写作上也具有了可摹仿性。

居于晚明普遍性的"尚北"、"崇元"情境中,汤显祖究竟将表现出怎样一种审美倾向? 又将作出怎样的文体选择? 回到吴梅那里,由于上引文字并没有对"北词法"、"南词法"的内涵做明确说明,这就使我们必须直面一个难题:

---

① 周贻白:《中国戏剧史》,中华书局 1963 年版,第 356 页。

② 李渔:《李笠翁曲话》"词曲部·音律第三",《中国古典戏曲论著集成》本。

既然北杂剧相对整一的宫调、韵律具有"示范性",倘若汤显祖"以北词之法作南词",当如沈璟、王骥德等一样,更加精求宫调、平仄和韵脚等形式规范,为什么踵其后者反而"偭越规矩"？嗜好元人杂剧的汤显祖,究竟从北曲那里发现了怎样的文体特征,并投射到他的《四梦》写作中？这是我们需要着力解释的。

三

汤显祖的《徐司空诗草叙》①也不大为研究者重视,事实上,它提供了解释上述问题的某些线索。汤氏有云："余尝为友人分诟而作词。因知大雅之亡,祟于工律。南方之曲,刌北调而齐之,律象也。曾不如中原长调,庖庖隐隐,淙淙泠泠,得畅其才情。故善赋者以古诗为余,善古诗者以律诗为余。"显然,汤显祖敏锐地察觉到南曲形式的规范化、体制化,是以"北调"为参拟对象的。而关于曲体文学的本质,汤氏所重在于"意趣神色"而非"九宫四声"(《答吕姜山》),关于曲体文学的音乐性,汤氏强调的则是一种"使然而自然"的境界,因此,不难理解为什么他有"大雅之亡,祟于工律"的沉痛之言。

另一方面,汤显祖又对"中原长调"丰富的文体功能作了推扬。这里的"中原长调",联系汤氏酷嗜元人杂剧,以及他不作散曲的实际,大抵可认为是指北杂剧中的剧曲。与北散曲相比,元杂剧剧曲的突出特征是"衬字"特多,尤好用叠字虚词和方言俗语;叠字虚词和方言俗语有助于促成一种音乐上的节奏感与变动感,并丰富文辞的修饰性与表现力。元人剧曲频繁地使用叠字虚词、方言俗语,再辅以明清曲学家对北曲"辞情多而声情少"②特点的考察,实可与汤显祖"庖庖隐隐,淙淙泠泠,得畅其才情"一说,相互阐发、印证。

传统曲学一直关注北曲的"增衬"问题,但其实,这是曲体由扎根于民间

---

① 本文所引汤显祖文以《汤显祖全集》(徐朔方笺校,北京古籍出版社 1999 年版)为据,不另注。
② 王世贞:《曲藻》,《中国古典戏曲论著集成》本。

的"表演型"口头文学进入文人士大夫阶层中,转变为"展阅型"的书面文学之后,所产生的一种误判。历史地看,年代越早、民间色彩越浓厚的作品,"增衬"现象越突出,而剧曲的"增衬"又往往比文人散曲更普遍。这是因为,早期北曲大抵"以(音)乐传(文)辞","文体"(句式、字格、平仄、用韵等)依附于"乐体"(曲调的宫调、旋律、节奏、声情等),文人士大夫广泛参与之后,曲体文学逐渐由原来的"乐本位"(音乐主导文辞)过渡为"文本位"(音乐性转生于规范化的文辞),甚至蜕变为所谓的"文章之事"。此时,再回过头去反观早期民间创作,于文人创作通行规范有所"不合"之处,就必然凸显出来,"增衬"之说遂应运而出。

明中叶以后,南曲的格律化、雅致化进程有所加速。许多文人曲家着眼于音乐特质(尤其是板眼)的差异,来讨论南北曲对衬字的不同要求,如王世贞《曲藻》有云:"凡曲,北字多而调促,促处见筋;南字少而调缓,缓处见眼。"王骥德《曲律·论衬字》则认为:"古诗余无衬字,衬字自南北二曲始。北曲配弦索,虽繁声稍多,不妨引带;南曲取按拍板,板眼紧慢有数,衬字太多,抢带不及,则调中正字,反不分明。"王骥德不但将"衬字多(衬至五六字)"视为四十条"曲禁"之一,还对南曲衬字提出了一些特殊要求,如:"大凡对口曲,不能不用衬字;各大曲及散套,只是不用为佳。细调板缓,多用二三字,尚不妨;紧调板急,若用多字,便躲闪不迭。"南曲不宜有过多的"衬字",否则将"主客不分",这是晚明清初曲家的一种通识,并一直延续到"五四"之后的传统曲学家那里。

吴梅显然沿袭了这一习见,他在《顾曲麈谈·原曲》中批评《牡丹亭》"衬字太多",又有云:"板式紧密处,皆可加衬字;板式疏宕处,则万万不可。汤临川作《牡丹亭》,不知此理,任意添加衬字,令歌者无从句读。当时凌初成、冯犹龙、臧晋叔诸子,为之改窜,虽入歌场,而文字遂逊原本十倍。此由于不知板也。"《四梦》大量使用衬字,破坏了文人化的南曲尤其是新昆腔"依字声行腔"、"字少音多"的规律,而这在吴梅看来,其实与汤显祖汲纳北曲("中原长调")的文体特征有关,因为"板拍所谓为曲中节奏,北曲无定式,视文中衬字之多少以为衡,所谓死腔活板是也。南曲则每宫每支,除引子及【本宫赚】、【不是路】外,无一不立有定式"①。此外,我们还注意到,一方面,吴氏《顾曲麈谈·论北曲作法》称赞汤显祖"于胡元方言极熟,故北词直入元人堂奥,诸家皆不能及",另一方面,他在为跋《红蕖记》时转而又称许沈璟说:"删汰元剧方言,尤合南词正格。大抵宗《琵琶》者,终鲜舛律;学元剧者,或至乖方,莫出例外。若先生者,殆堪独秀矣。"②这就表明,在曲体形式问题上,吴梅所倡导的南词"正格",正是以反拨北曲"增衬"之法为前提的。因此,吴氏对于汤显祖的评论中,其所谓"北词法",当主要指北曲以俗语方言、虚词叠字来"增衬",并不涉及宫调、用韵等形式规范。

可见,吴梅"以北词法填南曲"云云,在解释汤显祖戏曲"失律"问题时,其思路明显不同于当代学者。当代学者考察《四梦》"写作腔调"时,往往以先描绘出晚明南曲诸声腔的"时空分布地图"为前提,然后再在其间寻找《四梦》的位置,倘若对于这幅地图不能达成共识,那么《四梦》的腔调就必然会引发争议。这一论说模式有重要意义,对戏曲声腔剧种史的研究尤有推进,但另一方面,由于专注于南曲的声腔流变,也忽略了北曲有形或无形的存在,以及北杂剧之于汤显祖的可能影响。南曲声腔剧种的分化,首先意味着基于方音和音乐曲调的不同,而形成的地域文化传统的差异。但文人曲家在写作"新传奇"时,是否主动迎合某种南曲声腔的地域性,这是需要悬疑的。作为一种文人写作形式,"新传奇"与南曲诸变体声腔之间并非一种"镜像式"的关系。如果我们把《四梦》等所谓"新传奇",理解为更类乎一般文学写作的"文本",而非直接服务于舞台呈现的"脚本",那么,对于汤显祖"以北词法填南曲"背后所依托的戏曲史情境,就将有更为丰富的理解。

---

① 以上见吴梅《顾曲麈谈·中国戏曲概论》,第25—30页。

② 见王卫民编校《吴梅全集》理论卷中,第829页。

四

明中后期的文人曲家非常关注南曲诸声腔的衍化、融合，但另一方面，他们往往是明确了南、北曲的此兴彼衰这一戏曲史主线之后，再转而去描述南曲诸声腔的流布。如祝允明《猥谈》、杨慎《丹铅摘录》、何良俊《四友斋丛说》、顾起元《客座赘语》、王骥德《曲律》等，汤显祖也表现出同样的"路径依赖"，他的《宜黄县戏神清源师庙记》先叙述南、北曲的分疏——"此道有南北"，然后才引出南曲诸变体声腔的流变——"南则昆山，之次为海盐……江以西弋阳……至嘉靖而弋阳之调绝，变为乐平，为徽、青阳"。

事实上，明中后期的南曲隆兴，并非以北曲彻底退出舞台为历史前提。魏良辅改良旧昆腔时，就借鉴、发扬了文人北曲的演唱技法，万历以后更有大量北曲曲调被吸收到昆腔新声中，"新传奇"中南北合套的花样于是愈加翻新、出奇。北曲演出尤其是清唱，也无可避免地要受到新昆腔（"水磨调"）"反哺式"的影响，转而"皆以'磨腔'规律为准"。[①] 在民间艺人和市井阶层中，南、北曲的这一双向互动可能还要更为复杂一些，以弋阳腔为例，它与北曲之间的"兼容性"可能比昆腔之于北曲还要大得多。

例如，万历年间的陈与郊在其《义犬记》杂剧中，串演了一出弋阳腔《葫芦先生》的"戏中戏"；而据李渔《闲情偶寄》记载，直至清初，弋阳腔、四平腔等民间南曲还能较完整地演出《西厢记》，有云："文字之佳，音律之妙，未有过于《西厢》者。……北本为词曲之豪，人人赞美，但可被之管弦，不便奏诸场上，但宜于弋阳、四平等俗优，不便强施于昆调，以系北曲而非南曲也。……予生

---

① 晚明清初曲家沈崇绥有云："迩年声歌家颇惩纰缪，竞效改弦，谓口随手转，字面多讹，必丝和其肉，音调乃协。于是举向来腔之促者舒之，烦者寡之，弹头之杂者清之，运徽之上下，婉符字面之高低，而厘声析调，务本《中原》各韵，皆以'磨腔'规律为准，一时风气所移，远迩群然鸣和。盖吴中'弦索'，自今天而后，始得与南词并推隆衰矣。"见《度曲须知》"弦索题评"，《中国古典戏曲论著集成》本。

平最恶弋阳、四平等剧,见则趋而避之。但闻其搬演《西厢》,则乐观恐后。何也》？以其腔调虽恶,而曲文未改,仍是完全不破之《西厢》,非改头换面、折手跛足之《西厢》也。"①这里"曲文未改"云云,恐不能理解为以元人的北腔北调来搬演,也很难推证"弋阳、四平等俗优"就传承了元代演剧艺术的精华,但也表明:对于民间艺人而言,弋阳腔和北曲之间存在着相互接近的更多因缘。

拙见以为,其"相互接近"的基础,或与北曲(尤其是剧曲)的"增衬"现象有关。作为南曲变体声腔的弋阳腔,"字多音少,一泄而尽"②,"加滚"后甚至可突破曲牌的拘囿,而北曲"辞情多而声情少","增衬"后也容易度越常格、有损"正腔",这就使得它们与重视曲律规范、讲究"依字声行腔"的"水磨调",表现出更明显的距离。也就是说,虽然昆腔新声"依字声行腔"技法曾受到北曲(主要是文人清唱)的滋养,但当它成熟、壮大之后,以方言俗语、叠字虚词"增衬"的北曲(尤其是口语化的剧曲),反而难以适应新的舞台形势了。因此,一方面北曲清唱转而"皆以'磨腔'规律为准",而另一方面,某些北曲剧曲也得以更完整地进入"字多音少"的民间弋阳腔中,为其所延续、所包容了。这就进一步表明,明中叶以后南北曲之间不仅仅表现为"隆衰"、"代兴"这一基本态势,也存在着融合与互动的契机。因此,具体到如《四梦》一类的"新传奇",则需要从声腔与文体两个角度去考察其与舞台呈现、演剧时尚之间的关系。

据汤显祖《宜黄县戏神清源师庙记》,汤氏关注过南曲声腔的衍化问题,但是,魏良辅《南词引正》、沈德符《万历野获编》(卷二十五"北词传授"条)等文献中记载的北曲腔调的差异,则没有引起他的注意。今存汤氏文集中亦未见有观看北剧表演的记载,这就进一步证实了前文的判断:元杂剧主要是作为一种"文学遗产",进入汤显祖的视野。因此,当他浸染其中,所接受与所认同的,将主要是北杂剧剧曲的"意趣神色",故必然要关注方言俗语、叠字虚词等"增衬"现象之于"畅其才情"的作用,而不可能如沈璟、王骥德等人一样,去

----

① 李渔:《李笠翁曲话》"词曲部·音律第三"。

② 同上。

关注北曲宫调、韵律等形式规则的示范性；其影响所及，就是《四梦》写作上的相对随意：不但不凸显宫调、韵律的整一性，而且在曲辞方面也率意而为，不守句格、字格。这种随意性，用吴梅的话说，就是"以北词法填南曲"。它违背了明中叶以后"新传奇"逐渐明朗化的一个态势，即对"曲律"的精求；反馈于昆腔舞台，就有可能造成艺人因"衬字"太多、太杂而难以点板的困难。而另一方面，由于江西弋阳腔的广泛流播，以及北曲与弋阳腔之间相对大一些的接近性，也容易使人强化它们与"弋阳土曲"（或"江西土曲"）之间的可能关系。其实，从文体学视阈来考察，不管《四梦》作于何时、何地，它们首先是那种既预设了舞台呈现，又并不以舞台呈现为唯一宗旨的剧本文学。

虽然从传统曲学的角度看，《临川四梦》所呈现出的"北曲化"特征，迥异于沈璟、王骥德等吴越曲家对北曲形式美的认知，但另一方面，我们也注意到，晚明曲家固然屡屡指责《四梦》"失律"，然而，也有一些称赏其北曲的言论，甚至还有人认为《四梦》脱胎于元曲。例如：王骥德《曲律·论引子》有云"近惟《还魂》、'二梦'之引，时有最俏而最当行者，以从元人剧中打勘出来故也"；吕天成《曲品》认为"汤奉常熟拈杂剧，故琢调之妍媚赏心"，又尝序《蕉帕记》有云"情远翻抽于元剧，故遣调俊"；《曲品》卷下品评《南柯梦》有云"方诸生（王骥德）极赏其登城北词，①不减王（实甫）、郑（光祖），良然、良然"；臧懋循《元曲选序》讥讽汤显祖"南曲绝无才情"，却又认为"《紫钗》四记，中间北曲，骎骎乎涉其藩矣"，此说有嫌肤廓，故招来王骥德的反驳，以为"非公论"（见《曲律·杂论下》）。以上所论虽不一定准确，但都对《四梦》与北杂剧之间文体因缘有所触及。套用现代文艺理论，这种若隐若显的文体因缘，既可以认为是前代文学之于后代作家的一种"影响的焦虑"，也不妨说它们之间呈现出一种复杂的"互文性"关系。

综上所论，明中叶以后南曲勃兴、北曲式微的戏曲史情境中，不少文人曲

---

① "登城北词"，指《南柯梦记》第二十九出《围释》中【南吕·一枝花】套曲。

家依然维持着对北曲的热好。由于元杂剧兼具"文学遗产"与"戏剧典范"的双重特性,他们在传播与接受元剧时,有可能汲取到不同的滋养,并表现出不同的审美倾向。汤显祖的兴奋点始终在于文辞的"意趣神色",必然要相对地漠视宫调韵律、句格字声等形式规则,而这恰好与标举或推扬"合律依腔"的沈璟、王骥德等人相异趣,从而导致他们发掘北曲"示范性"价值时,也表现出不同的文体选择。晚明文人曲家看待北杂剧的不同审美倾向和文体选择,充分说明了在南曲勃兴、北曲衰微这一基本态势背后,隐藏着有待进一步挖掘的多样性和复杂性。

——原题《〈临川四梦〉与元杂剧的文体因缘》,刊于《文学遗产》2006 年第 6 期

浦海涅
_____

试论《霜厓词录》的四种版本

曲学大师吴梅先生一生著述甚多,其中以《霜厓诗录》、《霜厓词录》、《霜厓曲录》、《霜厓读画录》及《霜厓三剧》(附《霜厓三剧歌谱》)等最为人所知。其中《霜厓词录》一书,旧时著录有贵阳文通书局本(卢前校本,后简称卢本)和陟冈楼丛刊本(潘景郑校本,后简称潘本),此二种印数无多,存世甚罕,研究者颇难得见。幸好在 2002 年的时候,王卫民先生校注的《吴梅全集》四卷本问世,其中亦收录有《霜厓词录》(后简称王本)。去年年末,单位自沪上征集到红印本《霜厓词录》一种(后简称红印本),遍寻各处,未见有公私收藏机构著录。近日,取目前所见《霜厓词录》的四种版本略作对勘,发现诸本之中尚有不少出入,摘录于后以便查考。

吴梅先生手定词稿一事,最早可以追溯到 1937 年夏,据潘景郑先生所记"丁丑(1937 年)夏,公(吴梅)休沐归里,方手订词稿,日写数页。弼(潘景郑名承弼)时谒公请任剞劂之事",然而不久之后,抗战爆发后("丁丑之难"),吴梅先生"扶病远走鄂湘,转徙桂滇,舟车劳顿,竟至不起。时己卯正月也"

（1939年3月）。在1938年秋吴梅先生到湘潭的时候，潘景郑先生曾再次写信给老师，要求为老师出版文集，数月后"公自桂林覆书云，诗词俱写成，拟录副寄沪"，于是在吴梅先生客死云南大姚后数月，门人潘景郑得先生生前寄出的词稿副本（"逾数月得公写定词稿副本"），然后就为之"缮录，受诸枣梨"，他委托北京文楷斋据词稿进行刻板印刷，到1940年初（庚辰正月）刻板工作基本完成，但文楷斋本《霜厓词录》最终"以工劣未遑传布，议重付剞劂"，于是才有了三年后，以文楷斋本为底本，潘景郑重写影印本《霜厓词录》。而此次发现的红印本《霜厓词录》，扉页题"《霜厓词录》，庚辰月正，邵章署"，此与潘本扉页一致。扉页背面记"庚辰正月刊行，吴县潘氏藏板"，此与潘本所记相合。书中次序依次为吴梅《自叙》、新建夏敬观《霜厓词录序》、潘景郑题记、目录及正文部分。红印本中未见出版机构的牌记，但考虑到它的内容体例与潘本《霜厓词录》大致相同，出版时间又恰好是庚辰年，故而我们大致可以推断《霜厓词录》这一红印本版本就是由潘景郑最初委托的北京文楷斋刻板印刷出来的。所谓红印本，就是过去印书时，在刻板完成之后正式批量印刷之前，用红色颜料刷印的少量试印本，一般供作者校对和分赠师友以求斧正之用，是中国出版印刷行业中特有的一种形式，一般一本书的红印本印数正常在几册或几十册之间，如吴梅先生的《霜厓三剧》红印本就只有二十六册，相对于几百上千的印数，红印本的存世自然稀少得多。而这一册《霜厓词录》红印本的罕见之处则在于，除了目前所见的这一册之外，似并未见有批量印行的墨印本存世。究其原因，潘景郑先生言曰"以工劣未遑传布"，体现在这册红印本上，就是文楷斋书局在刻印此书的时候，工匠不负责任，刻错了许多处，以至于书中不仅出现了二三十处因刻错修改而产生的"墨钉"，而且在这些已发现的错误之外，尚有一些未经发现的明显错误。想来，在1940年的时候，吴梅逝世不久，作为门生的潘景郑先生想以刻印先生遗著的形式纪念先生，不想所托非人，刻印效果不佳，错误甚多，潘景郑先生只得放弃已经刻好的木版，待日后时机成熟再"议重付剞劂"。如果确实如此，红印本本身便是存世极少，更加之此书很可能并未有正式印刷墨印本存世,则这本不幸夭折了的《霜厓词录》初版本的红印本就显得更加弥足珍贵,或以孤本目之亦不为过。

1940 年,潘景郑先生委托文楷斋刻印《霜厓词录》失败之后两年,吴梅先生的另一位高足卢前卢冀野在贵州委托贵阳文通书局为自己的老师印刷了一种《霜厓词录》。这一版本虽然理论上印数应该不少,但时至今日还能见到的机会也不多。卢本《霜厓词录》封面题“《霜厓词录》,吴梅著,卢前编,文通书局发行”,卷首有吴梅遗像一帧,背面是“吴梅遗墨”。这一版《霜厓词录》先列了新建夏敬观的《霜厓词录序》,然后放了吴梅的《自叙》和目录,接下来是正文,而未收潘景郑的题记,书末版权页上记“民国三十一年七月初版,吴梅先生全集第一种,霜厓词录一册”等。卢本《霜厓词录》的底本来源,卢前先生并未在书中做更多说明,甚至连一篇介绍本书出版情况的序跋也没有,故而我们无法知道底本的确切来源,可能是吴梅先生的遗稿,亦可能与红印本《霜厓词录》的底本一样是吴梅生前寄出的另一份手稿副本。或许正是因为潘景郑先生刻印《霜厓词录》的尝试失败,才促使卢前先生发愿为老师排印遗书的。细校卢本与潘本,两者之间存在数十处不同,但是因为我们无法得知哪一位先生的底本更接近吴梅先生的本意,所以也就更无法评判两个版本的优劣,仅从出版时间和传播影响看,卢本比晚卢本一年印成的陟冈楼丛刊本印数更多,自然传播也广,影响也更大。

在卢本《霜厓词录》印成一年后的 1943 年(癸未六月),潘景郑先生的手写影印陟冈楼丛刊本《霜厓词录》问世。陟冈楼是姑苏潘家的藏书楼,潘氏家族内的很多书籍均是以陟冈楼的名义印行的,而《霜厓词录》与《霜厓诗录》两种列入陟冈楼丛书的乙编,且为丛书乙编目前仅见的两种。这一版《霜厓词录》,扉页题签沿用的红印本上邵章的题签,扉页背面则记“癸未秋,吴县潘氏据庚辰刊本重写影印。陟冈楼丛刊乙集之一”。书中顺序依次为夏序、自叙、正文以及红印本上的潘氏题记以及癸未六月的续记。这一版《霜厓词录》基本脱胎于红印本,内容大致相同,修正了红印本上的个别错误,但略去了原先的目录。潘景郑先生在书末记叙了前一次委托文楷斋印书不成的旧事,又说"常恐一旦委沟壑,益无以副师门敬礼之托"(吴梅临终前曾对潘景郑有"敬礼身后之托"一语),由此可知,潘先生一直牵挂此书的出版事宜,最终于三年后"重写一本,授诸墨版",这才有了这一版的《霜厓词录》。

实际上,不管是堪称孤本的文楷斋红印本,还是潘卢二位印行的《霜厓词录》,存世都很稀少,研究者颇难得见。而真正让这本词集普惠广大学人的倒还要算是王卫民先生编校四卷八册本《吴梅全集》了。《吴梅全集》作品卷中收录的《霜厓词录》,据文末著录为"据贵阳文通书局民国三十一年(1942年)七月初版本",应是按卢本为底本重排。然而以潘本与王卫民先生编校本对勘之后发现,两者之间有八十多处不同,而以卢本对勘王本,亦有数十处不同,如是观之,除非王先生另有所本,不然就是排版校对时的疏漏了。

最后将《霜厓词录》的四种版本对勘附录于后,以备查考。附录以卢本为底本,其他版本中的差异计入括号中,以小一字号表示,只取各版之中文字有明显不同的地方,而繁简字之间的不同则暂未收录。

霜厓词录

夏敬观序

岁己卯春,吴县吴君瞿安殁于云南之大姚县。殁前数月,寄湘潭柚园,写定其所作(潘本无"作"字)为《霜厓词录》,以书抵予,乞为序。值人事牵役,卒未报。又(潘本又作比)闻君丧,始为之,而君不及见也。方兵事起,君扶衰病走避鄂湘间,复转徙历桂林、昆明而至大姚,遂不起。读君书及君(潘本无"书及君"三字)自序,惴惴焉若亟为身后之托者,初不料其果死异域也。执笔怆念(潘本无此四字)。吁!可伤已!君记诵博洽,文辞尔雅,以金元乐曲之学,教授于南北大学者历二十年。海内推明音律,惟首举君,而亦以是掩君他长。世辄谓元曲兴而宋词亡,工于曲者于词为病,观君所为不尔。君审律至精,尝论:"曲韵以入配三声之音为正,准之宋贤诸词,凡以入作平或上去者,无不符合。近人词守四声者,知入可代他声而已,未悟韵部之分配不可乱也。"又曰:"阳上作去,实利歌喉。"此皆前人所未言,君自乐曲中获之,而尤有裨于词者也。宋词人谙音律者,每一篇出,莫不谐于歌者之口。君词亦犹是矣,不特情采(王本不特情采误作不待精彩)之美耳。颉颃前贤,其斗南继翁之比欤。柳耆卿乐章喜用俗语,开南北曲先例。君既工曲,而词必雅驯,不屑屑效彼,非才力有余,孰尽能事若此耶? 吾乡蒋心余以《九种曲》著,其词实超于并时诸贤,具有定论。然则君虽以曲名,终不相掩可知已。君他著述有文二卷,诗四卷,《曲录》二卷,《南北词简谱》十卷,《霜厓三剧》一卷。其行谊别具于君门人卢前所撰事略焉。新建夏敬观。

自序

霜厓手定旧词,凡三易寒暑,缮录既竟,遂书其端曰:梅出词鄙倍,忝窃时誉,总三十年,得如干首。身丁乱离,未遑润色,诣力所在,可得而言。长调涩体,如耆卿、清真、白石、梦窗诸家创调,概依四声。至习见各牌,若【摸鱼子】、【水龙吟】、【水调歌头】、【六州歌头】、【玉蝴蝶】(潘本玉蝴蝶作念奴娇)、【甘州】、【台城路】等,宋贤作者,不可胜数,去取从违,安敢臆定(潘本作臆测)? 因止及平侧,聊以自宽。中调小令,古人传作,尤多同异,亦无劳断断焉。又去上之分,当从(潘本"当从"作"当遵")隶斐轩韵,阳上作去,实利歌喉。(潘本有"词虽不歌,略存规范"句)秦敦夫以此书为北曲而设,盖以入配三声,别无专韵耳。不知此分配之三声,即入韵之标准(潘本标准作正鹄),持校宋词,莫不吻合。爰悉依据,非云矫异。其它酬应之作,删汰颇严。区区一编,已难藏拙,惠而好我,慎勿补遗。嗟乎! 世变方殷,言归何日? 敛滂沛于尺素,吐哀乐于寸心,粗记鸿泥,贤于博弈,览者幸哀其遇也。戊寅二月,长洲吴梅,(潘本无后一句)时年五十有五,避兵湘潭作。

正文

摸鱼子·秦淮秋集,有歌旧作【折桂令】北词者,赋此寄慨

荡晴波日长风静,烟纱窗外低护。隔帘一角遥山笑,看尽大江东去。春换主,怕陌上花开,忘(潘本忘作亡)却归时路。惊霜倦羽,甚草暗西洲,人来南国,和泪听莺语。

才华误,谁料旗亭又赋,黄河远上残句。鬓丝禅榻垂垂老,回首少年羁旅。心更苦,待手拨筌篌,唱彻公无渡。清游记取,问鸩鹊楼前,两三萤火,今夜(王本漏"夜"字)向何许?

秋霁·访朱古微丈(祖谋)[潘本朱古微(祖谋)丈作朱丈古微(祖谋),王本作朱古微(祖谋)丈]于听枫园。庭菊盛开,玄言彻悟,次梅溪韵

江左悲秋,对废圃瑶华,万卉无色。断阕慵歌,古愁难按,暮年慢(潘本慢作漫)抛心力。灌园自息,露丛汲水霜天碧。望旧国,身是故邱坚卧义熙客。

庭院乍启,素月流空,岁寒深盟,长伴幽寂。背西风孤芳冷落,南山回眼笑头白,扶醉探花知未得。记海槎去,谁向(潘本向作问)岭表重阳?晚香应好,远怀驰驿。

眉妩·河东君妆镜,偕曹君直(元忠)作

叹秦淮秋老,杜曲门荒,金粉半尘土。定有惊鸿态,妆成后,熏香初试纤步。翠鸾漫舞,剩黛痕磨尽今古。更凄感,一样临池里,当如是观否?

枯树、兰成心苦。早涧东人远,巾帽非故。零落沧桑影,铜仙泪,知他经饱(王本经饱误作饱经)风露。岁华细数,对半规重想眉妩。怕蕉萃菱花,还不许绛云驻。

眉妩·长安秋感

看斜阳烟柳,淡月霜花,弹指岁华晚。未了羁迟恨,春明路,匆匆芳意都变。旧衫漫典,认半襟蔫泪犹暖。万人海,独听荒城鼓,恨欢事天远。

回眼、蓬莱三浅,苦茂陵秋老,青鬓先换。西北高楼起,雕檐外,窥人多少莺燕。钿车麝展,正画堂重理丝管。及(潘本及作又)听到啼乌,谁惜取寸心怨?

寿楼春

吹琼箫商声,记丁帘絮语,曾赋红情。可念朱楼阑夜,坐花调笙。思俊侣,多飘零,料近年桑干潮平。纵画里题香,愁边款酒,无奈对新亭。

芳郊外,凉风生,想西陵杜曲,还有流莺。又怕红绡留字,紫云知名。先话(潘本话作叙)别,重寻盟,任客中明朝阴晴。便韦曲相逢,霜天雁鸣,秋满城。

瑞龙吟·过颐和园

城西去,依旧照眼晴岚,障空高树。东风还识天家,酿花酝柳,吹香弄絮。启朱户,休道建章宫里,物(读去声)华如故。行吟小立长廊,垂虹(潘本垂虹作垂红)万丈,凌霄噀雨。

应悟承平难再,几番昏晓,河山无主。留此旧灰昆明,闲勘(潘本闲勘作闲话)愁素。罗衣对雪,重问凭阑处。(老珰为余言,孝钦后对雪尝御罗衣。)知何事沧江沸鼎,铜盘倾露。泪洒蘅芜路,伎堂散尽,霓裳妙部。鸾影惊鸿睹,空认取瑶台,朱颜仙姥。(孝钦后留有御容)绛云殿阁,不堪回顾。

水龙吟·昌平州谒明陵

玉京西去多山,山花红到云深处。疲驴紧跨,停鞭遥指,十三陵路。我亦亭林,麻鞋拜泣,黯然怀古。看祾（王本祾误作棱）恩门外,丰碑突兀,留宸翰、伤高句。（清高宗哀明陵诗,刻长陵碑阴。）

偏遇清明风雨,问春郊、棠梨谁主？薰天珰焰,沉渊诏狱,都归黄土。大似前朝,靖康北狩,永嘉南渡。喜寝园无恙,漫劳义士,种冬青树。

兰陵王·南归别京华故人,次清真韵

旅程直,新柳长亭乍碧。东郊外回望九重,日冷觚棱淡无色。吴阊问旧国,应识长洲病客。销凝处,缟化素衣,凄绝幽闺费刀尺。

哀吟认鸿迹,正草暗修（王本修误作秋）门,花谢瑶席,饥驱低首嗟来食。算百岁如梦,万人如海,摇鞭归去趁快驿,笑多事南北。

悲恻,乱愁积。叹白发（读上声）江关,天地孤寂。西楼把盏相思极,待薄醉欹枕,浩歌横笛。阴晴南料,又夜雨带泪滴。

解连环·独游怡园感赋

故家池阁,招东华倦客,试寻孤约。又岁晚三九光阴,看篱外几枝,破春红萼。万感幽单,雁程紧北风寒作。想词仙那日,闭户自吟,绕（王本绕误作烧）遍花药。

吴天鹧鸪正恶,念巾车去国,休问哀乐。对四壁沉陆河山,指杯酒中原,镇苦（王本苦误作若）漂泊。泻（潘本泻作写）入琴丝,待诉与西园梅鹤。凭雕阑半襟泪雨,画楼梦各。

多丽·秦淮秋集

　　水云乡，不知何事凄凉。看长川明灯子夜，依然旧日秋光。羽衣宽歌翻湘月，银屏护鬓惹天香。柔橹冲波，幽花媚客，几年湖海送清狂。问佳丽澹（王本澹误作淡）烟轻粉，蝶怨板桥霜。谁知得白头孤旅，犹近欢场。

　　笑楼台西风换尽，故园莺燕谁忙？汜人归早捐汉珮，词仙老还办吴航。尘墨题襟，翠樽话雨，紫荚重对内家妆。荡客思古怀零乱，烟柳锁斜阳。愁无托，醉携沤（王本沤误作鸥）鹭，共听沧浪。

石州慢（潘本石州慢作柳色黄）·登燕子矶遍游十二洞

　　十里晴波，千丈翠微，人意高洁。闲携两屐登临，水国白蘋风热。阴崖古洞，但见紫筍排空，霓旌霜葆朝仙阙。回步出层霄，恰山花如血。

　　悲切，画阑帆影，萧寺钟声，霸图销歇。眼尽南朝，几许春江风月。碧云天暮，唤起海底潜龙，柯亭笛管吴冰裂。泻泪湿练衣，又黄梅时节。

翠楼吟·金陵秋感，寄张仲清［茂炯（王本茂炯误作茂烔）］

　　月杵秋高，霜钟晓急，今宵梦回天际。湖山沦幻劫，正风鹤长淮兵气。停云惊起，怕万一阴寒，千花弹泪，情难寄。庾楼凭处，自伤憔悴。

　　忍记金粉江城，也建牙吹角，羽林千骑。玉京芳信渺，便南浦归帆慵理。人间何世，待冷击珊瑚，西台如意，雄心碎。板桥衰柳，莫愁愁未？

翠楼吟·得京华故人书，次前韵寄答

　　别馆延秋，孤灯款夕，空庭峭寒无际。黄粱炊未熟，变楼阁仙山云气。壶天眠起，对旧日鲛绡，重封新泪，人如寄。几丝霜鬓，镜中先悴。

可记琼岛看花，有暮春三月，三(潘本三作五)家车骑。白门惊岁晚，问烟雨
纶竿谁理？枯杨身世，渐九陌风酸，垂垂生意。蛩声碎，小窗刀剪，客衣单未？

桂枝香·登扫叶楼，依王介甫韵

凭高岸帻，爱面郭小楼，红树林隙。妆点晴峦似画，二分秋色。高人去后
阑干冷，笑斜阳往来如客。野花盈路，芳园半亩，恨无留迹。

但破屋西风四壁，问烟月(读去声)扬州，何异江国。湖海豪情，认取旧家
绡墨。白头愿共云山老，甚(潘本无甚字)荒城笳鼓还急。暮寒天远，支筇归步，
寺僧应识。

鹧鸪天　咏史三首

幕府山头鼓不鸣，西风黄叶古台城。中原宁有王侯种，上将虚征子弟兵。
真铸错，孰寒盟，投鞭一夕大江平。仲谋生子犹豚犬，何况荆州刘景升！

立马吴山意态骄，荷花桂子想前朝。重携银汉三千甲，来射钱塘八月潮。
刑白马，珥金貂，华灯车盖拥仙曹。西兴渡口军容墨，独跨疲驴过六桥。

大树飘零孰纪(王本纪误作记)功？横刀长揖谢群公。低头醉倒中山酒，伸
脚吹回五岳风。空借箸，竟藏弓，成名竖子亦英雄。斜阳古柳依然在，一曲中
郎负鼓翁。

木兰花慢·丙寅岁杪，吴中长吏，有迎春之举，已而未果。蒋香谷(兆兰)赋此见示，余亦(潘本亦作因)继声

看青幡遍户，报春意暗中生。对土鼓牛棚，句芒人面，苦念承平。西京内

家赐采,有鱼龙百戏踏歌行。谁展三吴旧典？好听一路欢声。

心惊,令节到催耕,冠盖几逢迎。叹南陌车旗,东郊云物,难问阴晴。倾城万家士女,料簪花笑语度流莺。纵得韶华唤转,不知何日清明。

湘春夜月

仁楸阴,暮寒庭院愔愔。几日独对西窗,扶醉裹头吟。欲赋蕊宫仙梦,恨紫云消息,客里浮沉。记小楼引酌,晴帘索句,多少温寻。

朱门翠陌,黄鹂碧草,愁说登临。破笛回风,催（王本催误作摧）动了一天砧杵,敲碎秋心。银河浪起,问泪波流怨谁深？更自笑,甚庭花玉树,留莺绾燕,痴到如今。

凄凉犯·戊辰端午

白头怕结长生缕,惊心劫后佳节。海榴荐俎,塘蒲佩剑,老怀凄咽。壶天抱洁,甚羌管回波暗裂。奈今朝芳兰试浴,比似去年热。

双袖南州泪,楚水吴艖,等闲轻别。玳梁燕乳,可还知旧家风月？梦黍（王本黍误作忝）光阴,已听到汀洲怨鸩。笑劳生,足茧万里尚未歇。

绮寮怨

淮张旧基,新拓池囿,酣嬉士女,彻夜行歌。偶过瞻眺,余怀凄黯,爱倚此解,索仲清和。清真此词下叠,暗韵至多,如"江陵"、"何曾"、"歌声"三语,皆是协处,自来声家多未知也。

老眼看花如雾,古怀零乱生。算小劫换了华鬓,听娇语乍啭（潘本啭作转）流莺。吴宫齐云旧迹,伤心处战血余暗腥。又半天画角高寒,重来似化鹤,人姓丁。

遍地象箫凤笙,倾城翠袖,秋庭共拜双星。异国飘萍,有憔悴沈初明。依然太常歌吹,可梦影记东京。欢场怕经,旗亭待贳酒,招步兵。

六丑·虎阜秋眺,偕仲清作

又秋光照眼,遍七里飘花坊陌。万峰笑人,窥窗抛黛色,独步烟驿。暗念吴宫怨,鸐鸪声老,送锦帆如墨。前朝恨事沙沉戟,破楚门边,红心草碧。颓垣断桥休惜,待邀他客燕,闲话今昔。

江东裙屐,怕山灵未识。路转招提渺,天地窄,当年翠辇无迹。问南巡(王本巡误作寻)旧梦,牧童横笛,留宸藻忍看题壁。嗟十岁客里单衣瘦马,故乡轻掷。西风外一望京国,想暮鸦换了长洲树,空成泪忆。

瑞龙吟·邓尉归舟感赋,次清真韵

横塘路无奈细草笼沙,乱云迷树。嬉春商略吴天,画船载酒,重来归处。乍延伫,还记万梅花下,那人当户。柯亭短笛频吹,四桥暮雪(读上声),篝灯共语(潘本语作话)。

风度笙箫依旧,忍看临颍(王本颍误作颖),公孙娇舞。回眼段魂山川,清艳非故。题香纵墨,还谱蘋渔句。空追念双崦荡桨,修廊联步。梦影随春去,芳辰胜地,都成痕绪。霜点青丝缕,禁数载江湖,听风听雨。夜寒对月,客衣谁絮?

隔浦(潘本浦作蒲)莲·过销夏湾

芳洲台榭废早,一径荷风绕。画舸蘋芜路,乌栖曲催清晓。幽处人过少,湖山好,梦影梧宫老。

锦帆渺,搴香胜地,应怜西字娇小。晴峦水树,四面白蘋红蓼,波底凉蟾弄夜照。闲吊,通天多事修表。

减字木兰花（王本作"减字木兰花慢二首"）

临邛车骑,荐士难逢杨得意。衣锦还家,娶妇居然阴丽华。东西驰道,广夏明灯花四照。一树冬青,谁复麻（潘本麻作芒）鞋拜孝陵?

白头吟望,故国平居多恻怆。弹指楼台,恐有胡僧认劫灰。纷纷厨顾,又见甘陵南北部。长啸苏门,多少风尘袖手人。

水调歌头·过沧浪亭

禾黍故侯第,水竹谪仙居。此时携杖闲步,但少醉翁俱。红树青山如画,明月清风无价,俯仰足酣娱。结伴更消（潘本消作销）夏,十万拥红蕖。

耽泉石,争名利,总轩渠。谁云子美高旷? 一序恋区区。未必溺人仕宦,安有忘忧池馆? 人境足华胥。我醉欲眠矣,却笑子非鱼。

瑞云浓·过旧尚衣使署,赋瑞云峰

云腴未老,铜仙辞汉肠断,僵卧吴台旧亭观。阴崖水滋,记苦费鲛人红汗。(石曾没太湖中,竭万夫力得之。见《韵石斋笔谈》)照眼冷繁华,笑朱门日短。

移置梧宫,留影事宸章藻焕,稳度层宵绛霞展。逗天秋溜,定圣娲不曾匀炼。一饷（王本饷作晌）无言,暮山几变。

垂杨·秋柳，倚陈西麓体

西风故院，认锦屏树色，一丝天远。跨马长堤，半城残照栖鸦满。柔条经过清霜浣，叹流水六朝风卷。纵年来啼雨颦烟，恨个侬（潘本侬作人）归缓。

应念江空岁晚，对金缕旧歌，不堪重展。路入阳关，有谁高处吹芦管？红楼几度催刀剪，抱客筈寒衣忍典。自销（潘本销作消）凝白下听秋，秋夜短。

念奴娇·追题郑叔问（文焯）《冷红簃填词图》。
时先生归道山逾十稔矣，即集先生集中语

旧家英妙（【瑞龙吟】），记灯前俊语[【惜秋华（王本华误作花）】]，几番醒醉（【湘春夜月】）。着意伤春天不许（【玉楼春】），万感都成蜡味（【天香】）。关塞音书（【莺啼序】），江山文藻（【庆春宫】），无数伤心事（【卜算子】）。吟边瘦月（【甘州】），窥人还自憔悴（【还京乐】）。

因念旧节题香（【龙山会】），乱山侧帽（【芳草渡】），词客风流（潘本风流作风凉）地[【蓦（王本蓦误作暮）山溪】]。任是婆娑生意尽（【杨柳枝】），换了疏狂身世（【御街行】）。丝竹凋年（【齐天乐】），湖山送老（【念奴娇】），孤鹤生凄唳（【渔家傲】）。南楼清啸（【瑞龙吟】），凄凉今夜如此（【玲珑四犯】）。

雪梅香·蜡梅

碾苍玉，轻云薄日伴西堂。问檀心无语，知他乍别含章。燕市应余海王雪，猩瓶时拂水仙妆。晚（潘本晚作晓）寒急，放下彤帏，消领浓芳。

年老（潘本老作光），已残腊（读去声）节候惊心，旧圃都荒。久客探春，素儿粉额涂黄。可酿高崖半房蜜，独添沉水一炉香。闲庭院，梦绕南枝，谁费思量？

醉翁操（王本醉翁操误作醉翁子）·仲清、九珠叔过百嘉室夜话

开天，当年，凄然，总难言。尊前，招携素云来词仙。白头经惯无眠，拼放颠，醉对旧山川。觉九洲渺如点烟。

灞陵夜望，重认长安。大和浪沸，还忍津桥听鹃。君所悲兮江关，我所思兮兰荃。匆匆今岁迁，高邱无婵娟。鼓吹到愁边，未知何处张舞筵。

满江红·寒雅（王本寒雅误作寒鸦）

愁满颓阳，看一阵还指旧巢。亭皋外稻粱凄恋，南北劳劳。病翅襜襥？风色恶，荒村迢递雪痕销。正半天寒意近黄昏，笳吹高。

昭阳泪，休更抛。上林树，已先凋。只玉憔悴，不似前朝。莫恨江潭烟景改，白门衰柳有霜条。又几声啼过小青溪，长板桥。

绕佛阁·沈石田《竹堂寺探梅图》

破桥故里，南去数尺，时过萧寺。（余旧居多贵桥，距寺不数武。王本武误作步）钟梵余几，更无俊侣寻春画中意。废兴梦里，空念胜国（读上声），千树万蕊。（石田自题此图，有"竹堂梅花一千树"之句。）尘界弹指，再来苦想禅林太平世。

放笔问红萼，万古名花长久未？扶杖近游，风流思老辈。认半纸芳菲，还在天地。两行清泪，叹旧馆侯王，凭吊何事？（寺故为杨和王别墅）写花魂洞箫吹起。

梦横塘·胥江村店独酌,倚苕溪体

半湖帆影,双桨苇香,采兰人去如织。水国阴多,已不是湔裙风色。谁伴凌波? 市桥寻问,酒家消息。对芳时丽景,断送浮生,今天下沉酣日。

芒鞋步(潘本步作多)出山村,看青帘乍展,品位先识。试入壶中,招素鹤紫裘吹笛。记前度旗亭买醉,月底婵娟泛轻鹢。旧事沉思,老怀凄艳,早潘郎头白。

江南春·赵大年《江南春图》

如此江山,苍然粉墨(读去声),千秋图画高绝。青韶艳锦,放瑞云妆点佳节。芳树听啼鸠,秋千外柳绵弄雪。便纵有长安水曲,洛邑园亭,难夸两处风月。

南朝事如梦蝶,但古意茫茫,暮(潘本暮作春)潮呜咽。生绡丽影,试醉笔高崖青裂。天宝繁华歇,留霜翰内家品洁。孤馆剪灯,开纸招春,将心字兮香爇。

曲玉管·赋蝉(红印本蝉作婵)

倚枕人醒,凭阑日永,凌霄羽客流凄响。一片无情愁碧,高馆新篁,引清商。远浦新晴,长低亭午,玉柯早试绡衣爽。乍佩(潘本佩作珮)金貂,满眼惊见秋光,故宫荒。

抱影枯枝,可怜取西风身世。晚来细雨楼台,朝来浅雾池塘,几星霜。尽江关投老,改尽黄门双鬓。十年蓬转,九曲回肠,独对衰杨。

玲珑玉·赋藕，倚圣瑞体

纱幔冰盘，展瑶席玉骨玲珑。并刀薄削，累他几度纤葱。尽道甘芳沁齿，奈心煎膏火，欢（王本欢误作难）思都空。凉风，偏吹来金缕曲中。

竟夕高台避热，伴浮瓜沉李，新卸莲蓬。九寸柔丝，系申请吐出香茸。平生悲秋孤抱，愿消受莼乡日月，水部襟胸。等闲看，似佳人双臂断红。

月华清·客见前词，辗然曰："凉枕与团扇并咏，则团扇亦当张之。"复作此调

荷苑招凉，槐庭延漏，满怀炎热都减。新制齐纨，写出内家妆茜。纵月殿先许团团圆，怕水榭尚遮芳艳。秋渐，愿承恩似旧，君心不艳。

翠户今宵乍掩，甚未起西风，早疏冰簟。箧笥频年，往事东阳谁念？玉（读去声）阶怨谢女啼多，长信恨楚姬眉敛。回眺，正流萤三五，薄罗低（王本低作底，红印本低作纸）闪。

八宝妆·甫里保圣寺罗汉像，旧传杨惠之作。庚午九秋，挐舟参谒，又读太仓奚中石（士柱）长歌，欢喜赞叹，因成此解

苍岛耕烟，绛河飞锡，细数千年如羽。埏土流传凭妙手，海底鲸鳌轩举。青瞳斜睇雁奴，耻钵呼龙，灵山今夜停花雨。［中石诗云："一僧咒钵起龙珠"，又云："更或青庐睇雁奴"。是十八尊形式，各自不同。今止存六（王本六误作大）像。］谁信露盘辞汉，铜仙还住。

因念旧迹（读上声）毗沙，玉峰破寺，劫尘休话风絮。（昆山慧聚寺，亦有杨塑毗沙门天王像，毁于宋淳熙中，见《中吴纪闻》。）纵留下梵天故事，问残影庄严谁护？［日本大村西崖著《塑（潘本塑后有"壁"字）残影》一书，专记此寺故实。］算乡国无多绀宇，白莲秋老汀洲路。对蜕影精蓝，清池素月禅心古。

霜花腴·岁寒堂拜范文正公遗像

卧龙巷陌，对五松虬枝万口青青。人老穷边，鹤归何世？重来细雨吴城。画檐两层，羡故家乔木修龄。记胭脂赠别题红，绣帏添写美人名。（公喜一乐籍，尝以胭脂寄赠，并题一诗云："江南有美人，别后常相忆。何以慰相思，赠汝好颜色。"见《西溪丛话》。）

还忆（王本忆误作记）盛时佳话，赋银灯白发，共醉刘伶。〔公与欧阳文忠，共赋《剔银灯》词云："争（潘本争作为）如共刘伶一醉，问（潘本问作间）白发如何回避。"见《中吴纪闻》。〕南郭蘸盐，西凉车骑，先忧后乐平生。乱峰未经，饶旧廊犹认棠铭。纵登临拜识（读上声）衣冠，履霜何处听？（公喜琴，辄弹《履霜操》。见《老学庵笔记》。）

太常引·戴文节公太常《仙蝶画卷》，次彊村韵

铢衣蜕去艳留痕，上苑早生尘。栩栩画中身，料多见容台旧人。修门草满，青陵路远，何处觅（潘本觅作见）残春？故事话成均，记前度花朝令辰。（庚申花朝曾见仙蝶于国学。）

蕙兰芳·湖帆得马守真、薛素素画兰，合装成卷，嘱赋此解

春去板桥，忍重问谢家池阁。剩一缕骚魂，遥想钿盟镜约。梦回听雨，正恨锁玉楼弦索。染凤绡热泪，写出空山芳萼。

建业题襟，长安围猎，往事如昨。（马建业所居曰延秀阁，极文宴之欢。薛居京师日，辄单骑挟弹遍猎四郊。）对湘管（王本管误作馆）秋痕，谁省寸怀怨托？相思滋味，最难领略。知故人，今夜古欢寥落。

洞庭春色·咏橘

翠叶金丸，故山嘉果，艳说洞庭。恰朱橙新荐，黄柑罢贡；同登樽俎，纤手香凝。试摘霜(潘本霜作双)枝三百颗，怕尝尽酸甜难解酲。还堪笑，笑吾家正少，千树江陵。

踰淮又愁化枳，(潘本自前有“但”字)自惜市隐吴城。况越州秋税，未除臣籍。(越多橘柚，岁征秋税，阚泽表情，除臣橘籍。见《述异志》。)东坡楚颂，孰建孤亭？雪后园林风色恶，甚玉几华筵寒旧盟。重相问，问白头对弈，此局谁赢？

东风第一枝·辛未季冬，探梅过香雪海，赋此

暖雪烘晴，浓香送晚，横斜十万(潘本十万作玉映)如海。试行光福山中，小立圣恩寺外。都无隙地，有一片红霞遥盖。但徙倚六角荒亭，细识绛仙丰采。

宸翰泐旧题尚在，骚客去瘦吟难再。甚时灯火河桥，又值素苞破蕾。南枝虽然，怕老至芳华先改。待醉谱白石新声，月夕玉(读去声)人(潘本玉人作万花)齐拜。

倚风娇·蒋孟蘋(潘本孟蘋后有“汝藻”二字)《密韵楼图》有序

孟蘋得宋椠《草窗韵语》，颜所居曰密韵楼，绘图征题。是调始自草窗，而《词律拾遗》以第三句作上三下四，误。兹正之

芸叶留香，故家天水都杳，蠹笺犹有长恩保。新绿洒廉纤，雨脚晚凉添，湿压重檐，可道江湖人老。

三径延芳，来携(王本此处多一孟字)蘋花寒沼，谁识词仙幽抱？避影繁华伴

吟啸。归家好,弁峰翠色迎君笑。

水龙吟·古微丈挽词

　　暮年萧瑟江关,举头惟见河山昇。抗声殿角,回楂岭表,乱云如戏。海峤莺花,吴门鲑菜,匆匆(王本匆匆误作忽忽)弹指。记听枫旧馆,隐囊挥麈,知珍重林泉意。

　　还是悲歌无地,结沤盟沧江鼎沸。东华待漏,中兴作颂,纷纷槐蚁。忍泪看天,十年栖息,天还沉醉。算平生孤愤,秋词半箧,付人间世。

生查子七首·再登扫叶楼,读龚半千画

　　四面尽环山,下有神仙宅。只恐落花多,阻了探春屐。中水倦游归,犹抱登临癖。安得素心人,来此同晨夕。

　　突兀耸晴空,留此真山面。不是望匡庐,隐约云中辨。一片出天机,平淡皆烹炼。造化入炉锤,腕底风花变。

　　一角小重山,几处荒寒树。高阁寂无人,但有云来去。投老卧江潭,整理纶竿具。风雪钓空江,万一天随遇。

　　湿雾束山腰,荡漾成云海。古寺踞山巅,更在层云外。岚翠扑人衣,松墅(王本墅作豁)鸣天籁。工笔米家山,恐与时宜背。

　　怪石压江波,江水平如掌。石破洞天开,幻作游仙想。高树隔流霞,远瀑沉清响。地僻惬幽怀,谁打桃根桨?

　　峭(王本峭误作悄)壁巨灵开,一线留天罅。直视远峰平,仰测阴崖怕。茧足遍荒山,拟作三椽舍。招得老麻姑,掸手群仙下。

　　石虎啸西风,红叶盈山腹。绀宇隐霜林,结伴登灵谷。悟彻画禅天,不食花猪肉。烟雨几南朝,都在先生目。

飞雪满群山·又第二图

京国狂踪，家山香屑，倦游凄绝骚魂。乱峰如睡，同（王本同误作彤）云做冷，料无妙计回春。来来欢意少，但低手茅檐病呻。乱鸦催晚，荒鸡报午，留认幻中身。

嗟素发黄门伤逝客，抱晓楼孤影，欹枕沾巾。五更钟鼓，千花世界，早知悟彻尘根。水天挥麈话，待重述中吴纪闻。故人无恙，高歌小海追梦痕。

甘州·读蔡师愚（宝善）《听潮音馆词》

遍长安乱叶动悲风，偏惊宦游心。记华灯呼伎，衰兰送客，拥鼻微吟。重吊吴宫遗恨，铜辇梦秋衾。低首藏人海，肝胆森森。

难得西园倾盖，向樽前携手，花下题襟。傍沧浪洗足，高馆筑来禽。剩蟠胸无多哀乐，借画中山水写清音。良宵静，听红鹃（潘本鹃作绢）语，同抚瑶琴。

洞仙歌·读林铁尊（鹍翔）《半樱词》

餐樱罢后，早群龙无首，万感沉冥付歌酒。记黄衫走马，红烛呼卢。长揖去，重访寄奴京口。

玉峰高处卧，商略琴樽，上客都为使君寿。倚枕睇中原，鼓角霜天，知衔泪看花能久。且共结江南岁寒盟，指落日山川，晓（潘本晓作晚）风杨柳。

齐天乐·蔡云笙（晋镛）《雁村填词图》

曼陀花发天如醉，相逢劫余无恙。雪苑鸣琴，蓉湖倚棹，消领宦中情况。

承平梦想，早一卧沧州，铜仙移掌。定记（潘本记作计）当时，莫愁单舸共双桨。

兰成辞赋最苦，暮年湖海遍，孤调谁赏？落叶添薪，牵萝补屋，往事不须惆怅。银蟾（潘本蟾作檐）乍上，待自琢新声，小红低唱。弹入芦川，更听花外响。

倾杯·南城歌酒，无异盛时，回首前尘，凄然欲绝。倚屯田散水调格

落叶江城，笑桃庭宇，高楼画烛红彻。绣枕四角，锦袜半握，蹙两弯（红印本作弯，潘本弯作湾）新月。蘼芜绿尽汀洲路，已十年轻别。长桥艳影，都付与一夕边箫吹裂。

共说，浓春物候，广场丝管，如听哀蝉咽。想巷陌依然，年芳凋谢。老清明时节，杜曲莺花，青门广盖，白发心犹热。寸怀结，还惜取子规啼血。

高阳台·石霸街访（潘本访作坊）媚香楼

乱石荒街，寒流谷渡，美人庭院寻常。灯火笙箫，都归雪苑文章。丛兰（潘本兰作阑）画壁知难问，问莺花可识兴亡？镇无言，武定桥边，立尽斜阳。

南朝气节东京并，但当年厨顾，未遇红妆。桃叶离歌，琵琶肯怨中郎。王侯第宅皆荆棘，甚青楼寸土犹香。费沉吟，纨扇新词，点缀欢场。（香君论《琵琶》蔡中郎事，见《壮悔堂集》）

三姝媚·乙亥上巳，乌龙潭修禊，分韵得满字，次梦窗都成（潘本成作城）旧居韵

城西携杖惯，过清凉山前，古怀何限。胜节重临，对故丘云树，乱尘难浣。水毒龙蟠，愁剑底腥涎滋蔓。画里楼台，休展芳塘，种花招燕。

知道风鸢吹断，但线弱风高，那知长短？绣陌依然，纵手携金缕，漫临歌

宴。暖律初调,春未改阴晴千变。剩有盈盈夕照,蘼芜恨满。

红林檎·汪旭初(东)首作此调,有梅桃相错,节令失常之感,因亦继声,次清真韵

江左初回暖,故山迟吐香。二月作梅雨,客心渡(潘本渡作度)横塘。乍经飞霙万井,又早散发西窗。此日红紫添妆,仙子艳寒簧。

水国停画楫,寒食感他乡。归来昼永,重帘还蓻都梁。甚单衣时节(读上声),颓阳庭宇,乱云极目愁举觞。(旭初作"雅念冷香阁",故有"寒食"句)

声声令·丙子清明,偕南雍诸子谒孝陵

东风步辇,寒食(读去声)斜街,内家嘶骑捧香回。灵衣素几,认前史劫余灰,要细寻松下鹿(读去声)碑。

阴雨寒厓,知(潘本知作如)王气,歇长淮。建文遗事等齐谐。通天草表,又吾侪,一登台,问此时白燕可来?

碧牡丹·秋暮读《小山词》,即效其体

弃置怀中扇,沦落堂前燕。月夜吟秋,可奈婵娟天远。败壁蛩声,还小庭行遍,一缄难递深院。

思无限,但恨相见晚,莺花片时都换。老客南州,带眼几惊(王本惊误作经)长短。陋室当风,嗟万间虚愿,江湖多少孤雁。

梦扬州·燕亡久矣,秋夜入梦,依依平生,次淮海韵记之

晓(潘本晓作晚)钟收,报锦堂弦管初休。梦里见他,一笛江城横秋。九华帐同携手,认鬓痕霜雪添稠。花长好,人长健,愿君珍重无愁。

经岁关河浪游,知燕子楼中,未展眉头。望眼故山,独（王本漏"独"字）有孤魂羁留。夜深忽现惊鸿影,念旧情沉海垂钩。崔护老,夭桃赋恨,犹滞皇州。

引驾行·读《乐章集》,戏效其体,并次韵

浓春霏雨,繁花酿蕊天将暮。问青楼探芳讯,开樽又成豪举。回睹,正旧识轻盈,新声宛转泛兰浦。紧携手,江乡乍暖,可容栽合欢树。

早许,吴昌（王本昌作闻）往事,建业今宵重遇。况岁岁相思,人人不老,忍教孤负。痴顾,愿红妆白发,蓬窗茅屋镇长住。作半世神仙配偶,上瑶台去。

拾翠羽·仇十洲《洛神图》,为刘公鲁（之泗）赋

黄月蘅皋,如见渚宫装束。幻灵踪仙山楼阁,凌波步袜,短怀无托。今古恨,惟恨美人沦落!

万事云烟,难问故家伊洛,早风扫老瞒铜雀。吴笺双璧（王本璧误作璧。读上声）,十三行作。（卷后有文休承、黄淳父书《洛神赋》）今夜长,谁鼓素琴秋鹤?（用本传萧旷事）

采桑子·闻歌有赠

舞衣初试惊鸿影,身是青娥,心是霜娥,每对清商唤奈何。情场哀乐都尝（潘本尝作经）遍,艳梦无多,热泪偏多,如此江山合放歌。

菩萨蛮·五都咏（王本多"五首"二字）

奉春定策关中壮，终南瑞气开千丈。走马杜樊乡，雄图冷汉唐。出门西笑懒，日近长安远。天下几英雄？灞桥衰柳风。（长安）

灵台宝鼎今安在？秋风伊洛繁华改。我读两京篇，又思班孟坚。名园兴废几？可惜伽蓝记。金谷野花红，铜驼荆棘中。（洛阳）

玉津园里花如雪，金梁（潘本梁作陵）桥外霜欺月。遗事恨（潘本恨作叹）宣和，两宫宵渡河。龙亭寻旧迹，难觅花纲石。风雨过夷门，此中应有人。（汴梁）

巍巍南北高峰踞，出门便是西泠路。十里锦钱塘，四时宫草香。湖山留旧物，天意还吴越。痛哭小朝廷，杭州作汴京。（临安）

凤凰台畔王侯籍，秦淮渡口莺花墨。弹指六朝空（王本空误作安），只余明故宫。江南风月丽，齐筑长干第。此地惯偏安，黄旗北伐难。（建业）

浦海涅

《通俗教育丛刊》连载《霜厓曲话》考

在民国曲学大家吴梅先生的众多著作中,《霜厓曲话》一书或许是一颗被忽视的明珠。称其为明珠,是因为以目前所见的《霜厓曲话》十六卷十多万字的篇幅,不仅相较于吴梅先生的另外两部曲话类作品《奢摩他室曲话》和《奢摩他室曲旨》多出数倍,且"在科学性和系统性方面,则远远超过了以前的《雨村曲话》、《藤花亭曲话》和《箓漪室曲话》"①,称其"堪称卷帙最多、蕴蓄最丰富的一部关于戏曲文本评论的著作"、"代表着中国古代曲话的最大成就和最高水平"也并不为过②。而相比于吴梅先生的其他著作,《霜厓曲话》的发现是最晚的,对其的研究也并不充分。《霜厓曲话》问世之后近七十年罕见消息,直到 1989 年 10 月 16 日,吴新雷先生才第一次在南京大学图书馆找到了上世纪三十年代金陵大学根据原稿移录的《霜厓曲话》副本,而其原本则在此后被发现藏于台北"中央图书馆"内。吴新雷、王卫民、李占鹏诸先生据此均

---

① 吴新雷:《吴梅遗稿〈霜厓曲话〉的发现及探究》,《南京大学学报》1990 年第 4 期。
② 李占鹏:《吴梅〈霜厓曲话〉的发现、整理及研究》,《兴义民族师范学院学报》2011 年第 5 期。

言其只存稿本及抄本,之前并无出版,亦未见有刊物连载的记录。而相关研究方面除了吴新雷先生的《吴梅遗稿〈霜厓曲话〉的发现及探究》和李占鹏先生的《吴梅〈霜厓曲话〉的发现、整理及研究》之外,常见的还有王卫民先生在《吴梅评传》中的《〈霜厓曲话〉及其他曲话两种》一节。实际上早在吴新雷先生发现南大本《霜厓曲话》抄本之前七十年,1919 年,《霜厓曲话》便以连载的形式,登载于通俗教育研究会印行的《通俗教育丛刊》中,前后连载了不少于20 期,只是因为《通俗教育丛刊》存续时间较短(目前所见自 1919 年至 1925年,前后六年时间,共发行 22 期),辐射影响范围较小(《通俗教育丛刊》一般多以赠送各类图书馆及研究机构为主,市面上罕见流传),故而知者甚少。

　　1915 年 9 月 6 日,通俗教育研究会举行第一次大会,正式宣告成立。该会由时任教育部长汤化龙大力倡导,首任会长袁希涛曾任教育部次长一职,实际上是一个“以研究通俗教育事项,改良社会,普及教育为宗旨”的隶属民国政府教育部社会教育司的半官方机构。通俗教育研究会的中央机构设在北京,下辖小说、戏曲、讲演等三个股(鲁迅先生亦曾在该会小说股短暂担任主任一职)。其中戏曲股负责的主要工作为:1. 关于新旧戏曲之调查及排演之改良事项;2. 关于市售词曲唱本之调查及搜集事项;3. 关于戏曲及评书等之审核事项;4. 关于研究戏曲书籍之撰译事项;5. 关于活动影片、幻灯影片、留声机片之调查事项。在通俗教育研究会的众多日常事务之中,编译书籍与印刷出版刊物是其较为重要的一项工作。早在成立之初,通俗教育研究会就设立有石印室,设专人进行书籍资料的石印印刷,成果颇丰,仅目前所见的《通俗教育丛刊》而言就有不少于 22 期,最早的一期刊行于 1919 年 3 月以后,一直延续到至少 1925 年。而《霜厓曲话》一书的连载则最早开始于 1919年 8 月以后刊行的第 3 期,但因为每期刊载不过数页,所以直到第 22 期也不过刊载到了全书十六卷中的第六卷。且仔细比较了目前所见《通俗教育丛刊》中连载的《霜厓曲话》前六卷,与《吴梅全集》中排印的吴梅先生原稿本《霜厓曲话》,内容基本相同。

　　通俗教育研究会为何会在自己印行的《通俗教育丛刊》中连载吴梅先生的新作《霜厓曲话》呢？究其原因，首先自然是因为吴梅先生精通戏曲声律，所作曲话见解精辟，资料详实，颇多真知灼见为学界所公认，除此之外吴梅先生当时正好在北京大学任教，且与通俗教育研究会中的很多人相识也是原因之一。1916 年吴梅先生的第一部曲律研究专著《顾曲麈谈》问世，在当时的曲家群体中引起不小的轰动，此后《顾曲麈谈》一书一版再版，很受欢迎（陈舜年先生回忆说，时任北大校长蔡元培便是购得《顾曲麈谈》一书，阅览之后，颇为赞赏）。次年 9 月，应北京大学蔡元培、陈独秀诸先生之聘，吴梅先生离开上海民立中学，进北京大学文科担任古乐曲教授直至 1922 年。在目前所见的吴梅先生的相关资料中，虽未见吴梅先生任职于教育部的资料，但在这通俗教育研究会中不乏吴梅先生的同事和师友，如有"南徐北溥"之称的溥侗先生和日后戏曲成就与吴梅先生并称双峰的齐如山先生当时就在通俗教育研究会戏曲股中担任戏曲股名誉会员，而在《通俗教育丛刊》中常见撰稿的钱稻孙先生则是吴梅先生的北大同事。再者，1919 年 12 月前后，民国教育部曾成立国歌研究会，并邀请吴梅先生等四人参与为民国国歌谱曲的工作，而在国歌研究会会员中就有时任通俗教育研究会经理干事高步瀛、交际干事陈任中等。且通俗教育研究会戏曲股原本就有"关于研究戏曲书籍之撰译"的工作，故而吴梅先生的新作《霜厓曲话》能够在要求较为苛刻的《通俗教育丛刊》中得以连载也就不足为奇了。

　　关于吴梅《霜厓曲话》的创作时间，吴新雷、王卫民、李占鹏诸先生大致有以下几种推断：1. 吴新雷先生认为《霜厓曲话》"不是一时一地写成的，而是吴梅在苏州、上海、北京、南京的教学生涯中长期积累的研究成果。它的属稿年代较早，约在 1914 年《顾曲麈谈》发表以前"[①]；2. 王卫民先生认为"作于清代末年至一九二七年之间"[②]；3. 李占鹏先生进而推断"《霜厓曲话》卷一至卷五

---

① 　吴新雷：《吴梅遗稿〈霜厓曲话〉的发现及探究》，《南京大学学报》1990 年第 4 期。
② 　王卫民：《霜厓曲话及其他曲话两种》，《吴梅评传》，河北教育出版社 2002 年版。

约在 1920 年 2 月之前写成于苏州、上海,卷六至卷十二约在 1920 年 2 月至 8
月写成于北京,卷十三至卷十六则是他 1921 年 9 月受陈中凡先生之聘到南
京后写成的"①。结合此次发现的《通俗教育丛刊》中连载《霜厓曲话》,我们
进而可以基本确认,早在 1919 年 8 月前后,《霜厓曲话》至少已完成前六卷撰
写,而接下来的部分此时或许也已完成,只是随着《通俗教育丛刊》出版的中
断而未能继续连载,最终险些湮没无闻。

---

① 李占鹏:《吴梅〈霜厓曲话〉的发现、整理及研究》,《兴义民族师范学院学报》2011 年第 5 期。

浦海涅 _____

吴梅与《霜厓三剧》

前几日,信手翻看古籍图录,见《霜厓三剧》(翻阅诸书,常有作霜厓者,虽然厓崖二字相通,但不管是吴梅先生手迹还是吴梅先生自编诸书,都只作厓字,未有作崖字者,故以下皆作厓字)及《霜厓三剧歌谱》数种,书籍版本信息有作一册的,也有作两册、三册的,莫衷一是。考诸《昆剧辞典》、《曲学大辞典》等书,答案亦是众说纷纭。想吴梅先生乃是近代曲界首屈一指的大家,所作之戏曲作品集《霜厓三剧》亦为学界周知,何至于在书籍版本上诸辞典上顾此失彼,罕有完满的说法?在单位藏书室内借得《霜厓三剧》及《歌谱》原书,并集前贤之说,考证其实略记于下。

先行查阅《苏州戏曲志》、《昆剧辞典》(台本)、《中国昆剧大辞典》(南京本)、《曲学大辞典》等书,《苏州戏曲志》只记《霜厓三剧》词条,在《三剧》中只说"由吴梅、刘凤叔、吴粹伦、徐镜清分别作谱"而未提有《霜厓三剧歌谱》;《昆剧辞典》(台本)记录最详细,但也只记《霜厓三剧歌谱》条,虽说明《三剧》"曲白俱全",《歌谱》"仅有曲词,无科白,曲词皆有谱,工尺、板眼俱全",似将《三

剧》与《歌谱》混为一册(此或因编辑此条目时未见原书,而是用台湾鼎文书局
1971 年本为蓝本之故);《中国昆剧大辞典》(南京本)亦只记工尺谱本的《霜
厓三剧歌谱》,未提有曲白俱全的《霜厓三剧》;《曲学大辞典》中虽然记录了
《三剧》条,并在条目中提及"又有《霜厓三剧歌谱》",但未作为单独词条展开
记述。综上所述,目前曲界最权威的四种辞书中关于吴梅先生这部书的记述
均有不足的地方,详加考证,去芜存菁就显得尤为必要。目前,在中国昆曲博
物馆内藏有《霜厓三剧》和《霜厓三剧歌谱》的红印本和普通本各一套两册,其
中尤以吴梅先生亲笔签赠给穆藕初先生的一册红印本最为珍贵。目前国内
关于吴梅先生的资料很多,数王卫民先生编校的《吴梅全集》最为权威,而我
们要研究吴梅先生是如何编写和出版《三剧》和《歌谱》的,就要从这套《吴梅
全集》里做文章。

　　《霜厓三剧》收录了吴梅先生撰写的南曲《湘真阁》、《无价宝》两种,北曲
《惆怅爨》四种(《香山老出放杨枝妓》、《湖州守乾作风月司》、《高子勉提情国
香曲》、《陆务观寄怨钗凤词》)。各剧的主要情节诸书均有提及,这里不作展
开,这里单论诸书的版本。各剧中以《湘真阁》(初稿名为《暖香楼》)创作时间
最早,为光绪三十二年(1906),现有以《暖香楼》为名的 1907 年《小说林》第一
期本及 1910 年苏州艺林斋刊《奢摩他室》刻本,亦有以《湘真阁》为名的 1927
年苏州利苏书社影本和上海《戏剧月刊》一卷四期本。《无价宝》作于 1917 年
初,初载于 1917 年刊《小说月报》第八卷七、八号。《惆怅爨》四种则多作于
1914—1930 年之间,除《杨枝妓》初载于 1917 年的《小说月报》第八卷九、十号
之外,其余三种均为《霜厓三剧》中首次发表。编印此书的初衷,王卫民先生
认为是"1933 年吴梅为了庆祝自己的五十寿诞",目前不少书籍也多持此观
点。但吴梅在 1932 年 6 月 21 日的日记中有这样记述:"作书(卢)冀野……
又托其催姜毓麟刻字铺,从速将《霜厓三剧》赶成。荏苒七年,尚未毕事,亦难
矣。"由是可知,至少早在七年之前的 1925 年,吴梅就已经开始筹备《三剧》的
出版印刷事宜,只是因为种种原因限制,恰好在吴梅先生五十岁那年才刻印

完成。我们可以将《三剧》的出版看作吴梅先生在五十岁生日之际收到的一份"礼物",但很难想象吴先生会在七年之前就开始为自己的五十岁生日做准备。所以,笔者更倾向于把《三剧》和《歌谱》看作和吴梅先生所出的其他书籍一样,是吴先生对自己一段时间以来研究成果和文学创作的一个小结性的成果汇编。吴先生在 1922 年起即在南京东南大学任教,并继续出版自己的专著,开始筹备出版《三剧》大概就在这段时间,但中间吴梅先生曾于 1927—1928 年间短暂任教于广州中山大学,1928 年回到南京继续任教。其后数年,吴梅辗转于上海、苏州、南京等地,奔波劳碌,姜毓麟刻字铺又是南京知名的刻字铺,生意繁忙,故而《三剧》历经前后七年方才刻印完成也在情理之中。

《三剧》的出版日期,诸书均作 1933 年。就《吴梅日记》所记,《三剧》的红样本早在 1932 年 10 月 9 日就已由姜毓麟处刻印完成交付吴梅先生校对,10月 11 日,《三剧》初稿校对完毕,11 月 5 日作《歌谱》序,11 月 12 日作《三剧》总序,次日收到《三剧》样本,1933 年 1 月《三剧》二稿校对完毕,3 月 14 日校对《歌谱》,"补改处略有数条"。此后再无谈及校对事。到 1933 年 5 月 14日,吴梅拿到了第一批《三剧》的红印本,这可以看作《三剧》出版的准确时间。为《三剧》及《歌谱》担任刻工的是当时南京知名的刻工姜毓麟的刻字铺。姜毓麟,原名子卿,祖籍泰州,时居南京东牌楼党家巷内,曾为南浔嘉业堂刻印书籍,亦曾参与卢冀野主持下的民国南京通志馆的木版修复工作,吴梅的很多自印书籍均由姜氏代劳。在《三剧》即将问世之际,吴梅曾委托民国苏州著名书肆护龙街双百楼的老板邹百耐代为销售,并曾通过邹百耐花了上百元的广告费,为《三剧》营销做宣传。先期刻印的红印本只有二十六册,红印本付工费五十元,则每册的工费将近两元,这在民国线装本亦算一个不低的价格,其余印费 260 元,假设以普通本一元一册计,则此书的印数也不过二百多册,百劫之余,流传至今者不知还能有多少。

《三剧》一经问世,销售情况尚可,据 1933 年 5 月 27 日日记言:仅两周时间内,"检《三剧》已购出四部,将来当可畅销"。但出书盈利并非吴梅先生的目的,在日记中我们更多的还是看到先生赠书的记录。只 1933 年 5 月 20 日至 1934 年 11 月 8 日将近一年半的时间内,吴梅先生先后向唐圭璋、吴伯匋、翟贞元、张明义、徐子明、学南、高祖同、马衡、仇亮卿、仇涞之、冒广生、叶恭绰等人赠送了自己的书籍,未记入日记的恐怕还有不少,比如民国实业家、曲家穆藕初先生。昆博所藏的这套红印本《三剧》,即是二十六册红印本之一,书前扉页更有"藕初道兄先生惠存,霜厓持赠"的吴梅亲笔签赠,更是弥足珍贵。签名下有一方"瞿安填词"印,此为西泠印社第二任社长,金石考古学家、书法篆刻家,时任南京故宫博物院院长的马衡先生所刻。

《三剧》问世之后,亦受到曲界诸人的好评。吴梅先生所在的业余昆曲社啸社的同人们,曾于 1933 年 8 月 27 日在吴梅的上海别业为吴梅祝寿,其间将《三剧》剧目次第搬演,前后六小时,参演者有周冰心、王亦民、王育之、居逸鸿、陆济民、沈芷忱、贾韶中等,"旧曲新词,衣冠雅集,颇极一时之盛"。到 1935 年 11 月 6 日,仙霓社传字辈艺人在沪上苏州同乡会排演《湘真阁》,周传瑛、赵传珺、倪传钺、施传镇等饰演,观者甚众。张振镛评之,有"付之梨园氍毹弄,词律俱佳"语。

1939 年,吴梅先生客死异乡,此后,《三剧》再未见搬演,至今则已成广陵绝唱矣。

浦海涅

吴梅《南北词简谱》四种辨析

《南北词简谱》作为吴梅先生编订的一部论述南北曲文辞格律的词谱专著，其价值不言而喻，正如卢前先生在白沙本《南北词简谱》跋文中所言："先生竭毕生之力，梳爬搜剔，独下论断，旧谱疑滞，悉为扫除，不独树歌场之规范，亦立示文苑为楷则，功远迈于万树《词律》。"然而，吴梅先生编订此书耗时不下十年，前后曾有多个版本存世，然在《吴梅全集》问世之前，该书存世甚罕，颇不易见，故其版本沿革亦少研究。去岁己亥，中国昆曲博物馆自上海征集到不同版本的《南北词简谱》四种，分别为油印本《南北词简谱》、排印本《南北词简谱》残叶、白沙本《南北词简谱》、华师大本《南北词简谱》部分。庚子年首，鄂郡疫起，困居姑苏，仅就手头所有，粗记概要，若要细校其中版本字词之异同，则有待于日后。

辞书中所记之《南北词简谱》，最早为1939年卢前先生白沙本，且在跋文中卢先生言："先生捐馆舍滇南……哲嗣……抱遗稿飞航北来……（卢）前涕泣接受，以播迁靡定，惧一旦湮没，乃受之梓"，则卢前先生所见应为吴梅先生遗稿，似未曾出版。但实际上，《南北词简谱》一书最早是吴梅先生为课堂讲授所编写的讲义，所以早在二十世纪二三十年代前后，吴梅先生开设南北曲课程之时，已有讲义形式的《南北词简谱》存世，此次中国昆曲博物馆征集到的前两种《南北词简谱》便是这一类。

　　在此，首先要对此次征集到的几种书的来历做一个记述。这批藏品来自上海郭公一先生的收藏。郭公一的生平，可见于姚大怀先生的《国图典藏孤本抗战缘传奇考略》一文，[①]大致可知其生于 1905 年前后，湖北广济（今武穴市）人，1930 年入国立中央大学中国文学系就读，1932 年毕业（姚大怀先生据《国立中央大学一览 学生录》、《中央大学二二级毕业纪念刊》推测），后辗转在民国中央信托局、上海继光中学等处工作，曾著有《抗战缘》传奇一种。姚大怀先生在查询国图藏《抗战缘》传奇时，发现其中有用中央信托局信笺写就的信笺两页，据考为郭公一先生于 1938 年 6 月 21 日写给"夫子大人"吴梅先生的，郭公一先生写成《抗战缘》传奇之后，曾将书稿附信寄予吴梅先生，请其教正。则郭公一曾从吴梅先生学曲无疑，书中提及"尤以尊著曲谱，得之于中大讲义室者，缺佚不全……"则今日所见之油印本《南北词简谱》、排印本《南北词简谱》残叶确如所言"缺佚不全"，或信中所指即此，八十年后，当日之书再现，亦是机缘。

　　所见之油印本《南北词简谱》，册一中夹有郭公一先生于 1975 年 11 月致某编辑的书信草稿一页，其中提及："《南北词简谱》，也是我们在校学曲时的'曲论曲律'讲义……"则郭公一就读中央大学期间（1930—1932 年），应就有作为"曲论曲律"课讲义的《南北词简谱》存在。当时吴梅在南京中央大学任教，曾开设曲律课，即以《南北词简谱》一书作为讲义。所见之油印本《南北词简谱》，尚存七册，册一封面书"北词谱，南北词简谱卷一卷二附韵目"（韵目单列一册）；册二无封面，收南北词简谱卷三；册三无封面，收南北词简谱卷四；

---

① 　谭坤主编：《诗词曲艺术新论》，上海三联书店 2015 年版，第 479—492 页。

册四封面书"南北词谱,卷七";册五封面书"曲论曲律,南北词谱卷八";册六封面书"曲律曲论,南北词谱卷九卷十";册七无封面,收南北词简谱韵目。书前有吴梅辛未(1931年)六月自序,序后收《例言》十则及卷一目录,《序》称"庚申、辛酉之交,始辑是书,授徒南雍,暇辄录稿,取诸谱汇校之,而断以鄙议,时作时辍,至辛未孟夏,方得脱稿,历十年而后卒业也"。则郭公一获得此油印本的时间,或即此油印本问世的大致时间,当在1931年下半年至1932年上半年之间。值得注意的是油印本《南北词简谱》中附有"南北词简谱韵目"一种,为其他版本所无。该目按"平上去入"四声排列,将各词牌归入各韵,列出词牌所在卷目,此或为吴梅先生授课之时为了引导学生了解词牌与词韵的关系,方便查询而做的便检表。另一个值得注意的地方就是油印本封面的几处题词,册一署"北词谱,南北词简谱卷一卷二附韵目",这与《吴梅日记》中称授课讲义有"北词谱"一句(《吴梅全集》日记卷上,第344页)相合,卷八至卷十两册,封面署"曲论曲律"或"曲律曲论",这与吴梅当时在中央大学教授曲律课,以及郭公一所言"在校学曲时的'曲论曲律'讲义"相符。吴新雷先生在《关于吴梅的昆曲论著以及演唱实践》(《东南大学学报》2004年第6期,第97页)中言"1922年吴梅到东南大学后,先将编成的《北词谱》印作律谱课的讲义(东南大学油印本3卷、石印本4卷)",但是郭公一藏油印本卷首已有1931年吴梅自序,所以油印时间应不早于1931年,则此本与吴新雷先生所言早期的"东南大学油印本3卷"应不是一种。

油印本《南北词简谱》虽有七册,且其中附有后来未见之"南北词简谱韵目"一册,但缺五六两卷。十分幸运的是,我们在此次征集的资料中发现一堆残叶,详对页码之后发现,正是《南北词简谱》的卷五卷六两卷,此即排印本《南北词简谱》残叶。这批残叶共160页,收卷五卷六两卷,正文为铅字竖排,卷首署"南北词简谱卷五,长洲吴梅述",一如诸本,但未见装订痕迹,或最初即是散页。每张的奇数页书口处,上书"曲律",这是吴梅所授课程之名,下书"国立中央大学",这是教授所在学校,偶数页的书口,上书"曲律",下书"东南印刷公司代印"。邹青女史于《吴梅词曲课程与讲义考论》一文中引用了苗怀明先生在《吴梅评传》一书中记载"《南北词简谱》由于篇幅大,刊印成本高,吴梅生前尽管费了不少心思,但一直未能公开刊行,只是在东南大学、中央大学授课的时候,作为讲义刊行过,但只印了其中的北曲部分,且讹误颇多"(《吴梅评传》,第 264 页)。王卫民先生在《吴梅全集》南北词简谱卷《说明》中亦称"现存《南北词简谱》的版本有三种,一为吴梅先生在中央大学的讲义本,一为1940 年卢前先生的石印本,一为吴梅先生生前的手定稿本"。两者皆肯定了存在有中央大学讲义本《南北词简谱》的存在,此讲义本笔者未及寓目,但以此残叶观之,或即中央大学讲义本的一部分。需要注意的是,这两卷《南北词简谱》的页码是由 1 至 160,更像是专门印出来填补油印本讲义之缺,而非全套讲义的抽出本,且所收为南词部分,所以中央大学的讲义本《南北词简谱》应不止于《北词谱》部分。且以此书页与白沙本或华师大本对勘,诚如苗先生所言"讹误颇多",豕亥鱼鲁之事时有发生,想来当是仓促印行,未经细校之故。这批残叶的印行时间,考虑到郭公一先生的在校时间,也当印于 1932 年之前。至于此残叶与诸位先生所言的中央大学讲义本的异同关联,则有待于对勘之后才能推测。

1939 年 3 月 17 日,吴梅先生病逝云南大姚。数月后,吴梅次子吴沆玉携遗稿至重庆,此或即王卫民先生编印《吴梅全集》南北词简谱卷时所用的"吴梅先生生前的手定稿本"。卢前以此遗稿为底本,在重庆白沙组织"吴先生遗书编印处",石印出版了一批《南北词简谱》。白沙石印本《南北词简谱》的出版时间,原书并未注明,《中国昆剧大辞典》和吴新雷先生基本皆作 1939 年出版,然王卫民先生在《吴梅全集》中认为出版于 1940 年(《吴梅全集》南北词简谱卷《说明》,第 2 页)。白沙本《南北词简谱》一套四册,与上文提及的东南大学石印本册数相同。该书扉页署"南北词简谱十卷",背面收录三原于右任《正宫鹦鹉曲》一首,赞吴梅此书使"治曲者得有准绳"。书前收卢前整理,陈立夫题签的《吴霜厓先生年谱》,此年谱据浙东郑鹤声《序言》称"乃取霜厓诗录及词曲之有年月可纪者编为年谱"，记录了1884年7月22日至1939年4月20日之间吴梅相关的生平情况，《年谱》中有提及1939年吴梅写信给卢前托付后事者，其中提及"惟南北曲简谱十卷（已成清本），为治曲者必需之书，此则必待付刻，与前五种（笔者注：五种者，霜厓文录、诗录、词录、曲录及霜厓三剧）同此行世。此刻略费，将来与诸儿商酌，及诸同学酌助，或可雕木也……"白沙石印本《南北词简谱》正文的体例，先是吴梅先生1931年所作《南北词简谱自序》，次为《例言十则》，再次为各卷目录及正文，基本与郭公一藏油印本《南北词简谱》内容一致，除却极少数手民舛误之外，此版较前两种质量为佳。

1939年白沙石印本《南北词简谱》出版于战乱年代，又印行于内陆腹地，流布困难，长期以来难得一见，学曲者颇以无书可用为憾。郭公一藏油印本中有写于1975年11月的致某编辑书信草稿一纸，其中提及"吴先生去世后，《南北词简谱》曾在重庆用石印出版，惜印刷不精，出书不多，流传不广。在工作和日常接触中，深知现在青年学生多数热爱曲学，但于曲谱的选购很感困难"。郭公一先生有意将自藏白沙石印本《南北词简谱》提供出版社再版，并愿提供在学校的讲义（即上文的油印本及排印本《南北词简谱》）作参考校对之用。由此可知，自1939至1975年之间，《南北词简谱》应无再版，而郭公一先生的愿望，就目前所知，或限于当时的环境，应也未能实现，《南北词简谱》的再次印行则要等到"文革"结束以后的华师大油印本《南北词简谱》。华师大油印本《南北词简谱》的问世或得益于吴梅先生在光华大学任教时的弟子，当时在上海华东师范大学中文系任教的万云骏先生。这一版问世的时间，《中国昆剧大辞典》作1979年，吴新雷先生在《关于吴梅的昆曲论著以及演唱实践》（《东南大学学报》2004年11月第六卷第六期，第97页）中更正为1980年。华师大油印本《南北词简谱》，一套五册，分卷与白沙本不同，目前所见此书数套，签条皆为手写。本书书前有《南北词简谱卷首》一章，收《诸家论说》一种，下分北曲谱说、南曲诸说两节，"杂采太和正音谱、宗北归音、啸余旧谱、词隐旧谱、伯明新谱诸书成之,分南北曲两类,以清眉目"。后来学者论及《南北词简谱》来历时,多有引用此说,然此章不见于《南北词简谱》之前诸版本,细查其内容,实截取《钦定曲谱》之《曲谱卷首》,且多删减(《钦定曲谱》卷首"诸家论说"下注"参考啸余旧谱及元人百种选本,所列稍加删节",且《钦定曲谱》中收相关论述三十七条,华师大油印本收二十五条,有删减),不知何故,应非吴梅原稿,或为吴梅先生辑录的《钦定曲谱》的内容,但因此文用在卷首,若无白沙诸本对照,难免以讹传讹。华师大油印本《南北词简谱》以白沙本为蓝本,略去了于右任题曲、郑鹤声序、霜厓年谱、吴梅自序和十则例言,保留了卢前的《跋》,正文内容除个别舛误外,一如白沙石印本《南北词简谱》。

至此,中国昆曲博物馆藏四种早期《南北词简谱》的相关情况已大致说明。2002年,王卫民先生以吴梅手定稿本为基础,参考白沙本和中央大学讲义本,正式出版《吴梅全集》南北词简谱卷,应可称目前之最善本,吴梅先生毕生之心血由此得以广为流传,天下喜爱词曲的朋友亦可由此受益良多!

俞妙兰

吴梅的昆曲订谱理论与实践

吴梅先生是近代戏曲史上当之无愧的曲学大师，秉持艺术实践与理论研究紧密结合的治曲路线，摄曲之经纬于股掌、集曲之大成于一身、通曲之奥窔于心胸。艺术实践擅长倚声度曲之道，凡歌曲、撇笛、爨演、填词、作剧、订谱、拍曲等，讶其无所不能；理论研究顾视词山曲海之妙，凡律吕、声韵、格法、律谱、曲史、曲录、曲目、曲家等，慨其囊括万象。先生传曲四海、课徒天下而洪泽后代，奋笔著述、刊刻留彩而遗惠今学，其《顾曲麈谈》、《曲学通论》、《霜厓曲话》、《中国戏曲概论》、《南北词简谱》等名作，雕梓无数，生息不朽。笔者自习曲以来，工余常以先生私淑之，奉其曲著为门径；然先生皇皇巨言，多是分门别类、专题专论，惟就昆曲订谱的方法与理论，却未曾立题撰讲。本文爬梳吴梅先生著述，择取有关订谱的话语、言谈，观察其昆曲订谱的观点和理论，虽则只言简语，却是吉光片裘；并结合其可见的自订宫谱作品，付诸笛管，引声口喉，细辨工尺、剖解谱字，分析吴梅先生订定昆曲歌谱的技术与遵循的曲学律范。

一、吴梅的昆曲订谱理论

吴梅先生关于订谱的言论,散见于日记、序跋、书信、专著等,言之寥寥,即便如此,亦能窥探他的订谱观与实作技法。

（一）吴梅订谱观之总的态度

其一,难——订谱难、订谱法书面记录亦难

吴梅三十岁(1913年)写作《顾曲麈谈》的时候,在第三章《度曲》中说道:"惟尚有一事,为度曲家所不及知,及知之而未能尽通其症结者,则制谱之法矣。"①他将"制谱之法"视作"症结",度曲家们多数"不及知"或"不通",原因在于:"制谱之法,最不易说明,缘细微曲折之处,非口授不明。"②此时的他弃举从曲亦有十来年,认识到订谱之法非常人可胜任者。"制谱"即"订谱",专指为曲词配制用以指导歌唱的工尺字谱,除引文外,本文表述统一使用"订谱"。

经十年,吴梅先生1923年秋从北大南归任职于南京东南大学,该校在10月13日成立了"国学研究会",他是主要成员并受聘为研究会的指导员,20日他做了该会成立后的第二场讲演,题为《词与曲之区别》③,讲演结束的时候他又讲了一段关于订谱不易的话:"第制谱之道,亦非易易,板式歧则句读多淆,宫调乱则管色不一,正犯误则集牌相错,阴阳混则四呼不清。"④这段话用四句排比语提出曲病的问题,表面看似指填写曲词、曲牌设置等,但实际上是为了说明"制谱"的难度,他用"亦非易易"四字来形容之。到这个时候为止,他本身的订谱实践还不是很多,但对此一技常耿耿在怀。

吴梅1932年11月5日写成《霜厓三剧歌谱自序》,其中说订谱一事"此

①　吴梅:《顾曲麈谈》,《吴梅全集》理论卷上,河北教育出版社2002年版,第114页。
②　吴梅:《顾曲麈谈》,《吴梅全集》理论卷上,第117页。
③　罗福惠等:《长江流域学术文化的近代演进》,武汉出版社2007年版,第414—415页。
④　东南大学、南京高师国学研究会编辑:《国学研究会演讲录》第一集,商务印书馆1923年版,第21页。

岂易于从事哉？……何其难也！……刻既成，为述订谱之难若此，益慨想承平于梦寐间也"①。这个时候他其实已经有了比较丰富的订谱经验和歌谱作品，但行文时用反问的语气，强调订谱不是件容易从事的事情；之后这两个"难"字，既说的是他《三剧歌谱》订成过程的艰难，又指订谱技术本身的难度。时因中日战事已起年余，深感离乱之苦，想要和平生活竟似梦寐之间，以此用喻昆曲订谱法之难，可见他对订谱之难的锥心之痛。

深昧曲学精髓的吴梅先生认为订谱如此之难，而他本人有订谱能力、订谱成果和订谱理论，但是他面对订谱法如何进行理论阐述，也是难上加难，无从下手。从撰写《顾曲麈谈》以来的二十余年间，他没有在订谱理论这方面取得进展，年近五十仍在为此感叹。1935 年出版的《曲学通论》（初稿为《词余讲义》）自序中，他专门解释自己全方位的曲学"通论"里，为什么没有论述订谱的专门章节，他的理由（或谓结论）是："而循声造谱，仍未疏论，盖口耳之间，笔不能达也。"②文中他强化了"仍未"两字，说明他一直是有意愿想阐述订谱理论，但几十年来均未达成。为何？原因是订谱乃"口耳之间"的技术工作，需要"口授"，其法"笔不能达"，是所有理论当中"最不易说明"的，可见将订谱法书面整理成理论文章，总归难以实现。

其二，熟——订谱能力的基础条件

那么，怎么样才能具有订谱能力呢？吴梅先生认为熟练是很关键的，也就是说要有扎实的实际操作训练基本功。

吴梅常参加各地曲社的唱曲聚会。任职中国银行居逸鸿氏主持的上海啸社，常邀吴梅赴沪度曲。1936 年 1 月 19 日的曲聚上，有社友向其讨教订谱之法：

> 早十时赴申，应逸鸿之召……啸社同人……社友有周仲眉者，亦中

---

① 《霜厓三剧》，《吴梅全集》作品卷，第 372 页。
② 吴梅：《曲学通论》，《吴梅全集》理论卷上，第 161 页。

行人员,叩余订谱之法。余告以"熟能生巧"四字而已。①

既然是"笔不能达",撰写困难,当别人来请教的时候,先生也是未能详之以法也。当然,他在面对自己那些专业治曲的学生时,有时也会尽力传授订谱法。1937 年 5 月 22 日的日记中,他记录了给唐圭璋传授订谱法:

> 早起常任侠、唐圭璋来,谈至午时去。唐欲习谱学,余告以同牌曲互相比堪,积久悟工尺之理,始可从事云。②

吴梅先生告唐生的同牌曲互堪法,并且要积长久之力方可,这是最直接最有效的学习订谱的入门之道,也就是吴梅对上海曲友周仲眉所讲"熟能生巧"的同一释义。吴梅门生擅度曲者甚多,然即便曲学超群,能订谱者却未曾有之。唐圭璋先生虽对制谱有兴趣,但他"由于词曲范围太广,自己力量不够,只得专致力于词,曲则由同学卢冀野致力"③,终在词学上成就卓著;而卢前先生曲学成果丰硕,艺术实践能唱曲、作剧,但于订谱一事,亦未涉猎。

其三,法——订谱工作的基本原则

订谱虽然很难,但再难也是能做的;基本功虽然很熟练,但再熟也要掌握订谱的原则和技术方法。其实对于订谱方法的基本原则,吴梅很早就有认知了。

光绪三十四年(1908)吴梅在《六也曲谱序》中将之概括为:"订谱之法,又在谨守四声,平有阴阳,仄有清浊,四上工尺,符号而已。"④

---

① 《吴梅全集》日记卷下,第 669 页。
② 《吴梅全集》日记卷下,第 881—882 页。
③ 刘绍唐主编:《民国人物小传》第 18 册,上海三联书店 2016 年版,第 139 页。
④ 张怡庵:《六也曲谱》。

这个原则他在写作《顾曲麈谈》时再次被强调,第一章《原曲》第四节《论北曲作法》中说:"凡填谱必依曲文之四声、清浊、阴阳,而后定工尺。"①第三章《度曲》又说:"故制谱者审其词曲中每字之阴阳,而后酌定工尺。"②

所以,曲词的声调是订谱的重要原则,订定歌谱工尺的主要依据是四声、阴阳、清浊,因为字声的调类和调值,直接决定了唱字的高低和旋律运行趋势。其实这也是中国所有歌唱类艺术的通行规律,如果不依据这样的法则,唱出来的旋律会产生倒字、失声的不良后果。

当然,声调决定的是工尺谱字的选择及其高低分布关系,还有重要的原则是板位分布法,其决定的是工尺谱字间的联结构成和时长分布关系。吴梅先生虽然不是专门针对订谱来论述板式,但也多次提到了板式与订谱的关系。1906 年写作《奢摩他室曲话》开篇《论杂剧院本》时提到板式问题,其中说道:"板眼既换,工尺字谱亦异。"③后在《顾曲麈谈》的《度曲》章中对之有明确阐述:"南曲每曲之正板,各有定式,不可移易,虽衬字至多,而板式终不可乱也。……制谱者须审明戏情之缓急,何曲用赠板,何曲不用赠板,然后依曲词之字音,分别阴阳,酌定工尺,自无差谬矣。"④北曲板式则是:"北曲无定式,视文中衬字多少以为衡,所谓死腔活板是也。"⑤由是,他对订谱的基本则观点清晰(北曲板式的表述严谨与否,尚可商榷)。实际操作中,订谱的基本原则远不止声调、板式这两条,还有宫调、笛色、牌性、牌序、剧情、同声相邻字变异法、气息位置、唱法腔格、衬字等许多个制约要素,但声调和板式则是昆曲订谱最基本的原则。

若是有不遵守这种原则、无视订谱规范的情况,吴梅先生也必苦心劝之。

---

① 《吴梅全集》理论卷上,吴梅《顾曲麈谈》,第 71 页。
② 《吴梅全集》理论卷上,吴梅《顾曲麈谈》,第 115 页。
③ 《吴梅全集》理论卷下,第 1141 页。
④ 《吴梅全集》理论卷上,吴梅《顾曲麈谈》,第 117 页。
⑤ 《吴梅全集》理论卷上,吴梅《顾曲麈谈》,第 64 页。

1931 年 11 月 26 日的日记中,他就记载了这样一件事情:

> ……作书六通……一复张钧孙(厚绳)论制谱之法。来书谓不论词
> 句如何,可以任意用管色作谱,且示我《朱砂痣》带板【红衲袄】【滚绣球】
> 三谱,皆任性度声,无曲牌可按。因告以宫调即管色,各曲有主腔,不能
> 率性任行也。[①]

任意、任性、任行的做法,吴梅势必不能认可,违背了基本原则,就脱离了
昆曲的本体,自然也就丧失了昆曲的艺术特征、特性和特长了。今日看来也
是如此情况,甚须警醒,究其源乃是因"难"而"善"者孤寡也。

以上三点,亦均是吾师瑞深老传授的昆曲订谱之不二法门,笔者经年度
曲制谱后深有同感。订谱须有基本法则,需要熟练的唱奏、填词之功夫积累
以及大量曲牌实践的基础,但牌牌不同、同套牌异、同牌异词、同宫异调、同牌
异情、同位异声等,实乃千变万化,无有固定不变之式可套,真真至难;也就是
吴梅所言"所以十曲十样,而率无一同焉者也"[②]。即便如此之难、之繁、之不
达,吴梅先生在著述中,还是或多或少地提到了一些制谱的技术问题与方法。

(二)吴梅订谱观之技术见解

其一,订谱在昆曲艺术体系中的地位

清代乾隆以前的度曲家们,并不将歌谱用工尺(工尺记法久已有之)记录
下来,以至于我们现在总是不清楚在有宫谱(指带有工尺谱字的歌唱谱)之前
昆曲的实际唱法,更不知道昆曲形成和兴盛时期是否存在过歌唱谱,那时常
说的"制谱"、"谱曲"、"曲谱"是文辞格律谱(即声律谱),同时兼具指导规范歌
唱的作用。王季烈在《螾庐曲谈》卷三《论谱曲》中说:"古时昆曲盛行,士大夫

---

① 《吴梅全集》日记卷上,第 49 页。
② 《吴梅全集》理论卷上,吴梅《顾曲麈谈》,第 115 页。

多明音律，而梨园中人亦能通晓文义，与文人相接近，其于制谱一事，士人正其音义，乐工协其宫商，二者交资，初不视为难事。是以新词甫就，只须点明板式，即可被之管弦，几不必有宫谱。"①故在乾隆前的戏曲理论著作中，昆曲歌唱方法的表述则淹没、隐藏于诸多曲法论述中。从康熙年间整理编订到乾隆年间才刻行的《太古传宗曲谱》和乾隆年间编刻《新定九宫大成南北词宫谱》起，始将工尺谱字用来记述昆曲唱腔，方有订谱的工作，才有了后续《吟香堂曲谱》、《纳书楹曲谱》、《六也曲谱》、《集成曲谱》等各种宫谱的问世。

　　昆曲体系中产生订谱这个工种，究其原因，王季烈、吴梅等清末民初的曲家们一致认为，昆曲进入清代以后，知音识律者越来越少，是无奈地采用了订定宫谱的方式来指导、规范和统一人们的歌唱。王季烈认为："作传奇者不能自歌，遂多不合律之套数；而梨园子弟识字者日少，其于四声阴阳之别，更无从知。于是，非有宫谱不能歌唱矣。"②吴梅与这位长自己十一岁的同乡、同好、老友的观点极其一致，他在早期撰写的《霜厓曲话》卷一中说："自文人不善讴歌，而词之合律者渐少；俗工不谙谱法，而曲之见摈者遂多，重以胡索淫哇，充盈里耳；伶人习技，各在趋时。而度曲之道尽废。"③此话又重复抄录于1923 年发于《国学丛刊》第一卷第三期的《南北戏曲概言》一文中，可见其观点的坚定。如此便是对宫谱产生了依赖性，唱者可不必自己掌握声律歌腔之学，依谱行腔即可。

　　基于这样的历史状况、歌坛局面，昆曲发展到清代乾隆年间以后，订谱成了一个重要的艺术环节，上述宫谱也正是在这样的气候中成为分量厚重的昆曲歌谱著作。于是吴梅坚定地认为，订谱成为昆曲艺术体系中三足鼎立的一个方面：

　　　　夫词家正轨，亦有三长，文人作词、名工制谱、伶家度声，苟失其一，

---

①　王季烈：《螾庐曲谈》，商务印书馆 1928 年版。
②　王季烈：《螾庐曲谈》，商务印书馆 1928 年版。
③　《吴梅全集》理论卷下，第 1212 页。

即非雅奏。①（《霜厓曲话》卷一，1923 年《国学丛刊》第一卷第三期《南北戏曲概言》）

余尝谓歌曲之道，有三要也：文人作词、国工制谱，伶家度声。②（1923 年《新定九宫大成南北词宫谱序》）

夫戏曲之道，填词为首，订谱次之，歌演又次之。③（1931 年《中国近世戏曲史序》）

这三个方面，实际就是昆曲艺术的三个体系：作家（曲家）的文词、谱家（乐工）的订谱和演员（唱家）的歌演，当然最理想的艺术形态是三体能融于一身者。吴梅如此不厌其烦地阐述这个观点，清醒地认识到了订谱家的重要性，订谱工作成为昆曲不能缺少的环节，但内行订谱家的稀少，又使得这个环节岌岌可危。

其二，订谱的几个技术观点

吴梅著述中与订谱关联的言论，有一部分是订谱方法的切实体现，即具体的操作技术。但也不免生憾：不够全面——有总结而只能窥一斑；缺乏系统——未述步骤、涉猎面窄、浅尝辄止，而未能细致、深入、完整；尚难务实——理论分散致使不易察觉、不易贯联。他是在不同著述中，以言及则叙的方式谈到。尽管如此，在现当代昆曲曲学史上，他应该是早期较多阐述订谱理论的学者之一（他者为王季烈氏）。现就他的这些技术观，梳理如下。

1. 订谱的三大技术要素

吴梅阐发订谱理论最完整的一段文字，是为《霜厓三剧歌谱自序》的前

---

① 《吴梅全集》理论卷下，第 1212、1077 页。
② 《吴梅全集》理论卷中，第 1001 页。
③ 《吴梅全集》理论卷中，第 990 页。

半篇：

> 制谱之学，有三要焉：一曰识板，北曲无定板，辄上下挪移以就声，南词则板有定式，不可更易；而音调之高下，又各就诸牌以为衡。二曰识字，一字数音，去、上分焉，声随去、上以定；而以小学通其涂，则棘喉滞齿之弊鲜也。三曰识谱，古今诸谱，虽有定程，而同一歌牌，有用赠板者，有不用赠板者，则就剧情之冷热而异其缓急，故有二三曲后，始用缓歌者；他若集曲之糅杂、借宫之卑亢，又须厘定以就范。①

该序不到五百字，近半阐述了他总结的订谱三要素：识板、识字、识谱。这三大要素，与前文所述订谱的两个基本原则是一致的。识板即知板式，谱者会点板，如板位、板类、板眼式、眼位、易板法等；识字即知声调，谱者能断四声阴阳用以择定和分配谱字。所谓识谱，是识文字律谱，即为板式与声调的结合体，并扩展至牌性、套法等问题。这个总结非常正确，写于1932年他四十九岁时，与他自己年轻时期的论述有一个显著的变化——从散论到专论（但尚未形成本文开头所言的订谱专题研究），即将板式、声调等订谱的关键技术，首次进行了总结，这也是他所有著述中唯一的订谱理论总结。

这个总结里概要性地体现了订谱的一个重要顺序：识板式（点板）为第一步，识字正音（声调）为第二步，而他所言的第三要素识谱，其实是这两步工作之前、之中、之后一直贯穿始终的基础工作。识板、识字、识谱的三大技术要素，是昆曲订谱时的不变宗旨，值得曲界重视，如此订定的歌谱则不离曲律本宗也。

2. 订谱时须依字声而变工尺

点板是订谱的首要工作，约定了歌谱的节奏、各字的应属位置及所占歌时（此项决定了单字的工尺繁简与行腔长度），但这项工作还是比较容易完成，吴梅先生谓之"检旧谱即可知之"。订谱最难的是每一个唱字所配的谱字，以及每个谱字在板眼中所处的位置，并且要处理所有谱字之间的连续、转

---

① 《霜厓三剧》，《吴梅全集》作品卷，第372页。

换、衔接、停顿等问题。吴梅先生论述如何下定谱字的理论,在《顾曲麈谈》第三章《度曲》里最多:

　　　阳平之腔,其工谱必有二音,其第一腔须略断,切不可连下第二腔。

　　　以北曲论,则用凡字者,大半皆在去声。以南曲论,则凡(笔者注:此凡不是谱字之凡。)属去声字,总皆于收音处略高一字,俗谓之豁。凡豁之一法,必在去声上用之,故北曲于去声上有六五六凡工或五伬仜乙五,南曲则用四尺上或上工尺上四,皆是也。(为阅读清晰,歌唱谱字用下划线标识,下同)

　　　《楼会》中【懒画眉】第一支云"慢整衣冠步平康",第二支云"梦影梨云正茫茫",起首两句同是"仄仄平平仄平平"也,而二句工尺则不同,何也? 盖制谱之道如是也。"慢整"与"梦影"四字,第一字皆阳去声,第二字皆阴上声,故"慢整"二字上之工尺用四上合工,"梦影"二字之上,亦用四上合工。"衣冠"二字皆属阴平声,"梨云"二字皆属阳平声,声既不同,工尺自异;故"衣冠"二字上用四×四. 合△工.,而"梨云"二字之上,则用工×四合. 四△合工.。……不如是则字音不准也。"步平康"三字与"正茫茫"三字,一为阳去—阳平—阴平,一为阴去—阳平—阳平,又是不同;故"步平康"用上、工尺.上　四。上.尺×乚上四。合. 四、乚△乚上×尺上.四。乚|乚,而"正茫茫"用工、尺.上　四。上.尺×乚上四。合. 合、四。……工尺终无不异也。

　　　独曲之字音,编入工尺,须就其阴阳而定之。大抵阴声宜先高后低,阳声宜先低后高,无论南北诸曲,皆如是也。四声之中……故谱阴上声字为尤难。

　　　就以上二支(《紫钗记》四十八出《醉侠闲评》双调【锁南枝】宫谱)细察之,则阴阳正赠,分明清晰,学者苟明其工尺异同之理,则制谱之道,得其窾奥矣。[1]

────────────

[1]　《顾曲麈谈》,《吴梅全集》理论卷上,第110—118页。

这些工尺谱字的案例分析和使用方法,即是前文所引吴梅自谓"循声造谱"之法。《度曲》章本论唱法,不免论及唱音问题,实则就与订谱法密切勾连,歌谱唱腔法多即为订谱之道,所以吴梅在这章里谈订谱方法最多。由此我们得出一个昆曲史上颠扑不破的真理:订得好谱者,必是精于度曲之道者。

另外,吴梅先生还认为订谱择定谱字时,一定要遵守宫调自身的"住字"(即宫调或曲牌的主音,在乐段结音处亦即文词的句段韵位上最明显),收录在 1904 年出版的《二十世纪大舞台》第二期吴梅《复金一书》中,他说:"各宫调各有住字,如仙吕调为上字住,正宫调为六字住,或用混浊为合字住之类,各调皆有一定,故曲牌万不可混杂。……如仙吕上字住,双调亦上字住,故可于仙吕中犯双调……"①此言虽是针对犯调集曲法所指,但在实际订谱的时候,各宫调、各曲牌的主音也必须在工尺谱字上谨以遵守。订谱时若是主音破字,那么牌子就很容易失去了它的音乐属性。

3. 新词不可全依旧谱而歌

由于新订歌谱的难度甚大,百多年来出现一种以旧谱套新词的现象,即同牌曲改换新内容后,就着原有某个同牌歌谱来唱。吴梅认为这是不科学的,更不符合昆曲歌腔创作的艺术规律。

吴梅在《顾曲麈谈》第三章结尾的时候提道,他在年少时曾见过俞樾先生,那时俞先生作了一套仿洪昇《弹词》的北曲,并由伶人依当时该曲歌谱唱之;现在写作《度曲》篇章想到此事,发出"天下宁有是理乎"的感叹,即认为当时这样的做法是不当的。但我们现在无法判断这件事情的真实情况,吴梅的表述其实有些含糊和自相矛盾的,则姑且不论。时隔数十年,他在 1932 年 11月 26 日的日记中记载,他也仿照洪昇《霓裳舞》(《长生殿》传奇前身)中的黄钟集曲【霓裳六序】填制新曲,题为《寓斋闻鸡鸣寺钟声憬然有悟》(1936 年卢前辑、次年刻成的《霜厓曲录》中此曲字词稍有改动,但声调未变),并对创作

---

① 《吴梅全集》理论卷下,第 1104—1105 页。

此曲附有说明：

> 是曲依稗畦原词，四声阴阳，一字不动，故将洪谱按唱，声声妥协。然如此填词，若处柽梏，其苦有不可胜言者。余尝笑天虚我生陈碟仙（栩）作曲，辄注依某套谱唱，而细按词句，四声且未协，遑及阴阳。必如余此曲，方可倚旧谱上口，然而难之至矣。[①]

此处他论述的是新词和旧谱的关系，他认为同牌曲制新词后不能同歌谱而没有变化，订谱时不可以完全依照旧谱，这与他在《顾曲麈谈》中多处言及的观念一致。假如像天虚我生一样，新词声调有了变化，但仍就照着旧谱唱，令人讥笑罢了。吴梅同时认为，假如想照着旧的歌谱唱，也不是不行，但前提条件是填制新词时，每字每句的格式、声调都要与原词一模一样，唱出来才符合字声与歌腔保持一致的昆曲特性要求。但这样做是非常难的，"难之至矣"，必须像他填这支【霓裳六序】一样，字格字声上与洪昇原著完全一致（仔细比对两者曲词，吴梅新词有六处以上与原词不符，且按下不论），才可以使用《九宫大成》中收录的洪昇所著【霓裳六序】的工尺歌谱歌唱（此歌谱为叶堂新订还是清初伶工传谱，未知）。

笔者提出吴梅这个观点，实因当下用旧谱歌新词的现象有些泛滥，声调紊乱而失律、声情怪异而滑稽，听来乏味可陈。试想，曲牌固然都有特征属性表达，但择牌虽同，而每制一新曲之词情所及、角色所需势必绝无一致，定有细微差异；有些曲牌属性允许范围大，新词所表更是变化多端。则若歌谱不变，犹如机械流水线上制衣而已。新词如何符合牌律，歌谱又能正中有变，则另题再议。

（三）吴梅订谱观之行业观察

既然订谱工作那么重要，居昆曲艺术三大体系之中，那么订谱的行业状

[①] 《吴梅全集》日记卷上，第239页。

况又是如何呢？对此，吴梅表示非常悲观。

其一，擅订谱的内行者少得可怜

吴梅多次言及，清代以来擅长昆曲订谱的人却少之又少。

> 居今之世，求有负此一长者，缈不可得。① (《霜厓曲话》)

> 所以论制谱识曲之人，世不可得……近世度曲之家，计吴门海上，不下百人，而能订谱者，实十不得一。② (1913 年《顾曲麈谈》)

> 今歌演者有之，填词者已寥寥矣，至订谱则竟不一二遘焉，又何怪此艺文之衰熄也。③ (1931 年《中国近世戏曲史序》)

> 夫以吾国人才之众，度曲家之多，而据旧律以谐新声，瞻望南北，仅有数人，又何其难也！④ (1932 年《霜厓三剧》)

这是自有订谱这个工作以来一直存在的艰难状况，真正能够订好曲谱者，需要具备的条件太多、太苛刻，只得万里挑一矣。百年前如此，今则更哀。吴梅认为艺术"衰熄"还有一定的社会形势造成，1936 年 9 月 28 日和 10 月 3日的日记中他说道："止知西洋乐耳，乌足语此。虽然，此时正黄钟毁弃、瓦釜雷鸣时也。尚复何言？""欧化之广矣。"⑤所以习曲之人益少的内部因素与欧化影响的社会外部因素共同导致了订谱局面的严峻形势。所以他也挺鼓励后人积极研学，1934 年 8 月 25 日在上海时，"寿生近学制谱，余极力赞同之"⑥。早在 1931 年 12 月 27 日在柳赞元家宴曲聚后，鉴于东北"九一八事变"后国情之危，吴梅在宴席上发言号召国人深入治曲："日人以文化侵略中

---

① 《吴梅全集》理论卷下，第 1212 页。
② 《顾曲麈谈》，《吴梅全集》理论卷上，第 120 页。
③ 《吴梅全集》理论卷中，第 990 页。
④ 《霜厓三剧》，《吴梅全集》作品卷，第 373 页。
⑤ 《吴梅全集》日记卷下，第 785—787 页。
⑥ 《吴梅全集》日记卷上，第 457 页。

国……中国人治中国学……独此词曲一道,日人治之不精……深望同人于度曲之余,再从事声律之学,勿令垂绝国粹,丧于吾乎。"①虽则当下度曲之人日盛,吴梅之虑已不尽然,但订谱之学依旧"垂绝"矣。

其二,对清代与民国时期订谱者的褒贬之议

吴梅既然深谙订谱之道,其实也尚有一些订谱名家和宫谱作品,他自然对此有个人的喜好体现与褒贬评价。事实上,他的观点很明确,褒者如扬之于中天、贬者如弃之于尘埃,真真敢爱敢恨、旗帜鲜明也。比较有代表性的态度是:极力褒扬以叶怀庭(堂)为代表的前辈、比他年纪稍长的刘富樑(凤叔)、年纪稍幼的徐镜清(鉴)等曲家,贬责以殷溎深为代表的伶工曲师。

1. 褒扬

从吴梅的言谈中可以看出,他最推崇的订谱者是叶堂先生:

　　国朝《大成谱》倚声之圭臬也。《纳书楹》旧谱,今乐之津梁也。②(光绪三十四年/1908 年《六也曲谱序》)

　　当乾隆时,长洲叶怀庭(堂)先生,曾取临川四梦及古今传奇散出,论文校律,订成《纳书楹谱》,一时交相推服。……怀庭之谱,分别音律,至精至微。……然则欲求度曲之妙,舍叶谱将何所从乎?③(1913 年《顾曲麈谈》)

　　往昔吾乡叶怀庭先生作《纳书楹曲谱》,四声清浊之异宜,分析至当,识者谓宋以后一人,实皆依据此书也。今谱中一词辄列五六体,阴阳刚柔之理,一一可辨,引而申之,触类而通之,则作词制谱之方,于是乎咸在,以之度声,易若反掌,而梁、魏遗法,或赖以不坠乎?④(1923 年《新定

---

① 《吴梅全集》日记卷上,第 64—65 页。
② 张怡庵:《六也曲谱》。
③ 《顾曲麈谈》,《吴梅全集》理论卷上,第 108—109 页。
④ 《吴梅全集》理论卷中,第 1000 页。

九宫大成南北词宫谱序》)

> 吾乡叶怀庭先生，以故家褆展，主艺苑坛坫。所著《纳书楹谱》，雕心刻肾，字字稳协，穆堂诸子，不尽出叶氏手也。[1]（1932 年《霜厓三剧》）

> 叶谱行世，以此为最难得。……今置案头，低声按拍，可以三月不知肉味矣。[2]（1933 年《西厢记谱题记》）

> ……晚阅《紫钗》谱，深服下字之严密。[3]（日记：1935 年 6 月 15 日）

如此等等，可见吴梅对乡里前贤叶堂订谱水平的五体之服，将叶谱奉为圭璧。《纳书楹曲谱》在昆曲订谱历程中确实具有里程碑意义，突破了《九宫大成》宫谱与律谱结合的牌谱范畴，与《太古传宗》的重弦索亦不同，而是首次集中了昆曲的经典剧目来订定工尺，甚至"临川四梦"等做了全谱（《牡丹亭》传唱不衰，此谱功不可没），虽然没有白口、不点小眼，但曲子极其完备，它对后世其他曲谱具有重要的引领意义。吴梅也不是盲目推崇，他仔细辨别音律，亲自按拍歌唱，称赞叶堂谱是"雕心刻肾、字字稳协"；从当今《纳书楹曲谱》具有的地位和昆曲唱法传承作用来看，吴梅的赞扬是正确的，所以他说"魏（良辅）梁（辰鱼）遗法，或赖以不坠"。他还在《吴骚行》长诗中对叶堂表以仰慕之情："近日文坛不知乐，即言度曲亦儿嬉。怀庭制谱遵古律，俗工不解群讥嗤。阳春雅奏咸同绝，吁嗟孰令吾生迟。"[4]（《霜厓诗录》）

王季烈（君九）和刘富樑各长吴梅十一岁和九岁，三人交往甚密，1924 年夏吴梅作《集成曲谱玉集序》中言道：

> 往余主讲北雍，与凤叔同舍居；君九处析津，岁必三四至，谈宴过从，

---

① 《霜厓三剧》，《吴梅全集》作品卷，第 373 页。
② 《吴梅全集》理论卷中，第 1007 页。
③ 《吴梅全集》日记卷下，第 573 页。
④ 《吴梅全集》作品卷，第 22 页。

辄扬榷斯艺,深惜古谱零落,卒无有理董之者,二君毅然引为己任。别未三年……结志区外,于是托意声歌,穷极奥窔,清浊高下,无愆锱铢。今读此谱,固俨然叶怀庭、王禹卿之亚也。①

吴梅 1917 年 9 月任教北大后经贵池刘葱石介绍与刘富樑认识,王季烈虽在津任职亦常去北京会面,订定《集成曲谱》乃是三人"谈宴"时起的动议,刘富樑是实际订谱者,他在曲谱后记中说到与吴梅的交情:"互倾积慕,咸恨相见之晚","三人研讨声律,孜孜罔倦",以及订谱初衷:"《集成谱》之作亦二君始谋而促成之者也,盖谓俗谱风行,淆讹满纸,矩镬云亡,标准无的。学者未窥蹊径,必至迷误歧途……"②吴梅做序时给予的评价真诚妥当,果然该谱最为谨严有律,自问世以来,一直居于宫谱集榜首之要而岿然不动,度曲者以为准绳。

另外,吴梅对小自己六岁的徐镜清也是非常欣赏,1936 年 7 月 25 日记录参加宴请俞平伯夫妇曲聚人员名单时说道:"徐镜清,名鉴,吴中能制谱者,止有此君,自号城北徐公,是日未歌,谈订谱法极精。"③如此评价,可见吴梅对其厚爱,而末一句话也极富深意,吴梅认为订谱法需要口授而笔不能达,他俩口头探讨订谱法果然谈得很舒畅,但日记中也未将订谱法谈话内容记录矣。

2. 贬责

有褒必有贬,前文谈到吴梅等人动议订《集成谱》时认为俗谱错误太多,俗伶所订之谱有贻误他人之害。吴梅日常对此论更是毫不讳言,见诸他文字中最受批评者,是年长他们三人半个世纪的前辈、同光年间最著名的曲师殷溎深。

---

① 《集成曲谱》玉集卷一。
② 《集成曲谱》振集卷八。
③ 《吴梅全集》日记卷下,第 754 页。

……戏购《六也曲谱》四套,欲统校一过,为后学正则。是书鄙陋,达于极度,然工尺锣段,皆现时伶工之准绳,出于老乐工殷四手者,至多也,故拟为一校焉。①（日记:1934 年 10 月 16 日）

谈次言《红楼梦·扫红》一折,旁谱多误,洵然。（日记:1936 年 4 月 8 日）

……取《红楼梦·扫红》折观之,差误至不可偻指,方知殷淇深原是俗工,不知谱法,妄配工尺而已。为正之如下。《红楼梦·扫红》旧传为胡孟路笔,胡为咸同间制艺家,并非知音者,故正衬不能清。殷四更不知曲律,故衬字乃至下板。余因重订之。原谱见《六也曲谱》,谬甚。此可省尾,但既有一支,雅不必删。惟末句平仄不合。②（日记:1936 年 4 月 9 日）

殷淇深是《六也曲谱》的稿主,怡庵主人在民国前四年(1915)第一次辑刊《六也曲谱》时,其序即为吴梅所撰(1922 年增辑刻印时称吴序为"原序"),序中他对张氏刻谱之举甚是赞扬,对该谱评价也很高:"窃念是书,实开宗法……将以并峙伯龙、追踪良辅。"③从 1908 年作序到 1917 年聚议俗谱之恶,九年间吴梅的态度有所转变,估计与他度曲渐精有关系;而再过十五年,他自己也积累了一些订谱经验,对《六也曲谱》的观点遂有了大逆转,竟称"是书鄙陋,达于极度",欲将之更订而一生未果。最终他也就以《扫红》一剧做了试验,重订歌谱并教诸生习唱。由对歌谱的不满,吴梅矛头直指订谱者殷淇深,责其"不知曲律",谬误极甚。当然这只是他一家之言,日后再当将《六也》深研为断。

类似批评有记录可查者,尚有 1935 年 11 月 24 日的日记对《老圆》歌谱的评判:"早阅剧集……荫甫《老圆》,旁谱错误,至不可胜数,不知何人为之订律,实则文律曲律,全属外行也。"④此剧为俞樾所制,订谱者未知何人,吴梅

---

① 《吴梅全集》日记卷上,第 482 页。
② 《吴梅全集》日记卷下,第 704—705 页。
③ 张怡庵:《六也曲谱》。
④ 《吴梅全集》日记卷下,第 648 页。

对俞先生的曲作评价一直不好,《顾曲麈谈》中言道"先生学术,为一代泰斗,词曲之道,本非所长"①,日记中更是说他的文律乃是"外行"。这一点,俞樾先生自己也不否认,他在剧本前做序说自己"余不通音律,而颇喜读曲",《老圆》一剧:"所惜于律未谐,聱牙不免,红氍毹上未必便可排当。"②不管他是自谦还是真不懂,料是不会想到后生吴梅对他制曲批评得毫不客气。吴梅所贬究竟对错,亦尚须细研再论。笔者浏览《清人杂剧二集》中该剧歌谱影印件,单举一例以证订谱者确实谬误很大。剧中两支【桂枝香】分布于南北合套中,此牌按律首句第四字为仄声,俞樾倒是填对的,分别用了"头颅无恙"和"龙城飞将","恙"、"将"两字均为阳去声,订谱者竟都订作阳平声腔格,该字占位一正一赠两板共八拍,谱者却只用了三个工尺谱字上、、尺。∟工×∟△∟,声调与腔格截然背道而驰,不仅误声,而且索然寡味,难怪吴梅对外行订谱的愤懑溢于言表。

二、吴梅订定的昆曲歌谱

吴梅先生二十多岁就能订谱,至抗战南行止,断续有谱作成,但生时并未以订谱为己任,未花太多的精力去做,留下的订谱信息和作品都不多。这些信息有些是明确记载他订谱,其中部分歌谱可见,包括正式刻行的、日记中载录的、现今流于拍卖行或收藏界的;另外个别歌谱甚至就在大型的宫谱集中,如《乞梅》、《访星》,通过吴梅自己的言语而判断之;有些是间接证明他订过的歌谱,遗憾这些谱多数未得见世。又如有些情况实未知晓真情,如吴梅1913年冬季在《双泪碑》中自叙"一时好事者,争相传唱"③,但不知歌谱何人所订。从他所存日记中可知,吴梅课四子吴南青(怀孟)最勤,承其词、歌、笛、谱的度

---

① 《顾曲麈谈》,《吴梅全集》理论卷上,第120页。

② 船山全书编辑委员会:《船山全书》第16册,岳麓书社1996年版,第627页。

③ 《吴梅全集》作品卷,第305页。

曲之能事,日记载录了一些父子俩共同订谱的记录,其中一部分有曲谱可见。他们的这些昆曲歌谱包括自度散曲、剧曲,以及为他人词作所订歌谱。兹列表如下。

1. 吴梅自己填词、自订歌谱存录

时间	宫调	曲牌	曲数	题目	曲谱	备注
1911 年	越调	【小桃红】	一支	《题徐寄尘（自华）〈西泠悲秋图〉》	未见	吴梅《蠡言》自述:"正为吴江徐寄尘题《西泠悲秋图》,成南北曲一套,且撝笛歌之。"① 惟句中"南北曲一套"有疑。《顾曲麈谈》所述此事,曲牌同,但未提歌谱。
		【下山虎】	一支			
		【五韵美】	一支			
		【忆多娇】	一支			
		【尾声】	一支			
1912 年	北双调	【折桂令】	一支	《壬子春过秦淮》	未见	卢前《吴梅先生年谱》:"先生作【折桂令】,即席订谱歌之。"②
1917 年	大石	【念奴娇序】	一支	游邓尉时作	未见	1932 年 9 月 23 日的日记载重游邓尉见"余丁巳旧作……余作词后即订谱,季扬撝笛、粟庐高歌"③。李季扬（立）、俞粟庐（宗海）
1917 年	正宫	【锦缠道】	一支	《示北雍诸生》	可见	应蔡元培邀而作。1918 年出版《国立北京大学廿周年纪念册》登载简谱时题为《北京大学校歌》。

---

① 《吴梅全集》理论卷下,第 1458 页。
② 《吴梅全集》日记卷下,第 929 页。
③ 《吴梅全集》日记卷上,第 210 页。

续　表

时间	宫调	曲牌	曲数	题目	曲谱	备注
1919 年	南吕	【绣驾别家园】（集【绣带儿】【引驾行】【怨别离】【痴冤家】【满园春】五曲）	一支	《拟西施辞越歌》	未见	集曲。吴梅题记："京师女伶鲜灵芝请作新曲,拈此付之。"① 卢前语之："一时听者,皆为神往。"②
不晚于1922 年	商调	【绕池游】	一支	《红楼梦·乞梅》	可见	吴梅《扫红》歌谱手稿跋："《六也曲谱》所收《乞梅》,为余作,亦经余订谱。惟【黄莺儿】下,为俗工删去【簇御林】【猫儿坠】二支而已。"（载此跋语的《扫红》谱手稿见于拍卖行。较之日记载评语详甚。）
		【二郎神】	二支			
		【集贤宾】	一支			
		【黄莺儿】	一支			
		【尾声】	一支			
1927 年11 月	南吕	【一江风】	一支	《湘真阁谱》	可见	1932 年 11 月校订,1933 年 5 月刊刻时《霜厓三剧》附录,题为《霜厓三剧歌谱》。此谱在曲界同期传唱,并于1935 年 11 月由仙霓社"传字辈"周传瑛、赵传珺、倪传铖、施传镇等演出于南京。笔者注:引子【小女冠子】一共四句两段,本剧只用首二句。另:【秋叶月】第二支无谱字,只点唱的板位,定不是干板念;剧稿注"干唱",无谱则不符,恐歌者自由歌定耶?
		【小女冠子】	一支			
		【梁州新郎】	二支			
		【朝天懒】	二支			
		【秋叶月】	二支			
		【奈子花】	二支			
		【大圣乐】	一支			
		【三换头】	一支			
		【宜春令】	二支			
		【三学士】	一支			
		【尾声】	一支			
1928 年夏	仙吕	【风入松】	二支	《西湖博览会歌》	可见	

---

① 《吴梅全集》作品卷,第 159 页。
② 《吴梅全集》日记卷下,第 940 页。

续　表

时间	宫调	曲牌	曲数	题目	曲谱	备注
1931 年 12 月 8 日	仙吕	【太师令】	一支	《惆怅爨谱·钗凤词》	可见	日记载是"补订,为前凤叔漏去未订者"。出处同《湘真阁谱》。
1933 年 七夕日	南吕	【懒画眉】	二支	答谢同人祝寿	未见	吴梅五十岁时上海啸社为其祝寿曲聚,晚宴时"即席歌之,以答盛谊"。
1934 年 1 月 13 日	仙吕	【桂枝香】	一支	为刘凤叔寿	未见	日记载"为凤叔寿,即席制谱,俟明日唱焉"。
1934 年 11 月	商调	【二郎神】	一支	与吴南青联句	可见	次日日记言:"又为四儿订昨谱。"
1936 年 12 月 31 日	仙吕	【桂枝香】	一支	题月色夫人自写小影	可见	吴梅自订谱可能性大,该日日记言:"明日至淮海路,可嘱四儿歌之。"次日又言:"即命四儿歌昨曲。"

注:题目中有书名号者为吴梅原题,非则笔者据吴梅语辞拟题。

2. 他人作词、吴梅订谱存录

时间	宫调	曲牌	曲数	剧/词作	曲谱	备注
1918 年	仙吕入双调	【步步娇】	一支	清舒位《瓶笙馆修箫谱》之《博望访星》	可见	吴梅 1933 年 10 月 5 日自叙:"阅《集成谱》中《访星》一折,为凤叔订吾新谱者。"[①]此话可以理解为:吴梅订谱、刘富樑校订。因谱中文词与原著同,故"新谱"两字排除订正曲词之义,只能为订歌谱之义。另,1934 年 8 月 25 日在上海曲聚:"十时
		【忒忒令】	一支			
		【沉醉东风】	一支			
		【尹令】	二支			
	北中吕	【道和】	一支			
	仙吕入双调	【品令】	一支			
		【豆叶黄】	一支			
		【玉交枝】	一支			

---

① 《吴梅全集》日记卷上,第 349 页。

时间	宫调	曲牌	曲数	剧/词作	曲谱	备注
		【五供养】	一支			许开锣度曲,先唱《访星》、《湖州守》,皆吾谱、吾词也。"①
		【江儿水】	一支			
		【三月海棠】	一支			
		【川拨棹】	三支			
		【尾声】	一支			
		【二郎神】	二支			
		【集贤宾】	一支			
		【黄莺儿】	一支			
		【尾声】	一支			
1933年11月1日	仙吕	【桂枝香】	一支	卢冀野填词	可见	吴梅改正词律并订谱。
1933年11月16日	北商调	【集贤宾】	一支	元王实甫散曲《退隐》	未见	日记载吴梅自叙重订理由:"订王实甫《退隐》一套,为【集贤宾】北词,以《大成》原谱,未可依从故也。"②
		【逍遥乐】	一支			
		【金菊香】	一支			
		【醋葫芦】	三支			
		【梧叶儿】	一支			
		【后庭花】	一支			
		【青哥儿】	一支			
		【尾声】	一支			
1934年5月2日	北中吕	【粉蝶儿】	一支	冒鹤亭填词	未见	散板。应程木安求。
1934年5月14日	中吕			欧阳竟无词《电雷学校校歌》	未见	日记载:"用中吕宫音度。"

---

① 《吴梅全集》日记卷上,第457页。
② 《吴梅全集》日记卷上,第366页。

时间	宫调	曲牌	曲数	剧/词作	曲谱	备注
1935 年 4月19日	羽调	【声声慢】	一支	清孔尚任《桃花扇·哭主》	可见	为诸生课【胜如花】曲而订。引子曲未知订谱日。
		【胜如花】	二支			
1936 年 4月 9 日	南吕	【步蟾宫】	一支	《红楼梦·扫红》(俗创)	可见	吴梅认为《六也曲谱》中原谱谬误甚多而为正之重订尔。
		【宜春令】	四支			
		【尾声】	一支			
1937 年 4月 29 日、 6月 8 日	双调南北合套	【新水令】	一支	清孔尚任《桃花扇·投辕》	可见	应陈仲骞而订谱,并赠谱于白云生	《哭主》、《抚兵》、《投辕》(本出主唱柳敬亭)皆以左良玉为核心,吴梅专订之,恐有深意。吴梅自述尚有《听稗》一出乃其订谱,待详查;韩世昌曾说吴梅南归时:"给我写了《访翠》《眠香》《却奁》《守庐》《寄扇》等曲本"①,其中《眠香》、《却奁》、《守庐》三出不知谱源,若是吴梅所订,本日日记中却只言"余所订者《听稗》《抚兵》《投辕》亦有三折"②,亦待考。
		【步步娇】	一支			
		【折桂令】	一支			
		【江儿水】	一支			
		【雁胜令】	一支			
		【侥侥令】	一支		按吴梅语意,孔词未尽人意,清代演出的歌谱未必如他订谱时候这样斟酌。	
		【收江南】	一支			
		【园林好】	一支			
		【沽酒令】	一支			
		【清江引】	一支			
1937 年 6月 11 日	仙吕	【点绛唇】	一支	清孔尚任《桃花扇·抚兵》	可见	
	北中吕	【粉蝶儿】	一支			
		【石榴花】	一支			
		【斗鹌鹑】	一支			
		【上小楼】	一支			
		【尾声】	一支			

---

① 韩世昌:《我的昆曲艺术生活》,中国人民政治协商会议北京市委员会文史资料研究委员会编《文史资料选编》第 14 辑,北京出版社 1982 年版,第 129—130 页。

② 《吴梅全集》日记卷下,第 895 页。

3. 吴南青订谱、吴梅参订或指导的曲谱存录

时间	宫调	曲牌	曲数	词作	曲谱	订谱者	备注
1933 年	双调	【新水令】南北合套（常规套）	十支一套	明万历年间进士、松江府人陈所闻制散曲，原题《填归去来辞赠薛明府霞峰》①	未见	吴南青	吴梅日记中将题目简称《归去来辞》。自叙"逐支检点"。
1933 年11 月3 日	仙吕	【桂枝香】	两支	程木安填词	可见	吴南青	
1934 年9 月18 日	商调	【锦莺啼】		陆麟仲《白练裙》中南曲两支	可见	吴南青	日记言："四儿起稿，余为润色，木安手书之。"
		【双贤醉二郎】					
1934 年10 月23 日	双调	【朝元歌】	一支	吴梅、吴南青联句《石桥寓舍》	未见	存疑	日记言"明日嘱其订谱"、"明日被诸弦管"，未见结果。
1934 年11 月18 日	南吕	【懒画眉】	一支	吴梅、吴伯匋、沈祖棻联句《余园听歌》	未见	吴南青	日记载："即嘱四儿订谱，余撅笛度之，吴、沈二子以为得未曾有也。"
1935 年8 月2 日	中吕	【颜子乐】	一支	吴梅填词《为上海啸社居逸鸿作》	可见	吴南青	该日日记言"午时脱稿，即命四儿订谱"。
		【锦缠道】	一支				
		【千秋岁】	一支				
		【余音】	一支				
1935 年12 月29 日	仙吕	【桂枝香】	一支	吴梅、伯匋联句	可见	吴南青	该日日记言"即嘱怀儿谱之"。
1936 年9 月1 日	仙吕	【解三酲】	一支	吴梅、君谟、若梁联句	可见	未知	"曲谱既成"吴南青即席歌

---

① 谢伯阳：《全明散曲》增补版（第五册），齐鲁书社 2016 年版，第 3900—3901 页。

续　表

时间	宫调	曲牌	曲数	词作	曲谱	订谱者	备注
1936年 9月 29日				国歌	可见	吴梅 吴南青	"与四儿做国歌谱,仅成大纲",次二日"改国歌谱成"。
北南吕	【梁州第七】	一支	洪昇 《长生殿·弹词》		可见	吴南青	吴梅订正。 (原谱手稿见拍卖行藏品)
北正宫	【货郎儿】第八	一支					

注:以上表中部分言语未注出处,皆为当日记中所言。

三、吴梅昆曲歌谱分析

吴梅先生虽然没有明确自我表扬,在《投辕》谱订完后还戏称自己订的歌谱是"尘羹土饭,不足餍饫",但从各处文著的字里行间,可以感觉到他对订谱之道的自信力,如这八字自谦后即言道:"而按句寻声,雅费勘校,观者可悟字谱之配合矣。"①他对订谱的工作是认真而细致的,比如1937年6月17日的日记里记载:"早重订《抚兵》折【石榴花】谱,为'百忙中'一句,改易至三次,可云勤慎之至,一笑。"②他这种反复"斟校"的案例,尚有多处,其实也只有真正的行家才会完工后还反复琢磨自己的作品。

从上节详列的可见歌谱作品中,除《国歌》类似昆歌外(词体本非牌子体),其余均是正宗的昆曲歌谱。此论实非废语,尤较之今日歌坛,纭杂宫谱纷越雷池、牌子体下谱字名存实亡、曲腔似是而非的可悲状态,吴梅父子所订歌谱,乃是中规中矩,抓住了昆曲的本体,也获得了业界的认可。尽管如此,我们还是需要对其所订宫谱加以分析,学其长处,磋其可商之处,而不是一味

① 《吴梅全集》日记卷下,第888页。
② 《吴梅全集》日记卷下,第899页。

地歌颂和崇拜。

（一）吴梅的订谱能力

首先总体观察吴梅先生的订谱能力，是值得钦佩的，有如下三点：

一是熟练快速

吴梅先生唱曲学俞粟庐最多，遗憾吴先生没有传世录音可听，但从自述、旁论皆可想像他唱曲的熟练和规范，这是订谱能力的重要根基。他的订谱速度很快，日记中载他订谱有时是半天、有时是一个晚上就完成一支或几支目标作品，许多歌谱甚至是"即席制谱"、"即席订谱"，然后多是即席歌唱之。这说明他对宫谱所需的板眼位置、板式、宫调笛色、曲牌腔格和声调谱字的搭配，都是谙熟于心，一般人很难做到这点。其高足唐圭璋先生回忆说："有时作的是曲，先生即席订谱，撇笛歌唱，极一时之乐。"[①]韩世昌先生的回忆中，提到在他拜吴先生为师的宴席上："那天吴先生兴会很浓，当场度曲，把当时席上人的名字全嵌进去，立即打谱子（谱工尺）歌唱。"[②]这样的嵌名填曲难度系数超乎寻常，亦不知是何曲，遗憾此曲未见传。

二是"竹、肉"可度

吴梅上述的宫谱，无论可见、不可见，几乎都记载了被之管弦、席上歌唱的当时情况，有些不是唱一两遍而是曲会传唱，不少曲子还登上氍毹公演，即言之他的宫谱有可歌性。曲腔付诸歌坛，那么最起码的是他的宫谱在六孔竹管上运行自如，手指翻转、换宫变调、音程变化都从容有度。而再用人声歌唱，字声准确、行腔流畅、气息稳定、情绪等都能实现得较好，拗折人处定是鲜有也。

三是业界认可

吴梅歌谱受到了普遍的认可，像俞粟庐这样的昆曲耆宿都愿意唱他的谱

---

① 唐圭璋：《回忆吴瞿安先生》，中央大学南京校友会、中央大学校友文选编纂委员会编《南雍骊珠中央大学名师传略》，南京大学出版社 2004 年版，第 28 页。

② 韩世昌：《我的昆曲艺术生活》，第 92 页。

子,职业昆班演出他的歌谱,鲜灵芝、韩世昌、白云生、周传瑛等职业艺人都唱习过他的曲子,各种曲会雅集也都歌唱,歌谱还被收入一些大型宫谱集,等等。这些情况足以说明他的歌谱付与弦管歌喉,人们还是很接受的,得到很多的赞扬。

业界认可他的订谱能力,则许多人会拿着作品来央求订谱,表中所列有一些即是。吴梅在《笔记》中还记载了叶楚伧请他订谱事:"得吴江叶蕙绸所编《鸳鸯梦》,嘱余制谱。余拟暑假时订正之,而迄未果行也。"①

(二) 改订歌谱的合理性问题

汤显祖《牡丹亭》被多人改动,成为戏曲史上改作的热门话题,而吴梅也爱改别人的剧作、词作和宫谱,自然是因为他懂行精深,不忍视拗律、失律者;用他自己写在《读曲记》之《兰桂仙》中的话来说,就是:"辄不满意,非好与古人为难,实喉中作鲠,不得不出而哇之也"②,非仅古人,时人之作亦然,他是不吐不快、不改不爽。比如他在 1935 年 3 月 24 日的日记中说:"《雷峰塔·断桥》一折,为方仰松改定。而【金落索】二首,肤浅庸俗,不称佳调。"③于是他就把第一支【金络索】的曲词改动了一部分,歌谱工尺依然照原谱,改后交与家人、学生歌唱,自认是"俊爽如哀家梨也"。但笔者认为改过的几句或几字曲词,未必能胜原词。当然其他改作或许有他高明之处,尚未考证。本文论题是吴梅订谱情况,且不论文词之争,着重观察他改订歌谱的情况。那么他改订的歌谱,是否他是绝对正确呢? 即以《扫红》为例,将吴梅谱与《六也》殷湜深谱相较。

1. 引子【步蟾宫】

吴梅日记载该谱中未录此曲,流于藏界手稿则录之。

---

① 《吴梅全集》理论卷下,第 1533 页。
② 《吴梅全集》理论卷中,第 951 页。
③ 《吴梅全集》日记卷上,第 542 页。

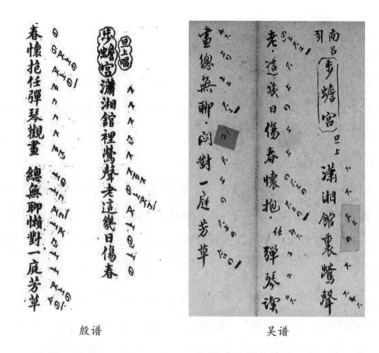

殷谱　　　　　　　　　吴谱

A）首两字均为阴平声"潇六湘六"，所配谱字都对。"馆"字南曲音归入阴去声，殷谱同前一音配"六"字，失声；吴谱因前音略高，此字平于或高于"六"字皆不可，便下行配"尺上"，合声（按今人耳音则配尺工最佳）；"里"字阳上声，以与前字谱音关系论，两谱皆对，合论则吴谱为佳。

B）"伤春"两字均为阴平声，殷谱"伤上春四"，"春"字失声；吴谱更易"春"之谱字配同音"上"，则佳。

C）吴谱将"任"字订为衬字，误，此为正字且制上声为佳。出字"五"音，两谱皆对，吴谱比殷谱增一下行谱字"六"音，甚佳，因下字"弹"出"工"音，吴谱增字后下行更易歌唱。

D）吴谱将"观画"改为"读画"，不佳。"读"字入声，配与"弹琴"相同之"工"字，极难唱；殷谱"观六画五六"，合声，与"弹工琴工"衔接不拗。

E）吴谱将"懒对"改成"闷对"，不佳。"懒对"在此牌此字位上，声调本皆不佳，但"懒对"以"阳上＋阴去"两声合，尚有韵致，吴改后成"阳去＋阴去"更为拗律。各自对应词语字声所订工尺谱字皆对，合论则殷谱为佳。

F)"一庭"两字,殷谱作"一上庭上",吴谱改为"一上庭四",稍胜,但两谱均不佳。末句以殷谱为底稿,末四字工尺宜为"一上庭尺芳工尺上四草合四"。

其余未比对之处,两谱均相同。引子散板单音字较多,工尺单字谱时与声调配合更不易。上板曲腔多,则协调字声与谱字关系相对办法较多,谱法变通多。

2.【宜春令】第一支

此牌笛色可用六字调和凡字调。本套为小生与闺门旦唱腔,殷谱注明"唱六调";两版吴谱均未注笛色,单从歌谱工尺看,六字与凡字均可用,从两谱对比看多会是六调。此牌词式共四段:3,3(叶),7(叶)。4,7(叶)。7,7(叶)。2,4,4(叶)。

两版吴谱只两处不同。一是"稀"字末两拍,日记版为"合。⌐工"垫腔法,藏界版为"合。˙˙工"三叠腔法。二是"来"字正板与头眼两拍,日记版是平腔,"四"字从赠板中眼、末眼连续行进,至正板中眼止,俗称"宕三眼";而藏界版将"四"字从赠板行进到正板与头眼时,改做了"四、˙˙合"三叠腔。概而简言之,是两个三叠腔变化而已,不影响吴谱与殷谱的整体对比。

A)关于板。殷谱板式亦用三眼板加赠,在订谱时却未用赠板符号,均以正板符号为之(包括过板位的正、赠),则有淆乱之弊。姑且依之,但第三段末字"调"缺一正过板,随之后段首句(2字句)的末正字"传"的正板位前移一字位,后4字句首字"别"的正板位前移二字位,竟至上句中。正板缺一移二,使末段的板眼、腔格很紊乱。吴谱的板式及正、赠板位全部精准无误。

B)首段:"**穿幽径**,度曲桥,**指**芳丛行来

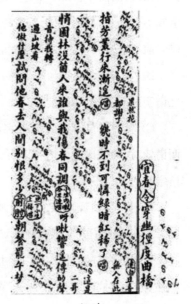

殷谱

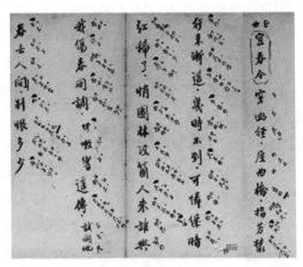

吴谱

渐远。"（加黑字为谱字有异，下同）此牌六字笛色，首字开口宜用"四"字，殷谱首字首音"穿四"对，但仿照《蝴蝶梦》《红梨记》等旧谱后，未辨此乃两阴平相连，第二字亦为阴平声，与参照谱同字位的字声不同，使用"幽合四合"则大误矣。吴谱将此二字订为"穿上幽上"，虽别出心裁，也符合声调，却与牌子乐律有违。"径"字两谱各异，乃各随前字音而来，不可评。故首句的工尺谱字，两谱均不甚美。"度"字吴谱比殷谱增开口"四"音，后"尺上"谱字同，这两种唱法均可，但与前字有因果牵连，不评。"曲桥"两谱同，乃是到了此牌子主腔部位，各均遵之。"指"字殷谱订作"工。⌐｜⌐尺上。尺."，吴谱改订作"四。⌐｜⌐上。尺."，修改了该字的出口音，末二拍一致，则吴谱甚佳，符合上声字腔格。以下"芳丛行来渐远"六字，两谱完全相同，无甚谬处。

C）二段："几时不到，可怜绿暗红稀了。""几"字殷谱订作"四、上.四"，失声，吴谱改订作"工、合.四"，则合律。"可"字殷谱订作"上。⌐尺×上."（凡殷谱赠板用正板符号者，本文改用赠板符号×，下同。），吴谱改订作"四。上.尺×⌐上"，增添一字、布字略调而已，但字声则正矣。"绿暗"两字，殷谱订作"四、⌐上。⌐尺ノ×上."，吴谱改订作"四、⌐上。尺.工×尺上.四合"，两谱都符合字声要求,但吴谱在唱字时长不变(即板眼位置不变)的前提下,通过增加谱字、扩大音程跨度的办法,使得旋律更美听、更有力度、腔色更明亮,调节六字调笛色的低沉韵味。唱者虽为多愁善感去扫落花的林黛玉,但不可一味低抑沉郁,并为下句转向高音区做好谷峰式铺垫。余七字,两谱完全相同,均符合此牌主腔,无甚谬处。

D) 三段:"**悄**园林没个人**来**,**谁与我**伤春同**调**。""悄"字殷谱订作"上×ㄥ尺。上.",吴谱改订作"四×ㄥ上。尺.上",主要是将此字开口音从"上"变为"四"音,后半程的谱字相同,只是压缩了"上尺上"这三个谱字的时长;单从字面声调判断,两谱均无谬,但上句末三字"红稀了"整个腔程都是在低音区,尤其是"稀四×ㄥ合。工了尺、ㄥ工合。ㄥ",经历了八拍的低沉音区,下一个字能提高则提,故阴平声"悄"的开口,"上"音比"四"音好,吴谱改订后依然在低音区徘徊了两拍,不太美好。"来"字的工尺,吴谱基本上与殷谱一样,只在末半拍收字时往下垫了一个"合"音,方便下一个低"工"谱字的开口,稍有胜处。"谁与"两个阳平声连唱,殷谱订作"谁工。合.与四×",吴谱改订作"谁工。ㄥ尺与工×四",前者低"工"接上行,后者下垫低"尺"半拍再过同音后上行四度至"四"音,同样都接下字的"合"音,而吴谱改得更加婉转、波动,更好地体现林黛玉心中想谁能与我一样情思的状态。"调"字及其夹白、下句衬字的工尺谱字,两谱均一样,但如上文所述,这里殷谱丢了一个正板,谱字虽同,唱出来的腔则变了。余九字,两谱完全相同,无甚谬处。

E) 四段:"**呀,嗽响遥传**,试问**他**春**去**人**间**,**别恨多少**?"从最末三字,殷谱的板式回到正确位置,加黑字的板位差异,很难将谱字进行比对分析。这部分总体来讲,吴谱则要远胜殷谱一筹。

3.【宜春令】后三支

此牌往往四支连用,自成一套,后三曲除了在首二句添出三个正板位以外,其余的词式、板位均相同。由于吴梅日记版曲谱和网见藏界手稿照片,这三支曲都非常模糊,未能细辨,逐字逐句对比殷、吴两谱之举,亦待后论。

如果问题只有第一支上述对比的情况，那么吴梅似乎用不着动气，且多年耿耿于怀。然就《六也》的殷谱，细按而下，第二支问题最多，从第二句段开始，板位非常混乱，自然也就很难配好工尺了。追究根源，乃是殷谱中未能正确分辨衬字，衬字占板位、衬字作繁腔的现象频出。当然也不能全怪殷先生，第二支曲词中的正衬，本身就浑浑然也。在工尺方面，殷谱不到之处甚多，只拿衬字"正盼个"来看，殷谱订作"正尺盼上个尺"，吴谱改做"正上盼尺个上"，正好相反，则分明是吴谱在声律中。

第三支殷谱作一眼板，这在南曲的四支自套中是允许的，吴谱将其改做三眼板无赠，这也是允许的，当然就如吴梅自己的判断，林黛玉和贾宝玉在这时候还不宜唱很快的节奏，三眼板无赠属于南曲的中速曲子，正合适。这个改动应该值得赞赏。此曲末段词式应为"香塚深沉、、似这、等掩埋，比那、些｜还好、"，四个正板、一个过板，殷谱未能辨识正衬，除了"好"字，其余均未在正确位置上，且多点了一个正板。如此则引起工尺和腔格混乱不堪，由于此处用一眼板，歌唱出来的音乐感完全不同矣，谱腔更难比对评判。

第四支曲两谱皆作一眼板，乃因套末之缘故。前三个句段，两谱板眼位置完全相同，也许是因为没有衬字。在工尺上，吴谱与殷谱也基本相同，偶加个别垫音；也有加以改订的个别字，如殷谱的"飞上度上"，吴谱改做"飞上度尺上"，则明显是后者更合声。而第四词段由于又有衬字"试说与"，殷谱仍在衬位点板，往后就不按定位了，与上曲所述情况相同。

4.【尾声】

本出的【尾声】词式应为："记三月三修褉曾来到，倏忽又三春尽了。算一段春光容易催人老。"这里的衬字就很难分辨，殷谱前段已经不分正衬，乃是随按而下，亦未按乐律将"了"字作散。吴谱则将此一一修正。末句两谱板位相同，前六个字的谱字也相同，殷谱订作"算尺一上。尺段工。春尺、工尺。光上。容上。易四催六、人六。工尺。上。四老合、四"，吴谱改订作"算尺一上。尺段工。春尺、工尺。光上。容四。易上催尺、人上。尺工尺。上。四老合、四"，"容、易、催"三个字和"人"第一拍的工尺谱字做了修改,殷谱将"催"字放高后,阳平声"人"字必将跟着高出,要想回到规定的末字结腔音,势必倒字;吴谱的修正是有道理的,则将"催人"低出,但吴谱"容易"两字失声,若将工尺互换成"容上.易四",接"催"字"尺"音,则完美。而殷谱的另一种简单修正法,则能达到不倒字又能将"催"字高出而抒发情感的目的,乃结合两谱各自的优点,把"催人"订作"催六.工尺人上.尺工尺。上.四"即可。

5. 结评

按度殷谱可知,其订错处并非殷氏故意破格,实乃仿制旧谱时遇到文词复杂的地方,束手无策矣。吴梅在此谱手稿后面有一段跋语,对【宜春令】曲牌和改订的理由做了简单阐述,多为在理之言。其实他真正改动殷谱的地方占比未到一半,所以不能说是"重订",说"修订"比较合理。从修订情况看,吴梅的确占住了上风,也着实体现了他订谱的规范性和对声律的掌控能力,殷谱中的多数病患之处,得以医治。但也有吴梅未能改好,或者改后反而不好的现象。又从比对结果来看,吴梅批评殷湉深的言语,未免太过偏激、太过严重,吴谱照袭殷谱者逾半,殷氏并非完全不知曲律,犯病虽多,然不可一言以蔽地棒杀之。

(三)吴梅自己制曲、自己订谱的歌谱研究——以《湘真阁谱》为例

吴梅先生年轻时候的曲作、剧作,对于他进行理论著述有很大的帮助,艺术实践促进了理论的思考和总结;而理论的建树反过来又指导着他自己后期的曲作。他主张填词必须讲究格律,他能体验到填词就是在制作音乐的感觉,故而谈曲律的论著中,多将文词格律看作即是音乐格律,他厘定《南北词简谱》做的就是这样的工作。本文以《湘真阁谱》做例,此剧作于 1906 年吴梅二十三岁时,初名《暖香楼》,填词、用牌、格局等略显稚嫩,曲词尚留模仿痕迹,亦有拗折之处;隔十余年后他亲自订谱,及之后的传唱、搬演,直到他五十岁时刊刻《三剧》和歌谱,都未再大改动。此剧是吴梅唯一搬演的创作剧目,从文本到氍毹他都亲为、亲听、亲见,故而我们可以将之作为他的代表剧目,

分析曲词和宫谱。

《湘真阁》设计的排场、采用的曲牌套数及歌谱的基本乐式如下：

剧情段落	排场	唱者	唱式	分式	牌类	牌名	数量	板式
第一部分	生自报家门	生	独唱	无	过曲	一江风	一支	散起，三眼板加赠
第二部分	旦上场 生旦叙恩爱之情 丑间插戏 生、旦下场	旦	独唱	无	引子	小女冠子	半支	散板
		生、合头	独/旦合	一分	集曲	梁州新郎	第一支	散起，三眼板加赠
		旦、合头	独/生合				第二支换头	中眼起，三眼板无赠
第三部分	末、老生上场设调笑计；下场	末、老生	接唱			朝天懒	第一支	散起，三眼板加赠
		老生、末					第二支	带板起，三眼板无赠
第四部分	生旦做寝状	生、旦	合唱	无	过曲	秋夜月	第一支	带板起，三眼板无赠
	末、老生上场装劫	末、老生		无			第二支	干唱
	生哀求状	生	独唱	一断		奈子花	第一支	散起，一眼板无赠。
				无			第二支	带板起，一眼板无赠
	末、老生说明真相；生下场换衣	末、老生	合唱	一断		大圣乐	一支	带板起，一眼板无赠
				无		三换头		带板起，三眼板无赠
第五部分	生、旦上场招待末、老生酒宴，四人叙谈	旦、生	接唱	二断		宜春令	第一支	散起，三眼板加赠
		旦	独唱	无			第二支	带板起，三眼板无赠
		末、老生	合唱	一断		三学士	一支	带板起，三眼板无赠
		全场合		无	尾曲	尾声		照常

本剧是个短剧,以南吕宫南曲建构复套音乐,除【一江风】笛色为小工调,余牌皆可为凡字调笛色,过曲部分亦可改用六字调。

1. 总析曲乐架构的优点与商榷点

优点:首先,可以看出吴梅先生有意识地按照剧情结构来安排曲牌的做法,根据情节的舒缓节奏变化、连贯性、歌唱者的行当和性情,来指导曲牌的选择,在音乐上关注到了速度、人物、情节的对应关系,冷热、主次的区分比较明显。其次,订谱时的板式、乐式都依照相应曲牌的自身特性。(以下一点可能并不是吴先生自己的想法。)再次,曲牌套数根据排场进行了设计,引子曲【小女冠子】到【尾声】构成一个大整体,第一部分【一江风】单曲与这个整体形成相对并列关系;大整体中的曲牌联串,又分出两支【梁州新郎】和两支【朝天懒】两个小的分体结构,采用集曲办法;到这里为止,场上的人物都是在穿插和交替;大整体的后半部分,除旦色稍晚再上场外,剧中的人物多数或同时都在场上,采用七个南吕宫正曲牌子,构成一个小群体。事实上形成了一个三重关系的套数结构。

商榷点:此用法超越了曲律规范。吴梅先生在《南北词简谱》中罗列了九种南吕宫南曲的套式,全部没有【宜春令】参与,更没有本剧的列法;从本剧来看,使用的七个正曲牌子,先生似乎都以孤牌性质来处理了。他在《简谱》中关于南吕宫套数说:“格式甚多,任人搭配。”[①]笔者不认同这个观点。【宜春令】等南吕宫正曲牌子,在组成套数结构时,关系比较松垮,但不等于不存在;这些牌子如果任意使用,则更偏重向孤牌,很常见这些牌子独立地多支自套,但在同一出戏里使用的前提条件是换宫调! 假如不是如此——同牌孤用三支以上且前后更易宫调,那么事实上就形成同宫套数,体现出套性,尽管松散,但不是完全自由。吴梅先生此剧用法,形成了事实的南吕套数,但套性则无踪影。(南吕套数不是本文重点,另题为论)由于松散、无规则使用,音乐结

———————————

① 《吴梅全集》《南北词简谱》卷下,第535页。

构很松散、前后关系混乱，由表中可窥一斑。吴梅先生完全是为了应对剧情特征：两位老友的捉弄解除后，在酒宴时，生、旦需要唱比较抒发情绪、节奏不要太快的曲子，末和老生也对应一曲，作者旨在表达剧作的核心思想了，需要类似【宜春令】这样的音乐样式，就把这个牌放到末二位置，【三学士】(此牌套性更强)放到末一位置，这样不太合理。按照剧情结构不变，可使用换宫调法应对每个剧情段落；若不换宫调，全部使用南吕，则【朝天懒】和【宜春令】位置互换，【三学士】不用、该位置将【大圣乐】下移至此使用，原【大圣乐】位置直接将原位【三换头】使用两支即可；更易位置后的【朝天懒】和【大圣乐】不入本套，亦是各自独立构成二级复套。如此调整则在套性上、音乐上都能避免产生很多曲律问题，剧作原位置上只涉及曲词句数的少许出入，填词时不影响全局。

2. 曲牌宫谱分析

全部完整曲词略，若需对照，可查看原著。

A) 总评：

a 板眼位置几乎全部精准无误；板式合各牌规矩，个别板式灵活处理。

b 整体上看，能写出曲牌各自的个性和特征腔格，倒字失声腔少。

c 行腔大部分都比较妥帖，拗折点少；但未有旧谱可依处，争议较多。

d 高低音区分布存在一些不合理处，多牌存在整体沉闷之感。

e 换字叠音法较多，难于运字，会导致走腔。

f 在昆曲歌谱作品中，此剧属于上乘之歌。

B)【一江风】一支

前有副末开场，本剧用此牌由正角上场即唱，极佳，生(姜如须)胸中的"闲恨闲愁"暂被"温柔味"所洗刷，此牌情绪属性自由，中性色彩正符合他的情况。此曲笛色与下面所有曲牌不同，容易区别，形成剧作的头部区块。

本曲上板方法应该是首句三字散唱，鼓签点"哆啰"后在第二句首字上赠板。但吴梅先生在此破格，增加了一个正板位，即在首句末字"儿"直接上正板,采用过板方式,二句首字就变成了首正板的中眼位,并继续使用首赠板前二拍,后二拍给第二个字,第三字回到正板位的正常轨道。这个板位方法是【一江风】连用二支时(此牌不宜连用三支以上),首三字带板唱且是一眼板式的板位法,但独用一支或是连用二支的首支,不可这样增正板,如此就将第二句首字上赠板位的字长特征(这是本曲第一次击板,特征非常明显,即该字只占一拍,必须使用二或三个工尺谱字)破坏了。这是牌子的音乐特性,属于紧字上板的曲子,不可松懈。先生如此加正,意图很明显是生上场时唱"风儿,吹得",而且是将花儿吹得更艳丽,所以需要舒展式唱腔来配"吹"的腔,有个风吹的延宕感。但权衡之下,如用原板律亦不会影响原词意境,故而先生此加正板法,无甚意义、反倒破律。

从首句段末词段"红楼闭"到二句段的前两句,本谱使用腔格基本仿照《西楼记·拆书》(《简谱》以此为本牌范式)、《永团圆·逼离》、《紫钗记·边愁》的腔,只有个别谱字做了调整,六正六赠,共计十二板四十八拍,一直在高音区徘徊,最高至"仜"音,声色高亢、气息紧凑逼仄、谱字繁琐,但要唱得舒展,对唱者是个极大的挑战和考验,需要有正确的发声法和足够的唱功;这不是该曲段的主流腔法,只有小生行才使用。【一江风】旧谱很多,吴梅先生以此三种旧谱为范本,可见对这部分腔格的喜爱。紧接着这段高音腔格,腔格转向下行,即二句段第二句的末字(第 5 句末字,不叶),先生用"醒"字,失声,须用平声(更宜阴平)。此字位雷打不动使用特性结句腔格"尺×工.尺上。乚乚",这必须是用平声字才能相谐,旧谱无破声之例,本歌谱仍将此阳上声字配此格式腔,不妥。

第六句"还上。尺记六.工尺前上×尺工宵尺。△",三眼板加赠曲中字少腔多的情况下,来此一句字短腔密的风味,并与下一句首二字"枕六乚上五"(后字"余"落正板)形成很别致的腔格,唱来爽脆灵动。旧谱只有《学堂》和《拆书》有第六句,吴梅先生认为"此四字句万不可省[①]",并不是古今体之别,极赞。

---

① 《吴梅全集》,《南北词简谱》卷下,第 467 页。

末句前加三个衬字,句中加一个衬字,均不妨碍腔谱订定。惟第一词段正字"没工×六奈六.仩五.乚"为入声加去声,"没"的尾音是"六","奈"的出口音也是"六",前字只有一拍且两个谱字由低到高,唱时入声出口"工"音后须略停顿(趁势加吸气),"六"音时气息需要向上提拔,与下一唱字不可停顿、不宜交换气,须同一口气息唱出下字"六"音,则同气同音出另一去声字,就非常难控制。若要唱得舒服,则将"奈"字开口"六"音改成"五"音,比较合适;虽然收字的工尺用"六、五"皆可,都不会倒"奈"字声调,因有换字气口停顿,从"六"或"五"音再往上跃至"仩"音,也都不困难,但因"这"字后的"温"字中"五"音多,故可调整为"没工×六奈五.仩六.乚 这仩"最佳。

本牌中其余的歌谱均符合声律、乐律,亦甚美听。

C)【小女冠子】半支

生上场以具有开场功能的【一江风】开口,此处旦上场用引子开声,选用【小女冠子】则无误,虽使用前半支,亦可。《简谱》未收此牌,本剧所填曲词,声律稍有出入,无妨。散板唱,谱字均好,但略显低沉。

D)【梁州新郎】二支

吴梅先生在《简谱》中说:"此曲例用四支,首、二曲用正格,三、四两曲用换头,不可凌乱。"①但实际使用中省略用法也很普遍,本剧中只用二支,前支为正格,照律点三眼板加赠;后支为换头格,点三眼板无赠。惟换头格例用一眼板无赠,此处为了照顾剧情需要,两支都用正格则乏味,故先生此处做了变通:省略法使用,第二支用换头格但点板用三眼式(此曲很少用三眼板无赠)。

此为集曲,末段四句(3、3、7、6)为【贺新郎】末段,乃作"合头"使用,本剧此两曲合头照常。全曲填词声律极佳,只前曲"抹、论"和后曲"艳、矣、论"共五个字声未循调。

第一支首句散唱"花工修工妆尺上四谱合四",工尺谱字极佳,腔声优美,胜

_____

① 《吴梅全集》、《南北词简谱》卷下,第467页。

过所有旧谱中正格首句散唱的同位谱。整曲因用赠板,且板位较密,故而长
腔延宕、单音频繁,订得不好则让人听觉总是在拖长音,就显得缺少婉转动听
之美。本谱以《琵琶记·赏荷》和《长生殿·闻乐》为主要参考谱,吴梅先生很
巧妙地将这两种旧谱中的优点结合使用,他不是完全照抄旧谱,既能遵循此
牌特性和旧谱惯例,将主腔与乐段尾腔等都订得很到位,声律也照顾得相当
周到;又有自己的良好发挥,尤其是遇到字声差异之处,有很高明的处理方
法。如第三句声调为⊗仄+平⊗平仄,此句没有固定特征腔格的约束,订
谱比较自由,除板眼位置不能乱动外,只限乐句结束在"尺"或"上"音;因各家
填词的声律五花八门,谱腔时没有一个标准的定式参考,本谱订作"绾尺。乚
上工×六.五个仄.仕.盘工.五.龙六。五.|×乚六工.尺.高六、乚五髻仕.五.六工×尺.上。
乚",唱来行云流水、生动抒情,很好地体现了通过描写旦的发髻来表达二人
的恩爱。余不一一释例。

　　此二曲因有合头,如果板式相同的情况下,一般来说歌谱是一模一样的,
简单重复即可;但此处因为前后板式不一致,换头格抽去了赠板,节奏加快一
倍,相同的合头文辞的歌谱订法,就存在较高的难度,既要保证两曲同词在旋
律上的相似性,又要保证节奏加快后歌唱时的顺畅与美听。吴梅先生在这个
问题上处理得非常完美,他采取了两种办法,值得学习。第一种是直接提速,
即工尺的谱字不变但压缩节奏,如前曲中的"秀仅×仕."和后曲中的"秀仅。
仕",以及前曲的"怀工×乚六。五."和后曲的"怀工。六.五"等,前后板眼位置对
应关系也非常准确(三眼板正式节奏的中眼,加赠后即为赠板的板位)。第二种是取前
曲单字中的腔头,作为后曲该字的歌腔,如合头首句第一个"春"字,前曲为
"春工×乚六。乚工",后曲为"春工×乚",以及前曲的"人尺×工.六生工。乚"和后
曲的"人尺。生工."等。

　　当然在这两支歌谱中,也有个别可以商榷的地方。如第一支第二句的后
两字"镜工尺上尺髹工尺上四",不点板眼的情况下,明显可见用了几乎相同的谱
字,惟是结字走向不同而已。这两个都是阴去声,如此订谱便会死板、难听,

也不大好唱；即使加上板眼以后，本谱订作"镜<u>工</u>、<u>乚</u>尺<u>上</u>。尺.翳<u>工</u>×<u>乚</u>尺<u>上</u>四。<u>乚</u><u>⎣</u>"，各自的前半程依然高度相似；在昆曲唱腔中使用两个阴去声字相连的情况极少，因为歌谱很难订好，容易重复；处理办法可将"翳"字微调，或是出字后上挑二度为"翳<u>工</u>×<u>六</u>尺.<u>上</u>四。<u>乚</u><u>⎣</u>"，或是出字音三、四度跃高为"翳<u>六</u>×<u>五</u><u>工</u>.尺<u>上</u>四。<u>乚</u><u>⎣</u>"，后者方案为佳，既打破了先生原谱的死局，又在最大程度上保留原貌。

此二曲所订歌谱实为上上乘之作。

E)【朝天懒】二支

此二曲安排给末和老生歌唱，订谱时主要使用中低音区，总体的音色以低沉为主，且没有复杂的腔格，既便于阔口的大嗓歌唱，又体现二人此时比较郁闷的心境。第二支无赠，全曲的字腔匹配非常合适。第一支三眼加赠板，曲中有些地方的声律不是太合适。比如散板歌唱的首句，"恰<u>上</u>才<u>四</u>的<u>上</u>"三个衬字中，"才"字须高于前后两字才不倒字，故可订作"恰<u>上</u>才<u>尺</u>的<u>上</u>"；紧接着第一句的首两个正字"放<u>尺</u>棹<u>尺</u><u>上</u>"，都是去声字，同音出口较难，由于"放"字阴去声，"棹"字阳去声，前字可以比后字高一些出口，另后字"秦淮"下至低"工"和"合四"，故而可订作"放<u>工</u><u>尺</u>棹<u>上</u>"，前后工尺通顺、腔声有起伏且字声合理。又如第三句的歌谱为"猛<u>上</u>。四抬<u>合</u>.头<u>四</u>风<u>上</u>×<u>月</u><u>四</u>.<u>上</u>尺。<u>上</u>四.冷<u>四</u>、<u>乚</u><u>上</u>。<u>尺</u>.凄<u>工</u>×<u>乚</u>六<u>工</u>。<u>尺</u>.凄<u>工</u>、<u>乚</u>△<u>六</u>.<u>工</u>×<u>乚</u>"，"风月"字偏低，且"月"字结音与"冷"字出音同，"冷"字无论是否作上声罕腔，都不好唱，故可订作"风<u>工</u>×<u>月</u><u>尺</u>.<u>工</u>。<u>尺</u><u>上</u>.冷<u>四</u>"，歌唱起来就很舒服，旋律变化亦有波动；而"凄凄"两字的歌谱问题，与上牌中的"镜翳"腔同理，属于反复、平淡的订法。余则皆佳。

F)【秋夜月】二支

吴梅先生对此曲不甚欢喜，《简谱》中说"此调实不美听，宜用生旦长套曲之后"[1]。此剧使用两支，前支由生旦合唱，描写二人阶前玩月的情致（好似

---

[1]　《吴梅全集》，《南北词简谱》卷下，第480页。

《长生殿·定情》中【古轮台】的镜头），因前有二支【梁州新郎】大曲子，虽隔末与老生的穿场戏，但也算符合他自己后来定义的用法。后支他却突发奇想，改由末和老生干唱，此举不能令人信服，其实最符合此处需求的曲子就在【秋夜月】旁，即同组曲牌中的【东瓯令】，装盗行劫、干唱、鄙俗，极其合适。

　　第一支的曲词填得极美（稍有失律），此牌共六句三段，前四句的声律出入不大；惟末段两个五字句的词段划分法，吴梅此剧作 1＋4 式，《简谱》范式取自《桃花扇》，格式同；《九宫大成》范式共四体，取自元、明剧，末段格式差异较大，一作三字句、一作四字句，两支作 2＋3 五字句；昆曲中实际使用多数是二三分段法，故而先生对此可能有不同意见，但未见有理有据的说明和释律。

　　首支生、且合唱，例用低音区作腔，此牌本不可高亢，以低婉之调、沉浊之声，或叙哀怨或更缠绵，吴梅先生此谱所订并无甚谬。而若为了调整一下唱腔声色，可将第五句的高行之处，再催高一音并多盘旋两拍，即很舒适；原谱订作"将上清上。光上乚尺遮工、六.翳工。尺.乚"，前四字都是阴平声，实乃先生填词失律（如无特殊定格，同声四连是填词大忌），此曲应在"清、光、遮"三字中的任意一或二字，使用仄声，而韵位宜平；现不易曲词的情况下，可将后三个阴平声阶梯式上行，至末字去声则下行，可订作"将尺清工。光工乚六遮五、六.翳工。尺.乚"，之后又低腔至收尾，如此，全曲中部有两处（前句有一处）高亮声色，更为添彩。

　　G)【奈子花】二支

　　此牌是正宗的快曲，例用二支以上，但这是杂色歌牌，应归丑、付、净、外、末、杂等行当所用，定非生（小生）所唱之曲。吴梅先生此处选择此曲给姜如须连唱二支，不可思议；虽说姜如须惊慌中向强人哀求，必是快曲，且甚哀愤，但南吕此组曲牌中更适合用在这里的是【刘泼帽】二支。另外，此剧所用【奈子花】格式为《九宫大成》的正格体，声调未有太过失律处，可吴梅先生订《简谱》时将《九宫》中的变格体作为正格体，释意含糊，未作明解。

　　此调曲腔又是整个儿在低音区回旋，因这些行当多用本嗓，音区不宜太高,旧谱中偶有上至"工"音,"六"音全曲不过一次,这是该牌应有之腔律,故而究其根源,全因牌子所归行当、唱腔的口语性、表达内容的通俗性、情绪的平稳状态、唱式的快节奏等特性,这些因素都是牌子属性,得当使用则合情合理、表达到位。也由于这些特性,唱腔音区很难有丰富的起伏波动。但本剧以主角小生如此唱法,很是滑稽,尤其是姜如须的情绪状态是惊、恐、怒、急、恨,完全与此调风格不符。所订歌谱仍按本牌腔法,但并无吴梅所说的"娓娓动听"之感,反觉角色难以抒发面对这个突发境况的声情。

H)【大圣乐】一支

此曲多用于生、旦,常点三眼板;末和老生唱也是合理,也常用三眼板,并未规定老生唱时必须是一眼板(《告雁》苏武分段式唱一眼板),本谱点一眼板,实无必要。苏武唱一眼板符合当时情境,他要写信请大雁带回国,但没有纸、笔、墨,只得裂衣、锯草、咬指,然后写血信,容不得慢腾腾的,他是急迫、焦急的,写信的舞台动作又是很快完成的;所以一眼板合适,而前后各牌都是三眼板的。本剧中则不然,乃是姜如须的这两个朋友向他解释,为什么要做这个装盗的计谋,其实是刚解除了前面小生被惊吓时的快节奏,恢复到了轻松说明、充满玩笑意味的情境;又因为所有板眼位置均严格遵守,一眼板的速度实在是慌张无趣的了。

I)【三换头】一支

这是为了给小生下场换衣,末和老生加唱一支过渡,所言不过是对刚才吓朋友时的效果总结和对两人行为的自我评价,这个排场略显累赘。实则小生台上穿衣(只是加件褶子,并不真是裸体)即可,末和老生几句念白即能交代清楚。

本曲文辞格律失声较多,在词段与文意的匹配上也出现生涩之处,容易误断;四个不韵的句末字都用韵字,反而模糊了声律,使主次难分。本曲点三眼板,前三段乐句结音多有出格,末二段的乐句结音则正确。

J)【宜春令】二支

此牌在上文对比《扫红》谱时已有论及，本剧两支曲，文辞生香、声律精妙，规范至极。惟在订谱时，声腔依旧过于低迷，虽然此调本色如此，但在可自由发挥的几个地方（旧谱多有调高之例），还是有增色空间。略释两例。

第一支第三句"魂工、合.销四。乙上.四"，"魂"的前字末二拍为"人"字的"尺。上."，订谱将"魂"字突至低"工"，估计先生是想表达"失魂"之态，但未必只有低行才能达意；"销"后"魄飞"两字共计十拍（本剧衬字占用最后一拍半）全部回旋在"合、四"两音，乃是主腔所需故不可易；故而"魂销"两字可易，将原谱升高八度、比前字跳跃三度，调整为"魂工、六.销工、乙尺×上.四"，然后下行照常。第四句和第五句"妙才华公子千金体"，全部歌腔只用过一拍"工"音，"金体"两字占八拍，本谱都订在最低音区且破底至低"尺"；如此，从曲首至第五句结束（旦唱），除了第三句"得"字上过一拍"六"音，再无高区之音，中音也少，非常沉闷，且角此时的情绪不该如此低沉；而且原谱"华"字结音"上"、"公"字开口也是"上"音，就比较拗口；故而连带起过渡作用的"千"字也一起调整，可将"公上、乙尺。上.四合子工、×合.千四。乙乙上尺。上."三字的歌谱调整为"公尺、工.六五。六.子上×四上.尺千工、乙乙尺上。尺.上"，其中上声字"子"使用特色很强的曜腔。调整以后仍不失声律，增添律动亮彩，唱起来也不再压抑，角色情绪也能充分表达。第二支全由旦唱，不再加赠，板眼节奏回到三眼板常速，但歌谱也存在上述相同弊处，因节奏的加快，虽然使得沉重感持续时间较短，但气息运作变字频率缩短，行腔很累，仍作调整为佳，不复明释。

K）【三学士】一支

此调较少用，本不美听，吴梅先生填词中有两处不佳，第二句"瘦词华唐突吴姬"中，除"突"为入声字，平声则偏多，最宜将"唐突"字位作去声；末句"毕竟是耽误你"中前三个去声字，"竟是"两字最宜作平声，而"耽"字宜作仄声，这样声律方得妥帖（撇下现词约束，初填时能做到）。这两处的歌谱倒是按字而定，未有不谐。全曲歌谱总体上多仿《琵琶记·逼试》中的同牌曲，比如第一句的"尽上.工尺。上四.合"后接上声字"矣四、乙上尺。乙|"，《琵琶》同字位

即用此腔，但后面没再使用；吴梅继续将此腔活用于第五句"妙"字，但后字不是上声字而是去声字"谛"，所以改变声势走向，将下行结字音"合"改成上行的"上"，订作"妙上.工尺。上四.上谛尺、上四."，很是巧妙。但本曲仍有过于低沉之缺，部分位置可以略作抬升。

L)【尾声】

全曲合唱，收场颇有韵味，文辞、板眼和歌谱，均佳。

（四）他人制曲、吴梅订谱的歌谱作品分析

自度曲自然是把文词也掌控在自己手中，歌谱好坏不赖文词声律是否优劣；改订曲又受到既有歌谱的干扰，那么新订他人曲作的歌谱，吴梅先生又体现出什么样的订谱水准呢？他这类歌谱作品，最具代表性的是早期的《访星》和晚年所订的《桃花扇》数折，尤其是对《桃花扇》传奇的订谱工作，具有重要意义。但所订歌谱多是左良玉线索上的折子，非是侯、李本事，故而冷落歌坛也。仅粗观《抚兵》北套和《投辕》双调合套，曲情、曲理、曲声、曲韵、曲律，颇是在理，因这二谱笔者未睹清晰版本，依稀强辨、笼统一过耳。另有《哭主》一折，主曲是两支【胜如花】，藏界版笔迹潦草、改动多，疑为初稿，日记载录版似为誊抄，两谱比照而得全貌，按度无碍，故以此曲作为本类作品的分析案例。

【胜如花】是常用曲，旧谱颇多，吴梅先生所订此曲，充分体现了他深厚的订谱功力，各家旧谱所长之处，他能合理、灵活、恰当地运用在本谱中，未袭之处又有很多高明的处理方法。整曲很能够体现出左良玉等忠臣们突闻噩耗、面北痛哭的极度悲哀情绪，歌声极尽穿云裂帛又撼动金钟之能事。

两曲的乐段结音非常规律，完全循规。两曲板式正确，板位除一处变动外均是准确无误。吴梅先生的这处增板，实在耐人寻味（先生本意是否如此则不得而知）。变板是在第二句末字（韵位）的正板后，再增加一个过板（也是正板），第一支相应的又扩出一个赠板，即第一支增加八拍、第二支增加四拍；

此字位两支配用谱字都是最低的"上尺工",旋律相同;此两种手法均是旧谱所未曾使用过,其实并不是为了配合舞台表演动作设计(事实上似乎未曾舞台搬演过),而是大大强化了一种顿然间痛失君主的悲哀与呜咽之声,只存泣声(气声),很破例地在浅喉(喉舌衔接处)部共鸣,伏地长捶之状赫然眼前矣,这需要唱功深厚者方得理解,若不能体现此意境,则唱起来是异常难受的反效果。再将第一支中吴梅先生的几处佳音简述之。首句须散唱,订作"高四皇合四帝尺上在四合久工合四层合四∣"之腔,与所有旧谱都不完全一致,风味却是一致,但本谱唱来更加流畅,声律更胜一筹。第二句"不管亡家破鼎"中,在上述增板的"鼎"字前还有一个跌宕之腔,效果不仅与增板腔一致,更为之做好铺垫,即在"管四、上."之后,按本牌常规一般订作"亡合、四.",但本谱在前字"上"音收住后,直接下跌六度音,订作"亡工、合."(《寄子》第二支此字用低"工"出音,但前字是"合"音,是自然下行),左良玉心中精神支柱瞬间倒塌的破灭之感油然而生也。余佳胜处,不详释例。

　　另有两点可商榷处。第一支点三眼板加赠,在第五、九、十句的三个去声韵位上,必须使用固定的去声字腔格法"六×五尺.上四.乚∣乚"或"上×工尺.上四.乚∣乚"(故而填词时这些位置不能破声,必用去声字),吴梅先生选择了第二种腔格,前字衔接音都用与之匹配的"尺"音;但若从曲情着眼,实以前种腔格更为悲怆,然后前字衔接音改用"工"音;此牌这三个位置的这两种腔格可以混用,故也可以两者分用之。而后曲使用三眼板无赠,此三位本谱按例使用"尺。上四.∣乚"便是正法。第二点,本牌共五段十一句,本剧中在两支后面都将末句重复一遍,增出第十二句,这不是本牌的特征,乃是孔尚任自行增叠的;先生在歌谱末注明"叠句同",即与本句同腔,也就是简单地再重复一遍,这是叠句歌腔法之一,但用在这里不甚高明;其实为了渲染、突出、加重左良玉等一帮忠臣的悲痛心情,在歌腔旋律相似的前提下,叠句更宜翻高唱(根据字声订腔需要,最大幅度不超过五度范围内变化),甚至在全曲终结时的结音也可以翻高八度收(即收在"五"音),这很符合人们生活中的境况。

虽然吴梅先生对《桃花扇》曲词格律颇有微词，但他订谱后的歌唱效果非常动人，这与叶堂他们订谱《牡丹亭》有异曲同工之妙。所以在订定他人曲作时，吴梅先生很是用功，而且在晚年的时候，订谱水准更加高超，前述《扫红》谱虽也是晚年所订，但实属例外。

结语

纵观吴梅先生的昆曲订谱理论，虽不成章，但多有可取之处；虽只片言，却都是碎玉嶙峋；虽不明目，然可索思考路径；虽亦有偏颇之处，终可去除成见、为正视而可更析于声歌。以订谱一工，先生未必专事，无论其言论还是所作歌谱作品，都给我们树立了曲学先行的订谱原则。订谱者需要较高的唱曲能力、丰富的度曲经验，唱、吹、填牌是重要的订谱基础；吴梅先生深厚的曲学功底，填词制曲的规范性追求，对格律的精通和深度研究，未必人皆可得；但吴梅先生的经历告诉我们，昆曲订谱最终还是要返回歌唱的检验，回到曲律准绳之矩矱。

——叶长海主编《曲学》第七卷，上海古籍出版社 2020 年版

邹 青

论吴梅词曲课程建设及其育人观念

词曲在通行的各种中国文学史上都拥有一席之地,在很多高等学府中列为正式课程。而如果我们把目光回溯到二十世纪初,京师大学堂监督刘廷琛还把藏书楼里的杂剧传奇"看做淫词艳曲,有伤风化,点一把火烧了"。曲从"有伤风化"的"剩技",到今天作为高等文科教育的组成部分,我们自然会想起一个关键性事件——吴梅受北京大学校长蔡元培之邀,走上高等学府的讲堂。词曲之学,尤其是曲学正是在吴梅持续后半生的执教生涯之下从一门难以与"诗文"同日而语的小道,发展成为高等教育体系之下的专门之学。可以说,吴梅在词曲学走进中文学科的过程中,具有无可替代的关键性意义。

正如当前大多数词曲研究者一样,吴梅是有"学者"和"教师"双重身份的。从学者的角度而论,吴梅当然足可堪当承前启后的一代词曲学研究大家;从教师的角度而言,吴梅所确立的教学内容与方法是传统词曲学在现代高等教育体系中生根发芽的关键环节。由此,我们在"学术史"的视角下关注吴梅词曲学研究历程的同时,还应在"教育史"的脉络中对其词曲学教学与课程建设的成就和理念加以回顾；我们在研究吴梅词曲学论著的同时，还应该对大多数论著的"讲义"性质加以关注。讲义与著述、课程与学科之间具有紧密的联系，这亦是中国现代高等教育体系初创阶段最为普遍的学科发育规律。

关于吴梅的生平、著述与学术成就，学界已有丰富而成熟的研究成果。如王卫民《吴梅评传》、邓乔彬《吴梅研究》、苗怀明《吴梅评传》等都涉及了吴梅的任教经历。陈平原《不该被遗忘的"文学史"——关于法兰西学院汉学研究所藏吴梅〈中国文学史〉》、吴新雷《吴梅〈词余选〉探考》则是对吴梅北大任教时期讲义的重大发现。然而，关注吴梅整个执教生涯中课程建设与讲义编纂情况的论著尚未出现。因此，本文将在"教育史"和"学术史"的双重维度之下，全面考述吴梅所授课程及其讲义，并在此基础上论述吴梅的育人观念。

一、吴梅词曲课程与讲义

（一）尝试期：北京大学任教时期（1917—1922）

吴梅早年致力于举业，废科举后曾在东吴大学担任黄人的助教，帮助其编写《中国文学史》①，但尚未独立承担词曲学课程。1917 年，吴梅应校长蔡元培之聘登上北京大学讲台，词曲由兴趣变为了职业。吴梅除了在文科研究所国文门担任"文学史"和"曲"两门的指导教授，②以及在"北京大学音乐研究会"中担任导师③之外，主要教学任务就是在国文系讲授词曲和文学史。其中，"中国文学史"每周两节课，其油印本讲义《中国文学史（自唐迄清）》经

---

① 苗怀明：《吴梅评传》，南京大学出版社 2012 年版，第 18 页。
② 陈平原：《不该被遗忘的"文学史"——关于法兰西学院汉学研究所藏吴梅〈中国文学史〉》，《北京大学学报（哲学社会科学版）》2005 年 1 期。
③ 详见邹青《民国时期校园昆曲传习活动的开展》，《文艺研究》2016 年 1 期。

陈平原教授发现并出版。① "词曲"是吴梅担任的主要课程,每周有十节课之多,②可以通过北大出版部印刷的讲义一窥其教学内容:

1.《词余讲义》:1919 年③北京大学出版部印,1935 年商务印书馆以《曲学通论》为题出版。

2.《词余选》:1919—1920 年左右印发,北京大学出版部印。④

3.《词源》:1918 年北京大学出版部印,到 1925 年 3 月为止已刊印三次。⑤

4.《古今名剧选》(未完成):1921—1922 年北京大学出版部印。

5.《南词雅》:"选传奇百种","实未成书",经修改后以"曲选"为名于 1930 年于商务印书馆出版。⑥

6.《曲品附传奇品》:1918 年北京大学出版部印,上卷为吴梅校。⑦

吴梅初登北大讲堂,课程设置是比较随意的,从名称来看:"词曲"的范围宽广,无论是词或曲之体制、作品、历史都可容纳其中,显示了吴梅初登讲台讲授词曲的"尝试感"。从授课时间来看,"词曲"每周有十节课之多,这也"逼迫"着吴梅准备丰富的教学内容。故在讲义方面,既有《词余讲义》等概论性质的讲义,也有《词余选》等作品选读,还有《词源》和《曲品》等经过校勘的词曲学名著。可见,吴梅已经初步建立起"通论+作品选"的教学模式。

吴梅北京大学任教时期最为成熟的讲义首推《词余讲义》。考虑其原因:一是有《顾曲麈谈》为写作基础,另一方面"伯乐"蔡元培看中的正是吴梅曲学方面的成就,甚至有因《顾曲麈谈》而欣赏吴梅才学之说。⑧ 至于吴梅为何刊

---

① 陈平原辑:《早期北大文学史讲义三种》,北京大学出版社 2005 年版。
② 陈平原:《不该被遗忘的"文学史"——关于法兰西学院汉学研究所藏吴梅〈中国文学史〉》。
③ 金鑫:《民国大学中文学科讲义研究》,北京大学出版社 2016 年版,第 252 页。
④ 吴新雷:《吴梅〈词余选〉探考》,《东南大学学报(哲学社会科学版)》2010 年第 6 期。
⑤ 苗怀明:《吴梅评传》,南京大学出版社 2012 年版,第 127 页。
⑥ 吴梅:《曲选》序,商务印书馆 1930 年版,序第 1 页。
⑦ 苗怀明:《吴梅评传》,南京大学出版社 2012 年版,第 127 页。
⑧ 陈舜年曾说:"当时北京大学校长蔡元培,在旧书肆中,购得《顾曲麈谈》一书,阅览之后,颇为赞赏,时值陈独秀主持北大文科,特出面礼聘至北大。"王卫民:《曲学大成,后世师表——吴梅评传》,上海古籍出版社 2010 年版,第 184 页。

印《词源》为教材？除了认可其研究价值之外，还有添补未及编写讲义之不足的意思。曲已有《词余讲义》为纲领和引导，故《曲学通论》虽以王骥德《曲律》为本，但不必印成讲义，而选择吕天成《曲品》作为参考书目。《词学通论》此时未及完成，故选择与吴梅的教学旨趣非常契合的张炎《词源》作为讲义，这将在吴梅东南大学任教初期的记录中得到印证。

（二）拓展期：东南大学、中山大学任教时期（1922—1927）

1922年，吴梅南下东南大学任教，被聘为"词曲国文教授"①。《国立东南大学一览·文理科学程详表》(1923)记载了他的开课情况：

1. 词选：每周讲授或讨论时数三、教学年限一、学分数三，讲授唐宋名家词。

2. 曲选：每周讲授或讨论时数三、教学年限一、学分数三，讲授元明以来南北曲。

3. 词学通论：每周讲授或讨论时数三、教学年限一、学分数三，讲授词学律吕、音调、拍眼、制曲、句法、意趣、用事、咏物、节序、赋情、合曲（为"令曲"之误）。

4. 词史：每周讲授或讨论时数二、教学年限一、学分数二，讲授隋唐北宋以来诸名家词之流变。

5. 曲剧史：每周讲授或讨论时数二、教学年限一、学分数二，讲授宋元以来南北乐曲杂剧之流变。

6. 唐五代词、北宋人词、南宋人词、宋元以来名曲：研究科目，学分临时酌定。

由此可见，吴梅在北京大学时期"通论＋作品选"的教学模式已经发展为

---

① 《国立东南大学一览·教职员一览》，1923年，内部资料，第5页。

"通论(词学通论)＋史(词史、曲剧史)＋作品选(词选、曲选)"。其中,"词史""曲剧史"两门课非常令人瞩目,虽然学分不及作品选和通论,但已经意味着"流变"成为吴梅词曲教学的一个新的关注点。此前吴梅虽然做过黄人《中国文学史》课程的助教,也在北大开设过《中国文学史》,但那更近似于宏观上的"教学任务",不在吴梅深耕的词曲领域之内,彼时词曲的讲授方式更像是传统词话、曲话、词论、曲论在课堂内的移植。

伴随着任教时间的增长,吴梅自然深受中文学科整体发展方向的影响。陈平原曾总结:自二十世纪初始"中国人便开始以'文学史'的编撰与讲授作为文学教育的中心"①。吴梅就是在这样的风潮之下,在自己最为熟悉的词曲领域,正式融入了"文学史"的大潮,也是吴梅作为一名传统意义的"曲家"融入现代意义大学教育的表现。

至于词史、曲剧史两门课的讲义,1926 年吴梅在大东出版社出版《中国戏曲概论》,因其体例类似讲义,故常被误认为吴梅在东南大学开设过"戏曲概论"一类的课程,②它实际上是"曲剧史"一课的讲义:首先,东南大学并没有开设"戏曲概论",但"曲剧史"一课纲要"宋元以来南北乐曲杂剧之流变"与《中国戏曲概论》的内容非常符合。其次,"概论"体一般以文体本身要素为编排方式,虽也涉及历代作家作品,但整体编排上一般不会全以"史"为线索,《中国戏曲概论》则全以"史"为框架,先列朝代,再分文体。其三,《中国戏曲概论》名为"戏曲",却对元明清散曲论述甚详,与"曲剧史"既包括"曲"也包括"剧"的情况符合。③ 而"词史"目前没有发现单行本讲义,倒是后来印行的《词学通论》六至九章论及唐五代、两宋、金元、明清词之流变,疑以"词史"授课内容为底本。

---

① 陈平原:《〈作为学科的文学史〉增订版序》,《文艺争鸣》2016 年 4 期。
② 金鑫:《民国大学中文学科讲义研究》,北京大学出版社 2016 年版,第 268 页。
③ 王文濡序中说"继而询君近作,出示《曲学概论》一编","曲学概论"很可能是王文濡或吴梅自己对这本与"曲"有关的概论性质讲义的代称。王文濡:《中国戏曲概论》序,吴梅《中国戏曲概论》,岳麓书社 2009 年版,第 1—2 页。

东南大学"词学通论"课纲要（1923）就是把张炎《词源》卷上"五音相生、阳律阴吕合声图"等合并为"词学律吕"，并完全借用《词源》卷下"音谱、拍眼、制曲、句法、字面、虚字、清空、意趣、用事、咏物、节序、赋情、离情、令曲……"之框架，只稍作同类项合并。再次印证了吴梅在北京大学任教时期是以张炎《词源》为临时教材的，这种做法在东南大学任教初期得以延续。另外，笔者收藏了一部未见于他著的油印版《词学通论》，未标明印刷时间。将油印讲义、1927 年中山大学排印本、1932 年商务印书馆本《词学通论》三者比对：油印讲义本绪论章末有"真文、庚亭、侵寻三韵不可不严，宋人词中尽有混合不分者，此是宋人之弊，万不可从"一句论及词韵，与前文内容没有关联。这一句在中山大学讲义本和商务印书馆本中都删去了，可见油印讲义本是 1927 年之前，也就是吴梅任教东南大学时期的初稿。因此，吴梅应当是在东南大学任教初期使用《词源》，并陆续编纂《词学通论》，编成后即使用自编讲义。

　　关于"词选"和"曲选"两门课程的讲义，《词选》有明确标属"东南大学"的讲义本；而曲选课讲义即《百嘉室曲选》[①]，1930 年改名"曲选"由商务印书馆出版，吴梅在序中说"泊来南雍，与诸生讲习此艺，因删薙旧稿，录成此编"[②]，可见是非常明确为授课而编纂的。是选只收南戏传奇，从吴梅编纂曲选的整个历程来看：北大时期的《词余选》专收散曲，《古今名剧选》专收杂剧；吴梅南下后继未完成的《南词雅》编纂一部专收戏文传奇的曲选是顺理成章的。在《国立东南大学一览》中，"曲选"课纲要为"讲授元明以来南北曲"，既没有强调仅有南曲，也没有强调只有戏曲，所以《百嘉室曲选》很有可能不是曲选课的全部内容。

---

① 吴新雷：《吴梅遗稿〈霜厓曲话〉的发现与探究》，中国戏剧家协会江苏分会编《新时期江苏戏剧论文集》，内部印刷，1990 年，第 202 页。
② 吴梅：《曲选》序，商务印书馆 1930 年版，序第 1 页。

左图：笔者藏东南大学讲义本《词学通论》　　右图：中山大学出版部印《曲选》

吴梅在中山大学任教时间不长，但讲义颇值得注意：吴梅在中山大学出版部印行讲义《词学通论》和《曲选》，其中《词学通论》①由中山大学出版部和广州各大书坊联合发售，使这部讲义首次兼具了著作性质面向社会出版；《曲选》②则分北曲和南曲收录散曲，不仅不同于北大时期的《古今名剧选》和东南大学时期的《百嘉室曲选》，与同为散曲选的北大《词余选》亦有很大差异，排版也极为精细，断句、正衬标识清晰。可以看到，吴梅是在不断调整和丰富教学内容的。

（三）成熟期：中央大学、金陵大学任教时期（1928—1937）

吴梅在中央大学任教时间最久、课程体系最完整、教学理念也更为明晰，可以视为吴梅在"教学"方面的全面成熟期。

---

① 吴梅：《词学通论》，国立第一中山大学出版部1927年。
② 吴梅：《曲选》，国立第一中山大学出版部1927年。

表 1　吴梅中央大学开课及讲义情况一览表

吴梅日记①	《中央大学一览》(1930)②		文学院中国文学系选课指导书(1935)③	讲义
	课名	课程说明		
专家词班	清真词、稼轩词	取全集逐篇讲授词中定律不可移易处,随时指出,庶几得所准则。(清真词)	专家词研究	
	唐宋词选	专录唐宋名篇,择要讲授并详示其作法。		
词学通论	词学通论	通论词学源流、音律、作法与其他关于词学之重要问题	词学通论	《词学通论》,商务印书馆 1932 年出版
南曲班、曲律班	曲律	专论曲律为审音制曲之标准	曲律	《南北词简谱》,中央大学讲义铅印本,卢前石印出版
曲名著、曲选班、元明剧选	曲选	选录元明后名著,详为讲授并指示其审音制曲诸法	曲选	《曲选》,商务印书馆 1930 年出版
曲学通论	曲论	通论戏曲起源、派别及元明间名著并其他关于曲学之重要知识	曲学通论	《曲学通论》,商务印书馆 1935 年出版
练习作文	高级作文	注重作法以资实习		

　　吴梅在东南大学增设的词史和曲史课,在中央大学时期已不再继续开设,但这并不是意味着吴梅否认了"史"的重要性。查《国立中央大学文学院中国文学系课程一览》(1932)④,中国文学系有"词曲史"一门课,由王易担

① 王卫民主编:《吴梅全集》日记卷下,同前,第 253—254、344—345、609、779 页。
② 中央大学文学院编辑,秘书处编纂组纂校:《国立中央大学一览·文学院概况》,中央大学教务处出版组 1930 年,"课程及课程说明",第 3—20 页。
③ 《国立中央大学文学院选课指导书》,国立中央大学出版组印,1935 年。
④ 《国立中央大学文学院中国文学系课程一览》(1932 年度上学期),《国立中央大学日刊》1932 年 10 月 7 日,第 19 页。

任。王易代表作《词曲史》①初为心远大学讲义②，1931年出版时王易已到中央大学任教③。正因王易承担了词曲史课程，故吴梅不再讲授。

值得特别注意的是，吴梅特意增设以"曲学通论"为先修课程的"曲律"课，在"词学通论""曲学通论"都为两学分的情况下，"曲律"课居然有四学分之多④。《中央大学文学院中国文学系课程一览》(1932)有"南北词简谱（南词)"，与"曲律"为同一门课，《南北词简谱》就是这门课的讲义，这也在中央大学排印本讲义《南北词简谱》署"曲律"中得以印证。⑤此外，《中央大学文学院中国文学系课程一览》(1932)中"专家词（梦窗)"，与《中央大学一览》(1930)"清真词"，以及《文学院中国文学系选课指导书》(1935)"专家词"也是同一门课。无论是"曲律"课的新设，还是"专家词"词家的选择，都可以看出吴梅日益明晰的教学旨趣，后文将有详细论述。

吴梅在金陵大学一直为兼课教师，一说始于1928年⑥，一说"1933年才得以落实"⑦。两说并不矛盾，其过程确实比较波折，但至少可追溯至1928年。查1928年《金陵大学文理科概况》，可以看到吴梅二十世纪三十年代在

---

① 王易：《词曲史》，1931年初版，1932年神州国光社再版，1948年中国文化服务社再版。

② "南昌王子簡庵，十年来倚声挚友也。去年教授心远大学，撰词曲史一编，用作教程。"《中国词曲史》周岸登序，王易《中国词曲史》，中国文化服务社1948年版，第4页。

③ "1926年秋，王易进入东南大学(1928年更名中央大学)，任教七年"，郑克强总主编《赣文化通典·诗词卷》，江西人民出版社2013年版，第482页。《国立东南大学一览》为1923年所编，此时王易尚未到东南大学，故东南大学词史、曲史课程，仍应为吴梅教授。

④ 中央大学文学院编辑，秘书处编纂组纂校：《国立中央大学一览·文学院概况》，"课程及课程说明"，第7页。

⑤ 据中国昆曲博物馆浦海涅老师指点，此本题署"曲律"、"长洲吴梅述"，注明"国立中央大学"、"东南印刷公司代印"。

⑥ 张宪文：《金陵大学史》，南京大学出版社2002年版，第132页。

⑦ 苗怀明：《吴梅评传》，南京大学出版社2012年版，第175—176页。

金陵大学开设的课程都已在列①。在《吴梅日记》中提及的词选(1936)、金元散曲(1933)、曲学概论(1933)②几门课程,也都可以从《金陵大学文理科概况》《私立金陵大学一览》中得到印证。

表 2　吴梅金陵大学开课情况一览表

《金陵大学文理科概况》(1928)③		《私立金陵大学一览》"学程纲要"(1933)④	
课名	纲要	课名	纲要
历代词选	讲授唐五代两宋以来诸家词	词选	选授五代、两宋名家作品并讲述其风格、派别、结构、修辞、作法等
金元戏曲	讲授金元以来南北曲剧	金元戏曲选	选授金元以来杂剧、散曲诸名作并指示其审音、制曲诸法
词曲概论	讲授诗歌体制及声律诸原则及历代词曲之源流与派别	曲学概论及曲史	通论戏曲之律吕、拍眼、制曲诸原则及南北曲之源流派别
		词学通论及词史	通论词学之体制、音律、诸家原则及历代诗之流变
		专家词	任取唐五代及两宋名家之一,详加研究

尤其珍贵者,是《私立金陵大学文学院概况》中对吴梅 1934—1935 年度国学研究班授课情况的记载。是时,国学研究班授课导师有胡小石、刘国钧、刘继宣、胡俊、吴梅。吴梅所授课为乐章词释、清真词释、二窗词释、南词校律、北词校律、散曲研究、度曲述要、订谱述要,均为三学分,每周上课三小

---

①　其中《吴梅日记》有"金元散曲"(1933),《金陵大学文理科概况》(1928)列有"金元戏曲",课程纲要为"讲授金元以来南北曲剧";《私立金陵大学一览》(1933)则列为"金元戏曲选",内容为"选授金元以来杂剧散曲诸名作,并指示其审音制曲诸法",可见这一门课既包括曲也包括剧;加之吴梅在日记中常有以部分授课内容代替课程名称的做法,故"金元散曲"应该是"金元戏曲"课中的散曲部分。因此吴梅二十世纪三十年代金陵大学所授课程,1928 年已然在列。

②　王卫民主编:《吴梅全集》日记卷,同前,第 344 页、779 页。

③　笔者收藏,封面署"十七年",钤有"金陵大学文学院"章。

④　金陵大学秘书处编:《私立金陵大学一览》,美丰祥印书馆承印 1933 年。

时。① 可以看到，研究生课程是"高阶作品选＋高阶曲律＋唱曲理论＋订谱理论"，能看到吴梅针对词曲学研究生的培养需要，排除了"通论"与史，增加了"唱曲"与"订谱"理论的专门研习，又提升了作品选读的难度与层次，是吴梅"教学成熟期"在研究生培养方面的自觉设计。

通观吴梅的教学生涯，词曲通论类和作品选类课程最先开设，其后伴随"史"的意识逐渐明晰，开设了词史和曲史课程，后又开设了曲律课，以彰显其治学理念。大学阶段的"论、选、律、史"和研究生阶段的"选、律、唱论、谱论"共同构成了吴梅词曲学授受的基本框架。

二、课程与讲义反映出的育人观念

考察百年前吴梅词曲课程及其讲义情况，不仅为了还原一位词曲研究宗师的人生轨迹，更重要的还是透过繁杂的课程与讲义名目，提炼吴梅一以贯之的教学和育人观念，去体贴一位词曲教育家所建构的词曲学传承理路。

（一）词曲同质、戏曲散曲一体的基础观念

在学科、方向划分愈来愈细致的学术背景下，我们已经习惯了词与曲的研究分属不同门类；或是"剧曲"归为戏剧，而"散曲"类于诗歌。然而从文体本身考察，诗、词、曲同属中国古典韵文，都是建立在汉字声韵基础上进而形成规范的一类文体，延续着"一代之文，每与一代之乐相表里"②的文学传统。其中，词与曲的关系更为紧密，界限也更为模糊；至于散曲与戏曲（剧曲），二者关系更似绝句与律诗，体制虽有异，本质却同一，更是无法分而论之，故《南音三籁》《吴歈萃雅》等曲选兼收散曲和剧曲；《南曲九宫正始》也在散曲与剧

---

① 私立金陵大学文学院院长室编：《金陵大学文学院概况·学程纲要》1936—1937 年第四号，李森主编《民国时期高等教育史料三编》，国家出版社 2017 年版，第 18 册，第 330—331 页。

② 吴梅：《中国戏曲概论》，上海古籍出版社 2000 年版，第 151 页。

曲中信手拈来作为样本。同时作为词学和曲学教授的吴梅,正是以此为知识背景来处理词与曲、戏曲与散曲之关系的。

吴梅北大任教时期"词曲"同属一门课程,他在《仲秋入都别海上同人》诗注中自谓北大"征余授古乐曲"①,其所指正是"词曲"课,可见他是以类似"乐府"的概念将它们视为一体的,其本质是视两者同为可以配合歌唱的韵文。吴梅南下之后,在高等教育学科分类日趋精细的浪潮下,词曲课程渐渐分而设之,但依然可以看到"词"与"曲"教学内容的相似性:在"乐"的层面讲授律吕、拍眼;在"文"的层面讲授句法、用韵。直至吴梅金陵大学兼课时期,还专门开设"词曲概论"一课,"讲授诗歌体制及声律诸原则及历代词曲之源流与派别",②其中的"诗歌体制及声律诸原则"当然就是"韵文"、"乐府"观念下词与曲的共通原则。可见,在吴梅教学观念里,词学与曲学是不可也无须设置壁垒的。龙榆生也曾说过:"吴先生总劝我学唱昆曲,他说词曲原来是相通的,研究词学的人,最好学会了几支曲子,自然别有受用。"③

至于戏曲与散曲的关系,吴梅更是认为二者没有区分的必要。在"曲论"类课程中,讲义《曲学通论》主要论述戏曲散曲的共同原则;在"曲史"类课程中,东南大学"曲剧史"课程就是把散曲与剧曲熔为一炉来讲授;在"曲律"类课程下,《南北词简谱》与明清格律曲谱一样兼采散曲、戏曲,所谓"曲律"当然既是散曲之律,也是剧曲之律。只有到金陵大学国学研究班中才专门开设"散曲研究"一门课,但这也并不妨碍"南词校律"和"北词校律"通讲剧曲、散曲。④

尤其值得关注的是"曲选"类课程,从各种作为讲义的《曲选》来看,吴梅

---

① 吴梅:《仲秋入都别海上同人》,诗注"时洪宪已罢,废国学,征余授古乐曲"。王卫民:《吴梅全集》作品卷,同前,第 27 页。
② 《金陵大学文理科概况》,内部资料,1928 年。
③ 龙沐勋:《即吴瞿安先生》,王卫民主编《吴梅和他的世界》,河北教育出版社 2002 年版,第 78 页。
④ 《金陵大学文学院概况·学程纲要》1936—1937 年第四号,第 58—59 页。

确实有意识地将散曲与剧曲分而选之:如北大《古今名剧选》为杂剧选,《词余选》为散曲选;东南大学《百嘉室曲选》专收南戏传奇;中山大学《曲选》收录散曲。但是,这种分类有如讲诗要区别古体、近体,讲近体诗要分绝句、律诗一样,是同一类事物的不同体式。因此,从吴梅所有"曲选"课的纲要来看,北大时期既有散曲选讲义,也有剧曲选讲义;东南大学"曲选"课纲要为讲授"元明以来南北曲";①最值得注意的是金陵大学"金元戏曲选"课,名曰"戏曲",却在课纲中明确标注"选授金元以来杂剧、散曲诸名作"②,可见这"戏曲"是"戏和曲"之意。由以上可见,吴梅确实认为区分剧曲、散曲,乃至区分杂剧、传奇更方便教学,能够更好地理解"曲"这样一种文体,但这绝不意味着可以改变它们本质的同一性。

学生表现是教学成果的直观体现。在治学旨趣和学术成就上,吴梅的一众弟子通常在词或曲中的某一领域表现夺目。但即使如此,词曲一体、戏曲散曲一体的基本观念得到了传承:任半塘既是散曲学术史上的重量级学者,又在"唐戏弄"研究上独树一帜;钱南扬在武汉大学兼授词曲之学,其讲义既有《词学概论》,也有《曲学通论》;卢前虽然极力倡导散曲应成专门之学,但其理论基础是"十二科和十五体,同根枝叶各西东"③,其自身也是兼治戏曲与散曲之杰出代表;王季思不仅有《西厢五剧注》、《元杂剧选》,还有《元散曲选》;唐圭璋是词学家,但同时著有《元人小令格律》;汪经昌《曲学例释》兼论散曲与戏曲……可见,虽然从学术史的角度而言,学科与研究方向愈来愈细的趋势在所难免,但是吴梅词曲同质、戏曲散曲一体的治学观念已经伴随着其教学实践深入门人血液。

（二）以"作法"（非"写作"）为核心的教学内容

中国古典文论历来重视"作法",刘勰《文心雕龙》、严羽《沧浪诗话》、张炎

---

① 《国立东南大学一览·文理科学程详表》,内部资料,1923年,第4页。
② 金陵大学秘书处编:《私立金陵大学一览》,第168页。
③ 卢前:《论曲绝句》,《卢前曲学四种》,中华书局2006年版,第242页。

《词源》、王骥德《曲律》等经典诗论、文论、词论、曲论，莫不有大段章节专述作法。吴梅作为一名由传统文人转型而成的大学教授，在《曲学通论》《词学通论》课程中特重音律、句法、用韵、结构，是顺理成章的。

但是，如有当前在高校讲授或听讲词曲的经验，就可以非常轻易地发现一些有趣的现象：作为作品选读类课程，"清真词"顾名思义为对周邦彦词之文学成就的梳理，但吴梅中央大学"清真词"课的纲要是"逐篇讲授词中定律不可移易处，随时指出，庶几得所准则"，可见吴梅是"借用"周邦彦词来讲"词律"；目前可考的吴梅"专家词"课正式开设过"清真词"（周邦彦）和"梦窗词"（吴文英）；研究班开设过"乐章词"（柳永）和"草窗词"（周密），从教学内容的选择来看，他尤重已充分律化的文人词、在字句安排上更见功力的慢词，旨归依然在于"词律"与"作法"。同样，"唐宋词选"课"专录唐宋名篇，择要讲授并详示其作法"，"曲选"课纲要为"选录元明后名著，详为讲授并指示其审音制曲诸法"①。可见无论是词选还是曲选，了解作家作品本身不是教学的最终目标，通过选定作品，深入理解"作法"才是根本目的。可以说，吴梅是把词选、曲选课当成词律、曲律课来上的。

从近二十年吴梅词曲学讲义的出版情况来看，《词学通论》、《中国戏曲概论》所出单行本数量最丰，而《南北词简谱》只见于《吴梅全集》和近些年出版的《中国戏曲艺术大系》。吴梅临终前曾致信弟子卢前，"《顾曲麈谈》《中国戏曲史》《辽金元文学史》，则皆坊间出版，听其自生自灭可也，唯《南北词简谱》十卷为治曲者必需之书，此则必待付刻"②。可见吴梅最为珍视的成果正是这部《南北词简谱》——也就是吴梅"曲律"课的讲义。吴梅在中央大学专门开设"曲律"课，不是一时兴起，而是其在十年教学经验基础上，非常自觉地将"曲律"提炼成一门单独的课程。这门课的纲要为"专论曲律为审音制曲之标

---

① 中央大学文学院编辑，秘书处编纂组纂校：《国立中央大学一览》，中央大学教务处出版组1930年，课程及课程说明第17页。

② 卢前：《奢摩他室逸话》，王卫民编《吴梅和他的世界》，河北教育出版社2002年版，第10页。

准",可见吴梅对待曲律的态度:澄清曲律并不是为了理解曲学发展的历史,而是直论"作法"之根本——"标准"。这样一门课在中央大学所设课程中显得非常特殊:中央大学中国文学系课程目的为"1. 以文学(疑为"文字"之误)声韵训诂为研究一切国学之根柢。2. 欣赏高等文学之能力。3. 阅读古书之能力"①,可见培养学生在小学基础上"阅读"与"欣赏"的能力是国文系的主要任务。如《南北词简谱》般逐个曲牌辨析平仄、正衬,虽不能说与国文学系课程目的背道而驰,但如此深入一个文体内部,在《国立中央大学一览》所列文学院开设课程中也是绝无仅有的。

　　值得特别需要辨析的是,"作法"与"写作"本身之间的关系。吴梅非常重视写作实践,他在醉后常说:"一个人文学的理论无论谈得如何天花乱坠,我不会相信,他如能当场写一篇出来,我便佩服了。"②吴梅不仅自身有着丰富的诗、词、曲创作经验,也倡导学生填词作曲,他曾说过:"余及门中,唐生圭章之词,卢生冀野之曲,王氏驾吾之文,皆可传世行后,得此亦足以自豪矣"③。王季思曾在《忆潜社》中非常生动地记载了吴梅带领学生填词作曲的场景:

　　　　我才是东南大学一年级生,选读了吴瞿安先生的词选课。先生以同学们多数不会填词,为增加我们的练习机会和写作兴趣起见,在某一个星期日的下午,找我们到他的寓所去……随出一个题目,叫大家试作……有的同学更主张组织个词社。先生答应了,定名为潜社……那时先生担任的课程……凡是选读的同学,都可入社,要填词,要作曲都可以。④

① 《国立中央大学一览・文学院概况》课程及课程说明,1930年,第1页。
② 万云骏:《悼瞿安师》,王卫民编《吴梅和他的世界》,河北教育出版社2002年版,第50页。
③ 王卫民主编:《吴梅全集》日记卷,同前,第667页。
④ 王季思:《忆潜社》,王卫民编《吴梅和他的世界》,河北教育出版社2002年版,第72—73页。

　　在这一段记述中可以看到:其一,吴梅是把"写作"这一环节特意放到课后进行的;其二,从"同学们多数不会填词"来看,吴梅课上虽讲授"作法",却不以"学会填词作曲"为必备技能,但仍在课余时间不遗余力地促进学生的写作实践。由此可见,吴梅所重视的"作法"并不等于"写作",他的目标并不是在课堂上培养词曲之创作者,而是对"作法"了然于胸的研究者。在吴梅弟子中,唐圭璋、卢前、王季思诸先生都以词曲研究为主,但又在诗词曲创作上各有天地,这也不能不说是吴梅给门人的馈赠。

　　(三) 以唱曲促进理论学习的教学方法

　　吴梅填词、打谱、唱曲、理论兼善,作为一名国文系教授,善谱能唱,常为学界所乐道。在吴梅正式成为大学教师之前,就秉持着"欲明曲理,须先唱曲"①的治学理念。那么在教学层面,他又如何践行其理念呢?

　　在"乐"的层面,有"造谱""唱曲"两个重要环节,吴梅是分而待之的。首先,在"造谱"方面:吴梅在初登大学讲台之时,是对"作法"与"造谱"都非常重视的。他在讲义《曲学通论》中说:

　　　　自逊清咸同以来,歌者不知律,文人不知音,作家不知谱……亟欲荟萃众说,别写一书……付诸手民,大抵作词规范,粗具本末,而循声造谱,仍未疏论,盖口耳之间,笔不能达也。②

　　可知"作词规范"与"循声造谱"之法都是授课的主要内容,只不过"讲义"可以比较清晰地概括"作法",但是"造谱之法"只能口传心授。可见吴梅登上北京大学讲台后,就把"作法"(不等于"写作")与"造谱之法"(也不等于"歌唱")定为词曲学授受的核心内容。伴随着吴梅教学经验的积累和对国文学

---

① 吴梅:《顾曲麈谈》序,王卫民主编《吴梅全集》理论卷上,同前,第3页。
② 吴梅:《曲学通论》序,王卫民主编《吴梅全集》理论卷上,同前,第161页。

科整体要求的适应,吴梅在"造谱之法"上有所让步,只在金陵大学国学研究班中还开设"订谱述要"阐释其"规律",①而在大学课程中日益把更符合中文学科教学旨趣的"作法"突出出来,上文已专门论述。

其次,在"唱曲"方面,吴梅在金陵大学国学研究班开设了"度曲述要",其纲要为"当世度曲,率多逞肌,拟就通行诸套,分析阴阳口法,追叶怀庭、冯云章之遗,为声家之正的。"②可见吴梅认为"度曲"是走向曲学研究的重要环节,也可以看到"逞肌"式的"唱"并不是吴梅授曲的目的,背后的"阴阳口法"、字声与旋律的配合原理才是教学目的,依然可以看到"唱曲"是为"治曲"服务的。

除了为研究生专门开设度曲课外,作为"欲明曲理,须先唱曲"③这一治学理念的延伸,吴梅一直以课堂示范唱曲为各种相关课程的教学方法,在吴梅的课堂上,笛声、曲声从未绝响。

> 先生运用直观教具进行教学,公然携笛到课堂上说明曲律,说明今传的十七宫调分隶于笛色的七调之中。④

> 谓先生之上教室也……间出马致远、关汉卿杂剧,曼声讴唱之,听者为神往。⑤

在课堂之外,吴梅亦为学生勉力授曲。其形式主要有二:其一,在学校曲社中授曲,如上文提及的"北京大学音乐研究会",以及吴梅在光华大学兼课期间与童斐共同担任指导老师的"光华大学国乐会昆曲部"⑥;其二,在家中

---

① 《金陵大学文学院概况·学程纲要》1936—1937年第四号,第59页。
② 《金陵大学文学院概况·学程纲要》1936—1937年第四号,第59页。
③ 吴梅:《顾曲麈谈》序,王卫民主编《吴梅全集》理论卷上,同前,第3页。
④ 唐圭璋:《回忆吴瞿安先生》,王卫民编《吴梅和他的世界》,同前,第85页。
⑤ 郑逸梅:《霜厓先生别传》,王卫民编《吴梅和他的世界》,同前,第12页。
⑥ 万景陶、华渭:《国乐会昆曲部》,《光华年刊》1928年总第3期。

授曲，为了弥补课堂不便授曲之不足，吴梅把中央大学、金陵大学有志于学曲的学生带到家中，聘请笛师包棣华为助教，悉心教授，以油印手抄曲谱作为讲义①。在《吴梅日记》中就多次提及了家中为学生拍曲的情景。② 值得特别注意的是，即使是课后教学，吴梅授曲之目的也不单纯是"能吹会唱"，如他认为《桃花扇》"有佳词而无佳调，深惜云亭不谙度声"③，便亲自为《桃花扇》打谱，教授学生，④可见吴梅是非常期待可以培养出有"唱"的实践经验进而能够深刻理解"曲"的学者。对此，唐圭璋有深刻体会：

> 课余暇时，并从师学唱昆曲……我们都学会了吹笛唱曲，结合书本上的知识，明瞭了曲学的理论，对词曲源流及其关系都有了深切的了解和体会。⑤

在吴梅的极力提倡下，弟子卢前、钱南扬、汪经昌等均善唱曲，南京大学昆曲清唱课程依然是古典戏曲学方向研究生实际上的"必修课"。事实上，吴梅绝没有强求弟子以之为必备技能，也不是每位弟子都长于唱曲，但"欲明曲理，须先唱曲"的观念已经经由吴梅的教学实践牢牢嵌入门人脑海之中。

综上所述，吴梅在其二十年的教学生涯中，建立起了词曲之学"论、选、律、史"的课程框架，并在教学实践中逐渐明晰其育人观念：其一，"古乐曲"统领下词曲一体、戏曲散曲一体的基础观念；其二，以"作法"（非"写作"）为核心的教学内容；其三，以唱曲促进理论学习的教学方法。

---

① "油印《扫红》谱分贻诸生"，王卫民主编《吴梅全集》日记卷，同前，第711页。
② "与诸女生按歌授《玉簪记·问病》【山坡羊】一支，尚不能上口也。""余前课诸生【胜如花】一支，诸生皆脱稿，而不能按歌，因嘱棣华将《浣纱·寄子》授之，并取旧作二曲，分赠诸生。"王卫民主编：《吴梅全集》日记卷，同前，第45、552页。
③ 吴梅：《中国戏曲概论》，上海古籍出版社2000年版，第187页。
④ "夜间又将《桃花扇·哭主》中二支，订成歌谱，拟一并教诸生也。"王卫民主编《吴梅全集》日记卷，同前，第552页。
⑤ 唐圭璋：《自传及著作简述》，《梦桐词》，江苏古籍出版社1987年版，第132—133页。

　　"在戏曲本身之研究,还当推瞿安先生独步"①,立足于当代,我们当然可以总结出吴梅的治学旨趣;但立足于传统,我们可以说吴梅治学之"特色"恰在于"没有特色"。吴梅所处的时代,正是传统士大夫阶层渐次转化为近代知识阶层的时代,吴梅虽然从性格、审美、学术旨趣等各方面来看,依然葆有传统文人的内核,但他与教学有关的一切行为(包括课程建构、讲义编纂等),都在新式高等教育的语境之下发生。因此再审视以上育人观念,我们可以清晰地看出:一方面,吴梅是站在词曲"内部"的立场上开展教学,而非以西方或现代文学观念从"外部"加以认识和定位;另一方面,吴梅又非常努力地调整自己的课程结构(如增设词曲史、词曲分授)、教学内容(如淡化"造谱",突出"作法")和教学方式(如课余时间带领学生进行填词和唱曲实践),以期能够适应大学国文学科的教学要求。其教学之旨归并不在于建立具有吴梅特色或时代特色的词曲理论与研究范式,他是竭尽全力、苦心孤诣地期待词曲之学能够在大学国文学科之下得以安放。

　　郑振铎曾说过:"没有多少人像他那样的专心一志于教育事业的,他教了二十五年的书,把一生的精力全都用在教书上面。"②正因如此,吴梅在"育人"方面的成就不亚于其曲学研究:在词学研究方面,唐圭璋、沈祖棻先生足称一代巨擘;在曲学研究方面,王玉章、任讷、钱南扬、卢前、王季思、吴白匋、万云骏等弟子及再传弟子几乎可以构成半部二十世纪戏曲学研究史。常芸庭说"曲学之兴起,风行海内,蔚然成观者,皆梅苦心提倡之功也"③;苗怀明评价吴梅的教育成就时说他"学生的成才率很高"④,都是非常恰当的。那么,这意味着吴梅的词曲育人模式可以直接搬到今天的课堂上吗?在当前的教育语境下,吴梅词曲教育的经历、观念与经验,又给我们留下了怎样的文化

---

① 浦江清:《悼吴瞿安先生》,王卫民编《吴梅和他的世界》,河北教育出版社2002年版,第61页。

② 郑振铎:《记吴瞿安先生》,王卫民编《吴梅和他的世界》,同前,67页

③ 常芸庭:《吴梅小传》,王卫民编《吴梅和他的世界》,同前,3页。

④ 苗怀明:《吴梅评传》,南京大学出版社2012年版,199页。

遗产？

　　当前，学科与研究方向细化的趋势不可避免，中文学科培养方式也日益定型，"作法"、"造谱之法"、"欲明曲理，须先唱曲"的操作难度也越来越高，这都是学科发育与学术演进的趋势，包括笔者在内的吴梅后辈弟子们也同样置身于这样的潮流之中。但是，我们通过对吴梅"高成才率"教育实践的回望，可以在滚滚洪流中稍作驻足，去观照当前词曲教学与治学的问题，并加以调试：比如讲授文学史，散曲、戏曲可以分述，但不可不强调两者之间的血肉联系；讲授词曲作品，知人论世、以意逆志之功夫固然重要，但也要兼顾作者的立场考虑其作法；我辈青年学子深耕戏曲之时，不可不要求自己拥有词曲乃至中国古典韵文的知识背景；无论研究中国古典文学的何种文体，都不妨尝试创作以体味作者甘苦，等等。笔者在本校"昆曲经典文献细读"专业选修课上，引导三十名从未涉足韵文写作的学生在细读《南北词简谱》后试作散曲，帮助他们在写作实践中理解散曲与戏曲的同源关系，理解曲与诗词的血脉联系，理解律谱的体例与使用方法，成为学生印象至为深刻的片段，这些都不是笔者的创造，而是吴梅先生教学经验的直接转化。学术既须深入研究，亦须不断传承，在前辈学者的育人观念和经验中汲取营养，正是我们学术传承工作的重要组成部分。

——《文化遗产》2020 年第 4 期

杨胜强

吴梅《奢摩他室曲丛》本之
《暖香楼》刻年正误考

　　《暖香楼》为吴梅先生自著作品,于 1906 年创作,1907 年发表在《小说林》第一期,1910 年与吴伟业的《临春阁》、《通天台》一起收录在《奢摩他室曲丛》(第一集三种,下同)本中。因该本文末刊有"临顿路南艺林斋刊"等字,故《暖香楼》的刻名有"《奢摩他室曲丛》本"或"苏州临顿路南艺林斋刊本"。二者指称相同,是文取前称之。然笔者发现,此本刻年在后世流传中出现了一个较大抵牾,即《奢摩他室曲丛》本之《暖香楼》的刻年存"1906 年刊刻"和"1910 年刊刻"二说,其各分别指为"作品创作年"与"版本刊刻年",后世论著在注明《暖香楼》的刻年上,二者互为混淆的现象十分普遍。

一、刻年正误说现象举例

　　就笔者目力所及,较早著录《暖香楼》刻本情况的是徐调孚先生载于 1939 年《文学集林》第一辑《吴梅著述考略》及其 1942 年《戏曲月辑》第一卷第三期之《霜厓先生著述考略（增补稿）》，二文所录大致相同：

> 《暖香楼》（杂剧），宣统二年《奢摩他室曲丛》第一集本。本剧计南曲
> 一出，据《板桥杂记》所载姜如须与李十娘事，而成此剧。作于光绪三十
> 二年，为《湘真阁》之初稿。《霜厓三剧自序》有"《湘真》则润色少作"之
> 句，"少作"即指此也。曾载光绪三十三年《小说林》第一期。

> 《奢摩他室曲丛》（第一集），宣统二年木刻本。目凡四，吴梅村之《临
> 春阁》《通天台》与先生自著之《暖香楼》《风洞山》是也。惟于（案：1942
> 年本"于"作"是"）《风洞山》下注有"别刊行"三字，故今所传只三种耳。
> 王伯祥兄（案：1942 年本"兄"作"君"）告我，先生大父所焚者，实为此丛
> 书内之《风洞山》木板，与钱（案：1942 年本有"卢"字）说异，不知孰是
> （案：1942 年本无"不知孰是"四字）。

徐调孚先生所记已甚为明了，而《风洞山》问题非本文讨论范畴，于此不辨。
重要的是，《奢摩他室曲丛》本（按：下称作《奢摩他》本）之《暖香楼》的刻年问
题，学界著录多有混淆。当代学者王卫民先生是研究吴梅戏曲的名家之一，
用力极深。王先生于 1983 年编《吴梅戏曲论文集》所附录的《吴梅年谱》中
载："1910 年……本年校刻《奢摩他室曲丛》第一集行世。"之后的众多著作，
如 1995 年的《吴梅评传》、2002 年的《吴梅评传》、1998 年王卫民等编著《吴
梅》、2010 年《曲学大成 后世师表：吴梅评传》皆载"1910 年"。然而，王先生
于 1992 年《艺术百家》刊载的论文《吴梅先生剧作考辨》云："南杂剧《湘真阁》
一折（原名《暖香楼》）。作于 1906 年。始发表于 1907 年《小说林》第一期。
同年吴氏家刻《奢摩他室曲丛》第一集收有此剧。"其中"同年"的指向不是十
分清楚。2002 年王先生所编《吴梅和他的世界》载："《暖香楼》杂剧……《奢
摩他室曲丛》第一集，1907 年木刻本。"然于同页却又载："校刻《奢摩他室曲

丛》第一集,1910 年木刻本。"故王先生在《奢摩他室曲丛》本之《暖香楼》刻年时间上存在的些许差异,如"1907 年木刻本"一说,笔者存疑。但是,若从吴梅研究《暖香楼》刻年著录沿变的学术史来综合考察,刻年问题的正误混淆现象可谓常在,且未见有人考辨其正误的根由。

（一）"1906 年刊刻"说

就笔者所知,《暖香楼》"1906 年刊刻"说盖始自二十世纪八十年代初,即 1981 年梁淑安、姚科夫的论文《中国近代传奇杂剧简目（下）》所载"作于光绪三十二年丙午(1906)。《奢摩他室曲丛》本,光绪三十二年(1906)刊"。此后,如 1991 年马良春、李福田主编《中国文学大辞典》,1996 年梁淑安、姚科夫《中国近代传奇杂剧经眼录》,1997 年齐森华等主编《中国曲学大辞典》,1998 年《上海昆剧志》,1999 年么书仪主编《戏曲通典》,2003 年田根胜博士论文《近代戏剧的传承与开拓》,2004 年邓绍基主编《中国古代戏曲文学辞典》,2005 年左鹏军《晚清民国传奇杂剧索考》,2006 年王同舟分册主编《中国文学编年史·晚清卷》及同年秦华生、刘文峰主编《清代戏曲发展史》,2008 年程华平《明清传奇编年史稿》及同年梁淑安《南社戏剧志》,2009 年左鹏军《晚清民国传奇杂剧史稿》,2001 年及 2011 年左鹏军《近代传奇杂剧研究》及 2011 年《晚清民国传奇杂剧与史实研究》,2016 年常法宽、常大鹏编《近人传奇杂剧初编:5·序》等皆持是说,其中,2016 年为误说续至最近之时。

（二）"1910 年刊刻"说

诚然,"1910 年刊刻"说要盛于"1906 年刊刻"说。徐调孚先生及王卫民先生所载前已写明,兹不赘。限于笔者所见,"1910 年刊刻"说仍有 1964 年郑云波、魏云卿编《中国近代作家传记暨著述要目》、1990 年邓乔彬《吴梅研究》,1992 年马以君《南社研究:第 3 辑》及台湾蔡孟珍《近代曲学二家研究:吴梅、王季烈》,1994 年汪玢玲主编《中华古文献大辞典·文学卷》,1996 年刘梦溪主编、陈平原等编校《中国现代学术经典:鲁迅 吴宓 吴梅 陈师曾卷》,1997

年钱仲联等主编《中国文学大辞典》,1998 年《苏州戏曲志》,1999 年么书仪等主编《戏曲通典》,2000 年任继愈主编《中国藏书楼:3》及吴书荫论文《论二十世纪戏曲文献的整理和研究》,2005 年胡庆龄的博士论文《吴梅戏剧美学思想研究》及张耕田、陈巍主编《苏州民国艺文志(上)》,2006 年张石川论文《从民国前后古代戏曲文本的印行看戏曲观念之变迁》,2008 年骆剑婷的硕士论文《论吴梅的戏曲创作与传播》及解玉峰编《吴梅词曲论著集》,2009 年台湾谢依均的硕士论文《吴梅研究(1884—1939)——兼论近代戏曲学术的兴起》及李云《中国私家藏书·清前朝及近现代(下)》,2010 年郭英德编《吴梅词曲论著四种》,2012 年苗怀明《吴梅评传》、肖伊绯《孤云独去闲:民国闲人那些事》及彭知辉论文《传艺绝学 独步古今——曲学大师吴梅的治曲之路》,等等。

由上不难知《暖香楼》刻年正误说的混淆情况相当广泛,可问题是,无论正说或误说皆不见一方给予一方否定或旁证按语,也未见有人探究错误的根由,这就不得不令人深思。故对此厘清辨正具极大必要性。

二、"1910 年刊刻"说为是辨证

"1906 年刊刻"说的文献出处应是《暖香楼》中《暖香楼乐府题辞》所载"岁丙午"①三字,其为"作品创作年"无疑。"1910 年刊刻"说则出自沈修《临春阁题辞》所载"庚戌花朝"及《通天台》文末吴梅自作《梅村乐府二种跋》所载"宣统庚戌"。同书之中若同时出现"丙午"与"庚戌"两种时间年限,凡有常识者断然不会认为此本刊刻于"丙午"年,可事实上其刻年问题存在诸多误认。

---

① "岁丙午"三字出处,1907 年第一期《小说林》本及 1910 年《奢摩他》本等皆载:"岁丙午乡居,杜门不出,杂取各家笔记读之。高君梓仲命作新乐府。"1927 年《湘真阁》石印本、《戏剧月刊》1928 年第一卷第 4 期本、《光华期刊》1929 年第 4 期本、1933 年《霜厓三剧》本、《世界晨报》1936 年 6 月 26 日第 4 版本等皆载:"此吾丙午岁乡居时作。"(按:《暖香楼》于 1927 年"润色少作"后易名为《湘真阁》,故此序如是言。)

究其缘由,笔者以为这与《奢摩他》本的特殊体例及误说者缺乏整体考察有着重大关联。

《奢摩他》本扉页刊的"奢摩他室曲丛,第一集三种;梅村乐府二种,暖香楼;长洲吴氏灵鹣校刊"等字,说明刻者已明确告知世人此本收录三种作品。苏州大学图书馆藏有题名为"《奢摩他室曲丛》"的善本,其版式信息记为"存一册"。① 详考此册,此册收录《通天台》、《暖香楼》二种。② 2012 年国家图书馆出版社《奢摩他室曲丛·陆》于附录翻刻的《奢摩他》本中,《通天台》、《暖香楼》这一部分与苏州大学藏本一致。上海戏曲藏家王伟立先生藏有一套《奢摩他室曲丛》本,此本与国图翻刻本在正文内容上完全相同,不同的是,王本在上册多了"通天台"、"临春阁",在下册多了"梅村乐府"、"暖香楼"等写有篆体大字的四页。③ 王伟立先生所藏《奢摩他》本为一函两册,结合苏州大学藏本所记"存一册",可知《奢摩他室曲丛》(第一集三种)本的体例为:一函两册。其中上册收录《临春阁》,下册收录《通天台》、《暖香楼》。再有,2012 年国家图书馆出版社《奢摩他室曲丛·陆》于附录翻刻的《奢摩他》本乃是以国家图书馆所藏的《奢摩他室曲丛》(第一集)善本为底本,且该善本亦为两册(按:国家图书馆对它的载体形态记为"2 册")。可惜的是,翻刻本将二册合印,模糊了《奢摩他》本的原本体例。因此《奢摩他室曲丛》(第一集三种)本为"一函两册",这一点没有任何疑义。明白此本体例,对于《暖香楼》刻年问题的辨正至关重要。

《奢摩他》本上册收录吴伟业《临春阁》,此与吴梅研究似乎并无多少关系;下册收录吴伟业《通天台》和吴梅《暖香楼》,其中与吴梅研究相关的似乎亦多为《暖香楼》。于是,这个体例使《奢摩他》本在后世流传过程中形成了一

---

① 吴梅辑:《奢摩他室曲丛》(第一集三种)(下册),苏州大学图书馆藏本。
② 苏州大学图书馆编《苏州大学图书馆古籍普查登记目录》,国家图书馆出版社 2017 年版第317 页载曰:"奢摩他室曲丛第一集,吴梅辑,清宣统二年(1910)长洲吴氏灵鹣刻本,一册,存二种二卷(通天台一卷、暖香楼杂剧一卷)。"
③ 吴梅辑:《奢摩他室曲丛》(第一集三种)(两册),上海戏曲藏家王伟立先生藏本(影印本)。

个不易察觉却极为重要的现象：《奢摩他》本之《暖香楼》往往从合刻本中被独立出来研究，致使误说者以部分考察整体。加之《奢摩他》本之一函两册的善本难以亲见，因此误说者大抵只见《暖香楼乐府题词》之"岁丙午"（1906 年）这个"作品创作年"，难察上册《临春阁题辞》所载"庚戌花朝"及下册《通天台》文末、《暖香楼》前《梅村乐府二种跋》所载"宣统庚戌"（1910 年）①这个"版本刊刻年"，以致不知而误，误而不觉，正正误误相因不明。

三、结语

最后，我们回到《奢摩他》本之《暖香楼》"1906 年刊刻"说这个问题上重新考量。因《奢摩他》本流传不广，该本刻年误为"1906 年"的原因亦并非只是体例失察等那么简单，总的来说有：第一，不见《奢摩他》本，只以《小说林》载《暖香楼乐府题词》"岁丙午"为断，故只见"作品创作年"；第二，不见《奢摩他》本，结合《暖香楼》与《湘真阁》的关系，并根据流传最广的《霜厓三剧》中《湘真阁自序》之"岁丙午"而误判，故只见"作品创作年"；第三，沿因错误的著录，以讹传讹，亦不少矣；第四，幸见《奢摩他》本者，然只就吴梅而见《暖香楼》之《暖香楼乐府题词》，忽视《临春阁题辞》及《梅村乐府二种跋》中"庚戌"二字，缺乏整体考察，故终亦只见"作品创作年"。其中，笔者认为"以部分考察整体而致误"为最主要原因。另外须说明的是，《暖香楼》仍存单刻本行世，笔者所见有二本：日本东京大学东洋文化研究所藏本②；国家图书馆郑振铎藏本③。通过单刻本与合刻本比较，二者大致相同，但它们在文字与版式上存在些许差异，由此可知单刻本并非从合刻本中单独辑出行世，即毋是杜泽逊

---

① 2009 台北艺术大学谢依均的硕士论文《吴梅研究（1884—1939）——兼论近代戏曲学术的兴起》第 196 页写道："吴梅，《通天台跋》，《奢摩他室曲丛》第一集，临顿路南艺林斋，1910."此为整体考察之一例。

② 吴梅：《暖香楼杂剧》，日本东京大学东洋文化研究所藏本。

③ 吴梅：《暖香楼杂剧》，国家图书馆郑振铎藏本。

先生《文献学概要》所称"节采某书,更易新名"之例:单刻本既非节采合刻本,又非新名。再者 1907 年《小说林》本与单刻本、合刻本在内容上差异巨大,单刻本的刻年时间值得商榷①。况且是文前述以笔者所见而举"误作 1906 年"的例子均指"《奢摩他室曲丛》之《暖香楼》",而非单刻本。因单刻本鲜有人知,其版本问题非是文讨论对象,为另一所辨问题。概言之,《奢摩他室曲丛》本之《暖香楼》的刻年时间为"1910 年",而非作品创作之时的"1906 年"。

——《苏州教育学院学报》2020 年第 2 期

---

① 国家图书馆出版社的《近人传奇杂剧初编:5》为《霜厓三剧》作的简介中写道:"《暖香楼》……又有单行本及《奢摩他室曲丛》本,光绪三十二年丙午(1906)刊。"又《苏州民国艺文志(上)》第 239 页写道:"《暖香楼杂剧》一卷,长洲吴氏灵鹣 1910 年刻本,中国国家图书馆馆存。"二者所指应是国家图书馆郑振铎藏本的《暖香楼》单刻本,然该本刻年时间于此存疑。

苗怀明

填词制谱当筵奏　南面雍容曲国侯[*]
——吴梅和他的曲学研究

　　二十世纪上半期既是中国现代学术的初创期,同时也是一个人才辈出的年代,其间涌现了一批成就卓著的优秀学人,不少人的生平事迹及治学历程富有传奇色彩。其中有这么一位学人,他三岁丧父、十岁丧母,早年坎坷,经不懈努力终成一代曲学大师;他两次科举考试未中,却靠自学成才,首次将词曲搬上最高学府的讲坛,薪火相传,培养了一批优秀的青年才俊,卢前、任中敏、唐圭璋、钱南扬、王季思等皆出自其门下。他虽然一生都在新式高等学府中执教,体现着现代学术的新变,但同时又坚持旧体文学创作,拒绝采用白话。他既是现代学者,又是传统文人,现代与古典、新与旧、先锋与保守,就这样奇妙地集于一身。

　　此人就是吴梅。

---

* 　本文题目出自卢前《论曲绝句》,载《卢前曲学四种》,中华书局 2006 年版,第 255 页。

一

以 1917 年进北京大学讲授词曲为界,可以将吴梅的治学历程分成前后两个阶段,前一个阶段为吴梅治学的成长期,后一个阶段为吴梅治学的成熟期。以下简要予以介绍和分析。

在前一个阶段,吴梅生活的主要内容可以用两个词来概括,那就是:求学、求职。

吴梅早年生活坎坷,三岁丧父,十岁丧母,由叔祖吴长祥抚养成人。其最初的人生道路不过是唐宋以来的文人们已经走了一千多年的老路,那就是学而优则仕。他从十二岁开始学习举子业,虽然在十八岁这年以第一名的成绩补长洲县学生员。不过当他想走得更远的时候,这条科举之途却走得并不顺利,连续两次失利。

与此前举子们不同的是,历史只给了吴梅两次参加科考的机会。1905年,清廷下诏宣布,从第二年起废除科举制度。随着实行了一千多年的科举制度的废除,吴梅为时不长的仕举之路也戛然终止,它促使这位前途尚不明朗、处于迷茫中的年轻人去选择一条全新的人生道路。

1903 年科考再次失利后,吴梅曾到南洋公学附设的东文学堂学习过几个月。从 1904 秋到 1905 年初,吴梅又在江苏师范学堂学习过一段时间,不久因生活压力而肄业。早年的私塾教育加上两所学校的短暂学习,这就是吴梅所接受的全部教育。吴梅后来能成为一代曲学大师,靠的不是这些教育,而是其私下的请益与个人的刻苦自学。

在其后十多年时间里,吴梅辗转于苏州、上海、南京等地,为生计而奔波,主要在中小学任教为业,其间还曾远赴河南,做了一段较为短暂的幕府。对这一时期"游艺四方"的生活,吴梅本人后来曾有这样的概括:"先居蠡市,继就东吴,随幕中州,移砚沪上。"①

　　这一时期,吴梅十分关注时政,他不满于清朝统治者的黑暗和腐败,倾向革命,思想较为激进。他不仅结交许多进步文人如柳亚子、陈去病等,而且积极参加各类社会文化活动,比如加入政治色彩较为浓厚的文人社团南社,在具有进步倾向的报刊上发表诗文、剧作等,并由此登上文坛,引起世人的关注。

　　吴梅的文学创作以传统体裁为主,包括诗文词曲等,其中最为引人注目的是其旧体剧曲的创作。这一时期,他相继创作了《风洞山》、《血花飞》、《袁大化杀贼》、《暖香楼》、《轩亭秋》、《镜因记》、《落茵记》、《双泪碑》等一系列剧作,是这一时期旧体剧曲创作的主要作家。

　　对吴梅日后的教学科研而言,他早年所受教育中最为重要的是那些与科举无关或关系不大的古文词曲之类的所谓杂学。在这方面,吴梅下了很大功夫。他16岁应试时的提复被斥是一个契机,本来就对八股文不感兴趣,受到这一挫折后,他索性将大部分时间和精力都投入古文诗词的学习和创作,"注全力于诗古文辞"。

　　在治学方面,吴梅转益多师,利用各种机会向前辈名家求教。据他本人介绍,"诗得散原老人,词得彊村遗民,曲得粟庐先生(余别有传),从容谈燕,所获良多"②。

　　与诗文的学习相比,吴梅从事曲学的研习在时间上要稍晚一些,是从十八岁左右才开始的,其《顾曲麈谈》一书开篇就说"余十八九岁时,始喜读曲"③。在其他地方他也说自己"十八岁即喜曲子"④。

　　相比之下,词曲的入门要更为困难一些,特别是曲学,当时昆曲式微,缺

----

① 吴梅1932年9月21日(农历八月廿一)日记。本文所引吴梅著述,除有说明者外,皆出自王卫民编《吴梅全集》(河北教育出版社2002年版)一书,不再一一详注。
② 吴梅:《百嘉室遗嘱》。
③ 吴梅:《顾曲麈谈》第一章《原曲》,《小说月报》第5卷第3号(1914年6月)。
④ 吴梅:《四声猿》跋。

少精通此行的老师,前人所著曲论歧说众多,让人无所依从。吴梅对此深有体会:"诗文词曲,颇难兼擅。余谓诗文固难,而古今名集至多,且论文论诗诸作,指示极精,学者易于趋步。惟词曲最难从入。而二者之中,尤以曲为难。"①昆曲当时正处于青黄不接的衰落期,面对花部的兴起和竞争,没有还手之力。爱好者减少,真正懂得曲学的人就更不多见,因此求教成为一件相当困难的事情,甚至会受到别人的嘲笑。

好在苏州地区长期以来是昆曲流传的中心,积累丰厚,只要用心,还是能找到不少行家里手的。向名师请益,与同好切磋,再加上个人的不懈努力和认真研讨,吴梅在曲学上不断取得进步,经多年用功和积累,终能自成一家。吴梅成为一代曲学大师并非偶然,从他身上,后人也可以得到许多启发。

在曲学日益衰落的当时,吴梅为何要涉足曲学这样一个一般学人唯恐避之不及的冷门领域? 总的来看,有如下两个重要因素:

首先是兴趣。吴梅从十八岁左右开始学习曲学,孜孜不倦,终其一生,如果不是对曲学怀有如此浓厚的兴趣,热爱这门学问,是很难坚持这么久的。对吴梅来说,曲学并不是一门枯燥的学问,而是可以寄托灵魂的乐园,是其生命中不可缺少的重要组成部分,他不仅自己喜爱,其妻子、儿子也都喜爱,这种喜爱是发自内心的。

其次是责任。复兴传统文化、振兴曲学的责任。随着吴梅曲学造诣的深厚,随着其学术声誉和地位的提高,这种责任日渐明晰,为此他做了很多工作。不管是课堂授徒,还是编印曲籍,都不仅仅是为稻粱谋,也是含有学术的道义和责任在的。

吴梅早年研习曲学具有如下一些特点:

就研究范围而言,吴梅对曲学领域的各个方面皆有较大兴趣,重点主要集中在两个方面:一是曲律,二是对作家作品的品鉴。特别是第一个方面,最

---

① 吴梅:《蠡言》。

能体现吴梅治曲的成就和特点。此外,他对戏曲源流的发展演进、戏曲作品的校订、目录的编制也同样抱有很大的兴趣。

就研究方法而言,除了博览群书、搜罗资料外,吴梅还特别注重艺术实践,具有丰富的创作和演唱经验,他既是一位作品丰富的剧作家,同时也是一位水准很高的唱曲家。这种素养是同时代及后来的很多研究者所不具备的,是非常难能可贵的。

对吴梅来说,曲学不仅仅是研究对象,同时也是其生活中不可或缺的重要组成部分,他沉浸于其中。因此,他的研究避免了其他研究者的隔靴搔痒之弊,贴近曲学的实际。这样,其曲学研究不仅仅是面向古代的,同时也是面向当代的,既解决戏曲史上一些重要的问题,也对戏曲的创作和演唱具有指导意义,研究成果兼具学术性和实用性双重价值。

就著述方式而言,吴梅采用了传统的曲话体,这种体裁的特点是长短不拘,内容不限,自由灵活,缺点在不够系统完整。较之前人的著作,吴梅在论曲的体系性和完整性方面有了较大的改进。其后,因在北京大学、中央大学等现代高等学府执教,受现代学术制度的影响,其著述方式也逐渐发生一些新的变化。

在后一个阶段,吴梅生活的主要内容也可以用两个词来概括,那就是:教书、著书。

走上北京大学讲台,开设曲学课程,这对吴梅来说,既是其治学经历的一个重要转折点,同时也是其人生中一个十分精彩的亮点。在二十世纪中国戏曲研究史乃至中国现代学术文化史上,这都是一个具有标志性的重要事件。

之所以这样说,是因为它有着多方面的意义和影响。在蔡元培、陈独秀等人的大力支持下,借助“五四”新文化运动的巨大社会影响及北京大学在全国学术界的声望,经过吴梅的精心传授,曲学终于成为一门专学,被纳入中国现代学术体系,得到新的教育制度和学术制度的保障,培养了新一代从事曲学研究的学人,从此薪火相传,绵延不绝。

同时吴梅也因其自身的研究实绩与将曲学引入大学讲堂的开创性贡献，在学术界获得了很高的声誉，当时已有人称其为"词曲大家"①，此后这一称呼成为学界的共识。五年北大执教生涯改变了吴梅的人生轨迹，对其一生的治学及生活有着十分深远的影响，从此他一直在各高等学府任教，以研究学问、传道解惑为生，从一名传统文人变为一名专业学者。

1922秋，吴梅离开北京大学，南下金陵。在接下来十几年里，他仍然以教学、研习曲学为业，在南京、上海等地的高等学府继续传播曲学火种。在此期间，词曲已成为各个高等学府普遍开设的课程，受到社会的广泛认可和关注。吴梅在词曲领域的学术地位早已得到学界广泛、一致的认可，如1933年就有人撰文称"近三十年来，曲学之兴起，风行海内，蔚然成观者，皆梅苦心提倡之功也"②。吴梅的治学也由此进入一个更为自觉的阶段，同时这也是其曲学研究的一个收获期。

这一时期吴梅的著述大多是为配合课堂教学而编撰的。将吴梅在这一时期的曲学著作与他本人此前的同类著述相比，可以看到其治学思想和研究方法的一些脉络与变化。此前的论曲之作如《奢摩他室曲话》、《奢摩他室曲旨》等，从内容、表述方式来看，同吕天成的《曲品》、祁彪佳的《远山堂曲品》、《远山堂剧品》等著述一样，基本上属于古代的曲话体，即多以札记的形式出之，内容庞杂，写作较为自由、随意，缺少系统性。稍后撰写的《顾曲麈谈》，则开始采用章节的形式，较有条理。

到了《词余讲义》一书，则有了更为明显的变化，这主要表现为：内容完整、系统，表达也较为严密，理论色彩变浓，逻辑性加强。这显然是为了适应学校的要求和教学的需要而进行的调整。毕竟课堂讲授与个人的撰著不同，它需要全面、系统地传授专业知识。

---

① 吴虞1918年6月1日日记，载中国革命博物馆整理《吴虞日记》上册第393页，四川人民出版社1984年版。
② 常芸庭：《吴梅小传》，《国风》第3卷第4期（1933年8月）。

这一方面是吴梅本人为适应教学而进行的调整,另一方面也是学校的要求。从出于个人爱好的著述到适应教学需要的讲义,这种撰写动机和形式的变化本身就很能说明问题。将吴梅后来所写的《中国戏曲概论》、《元剧研究ABC》等著作也放在一起,可以更为清晰地看到吴梅治学的这一变化。

著作内容、表述方式的这些变化是耐人寻味的,由此可以看到现代教育制度和学术制度对一位学人的改造和影响。此前的吴梅虽然曲学造诣很深,但总的来说还是一位传统文人,无论是治学方法还是表述方式上都不够严谨和规范,具有一定的随意性。多年的高等学府执教生活使他逐渐转变为一位现代学者。这种学术文化角色的转换形象地体现了中国学术从传统形态到现代形态的深层变迁。

当然,这种转变并不是彻底的,非一朝一夕所能完成,它是一个渐变的过程。这表现在:吴梅身上具有较为明显的新旧杂糅的过渡特点,既有传统文人的印记,又有现代学人的特点。在肯定吴梅顺应时代学术潮流,将曲学搬上大学课堂的同时,确实也有必要点出其身上传统的一面。因此,从这个角度来看,吴梅是解读中国近现代学术转型的一个十分典型的个案。

与前代及同时代的曲家相比,吴梅治学的可贵之处有二:

一是他不仅能制曲,而且能度曲、唱曲,样样精通,具有非常丰富的艺术实践,是一位难得的曲学多面手。

二是他曲学造诣精深,特别是对曲律方面的各种问题进行过深入的思考,有不少独到的见解。在曲学史上能兼具如此多优长且有如此精深造诣者,屈指可数,吴梅就是其中的一个,这也是学界特别看重他的地方。

对于吴梅治学的特点,将其与同时期的另一位学人王国维放在一起比较,可以看得更为明显:

从两人的相关著作来看,王国维将戏曲作为文学体裁的一种,从史的角度进行观照,他更关注戏曲自身的渊源流变,更关注戏曲的文学特性,以意境、自然等标准来评价元曲。而吴梅则更多从创作、演出的角度观照戏曲,注重戏曲的音律,用很多时间和精力进行制曲、度曲等艺术实践。

从研究方法上看,王国维偏重实证研究,以乾嘉学派治经史的功夫研究戏曲,借助大量文献资料对戏曲的起源、形成等问题进行考察,有许多新的发现。吴梅虽然也很重视文献资料的搜集、整理和考订,但其长处在对戏曲的精细品鉴。

由于观念、角度及研究方法的不同,两人虽然同是研究戏曲,但涉猎的领域不同,即使是同一个问题,看法也会迥异。比如对明清戏曲的看法。王国维认为是死文学,评价很低,因此而不愿涉猎,吴梅的看法则不然。

两人涉猎了曲学的不同领域,分别解决了一些问题,具有很强的互补性。不过就对后世的影响来说,王国维较之吴梅要大得多。他借助西方美学理论和表述方式,对"托体甚卑"的戏曲进行全面、系统的梳理和研究,以《曲录》、《宋元戏曲史》等著作奠定了戏曲研究的基石,开创了现代戏曲史学,其研究范式为后人继承、发扬,影响深远,成为戏曲研究的主流,一直到现在为止,都未有太大的改变。

王国维、吴梅同是戏曲研究的开创者,他们代表了两种独具个性的研究范式,为后人提供了可以选择的不同典范。戏曲研究因为有这两位先驱者的开拓,有一个良好的起点。但让人感到遗憾的是,吴梅所开创的治学范式后来未能得到很好的传承,尽管其众弟子在曲学研究方面皆有不俗的成就,但像卢前那样能全面发展、传其衣钵者并不多见,这一现象也是很值得深思的。浦江清对此曾有精辟的分析:"戏曲史目录考订之学则考据家之事,今方兴未艾,如材料增多,方法加密,后者可胜于前。至于南北曲之本身原为一有生命之艺术,由词章家作曲,音乐家谱唱,艺术家搬演,合此数事以构成一整个之生命。一旦风会转移,此艺术亡,此门之学问亦随之而亡。今从先生游者尚不能尽其所学,况后世但读其书者乎? 其卒也,必有绝学不传于世者,后之人莫能问津焉,此最可悲悼者。"①浦江清将这一现象归结为时代文化风气的变

---

① 浦江清:《悼吴瞿安先生》,《戏曲》1942 年第 1 卷第 3 辑。

迁,与王国维在《宋元戏曲史》自序中所说的一代有一代文学之说可谓不谋而合。按照浦江清的说法,这是时代文化变迁的大势所致,并非个人之力所能挽回。不过,正是因为绝学的不传,更可看出吴梅的意义和价值来。

吴梅是一代曲学大师,这一点人所共知,他在词学方面也同样有着很深的造诣。从年轻时期起,吴梅就一直致力于词的创作,他曾向词学名家朱祖谋学习过,与况周颐、郑文焯、夏敬观等词家也有较多的往来,并发起创办过六一词社、如社等词社。钱仲联对其词作有如下评价:"瞿安曲学大师,严于持律。早年讲学吴门,与黄摩西游,后掌教南雍,门下士遍天下,名乃出摩西上。词笔高逸,不让东塘、昉思擅美于前。"①

在创作的同时,吴梅还致力于词学研究,他在各大学执教,开设有词学方面的课程,如词学通论、词选、专家词、词史等。当年在北京大学执教时,曾校勘刊印过张炎的《词源》。其弟子中也有专攻词学者,如唐圭璋。叶恭绰曾评价其词学成就:"瞿庵为曲学专家,海内推挹,词其余事,亦高逸不凡。"②夏敬观也称赞吴梅为"曲家泰斗,其词亦不让遗山、牧庵诸公"③。

吴梅以词曲闻名于世,在此方面成就最著,影响也最大,但他并不满足于仅仅做一个词曲家,而是有着更为宏大的学术志向,这是他对自己的人生定位。他在自己的遗嘱中也曾专门谈及这一点:"今人富词曲者,未尝不是。但余所有者,不独此耳。频年南北客中度岁,几成惯例。上痒延聘与子弟肄习者,多声律对偶之文。至有誉我为词曲专家者,余亦笑而不辩也。"④吴梅曾想专门进行诗文、史学方面的研究,并做了不少准备。可惜由于诸事繁杂,这些设想一直无法落实。

---

① 钱仲联:《光宣词坛点将录》,载《词学》第三辑,华东师范大学出版社1985年版,第243页。
② 叶恭绰:《近词案记》,《民族诗坛》1938年第5辑。
③ 夏敬观:《忍古楼词话·吴瞿安》,《词学季刊》1935年第2卷第4号。
④ 吴梅:《百嘉堂遗嘱》,《吴梅全集》日记卷,河北教育出版社2002年版。

二

1924 年，吴梅曾与其弟子谈及，自己在治曲方面有三个大的心愿：“一集奢摩他室曲丛，以比《元曲选》与《六十种曲》；二定曲韵，以比《中原音韵》；三正曲律，以比《太和正音谱》。”[①]于此可见吴梅对自己治曲的学术定位、主要兴趣与努力方向，事实上他也正是朝着这几个方向来用功的。以下结合吴梅的著述，对其曲学方面的成就和特点分别进行介绍和分析。

首先来看吴梅在曲律方面的研究和贡献。

这是吴梅用力最多、成就最高的一个领域，其中以《南北词简谱》篇幅最大，也最为重要。这是吴梅凝聚了毕生心血的一部著述，也是他最为看重的一部著述。晚年避难期间，在写给弟子卢前托付后事的书信中，他专门谈到这部书：“《南北词简谱》十卷，已清本，为治曲者必需之书，此则必待付刻。”[②]

吴梅之所以在其所有学术著述中，最为看重这部书，这与其治曲的目的和特点有关。其治曲的主要特点在着眼于创作与演唱，将理论探讨与艺术实践密切结合起来。但无论是创作和演唱，都需要有所依据，这个依据便是曲谱。以往虽然也有不少曲谱之作，但都不能让人满意。依照吴梅的看法，这种不满意有二：一是这些曲谱难以同时满足演唱和创作的需要，“仅可为歌者定字谱，不足为作家立正鹄也”，二是南北曲情况复杂，曲家歧见纷出，让人不得要领，无所适从，即吴梅所描述的“元人散曲，文约而字简，杂剧则多用衬字，句读字格，从而紊乱；南词集曲，日新月异，甲乙互勘，动多龃龉，梳爬搜剔，辄废寝食。又北词借宫，纯在意会，而增句格式，迄无端绪，宁献所录，亦未得要领；南词新旧板式，缪辀淆乱，不可究诘”。找到了先前曲谱存在的不足和缺陷，也就明白吴梅写作该书的目的，那就是为歌者和作家的演唱、创作

---

①　陆维钊：《满江红》，《戏曲》1942 年第 1 卷第 3 辑。

②　吴梅 1938 年 10 月 15 日致卢前书，载《霜厓遗札》，《文讯》1942 年第 2 卷第 1 期。

"立一定则,为学子导先路"①。

南北曲曲牌数量繁多,情况复杂,有许多繁难的问题连古人都弄不清楚,要一一理清说明,为人们提供一部明白清晰、权威可信、方便实用的曲谱,其难度之大、耗时之多是可以想象得到的。因是撰制曲谱,对所收每一个曲牌都要谈清说明,对存在的问题是无法含糊和回避的。有时候为了弄清一支曲牌的问题,都要反复思索很长时间,如《梅花酒》,"此曲之难订正,可谓无以加矣。《广正谱》列九格,《大成谱》列十三格,仍未分析明白。余再四探讨,方定此格,学者细心按读元词,当无甚不合矣"②。

《南北词简谱》也因此成为吴梅最为用心、撰写时间最长的一部著述,"竭毕生之心力,而所成者仅此"。1920年草创,到1931年才最后完成,这样前后算起来,整整用了十多年的时间,可谓十年辛苦不寻常。

全书共十卷,分南词、北词两部分,其中卷一到卷四为北曲,卷五到卷十为南曲,共收录曲牌一千二百一十二个,包括北曲曲牌三百三十二个,套数格式六十二个,南曲曲牌八百八十个,套数格式九十二个。卷首有《诸家论说》,分北曲诸说和南曲诸说两部分,"杂采《太和正音谱》、《宗北归音》、《啸余》旧谱、词隐旧谱、伯明新谱诸书成之,分南北曲两类,以清眉目"③,内容基本取自王奕清《钦定曲谱》的《诸家论说》和《九宫谱定论说》。④

在内容上,"书中征引,北主《太和正音》、玄玉《广正》,南主《九宫谱定》,亦参酌《定律》","至分合论断,概出管见,雅不欲依附古贤,而于衬贴、正集、增句、板式之间,尤兢兢焉"。⑤ 具体说来,所收每一曲牌,皆系于所属宫调之

---

① 以上吴梅《南北词简谱》自序。
② 吴梅:《南北词简谱》,第152页。
③ 吴梅:《南北词简谱》卷首《诸家论说》注,1940年刊行。《吴梅全集》本《南北词简谱》删去卷首的《诸家论说》而未加说明。
④ 参见王奕清《钦定曲谱》卷首部分。对《南北词简谱》与《钦定曲谱》的关系,周维培《曲谱研究》一书(江苏古籍出版社1997年版)有较为详细的介绍,见该书第224—225页。
⑤ 以上吴梅《南北词简谱》自序。

下,详细注明字格、韵脚、管色、正衬、用法等。每一宫调后还附录套数格式。所引曲文,"概从旧谱,其有文义粗鄙,阻人词兴者,始易以俊词,如《梦花酣》、《秣陵春》、《桃花扇》等是也。《大成谱》多引内廷戏曲,皆出华亭张文敏书,间亦采入"①。

该书就其价值而言,主要有二:

一是该书不仅为作家和唱曲者提供了一个可以依据的规范,同时也讲明了其中的道理,让读者知其然,同时也知其所以然,因此较之以往的曲谱,更为方便、实用。全书还精选了一千多首符合格律、文辞精美的历代曲文作为例曲,所以还可以作为一部质量精良的大型曲选读本来阅读和欣赏。

二是该书对曲律的探讨在充分吸收前人成果的基础上有新的推动和发展,提出许多新见解,解决了一些疑难问题。以《道和》为例,这是最难订正的曲牌之一,因为它向无定格,"百无一同,实则增减处太多",吴梅觉得"增损虽可自便,而格律须厘然不紊,非可乱次以济也",于是"遍览元明诸谱,定一格式"。② 全书类似这样的地方还有不少,对存在问题的曲牌,吴梅通常是先考察其历代创作的应用情况及前代曲谱的介绍,然后再进行辨析,阐述自己的看法,并拟定格式。该书实际上是从曲律的角度对元明清各代创作及曲学进行了一番细致的梳理和总结,因此该书也具有了集大成的性质。

吴梅的弟子卢前曾将其放在明清以来的曲谱研究史中给予如下评价:"曲之有谱始于明,宁王《正音谱》兼收词,体不醇,李玄玉《北词广正谱》、沈璟《南曲谱》稍可观,庄亲王《大成谱》与《钦定曲谱》,根据李沈,无有发明。先生书最晚出,旧有疑滞,悉为扫除,其功远迈于万树之《词律》,驾诸八百年间词人之上,知音者无异言也。"③

---

① 吴梅:《南北词简谱》例言十则。
② 吴梅:《南北词简谱》,第101页。
③ 卢前:《吴瞿安先生事略》,载王卫民编《吴梅和他的世界》,河北教育出版社2002年版,第5页。

令人遗憾的是,《南北词简谱》一书虽然具有很高的水准和价值,但它产生于昆曲式微、旧体文学创作退出历史舞台的时代,社会上愿意或有能力制曲者寥寥无几,因此尽管作者耗费了大量心血,但使用者并不多,未能产生较大的社会反响,这也是可以想见的。这是社会文化发展的一个趋势,不管其是否合理,都非人力所能挽回。这正如一位学人所说的:"南北曲之本身原为一有生命之艺术,由词章家作曲,音乐家谱唱,艺术家搬演,合此数事以构成一整个之生命。一旦风会转移,此艺术亡,此门之学问亦随之而亡。今从先生游者尚不能尽其所学,况后世但读其书者乎?"①从这个角度上,可以称吴梅为最后一个曲学家。《南北词简谱》是一部具有集大成意义的著作,同时也代表着古典曲学的终结。

《南北词简谱》之外,吴梅还有两部较为系统的论曲之作,即《顾曲麈谈》和《曲学通论》。

《顾曲麈谈》是吴梅早期影响最大的一部学术著作,体现了吴梅词曲研究的特色和水准,也奠定了吴梅在曲学领域的地位。

该书着眼点在实用,吴梅有感于填词之道"千古才人欲求一成法而不可得","遂将平生所得,倾筐倒箧而出之,使人知有规矩准绳,而不为诵读所误"。② 全书围绕填词之道而展开,分原曲、制曲、度曲、谈曲四章,其中原曲、制曲讲填词之道,声律分宫调和音律两部分,曲体则分南曲和北曲、剧曲和清曲。度曲讲唱曲之道,分五音、四呼、四声、出字、收声、归韵、曲情七部分来谈,谈曲则"取元明以来曲家遗事轶闻,汇而集之,以为词林之谈屑,而实亦吴骚之掌故也"③。对每一部分内容,既阐明相关的曲学原理,也指出填词时应遵循的一些规则。

与以往的曲学著述相比,该书有如下两个明显的特点:

① 浦江清:《悼吴瞿安先生》,《戏曲》1942 年第 1 卷 3 辑。
② 吴梅:《顾曲麈谈》第一章《原曲》,商务印书馆 1916 年版。
③ 吴梅:《顾曲麈谈》第四章《谈曲》,商务印书馆 1916 年版。

一是简明扼要,通俗易懂。全书所谈内容,均经过吴梅本人的认真思考,力避以往曲学著述的故弄玄虚、晦涩难懂,直接用简明的语言说出要点所在,让人一目了然。比如宫调,"举世且莫名其妙",成为"一绝大难解之事",吴梅则举重若轻地指出:"宫调者,所以限定乐器管色之高低也。"至于务头,更是"解者纷纷","正不知绞尽多少才人心血,而迄无有涣然冰释之一日",吴梅经过反复思考,终于找到关键所在:"务头者,曲中平上去三音联串之处也。"书中对借宫、集曲等术语的讲解也大体如是,因为自己想得明白,所以才能说得清楚,由此可以想见吴梅对曲学所下功夫之深。

二是方便实用。前文已说过,吴梅在研习曲学的过程中,曾下了不少暗中摸索的笨工夫,为了避免初学者再走弯路,他要把自己得到的宝贵经验和重要体会告诉读者,为填词度曲提供指导。因此,他在书中制定了一些可以遵循的填词度曲规则,比如宫调方面,他"为近日词家立一准的",详细列举各曲所属宫调,对读者来说"只须就本宫调联络成套,就古人所固有者排列之,则自无出宫犯调之病"。在音韵方面,他"取各家之说,汇集考订,以王鵕《音韵辑要》为主,分别部居,勒成一种曲韵,庶填曲家得有遵守",为此他还特别强调:"当今之世,正黄钟毁弃,瓦釜雷鸣之日也。因订此韵,为文人暗室之灯,览者当知余之苦心,则幸甚矣。"这种"苦心"贯穿全书,在介绍南曲北曲、剧曲清曲的不同作法、度曲之道时也是如此。后来吴梅将该书有关曲韵的部分单独成书,以《奢摩他室曲韵》为名,于1928年刊行。

对吴梅来说,这是其多年曲学研习的一个总结,包含了其创作经验与苦心思考的体会,对过去含混不清、众说纷纭的曲学声律进行了较为系统、完整且清晰的梳理和归纳,澄清了一些误解,解决了不少难题,对曲学多有发明,其重要价值是显而易见的。对读者来说,该书将过去艰涩难懂、视若天书的曲学以简明扼要、通俗易晓的语言进行介绍,并提供了一些可遵循的填词度曲规则,方便实用,是非常理想的入门教科书。也正是为此,该书在《小说月报》连载及在商务印书馆出版单行本后,受到欢迎,不断被重印,印数达到几十万册。

《曲学通论》是吴梅讲授词曲所编的讲义,初名《词余讲义》,北京大学出版部 1919 年 12 月刊行。吴梅曾这样介绍该书撰作的缘起:"丁巳之秋,余承乏国学,与诸生讲习斯艺,深惜元明时作者辈出,而明示条例,成一家之言,为学子导先路者,卒不多见。又自逊清咸同以来,歌者不知律,文人不知音,作家不知谱,正始日远,牙旷难期,亟欲荟萃众说,别写一书。因据王骥德《曲律》为本,旁采挺斋、丹邱、词隐、伯明诸谱,及陶九成、王元美、臧晋叔、李笠翁、毛稚黄、朱竹垞、焦里堂各家之言,录成此书。又作家数一篇,略陈流别,以资研讨。己未仲冬,删汰庞杂,付诸手民,大抵作词规范,粗具本末。"①

吴梅对该书的定位在"明示条例,成一家之言,为学子导先路",这与《顾曲麈谈》一书大体相同。事实上,《词余讲义》正是在《顾曲麈谈》一书基础上增补而成,两书内容较为接近,都是着眼于创作,重在对音律、作法的介绍,其中有关南北曲、剧曲清曲作法的内容基本相同,改动不大,其他章节内容虽然不尽相同,但也存在着明显的承袭关系。

对比之下,还是可以看出两书之间的差异,通过这种差异,可以看到吴梅在曲学研究上的一些发展和进步。总的来看,两书的差异表现在如下两点:

一是《词余讲义》在内容上更为系统、完整。《顾曲麈谈》一书所谈只有四方面的内容,即声律、作法、度曲和谈曲,《词余讲义》删去度曲和谈曲两部分,又增加了《曲原》、《家数》、《正讹》、《十知》等内容,涉及曲史、风格、版本等问题。同样的内容,《词余讲义》也有所扩展,比如声律部分,《顾曲麈谈》主要讲了宫调和音韵两个方面,《词余讲义》则扩展为宫调、调名、平仄、阴阳、论韵五章。两书相比,《词余讲义》涉及面更广,内容更完备。

二是《词余讲义》理论性更强。《顾曲麈谈》一书中,仅列举各曲所属之宫调、曲韵、诸宫套式就占了超过三分之一的篇幅,最后一章《谈曲》汇集历代曲

---

① 吴梅:《词余讲义》自叙,北京大学出版部 1919 年刊行。

家轶闻遗事,也占有相当的篇幅,两者的内容超过全书一半。《词余讲义》一书则删去这些内容,用更多的篇幅对曲学诸方面进行学理式的说明或史的梳理,因而理论性要更强一些。

该书作为曲学入门书,颇为实用,北京大学出版部曾于 1929 年 5 月再版。后吴梅将其改名为《曲学通论》,由商务印书馆于 1935 年公开出版,在学界产生了较大的影响。

吴梅曲律方面的著述尚有《长生殿传奇斠律》一文,该文刊于 1934 年。对其写作缘起,吴梅作过这样的说明:"近岁检订南北词诸谱,粗有成书,意有阂滞,取此记证之,辄迎刃而解,始服昉思守法之细,非云亭山人所可及矣。因逐出稽核,成此一编,研讨南北词者,据以操翰,庶无僭越。"[1]具体做法是,选取一些曲子,对其声律使用情况进行详细说明。对读者来说,一者可以通过具体例证明白作曲之道,二者可以领悟《长生殿》一剧在声律方面的高超艺术。

三

接下来说说吴梅对曲学文献的搜集和整理。

吴梅的词曲研究建立在丰富文献的基础上,这些文献多来自其本人的珍藏。吴梅以毕生精力制曲、度曲、论曲、教曲,同时也十分喜爱词曲及相关书籍的收藏。经过多年的不断积累,蔚然可观,其藏书总量约有五六千种,数万册之多,其中有不少珍本秘籍。

词曲类书籍是吴梅的特色收藏,数量大,质量精。藏曲数量据其本人介绍:"旧藏剧曲,几及六百种。"[2]当时国内藏家在此方面能与之媲美者只有郑

---

① 吴梅:《长生殿传奇斠律》说明,《国立中央大学文艺丛刊》1934 年第 1 卷第 2 期。
② 吴梅:《奢摩他室曲丛》自序,商务印书馆 1928 年刊行。

振铎、傅惜华等少数几人。人们或称其"藏曲之富，一时无两"①，或称其"藏曲最富且精，为海内冠"②，或称其"藏曲为海内第一"③，或称其"有关戏曲方面的书籍，以及精本、善本、孤本在全国居于首位"④。

利用个人的丰富藏书，吴梅在撰写学术著述的同时，还编校刊印了一些词曲方面的总集和选本，将珍贵资料与学界同仁共享。

在吴梅编印的戏曲作品集中，其中以《奢摩他室曲丛》规模最大，质量最精，社会影响也最著。

对《奢摩他室曲丛》的编印缘起，吴梅是这样介绍的："少好度曲，辄搜罗元明以来院本，历二十年，所积日多。晚近学者以为曲虽小道，而模写物态，雕绘人理，足以鉴古今风俗之变，深合于国风、小雅之旨，因怂恿印行，以广其传。计余旧藏剧曲，几及六百种，遍刊则值必巨，寒畯之士或且敛手矣。乃徇友人张君菊生之意，先印一百五十有二种。"⑤

吴梅原计划刊印曲籍二百六十四种，内容分散曲别集、散曲总集、杂剧、传奇四部分，其中散曲别集十三种、散曲总集五种、杂剧一百三十四种、传奇一百一十二种。⑥ 考虑到规模太大，价格过高，读者难以承受，后来缩减为一百五十二种。根据吴梅所编的《奢摩他室曲丛草目》，拟收散曲别集七种、散曲总集四种、杂剧六十五种、传奇七十六种。不过即便如此，其规模也已超过此前所有刊行的戏曲总集，正如吴梅弟子任中敏所说的："较前人旧编，素称

① 钱基博：《现代中国文学史》，世界书局 1933 年版，第 261 页。
② 常芸庭：《吴梅小传》，《国风》1933 年第 3 卷第 4 期。
③ 卢前：《吴瞿安先生事略》，载王卫民编《吴梅和他的世界》，河北教育出版社 2002 年版，第4 页。
④ 王卫民：《曲学大成 后世师表：吴梅评传》，上海古籍出版社 2010 年版，第 114 页。
⑤ 吴梅：《奢摩他室曲丛》自序，商务印书馆 1928 年刊行。
⑥ 《奢摩他室曲丛》全目抄本藏中国国家图书馆，林夕主编的《中国著名藏书家书目汇刊》（近代卷，商务印书馆 2005 年版）第四十册收录，题名为《吴瞿安许守白陆诚斋王孝慈所藏曲目》，可参看。王卫民《吴梅〈奢摩他室曲丛〉及其全目》一文也曾予以披露，但删去了全目中每书的册数，见《文献》总第 7 辑，书目文献出版社 1981 年版。

巨擘,如晋叔百种、汲古、富春十集者,且有积薪之势,取材之丰,此为独步。"①

该书从1928年起由商务印书馆刊出,但只出至第二集,由于日军的轰炸,商务印书馆藏书楼被毁,吴梅珍藏的用作底本的珍籍二十七种毁于战火,工作被迫停止。其后因形势的变化,吴梅虽有心继续编印,但限于各种条件,未能再继续下去。《奢摩他室曲丛》由此夭折,这无疑是一个很大的遗憾。

已刊出的《奢摩他室曲丛》一、二集共收录戏曲作品三十五种,还不到原计划的四分之一,其中第一集收《扬州梦》、《双报应》、红心词客传奇四种等传奇六种,第二集收诚斋乐府二十四种、粲花别墅五种曲五种。第一集采取影印的方式,第二集采取排印的方式。所据底本大多来自吴梅本人的收藏,比如诚斋乐府二十四种,有二十二种为吴梅珍藏,只有两种为张元济外借而得。对所收作品,皆在后面写有题跋,介绍作者生平经历、创作缘起、作品特色及刊误之处。"作者寓意,不厌详求,遗事轶闻,附书简末"②,"于掌故、文字、音律、排场,不辞劳瘁,言之娓娓,足为读者南针,亦即先生曲学之一种。题跋之精,得与吴江沈氏、南海伍氏后先骖靳焉"③。

该书的特点据吴梅好友王季烈的总结,有"三善":"选择之精,其善一也";"刊印之良,其善二也";"不求善价,以速流行","取值之廉,其善三也"。④ 这一总结还是比较合乎实际的,从王氏所说的第三善颇可见出吴梅刊印戏曲作品与前人的不同之处:首先,其目的不在牟利,而在普及推广,使珍本秘籍走上研究者的案头,为曲学研究提供便利。其次,将戏曲研究与文献的整理刊印结合在一起,具有明确的学术目的。

吴梅早年曾编选过一部书名也是《奢摩他室曲丛》的戏曲作品集,1910

①　任中敏:《奢摩他室曲丛》序,商务印书馆1928年刊行。
②　吴梅:《奢摩他室曲丛》自序,商务印书馆1928年刊行。
③　任中敏:《奢摩他室曲丛》序,商务印书馆1928年刊行。
④　王季烈:《奢摩他室曲丛》序,商务印书馆1928年刊行。

年艺林斋刊行。按照吴梅的设想,这应该是一部比较大的戏曲总集,但限于条件,只刊行了第一集,所收为《梅村乐府》二种即吴梅村的《临春阁》、《通天台》与吴梅本人创作的《暖香楼》,共三部作品。之所以收吴梅村的两部剧作,一是因为"梅村乐府,嗣响临川",二是因为吴梅村的剧作"传本绝少,又掩于诗名,几与碣石幽兰,同此沦隐"。① 该书所用底本为吴梅好友刘毓盘提供,《秣陵春》一剧因篇幅较大而未刊。这是吴梅早年编印曲集的一个尝试。

吴梅编选的曲学选本主要有如下几种:

《古今名剧选》,北京大学出版部 1921 年 2 月刊行。该书拟选收历代杂剧四十部,但没有全部完成,只刊行了三册,共收录杂剧十五部,其中第一册收录《东堂老》、《梧桐雨》、《范张鸡黍》、《黄粱梦》、《王粲登楼》五部,第二册收录《岳阳楼》、《货郎旦》、《望江亭》、《萧淑兰》、《误入桃园》五部,第三册收录《天香圃》、《兰红叶》、《义勇辞金》、《曲江池》、《继母大贤》五部。对所收剧作,吴梅皆在其后写有解题,对其作者、内容等基本情况进行介绍,并对该剧的特点、优劣进行评述。该书颇为适合学生的学习,北京大学出版组曾于 1934 年 6 月再版。

《词余选》,这是吴梅为配合《词余讲义》而编选的一部曲选。所收为元明时期的散曲作品,近 70 套套曲。卷首有吴梅所写的一段前言,说明编选的原因及宗旨:"词余之作,元人为盛,其见于剧曲者不下千余,而散曲尚不与焉。明初刘东生、王子一辈间喜南词,而要以则成为正宗。中叶以后,康、王、梁、祝并负盛名,一代作家,断推少白,自此以下,正音渐漓矣。今自元马东篱下迄明季,各选若干首,清代则缺之也。"后附《元曲选》所载《群英所撰杂剧》总目。对所收作品,前有作者简介,后间有按语。②

《曲选》,这是吴梅执教中山大学时所编的讲义,中山大学出版部 1927 年

---

① 吴梅:《梅村乐府二种》跋,《奢摩他室曲丛》,艺林斋 1910 年刊行。

② 本文对《词余选》一书的介绍,主要参考了吴新雷《吴梅〈词余选〉探考》(《东南大学学报(哲社版)》2010 年第 6 期)一文。

11月刊行,由于吴梅于当月辞职北返,估计未能使用。吴梅在中山大学任职时间很短,不一定来得及编选这样一部书,它很可能是吴梅执教东南大学时所编的讲义。该书未见公开出版,也未见研究者提及过。

该书分北曲、南曲两部,共收录元明两代散曲作品四十八家(不包括阙名作家)、九十四首,其中北曲收录作品十七家、三十二首,南曲收录作品三十四家、六十二首。就作品数量来看,选编者更为偏重南曲。在编排上,按作品所属宫调编排,南北曲合套归北曲部,南曲部则分仙吕、羽调、正宫、大石、小石、中吕、南吕、黄钟、越调、商调、双调、先吕入双调。这种编排方式便于对曲律的熟悉和掌握,适合初学者,也可见吴梅编印此书的用心所在。

总的来看,全书所选涵盖了元明两代的代表作家和作品,大多为声律、文辞兼美之作,对散曲的创作和欣赏都有较高的参考价值。

《曲选》,这是吴梅执教东南大学、中央大学时所编。它与吴梅的其他著述一样,也是为配合课堂教学需要而选编的。当年在北京大学任教时,吴梅"尝选传奇百种,曰《南词雅》,尘世杂遝,实未成书"。到南京之后,他整理旧稿,经过删汰修订而成此书。该书东南大学曾作为讲义印行,书名为《百嘉室曲选》,从其自序、例言皆署年份为甲子来看,该书当在1924年编成。1930年被商务印书馆列入《国立中央大学丛书》公开出版。

全书分四卷,与此前所编的另一本《曲选》不同,该书只收剧曲,不收散曲,所收"上自《琵琶》,下讫《倚晴》,得若干种,附缀题识,略陈流别,为学者告焉"①。共收录传奇一百九十四折,涉及三十二部作品。在体例上,"只录曲文,不及宾白,以南词为主,略取北词,但以套式为多。纯粹北词,不复多录,每种少者选二折,多者选十二折。每种前略记作者小传,末缀以跋,多品藻语或词林掌故之谭,率取诸《中国戏曲概论》"②。该书所收多为符合音律、文辞优美的名篇佳作,无论是从创作还是从欣赏的角度来看,都是一部相当不错

---

① 以上吴梅《曲选》自序,商务印书馆1930年版。
② 徐调孚:《霜厓先生著述考略》(增补稿),《戏曲》1942年第1卷第3辑。

的曲学选本,具有重要的参考价值。

吴梅早年还曾受刘世珩之邀,校勘《董解元西厢记》、《四声猿》、《临春阁》、《通天台》等作品。刘世珩是当时著名的藏书家,他喜爱词曲,发愿编印《汇刻传剧》,汇刻前人杂剧传奇,精选底本,聘请高水平刻工,并邀请吴梅、况周颐等词曲名家加盟,校勘文字,订正曲律。吴梅负责校订的是《董解元西厢记》、《四声猿》、《临春阁》、《通天台》、《紫钗记》、《南柯记》、《长生殿》等剧及《新定十二律昆腔谱》。

刘世珩主持刊印的《汇刻传剧》向以版刻精美、质量精良而著称,其中自然也有吴梅的重要贡献,他对自己的成绩还是较为满意的:"自来读董词者,未有如余之勤且专也。"①上述这些工作为其日后编印大型曲学总集积累了较为丰富的经验。

在北京大学执教期间,吴梅还校勘整理了《曲品附传奇品》,北京大学出版部 1918 年 11 月刊行。该书为明人吕天成的论曲之作,附收《传奇品》为清人高奕所作。其中《曲品》上卷为吴梅所校,下卷为梦凤楼、暖红室刊校,"梦凤楼"、"暖红室"均为著名藏书家刘世珩的藏书室、书斋之名。《传奇品》上卷为吴梅所校,下卷为梦凤楼、暖红室所校,并注明"汇刻传奇附刊第三种"。后附有王国维、陈玉祥的跋语。

四

曲律的研究、曲学文献的整理之外,吴梅在戏曲史方面也有不俗的建树。在此方面,他出版有如下两部学术著作。

一是《中国戏曲概论》。

全书分三卷,上卷为宋金元时期的戏曲,卷中为明人戏曲,卷下为清人戏

---

① 吴梅:《董西厢校记》,载《汇刻传剧》卷首。

曲,介绍了从宋元到明清时期的戏曲发展情况,其内容正如王文濡在序言中所说的:"自金元以至清代,溯流派,明正变,指瑕瑜,辨盛衰,举平日目所浏览,心所独得者,原原本本,倾筐倒箧而出之。"①

该书有两个值得注意的地方:

首先,全书篇幅虽然不大,只有五万来字,但从宋元讲到明清,是一部内容较为完整的戏曲通史。此前同类著作只有王国维的《宋元戏曲史》,因王氏对明清时期的戏曲评价过低,不愿涉及,该书只是一部戏曲断代史。《中国戏曲概论》不仅从宋元讲到明清,而且以明清为其重点,弥补了《宋元戏曲史》的缺憾和空白。其后,卢前的《中国戏剧概论》内容更为完整,较之两书又有新的发展和突破。

其次,该书卷上的诸杂院本和诸宫调部分受王国维影响较大,大部分文字系从其《宋元戏曲史》一书抄录而来。在戏曲产生形成的问题上,吴梅基本上接受了王国维的观点。

吴梅有关戏曲史较为全面系统的著述仅此一部,这并不是他对戏曲发展演进及作家作品的全部见解,还有很多精辟的意见散见于其戏曲题跋及为他人著作所写的序言、书信中,需要进行概括和归纳。

二是《元剧研究 ABC》。

对该书的内容,吴梅在例言中进行过简要的介绍:"本身分上下两卷,共计十章。上卷研究元剧的来历,现在元剧的数目,以及元剧家。下卷将元剧剖解,并及元曲方言,务使读者得到元剧最正确的知识和研究元剧的方法。"②

该书由世界书局于 1929 年 7 月出版,卷首有例言三则,但正式出版的只有上卷,下卷未见出版。

上卷部分除序言性质的绪论外,只有四章,第一章为元剧的来历,第二章

---

① 王文濡:《中国戏曲概论》序,大东书局 1926 年版。
② 吴梅:《元剧研究 ABC》例言,世界书局 1929 年版。

为元剧现存数目,第三、四章为元剧作者考辨。第一、二章的内容与《中国戏曲概论》相关部分大体一样,全书最重要、最出彩的部分为第三、四章。作者对一百八十七位元代作家逐一进行考察,考其生平,论其作品,这对读者了解元代戏曲的全貌还是颇有参考价值的。

值得注意的是,该书破天荒地使用白话来写,这在吴梅的著述中很是少见。这可能是应出版社的要求而为的。有意思的是,该书使用白话并不彻底,只在例言、绪论和第一、二章使用,占全书三分之二以上篇幅的第三、四章则仍用文言。

吴梅对曲学的学术见解除了上面所提到的专书之外,还散见于其撰写的曲话及戏曲题跋中,以下简要介绍:

吴梅的曲话著作主要有《奢摩他室曲话》、《奢摩他室曲旨》、《霜厓曲话》等,这些著述在当时大多曾公开刊布过。

《奢摩他室曲话》一书所写为"耳目所及者,交友所得者",记录的是吴梅研习曲学过程中的一些心得体会。从已刊内容来看,包括三部分内容,即论杂剧院本、论务头和诸曲提要。其中论杂剧院本主要辨析杂剧和院本在体格、布局、科白、宫调等方面的差异,论务头所谈为宜知音声之不可混、作词十法和务头,诸曲提要只刊出元人曲部分,所谈主要为《西厢记》及马致远其他剧作。其特点正如吴梅本人所总结:"举凡声韵音律,备论其理,杂剧院本,亦钩提其要领,而是书之体格,固不必拘拘也。"①

《奢摩他室曲旨》一书也系未完稿,据吴梅本人介绍:"余旧著《曲旨》二十卷,止源流篇脱稿,他时须踵成之,庶足尽填词之难矣。"②全书大旨在考察戏曲在各个历史时期的发展演进情况,"次其时代,核其变迁"。已刊部分为对宋代乐舞的探讨,也就是吴梅所说的"源流篇",具体做法是"备载舞制,录取乐语,及词人所作诸曲,具著于篇,俾来者考其源",内容包括队舞制、教坊合

① 吴梅:《奢摩他室曲话》自序。
② 吴梅:《蠡言》。

曲、口号、勾合曲、致语、大曲、宋杂剧目等。

在吴梅的曲学著作中,《霜厓曲话》是比较特殊的一部。该书在吴梅生前没有公开刊布过。吴梅去世后,很长一段时间里没有人提及,学界也不了解其情况。直到 1990 年吴新雷撰文进行介绍,人们才知道吴梅还有这样一部曲学著作。① 2002 年,《吴梅全集》出版,收录了这部著作,人们才得以较为方便地看到其全貌。

该书共十六卷,从内容看,主要谈论元明曲家及作品,重点在这一时期的杂剧,似接《奢摩他室曲旨》一书而作,两者在内容上有一定的连续性。两书在写法上也较为相似,即采取曲话体,多辑录典籍、曲文,间附个人意见,资料较为丰富。它是吴梅平日读曲时所作的札记。该书一些内容与《顾曲麈谈》第四章《谈曲》部分重复。对该书的价值,笔者同意吴新雷的看法:“吴梅在《霜厓曲话》中所表现的史识和见解均极精辟,他除了能作宏观的总论外,尤其善于作微观的评析。……在科学性和系统性方面,则远远超过了以前的《雨村曲话》、《藤花亭曲话》和《菉猗室曲话》。”②

吴梅的戏曲题跋主要写在其购藏的戏曲书籍上。得到心爱的珍籍,在把玩品赏之余,吴梅通常还会写上题跋。这样随买随写,日积月累,所写题跋的数量还是相当大的,《吴梅全集》一书收录有一百六十多篇。

戏曲题跋可以看作吴梅主要的著述形式之一。就范围而言,较为广泛,涉及元明清历代曲籍,内容、形式也较为灵活,长短不拘,除了作者、版本、内容等基本信息的介绍,大多是对作品声律的考订、文辞的鉴赏。他本人对此曾有这样的介绍:“往余得杂剧传奇,辄作小跋,书于后幅,大抵考订律度者居多,作者姓名事实,亦就所知者记录之。”③

吴梅本为词曲领域的行家里手,加之又有丰富的创作经验,因此对具体

---

① 参见吴新雷《吴梅遗稿〈霜厓曲话〉的发现及探究》,《南京大学学报》1990 年第 4 期。
② 同上。
③ 吴梅:《读曲跋》,《学艺》第 2 卷第 1 号(1920 年 4 月)。

作品的品评往往切中肯綮,较为透彻,具有较高的学术价值,对读者的阅读欣赏同样可以提供参考和借鉴。不少题跋文辞优美,兼具义理、辞章,还可作文学作品品读欣赏。

　　吴梅著述除有关曲律者外,较为系统、全面者不多,其对戏曲本体及戏曲史各方面的见解,往往散见于戏曲题跋及序跋、书信中,因此,要探讨吴梅的戏曲美学思想,这些题跋无疑是重要的参考资料。研究者在进行相关研究时,也非常重视这些戏曲题跋,不断进行搜集整理。

苗怀明
_____

吴梅研究的回顾与思考

提起吴梅,人们往往用一代曲学大师一词来称呼,类似的称呼其实在吴梅生前就已经有了。尽管如此,吴梅对自己身后的寂寞还是有预感的。他虽然第一次将曲学搬上大学课程,门下涌现了一批像任中敏、卢前、钱南扬、唐圭璋、王季思这样杰出的弟子,但他的课堂上并没有出现学生抢座位的盛况,相反,选听其课程的人并不太多,有些学期可以用寥寥无几一词来形容,颇为冷清,这与别的知名教授授课时学生争相选听的情形形成鲜明对比,他常常为课堂上学生太少而犯愁。

吴梅曾这样告诉自己的弟子卢前:"唐人歌诗之法废,而后有词,词之歌法废,而后有南北曲,今南北曲又垂废矣。执途人而语之,虽瘏口焦唇,吾知其无益也。不如与子,拍浮高呼,寻味于酸咸之外,而自得于晓风残月之间,誉之勿喜,嗤之亦勿怒,吾固无望于今世之赏音也。"(吴梅《饮虹簃所刻曲·序》)

时代文化风气的变迁往往不以个人的意志为转移,有时候会显得十分残酷,在白话文学成为主流的时代里,包括词曲在内的旧体文学创作只能处于文学家族的边缘,成为少数文人雅士象牙塔内的把玩之物,不管如何提倡,也不管如何努力,都不可能再呈现明清时期的那种繁盛景象。从吴梅这种故作放达的语气中不难感受到其背后蕴涵的凄凉和无奈,因而对吴梅的研究并不仅仅是一个学人的问题,从中可以看到学术文化的变迁。

在吴梅生前,对他的研究就已经开始了,其中一些是刊印著述时友朋的序言题词,如黄人的《风洞山》传奇题词、《血花飞传奇》"序"等,有些是同好间的诗词唱和,还有一些是报刊的报道,这些大多带有即兴随感性质。其中也有一些学术探讨文章,如赵景深的《读吴梅曲论》、钱基博在其《现代中国文学史》一书中对吴梅的评述等,这些可以看作吴梅研究的序曲。

1939 年 3 月 17 日,吴梅去世,学术层面的研究也随之展开。根据各个时期的不同情况及特点,可以将吴梅研究分为如下几个阶段。

一

从 1939 年到 1949 年为第一阶段。这一阶段的研究者主要为吴梅的弟子及生前友好。内容主要包括如下几个方面。

一是对吴梅作品的整理与刊印,这主要是由其弟子完成的。吴梅去世后,其弟子卢前不负乃师厚望,在十分艰苦的条件下,得友朋同门之助,[①]逐一完成了恩师遗嘱中所托付的后事,将其遗著《南北词简谱》、《霜厓诗录》、《霜厓词录》、《霜厓曲录》等相继刊行,其中前一种于 1939 年 10 月刊行,后三种由贵州文通书局于 1942 年刊行。[②]

---

① 出版费用应该是吴梅众弟子共同承担的,常任侠在 1939 年 8 月 31 日的日记中有"付卢冀野刻吴瞿安师遗集费十元"之语,见其《战云纪事》第 209 页,海天出版社 1999 年版。

② 文通书局曾在其所办的《文讯》上发布吴梅遗作出版的预告:"故吴瞿安氏一代曲宗,挽近治词曲者多出其门下。吴氏生前常将遗作全部委之卢冀野教授,备付剞劂。月前卢氏已将遗作交付本局付印。"见《文讯》第 3 期(1941 年 12 月)。

1940年,弟子潘景郑也履行了对恩师吴梅的承诺,将《霜厓词录》雕版刊行。1943年,他又将《霜厓诗录》雕版刊行。

1940年,任中敏将吴梅有关戏曲的序跋结集为《霜厓曲跋》,收入其《新曲苑》中,由中华书局刊行。

以上所述都是吴梅研究的基础工作,其弟子对恩师情况较为熟悉,学养深厚、态度谨严,因而著述整理的质量也很高,为其后的研究奠定了坚实的文献基础。

二是对吴梅的研究。这种研究起初多带有纪念性质,由吴梅的弟子及朋友发起。比如1940年3月17日,昆明学界同仁在西南联合大学举办吴瞿安先生逝世周年纪念会,会上陈列吴梅的遗著、遗墨,并征集文稿,出版纪念刊。[①]

1942年3月,应吴梅弟子徐益藩之请,赵景深和庄一拂在其主编的《戏曲》上做了一期"吴霜厓先生三周年祭特辑",刊发吴梅的遗著及徐调孚的《霜厓先生著述考略》、郑逸梅的《霜厓先生别传》、浦江清的《悼吴瞿安先生》等文章,以纪念这位曲学名家。

这些纪念专刊、专辑对吴梅的生平、治学及著述做了初步的梳理,对其曲学成就做了概括和总结,不少文章的作者与吴梅有过颇为密切的交往,所言大多来自自身经历,因而文章不仅有学术价值,也有较为重要的文献价值。

二

中华人民共和国成立后到二十世纪八十年代,这是吴梅研究的第二阶段。在中华人民共和国成立后相当长的一段时间里,受意识形态等因素的影响,大陆地区学术界对吴梅这位曲学大师关注甚少,甚至可以说是冷淡,只有

---

① 参见《吴瞿安先生逝世周年纪念会》,《图书季刊》1940年新第2卷第2期。

唐圭璋、范烟桥这两位吴梅的弟子、好友在报刊上发表了两篇纪念文章,研究文章更是一篇都没有。直到八十年代,学界对吴梅才开始有较多的关注。

其间有三件事值得记述。

一是吴梅迁葬故土。

吴梅去世前在其遗嘱中曾特意交代要安葬故土。抗战胜利后,家属希望将吴梅迁葬故土,但因路途遥远、交通不便等条件的限制,未能如愿。

1950 年,在中共中央统战部的协调下,大姚县政府将吴梅的骨灰送归苏州,安葬在木渎。此举多得吴梅弟子李一平之力。

李一平因 1948 年协助龙云起义、和平解放云南有功,中华人民共和国成立后担任国务院参事。当时政府问其有何要求,李一平未提个人要求,但提出两条:一是"请移吴梅(瞿安)师之柩,归葬苏州",二是"请迎著名学者陈寅恪先生居庐山自由研究、讲学"。对第一条要求,政府答应"立即照办"[①]。

1986 年,在吴梅弟子们的呼吁和协调下,苏州市政协将吴梅骨灰迁葬于吴县穹窿山东小王山,即琴台山。[②] 吴梅的好友吴湖帆、周瘦鹃等也葬在这里。

二是吴梅藏书的捐赠。

吴梅平生喜爱藏书,特别是曲学收藏,既富且精,不乏珍本秘籍。吴梅去世后,其子女于 1952 年 12 月将奢摩他室藏书四千八百多卷全部捐献给北京图书馆(即今天的中国国家图书馆),受到文化部文化事业管理局的嘉奖。[③]

---

① 吴宓 1961 年 8 月 30 日日记,载《吴宓日记续编》第 5 册第 159 页,三联书店 2006 年版。

② 具体经过参见谢孝思《忆瞿安师》一文,《艺术百家》1994 年第 3 期。

③ 参见吴新雷主编《中国昆剧大辞典》吴南青条,南京大学出版社 2002 年版。关于吴梅藏书捐献的具体数量和情况,各家还有不同的说法,如冀淑英云吴梅后人分两次捐赠藏书,"第一次是 80 种,后来一批是 92 种。除去整的两批,他还零星的捐过,是他们家后来又找出来的"。见冀淑英《吴梅、朱偰、赵元方的捐赠》,载其《冀淑英古籍善本十五讲》第 163 页,国家图书馆出版社 2009 年版。

这些书籍主要为戏曲文献,收藏在北京图书馆善本部,今天仍可看到。①

三是吴梅诞辰百年学术讨论会的召开。

1984 年,天津、北京、苏州三地相继举办活动,纪念吴梅先生诞辰一百周年。3 月 11 日,中国音乐家协会天津分会、天津古乐研究会昆曲组在天津劳动剧场举办吴梅先生诞辰一百周年纪念演出。10 月 20 日,北京大学、北京昆曲研习社在北京大学举办纪念曲学大师吴梅先生百年诞辰座谈会。11 月12 日至 14 日,江苏省文化厅、中国戏剧家协会江苏分会、苏州市文化局、苏州市文联在苏州举办纪念吴梅先生诞辰一百周年学术讨论会。

这三场纪念活动在学界产生较大影响,可以看作改革开放以来吴梅研究的正式起步。其后,吴梅的著述不断整理出版,相关的研究著述也开始发表。

在吴梅著述的整理出版方面,王卫民所编的《吴梅戏曲论文集》将吴梅有关戏曲的著述编为一集,②为研究者了解和研究吴梅提供了便利。这是新中国成立后吴梅著述第一次出版,当时人们要想看到吴梅的著述并不容易,该书后来在较长一段时间内是了解吴梅戏曲研究的重要参考书。

值得注意的是,1989 年出现了研究吴梅的第一篇研究生学位论文,那就是台湾师范大学国文研究所黄立玉的硕士学位论文《吴瞿安先生之曲学及其剧作研究》。该文对吴梅的戏曲创作及研究进行了较为全面的探讨。大陆地区以吴梅为选题的研究生学位论文要到进去二十一世纪后才出现。

三

从二十世纪九十年代至今,为第三阶段。这一阶段是吴梅研究正式展开

---

① 据友人梁三兄统计,在《北京图书馆善本书目》(中华书局 1959 年版)第八册曲类部分所著录的善本书目中,著录文字中有"吴捐"或"吴梅跋"字样的有 111 种,未收入《北京图书馆善本书目》的还有 15 种,则该馆有吴梅旧藏至少 126 种。

② 王卫民:《吴梅戏曲论文集》,中国戏剧出版社 1983 年版。

的一个阶段，也是一个大有收获的阶段。随着曲学研究的深入，学界对吴梅也有了新的认识，一些学人将其与王国维、齐如山等人并列，高度评价其在曲学研究的开山之功。

学界对吴梅研究的重视程度，从如下两件事可以看出来。

一是 1994 年 3 月 25 日至 28 日，由中国社会科学院文学研究所、中国艺术研究院戏曲研究所、北京市艺术研究所、江苏省文化艺术研究所、江苏戏剧家协会联合发起，江苏省文联、江苏省文化厅、苏州市人民政府、苏州市政协、吴县县政府在吴梅故乡吴县举办"纪念吴梅诞辰 110 周年暨第五次中国近代戏曲学术研讨会"，来自全国各地的专家代表四十多人参加会议，大会围绕着吴梅的曲学理论、戏曲创作、戏曲教学等问题进行了较为深入细致的讨论。《艺术百家》杂志为此推出纪念专辑。

二是 2004 年 9 月 19 日，南京昆曲社在甘熙故居举行主题为"纪念昆曲曲家吴梅诞辰 120 周年暨洪升逝世 300 周年"的曲会，纪念吴梅诞辰 120 周年。在曲会上，吴新雷举办专题讲座，向曲友介绍吴梅的生平及学术贡献，同年他还撰文《关于吴梅的昆曲论著及其演唱实践——为纪念曲学大师吴梅先生诞辰 120 周年而作》[①]。

不管这种纪念活动规模的大小，每到吴梅诞辰或去世的整数年份，学界都会举行纪念活动。这本身就很能说明问题，说明吴梅在后世影响的深远。

在研究方面，《吴梅全集》的整理出版，代表着吴梅研究进入了一个新的阶段。吴梅生前与弟子卢前有刊印遗著之托，但仅限于《南北词简谱》等代表性著述，未有编印全集的打算，也不愿意编印全集。但对于后学者，搜集其全部著述，编印全集，则是出于研究的需要。这一工作是由王卫民先生完成的。

2002 年，王卫民整理的《吴梅全集》由河北教育出版社出版。该书分作品、理论、南北词简谱、日记四卷，收录吴梅存世的全部著述，由此可以了解吴

---

① 该文刊于《东南大学学报（哲学社会科学版）》2004 年第 6 期。

梅创作与治学的整体情况,为相关研究提供不少便利,具有重要的参考价值。

在吴梅研究上,王卫民是用力最勤,也是成果最多的一位,这一时期除了整理出版《吴梅全集》之外,他还撰写、编印了《吴梅评传》(再版时改名《曲学大成　后世师表:吴梅评传》)、《吴梅研究》、《吴梅和他的世界》等著述。

此外还有两部研究吴梅的专著出版,即邓乔彬的《吴梅研究》和蔡孟珍的《近代曲学二家研究:吴梅、王季烈》。

进入二十一世纪,吴梅研究受到学界越来越多的重视,有研究专著相继出版,即胡庆龄的《吴梅戏剧美学思想研究》和笔者的《吴梅评传》。

值得关注的是,这一时期出现了九篇以吴梅为研究对象的硕士、博士论文,其中博士论文一篇,硕士论文八篇,如李伟的《吴梅曲学研究》(南京大学2000年硕士论文)、胡庆龄的《吴梅戏剧美学思想研究》(山东大学2005年博士论文)等。相关论文更是呈现出明显的增长态势。

随着研究的不断深入,随着吴梅去世八十周年的到来,人们对这位曲学大师当会有更为全面、深入的了解,相关研究也将进入一个新的阶段。

四

总的来看,自吴梅去世特别是二十世纪八十年代以来,吴梅研究取得了较大进展,有不少有分量的著述面世,但不可讳言还有相当大的学术空间。就笔者个人的体会,吴梅研究可以在如下几个方面着手。

一是整理佚文。《吴梅全集》虽然已经出版,为研究提供了不少便利,但遗憾的是该书还存在不少漏收及疏误之处,有加以增补修订的必要。笔者撰写《吴梅评传》时,在全集外搜集了三四十篇吴梅佚文,待时机成熟,编印出版。在此方面,如果认真搜罗,还是可以再找到一些的。

二是深入挖掘。吴梅是现代曲学研究的先驱者,开创了与王国维、齐如山不同的研究模式,其成就主要在曲学的声律方面。这一领域在民国时期尚有少数学人关注,此后逐渐成为绝学,如今精通此道者寥寥无几。深入探讨吴梅的曲学成就包括其文学创作,还有很多工作可做。

三是拓展研究领域。吴梅虽然被尊为一代曲学大师,但其学术成就并不仅仅限于曲学,在其词学上的成就也是有目共睹的,为一些学人所关注。此外吴梅在诗文、书画乃至史学方面也有涉猎,且有著述,这些也都是值得深入探讨的。

总之,吴梅研究还有很多值得去做的工作,这需要有更多学人加入这支队伍中来。

当然,由于吴梅研究的特殊性,曲学中的声律之学在明清时期能够精通者本就不多,尽管到近代经吴梅、王季烈等人发扬光大,但至今仍然是冷门绝学,学界再重视,也不会有王国维研究这样的盛况,只要有若干学者沉下心来,认认真真梳理文献,进行卓有成效的探讨,这也就够了,相信这也是吴梅希望看到的。

苗怀明　编 ————————

吴梅生平年表

1884 年　甲申　光绪十年　1 岁

9 月 11 日（农历七月二十二日）生于苏州。吴梅，字瞿安（又作"瞿庵"、"癯庵"、"臞安"、"臞庵"等），一字灵鸩，号呆道人、霜厓（又作"霜崖"）、老瞿等。

1886 年　丙戌　光绪十二年　3 岁

父吴国榛病逝，年仅 22 岁。

1891 年　辛卯　光绪十七年　8 岁

出嗣为叔祖吴长祥孙。

1893 年　癸巳　光绪十九年　10 岁

6 月 24 日，母陆氏病逝。

1895 年　乙未　光绪二十一年　12 岁

从潘霞客习举子业。

1898 年　戊戌　光绪二十四年　15 岁

初应童子试失利。《霜厓诗录》所收诗作从本年始。

1899 年　己亥　光绪二十五年　16 岁

再应童子试,提复被斥。此后专力于古诗文。

草创《血花飞》传奇。

1900 年　庚子　光绪二十六年　17 岁

娶邹氏。邹氏名瑞华,小吴梅一岁。

1901 年　辛丑　光绪二十七年　18 岁

以第一名补长洲县学生员。

1902 年　壬寅　光绪二十八年　19 岁

得食廪饩。

秋,赴南京应江南补行庚子、辛丑并科乡试,第三场未进棚。

10 月,长子吴见青出生。

在雷子藩家坐馆授徒。

1903 年　癸卯　光绪二十九年　20 岁

再应乡试,因书"羽"字不中程而被绌。

秋,赴上海,在南洋公学所设东文学堂学习日文。

改定《血花飞》传奇。叔祖惧文字祸而焚之。

这年冬或次年春,在吴中公学社任历史教员。

1904 年　甲辰　光绪三十年　21 岁

秋,在江苏师范学堂学习。

1905 年　乙巳　光绪三十一年　22 岁

春,在蠡墅小学任职。

秋,担任东吴大学堂助教。

1906 年　丙午　光绪三十二年　23 岁

在东吴大学堂担任助教。

4 月,次子吴湅青出生。

1907 年　丁未　光绪三十三年　24 岁

在东吴大学堂担任助教。

8 月 15 日,与陈去病等 11 人在上海雅集,成立神交社。

10 月,嗣祖父吴长祥病逝。

1908 年　戊申　光绪三十四年　25 岁

在东吴大学堂担任助教。

10 月,三子吴翰青出生。

1909 年　己酉　宣统元年　26 岁

8 月,离家赴开封,游幕河道曹载安处,10 月到任。

1910 年　庚戌　宣统二年　27 岁

2 月,自开封返苏州。任苏州存古学堂检察官。

11 月,四子吴南青出生。

《霜厓词录》所收词作从本年始。

1911 年　辛亥　宣统三年　28 岁

任苏州存古学堂检察官,当年苏州存古学堂停办。

10 月,迁居蒲林巷新宅。

1912 年　壬子　民国元年　29 岁

春,在南京第四师范学校任教。

3 月 20 日,经友人柳亚子介绍,加入南社。

1913 年　癸丑　民国二年　30 岁

从本年起,在上海民立中学任教。

1914 年　甲寅　民国三年　31 岁

本年仍在上海民立中学任教。

1915 年　乙卯　民国四年　32 岁

本年仍在上海民立中学任教。

加入春音词社。

1916 年　丙辰　民国五年　33 岁

本年仍在上海民立中学任教。

1917 年　丁巳　民国六年　34 岁

9 月,应北京大学之聘,讲授词曲。

1918 年　戊午　民国七年　35 岁

在北京大学任教,兼北京高等师范学校课。

9 月,迎家眷至北京。

1919 年　己未　民国八年　36 岁

在北京大学任教。

3 月,任《国故月刊》特别编辑。

4 月,收名伶韩世昌为徒。

夏,谢绝徐树铮秘书长之聘。

1920 年　庚申　民国九年　37 岁

在北京大学任教。

冬,开始作《南北词简谱》。

1921 年　辛酉　民国十年　38 岁

在北京大学任教。

7 月,苏州道和曲社成立,吴梅为首批会员。

8 月,苏州昆剧传习所成立,吴梅为十二名董事之一。

1922 年　壬戌　民国十一年　39 岁

1 月,加入北京高等师范学校国文学会。

9 月,受陈中凡之邀,至东南大学任教。

10 月 13 日,发起成立国学研究会。同月 20 日,进行国学讲习会第一次演讲,题目为《词与曲之区别》。

1923 年　癸亥　民国十二年　40 岁

在东南大学任教。

4 月,清明前后,应任中敏之邀,游览扬州。

自本年起,卢前开始师从吴梅学习词曲。

1924 年　甲子　民国十三年　41 岁

在东南大学任教。

2、3 月间,与学生发起成立潜社。

1925 年　乙丑　民国十四年　42 岁

在东南大学任教。

1926 年　丙寅　民国十五年　43 岁

在东南大学任教。

1927 年　丁卯　民国十六年　44 岁

春,因东南大学停办,回苏州。

9 月,赴中山大学任教。

12 月,因不适应广东生活,辞职返回苏州。

1928 年　戊辰　民国十七年　45 岁

春,在苏州中学、光华大学任教,与蒋香谷等缔结词社琴社。

秋,东南大学易名中央大学,回校任教,仍兼光华大学课。

1929 年　己巳　民国十八年　46 岁

在中央大学、光华大学任教。

6 月，居逸鸿发起成立啸社，请吴梅为导师。

7 月，与邓邦述等九人结六一词社。

1930 年　庚午　民国十九年　47 岁

在中央大学、光华大学任教。

1931 年　辛未　民国二十年　48 岁

在中央大学任教。

5、6 月间，《南北词简谱》脱稿。

秋，辞去光华大学教职。

10 月 11 日，吴梅在中央大学任教期间所记日记从此日始。

1932 年　壬申　民国二十一年　49 岁

1 月 28 日，日军轰炸上海，商务印书馆涵芬楼被焚，《奢摩他室曲丛》底本 27 种毁于战火。

3 月，带家人赴上海避难。自本月 27 日起，在上海富商王伯元家设馆授徒。

10 月，回中央大学任教。

11 月，被推举为南京紫霞曲社社长。

1933 年　癸酉　民国二十二年　50 岁

在中央大学任教。

2 月，从本月起，在金陵大学兼课，主讲金元散曲等课程。

6 月 3 日，因醉酒与黄侃发生冲突。

8月，啸社同仁为祝贺吴梅五十岁生日，举办曲会，所演曲目皆出自《霜厓三剧》。

1934 年　甲戌　民国二十三年　51 岁

在中央大学、金陵大学任教。

9月，兼任金陵大学研究生班导师。

11月4日，与黄侃再次发生冲突。

1935 年　乙亥　民国二十四年　52 岁

在中央大学、金陵大学任教。

2月，加入苏州甲戌学会。

3月9日，与林昆翔、陈匪石、仇埰、汪东、乔大壮等发起成立如社。

10月，被推选为文艺俱乐部理事。

1936 年　丙子　民国二十五年　53 岁

在中央大学、金陵大学任教。

3月，与中央大学学生赓续潜社。

8月23日，参加鸳湖曲叙。

1937 年　丁丑　民国二十六　54 岁

7月7日，吴梅在中央大学任教期间所记日记至此日止。

8月17日，因日军轰炸苏州，吴梅举家避难木渎。

9月12日，带家人离开苏州，经南京至武汉。

10月初，由武汉至湘潭。

1938 年　戊寅　民国二十七年　55 岁

3 月,《霜厓词录》定稿。

5 月,中央大学文学院院长兼国文系主任楼光来电请吴梅返校,以喉喑辞。

夏秋间,修订《霜厓诗录》。

7 月初,带家人迁居广西桂林。

8 月,致中央大学校长罗家伦书,以病辞电召。

10 月 15 日,致书卢前,作身后之托。

12 月 2 日,致中央大学国文系诸同学书,辞返校之请。同月 10 日,吴梅从桂林乘飞机,抵达昆明。

1939 年　己卯　民国二十八年　56 岁

1 月 11 日,从昆明出发,14 日至大姚县李旗屯居住。

2 月 21 日,开始写遗嘱。

3 月 17 日下午三时,先生病逝。

4 月 20 日,国民政府颁布褒扬令。

6 月 11 日上午,中央大学为吴梅举办追悼会。

苗怀明　编
_____

吴梅研究著述目录

本目所收为他人评论、研究吴梅的著述，诗词之作一般不收。所收资料以最早出版、刊发者为主，其后被收入各类书籍但内容没有改动者不再收录，题目、内容有改动者则就个人所知者，予以注明。

一、论著

吴梅研究/邓乔彬/华东师范大学出版社 1990 年版

近代曲学二家研究——吴梅、王季烈/蔡孟珍/台湾学生书局 1992 年版

吴梅评传/王卫民/社会科学文献出版社 1995 年版（河北教育出版社 2002 年再版，后改名《曲学大成　后世师表：吴梅评传》，上海古籍出版社 2010 年版）

吴梅研究/王卫民/台湾学海出版社 1996 年版

吴梅/王卫民、王琳/中国文史出版社 1998 年版

吴梅和他的世界/王卫民编/河北教育出版社 2002 年版

吴梅戏剧美学思想研究/胡庆龄/江西人民出版社 2009 年版

吴梅评传/苗怀明/南京大学出版社 2012 年版(修订版改名《吴梅传》,江苏人民出版社 2019 年版)

二、学位论文

吴瞿安先生之曲学及其剧作研究/黄立玉/台湾师大国文研究所 1989 年(硕士论文)

吴梅曲学研究/李伟/南京大学 2000 年(硕士论文)

吴梅戏曲理论研究/平颖/福建师范大学 2003 年(硕士论文)

吴梅戏剧美学思想研究/胡庆龄/山东大学 2005 年(博士论文)

吴梅、王季烈曲学研究比较/袁玉冰/复旦大学 2007 年(硕士论文)

论吴梅的戏曲创作与传播/骆剑婷/上海交通大学人文学院 2008 年(硕士论文)

吴梅研究——兼论近代戏曲学术的兴起(1884—1939)/谢依均/台北艺术大学 2009 年(硕士论文)

戏剧发展困境中的理论探索:吴梅与苏珊·朗格戏剧理论比较研究/闫敏/内蒙古大学 2010 年(硕士论文)

吴梅的戏曲创作和戏曲教育/李银梅/山东大学 2015 年(硕士论文)

吴梅词学考论/马艳玲/云南师范大学 2017 年(硕士论文)

吴梅《曲韵》音系研究/秦香/华中师范大学 2019 年(硕士论文)

三、论文

《风洞山》传奇题词/竹泉生、噙椒、痴慧珠、金松岑、黄人/《风洞山》,小说

林社 1906 年版

《风洞山传奇》/《时报》1906 年 5 月 15 日

《暖香楼》乐府题词/高祖同/《小说林》第 1 期(1907 年 2 月)

吴灵鹣《血花飞》乐府题词/蛮/《小说林》第 4 期(1907 年)

《轩亭秋》评语/洒巩楼/《小说林》第 6 期(1907 年)

《暖香楼》题词/朱锡梁、沈修/《奢摩他室曲丛》,1910 年刊行

《镜因记》传奇评语/九组/《民国新闻》1912 年 7 月 27、31 日,8 月 5、9、13、24、28 日,9 月 6 日

《落茵记》题词/香雪、铁樵/《小说月报》第 4 卷第 1 号(1913 年)

《血花飞传奇》序/黄人/《南社丛刻》第 10 集(1914 年 7 月)

题瞿安藕舲忆曲图/柳亚子/《南社丛刻》第 14 集(1915 年 5 月)

题瞿安藕舲忆曲图/傅熊湘/《南社丛刻》第 15 集(1916 年 1 月)

《双泪碑》传奇序/任光济/《小说月报》第 7 卷第 4 号(1916 年 4 月)

《双泪碑》评点/老梓/《小说月报》第 7 卷第 4、5 号(1916 年 4、5 月)

《无价宝》序/孙德谦/《小说月报》第 8 卷第 7 号(1917 年 7 月)

《无价宝》题词/曹元忠、王德森、叶德辉/《小说月报》第 8 卷第 7 号(1917 年 7 月)

顾曲麈谈/《新青年》第 3 卷第 5 号(1917 年 7 月)

吴灵鹣谱曲/君博/《游戏世界》第 5 册(1922 年)

《无价宝》跋/屈燨/《学衡》第 32 期(1924 年 8 月)

《无价宝》题词/朱锡梁、邵瑞彭、朱祖谋、陈世宜、罗瘿公/《学衡》第 32 期(1924 年 8 月)

《中国戏曲概论》序/王文濡/《中国戏曲概论》,大东书局 1926 年版

"剧曲"与"元剧研究"/《世界》第 1 卷第 1 期(1928 年)

《奢摩他室曲丛》序/王季烈/《奢摩他室曲丛》初集,商务印书馆 1928 年版

《奢摩他室曲丛》序/任中敏/《奢摩他室曲丛》初集,商务印书馆 1928 年版

关于中国文学上的一篇怪论:读了吴瞿安先生的讲演之后/江震/《益世报》1929 年 6 月 28 日

吴瞿安又有近作/《中国新书月报》第 1 卷第 3 号(1931 年)

惆怅爨/陈墨香/《剧学月刊》第 1 卷第 9 期(1932 年 9 月)

吴瞿安在沪教书/承/《中国新书月报》第 2 卷第 6 号(1932 年 6 月)

本校教授吴瞿安先生木刻所著书/竺/《国立中央大学日刊》第 835 期(1932 年)

本校教授吴瞿安先生著作出版/竺/《国立中央大学日刊》第 879 期(1932 年)

吴梅小传/常芸庭/《国风》第 3 卷第 4 期(1933 年 8 月)

吴瞿安的学文管见/烟桥/《申报》1933 年 12 月 16 日

《霜厓三剧》序/张茂炯/《霜厓三剧》,1933 年木刻本

《湘真阁》序/高祖同/《霜厓三剧》,1933 年木刻本

《湘真阁》题词/朱锡梁等 6 人/《霜厓三剧》,1933 年木刻本

吴瞿安删订词稿/《词学季刊》第 1 卷第 1 号(1933 年 4 月)

词学通论/《词学季刊》第 1 卷第 2 号(1933 年 8 月)

吴瞿安对于本刊所载陈译白石暗香谱之是正/《词学季刊》第 1 卷第 3 号(1933 年 12 月)

书吴霜厓采桑子词后/伯龙/《北洋画报》第 1069 期(1934 年)

霜厓曲录/徐璇/《大公报》1934 年 8 月 4 日,《出版周刊》新第 92 号(1934 年 9 月 1 日)转载

吴梅/钱基博/《现代中国文学史》,世界书局 1933 年版

霜厓履历/《出版周刊》新第 112 期(1935 年 1 月)

吴瞿安/夏敬观/载其《忍古楼词话》,《词学季刊》第 2 卷第 4 号(1935 年

7月)

《霜厓三剧》之介绍/《词学季刊》第 2 卷第 4 号(1935 年 7 月)

南北曲律新论/绿依/《剧学月刊》第 4 卷第 8 期(1935 年 8 月)

《曲学通论》与《词余讲义》/野鹤/《剧学月刊》第 4 卷第 12 期(1935 年12 月)

《顾曲》研究/叶慕秋/《戏剧旬刊》第 6 期(1936 年 3 月)

吴梅的《古今名剧选》/赵景深/《读曲随笔》,北新书局 1936 年版

读吴梅曲论/赵景深/《读曲随笔》,北新书局 1936 年版

《霜厓曲录》跋/卢前/《霜厓曲录》,1937 年版

秋风飒飒　秋月涓涓——夜静更阑偶读《风洞山》传奇　不尽兴亡之感/赵爱华/《女子世界》第 10 期

名词曲家吴梅逝世/《艺术文献》第 1 册(1939 年 4 月)

悼吴瞿安先生/陈立夫/《时事新报》1939 年 4 月 16 日

吴霜厓先生在现代中国文学界/段天炯/《时事新报》1939 年 4 月 16 日

吴瞿安先生事略/卢前/《时事新报》1939 年 4 月 16 日、《大美报》1939 年 5 月 8 日

与吴瞿安师最后晤见记/常任侠/《时事新报》1939 年 4 月 16 日

奢摩他室逸话/卢前/《时事新报》1939 年 4 月 16、23 日

《霜厓词录》编者按语/孙世扬/《制言》第 51 期(1939 年 4 月)

民国政府褒扬令/《国民政府公报》渝字第 146 号(1939 年 4 月 22 日),1939 年 5 月 8 日《大美报》转载

关于吴瞿安先生(包括事略、国府褒扬令、逸事)/卢前等/《民族诗坛》第 3 卷第 1 辑(1939 年 5 月)

书吴瞿安/黄玄翁/《选萃》第 1 卷第 2 期(1939 年 5 月)

纪念霜厓先生/柳存仁/《大美报》1939 年 5 月 8 日

《霜厓词录》序/夏敬观/《大美报》1939 年 5 月 8 日、《霜厓词录》,文通书

局 1942 年版

悼瞿安师/万云骏/《大美报》1939 年 5 月 8 日

木兰花慢·闻瞿安先生滇南下世作/榆生/《大美报》1939 年 5 月 8 日

师门杂忆——纪念吴瞿安先生/徐益藩/《大美报》1939 年 5 月 15 日

吴梅先生/邹啸/《宇宙风》乙刊第 7 期(1939 年 6 月),后修订,改名《吴梅纪念》收入赵景深《中国戏曲丛谈》,齐鲁书社 1986 年版

吴瞿安先生哀词/唐圭璋/《黄埔》第 3 卷第 11 期(1939 年 11 月),后作较大修改,改名《吴先生哀词》,收入《梦桐词》,江苏古籍出版社 1987 年版

追悼亡师吴瞿安先生/陈绍基/《十日戏剧》第 2 卷第 20 期(1939 年)

霜厓先生年谱/卢前/《南北词简谱》,1939 年刊行

《南北词简谱》跋/卢前/《南北词简谱》,1939 年刊行,又以《吴著〈南北词简谱〉后序》为名刊于《文史杂志》第 4 卷第 11、12 期合刊(1944 年 12 月)

吴梅著述考略/徐调孚/《文学集林》第 1 辑(1939 年 11 月),增补稿刊于《戏曲》第 1 卷第 3 辑(1942 年 3 月)

吴瞿庵之潦倒/堂堂/《庸报》1939 年 12 月 13 日

霜厓诗录/进/《图书季刊》新第 2 卷第 1 期(1940 年 3 月)

吴瞿安先生逝世周年纪念会/《图书季刊》新第 2 卷第 2 期(1940 年 6 月)

南北词简谱/敬/《图书季刊》新第 2 卷第 2 期(1940 年 6 月)

悼吴梅/胡山源/《之江中国文学会集刊》第 5 期(1940 年)

《霜厓词录》在北京雕版/《同声月刊》第 1 卷第 1 号(1940 年 12 月)

词曲家吴梅周年/殷梅/《苏铎》第 1 卷第 2 期(1941 年)

吴梅夫妇唱随/老缘/《中国公论》第 4 卷第 4 期(1941 年 1 月)

《风洞山》传奇史料探源/洁如/《小说月报》第 14 期(1941 年)

吴梅的风洞山传奇/吴剑芬/《正言文艺月刊》第 2 卷第 2 期(1941 年 10 月)

忆潜社/王季思/《击鬼集》,青年读书通讯社 1941 年版

霜厓先生别传/郑逸梅/《戏曲》第 1 卷第 3 辑(1942 年 3 月)

悼吴瞿安先生/浦江清/《戏曲》第 1 卷第 3 辑(1942 年 3 月)

瞿安先生逝世先后略述/李一平/《戏曲》第 1 卷第 3 辑(1942 年 3 月)

霜厓先生年谱/卢前编、徐益藩补/《戏曲》第 1 卷第 3 辑(1942 年 3 月)

哀诔/葛洛等 20 人/《戏曲》第 1 卷第 3 辑(1942 年 3 月)

吴梅论宋元戏文本事书/赵景深/《戏曲》第 1 卷第 4 辑(1942 年 4 月)

霜厓先生在曲学上之创见/王玉章/《戏曲》第 1 卷第 5 辑(1942 年 5 月)

从昆曲说到吴梅/古良穆/《杂志》复刊第 5 号(1942 年 12 月)

卅角交吴瞿安事/瓶庐/《杂志》复刊第 5 号(1942 年 12 月)

记吴瞿安先生/龙沐勋/《风雨谈》第 2 期(1943 年 5 月)

吴霜厓年表/张铁叟/《江苏文献》第 1 卷第 11、12 期合刊(1943 年 7 月)

跋《霜厓曲跋》/叶德均/《风雨谈》第 9 期(1944 年 2 月)

霜厓归魂图记/徐益藩/《永安月刊》第 41 期(1943 年)

《霜厓诗录》跋/潘景郑/《霜厓诗录》(陟冈楼丛刊乙集之二),1943 年 10 月刊行

《避寇杂咏》跋/程千帆/《斯文》第 12 期(1943 年)

民族曲家吴瞿安/陆曼炎/载其《时贤别纪》第一集,文信书局 1943 年版

吴瞿安霜厓遗书序/路朝銮/《中国文学》第 1 卷第 2 期(1944 年 5 月)

曲典吴梅/张恨水/《新民报晚刊》1944 年 9 月 15 日

吴瞿安先生的死/味逸/《人之初》第 1 期(1945 年)

记吴瞿安先生/郑振铎/《国文月刊》第 42 期(1946 年 4 月)

词曲大师吴瞿安/仰嵩/《和》1946 年 6 月 23 日

吴瞿庵藏曲六百种/郑逸梅/载其《人物品藻录初编》,上海日新出版社 1946 年版

述吴瞿安先生的民族思想/徐益藩/《国文月刊》第 61 期(1947 年 11 月)

吴先生行状/卢冀野/《冀野选集》,新文化出版社 1947 年版

瞿庵有七个半弟子/陈邦贤/载其《自勉斋随笔》,世界书局 1947 年版

吴瞿安的绝笔/郑骞/《华北日报》1948 年 7 月 2 日,后修订,改名《吴梅的羽调四季花》刊于《现代文学》第 41 期(1970 年)

记吴霜厓/陈左高/《申报》1948 年 11 月 18 日

吴瞿安的感时诗曲/陆丹林/《正义》第 5 期(1948 年)

回忆吴瞿安先生/唐圭璋/《雨花》1957 年 5 月号

刻吴瞿安师霜厓词录/潘景郑/载其《著砚楼书跋》,古典文学出版社 1957 年版

先师手辑青门曲录/潘景郑/载其《著砚楼书跋》,古典文学出版社 1957 年版

吴梅/邵镜人/载其《同光风云录》,中华艺林文物出版有限公司 1957 年版

吴梅/汪经昌/《中国文学史论集》四,中华文化出版事业委员会 1958 年版

记吴瞿安先生数事/金虑/《畅流》第 18 卷第 12 期(1959 年)

吴梅先生传略/梁容若/《国语日报·古今文选》第 375 期

记词曲家吴梅/范烟桥/《江海学刊》1962 年第 1 期

吴梅/卢元骏/《中国文化综合研究——近六十年来中国学人研究中国文化之贡献》,中华学术院 1971 年版

吴梅/陈敬之/《畅流》第 46 卷第 6、7 期(1972 年 11 月)

长洲吴梅与近代曲学之流行/卢元骏/《中国文化复兴月刊》第 9 卷第 11 期(1976 年 11 月)

《顾曲麈谈》、《曲学通论》商榷/洪惟助/《词曲四论》,华正书局 1977 年版

吴梅/李立明/载其《中国现代六百作家小传》,香港波文书局 1977 年版

吴梅/王卫民/《南京师院学报》1980 年第 3 期

吴瞿安在羊城/陈廉贞/香港《文汇报》1980 年 6 月 8 日

曲学巨擘吴梅/陈敬之/《首倡民族主义文艺的南社》，成文出版社 1980
年版

吴梅/郑逸梅/《南社丛谈》，上海人民出版社 1981 年版

吴瞿安先生二三事/袁鸿寿/《学林漫录》第三集，中华书局 1981 年版

近代杰出的词曲家——吴梅/张舫澜/《戏剧论丛》1981 年第 4 期，修订
后刊于《苏州文史资料选辑》第十三辑（1984 年 10 月）

吴梅《奢摩他室曲丛》及其全目/王卫民/《文献》第 11 辑，书目文献出版
社 1982 年版

关于《汇校梦窗词札记》的一点说明/王卫民/《文学遗产》增刊第十四辑，
中华书局 1982 年版

谈词漫语/坂田新/《中国文学研究》第 8 期（1982 年 12 月）、中文译文由
程章灿翻译，刊于《中国典籍与文化》1994 年第 1 期

戏剧作用本在规正风俗——吴梅戏剧理论简说/王卫民/《光明日报》
1983 年 2 月 15 日

受教吴梅与吴师逝世/韩世昌/《我的昆曲艺术生活》，载《文史资料选篇》
第 14 辑（北京出版社 1982 年版）

论吴梅的戏曲观/邓乔彬/《研究生论文选集》（中国古代文学分册），江苏
人民出版社 1983 年版

《吴梅戏曲论文集》前言/王卫民/《吴梅戏曲论文集》，中国戏剧出版社
1983 年版

吴梅年谱/王卫民/《吴梅戏曲论文集》，中国戏剧出版社 1983 年版

忆黄季刚师/程千帆/《学林漫录》第 8 集，中华书局 1983 年版

吴梅的戏曲理论与戏曲创作/王卫民/《文学评论丛刊》第 18 辑，中国社
会科学出版社 1983 年版

吴梅奢摩他室/苏精/载其《近代藏书三十家》，台湾传记文学出版社
1983 年版

回忆瞿安夫子/任中敏/《文教资料简报》1984 年第 1 期

吴瞿安先生二三事/宋家淇/《文教资料简报》1984 年第 1 期

霜厓先生像赞/夏敬观/《文教资料简报》1984 年第 1 期

词二首/汪东/《文教资料简报》1984 年第 1 期

水龙吟·哭瞿安先生/吴伯匋/《凤褐庵诗词·西征集》油印本、《文教资料简报》1984 年第 1 期

吴梅曲学浅议——序先生叶小鸾《眉子砚》套曲手稿/陈廉贞/《苏州教育学院学报》1984 年第 2 期

吴梅简介/《戏研信息》1984 年 2 期

忆瞿安师/谢孝思/《戏研信息》1984 年 2 期

吴瞿安先生对昆剧"传字辈"的培育/倪传钺/《戏研信息》1984 年 2 期

髫龄承诲老而弥感/王瞻岩(守泰)/《戏研信息》1984 年 2 期

悼瞿安先生/胡山源/《戏研信息》1984 年 2 期,后以《吴梅》为名,收入其《文坛管窥》,上海古籍出版社 2000 年版

吴梅在抗战时的二三事/王染野/《戏研信息》1984 年 2 期

怀念吴瞿安老师/蔡佩秋/《戏研信息》1984 年 2 期

回忆吴瞿安老师/陈其可/《戏研信息》1984 年 2 期

纪念曲学大师吴梅/朱经畲/《天津日报》1984 年 3 月 17 日

戏曲理论家吴梅/闻达/《北京晚报》1984 年 9 月 11 日

纪念戏曲家吴梅诞生一百周年/纪闻/《北京日报》1984 年 10 月 23 日

吴梅百年诞辰纪念会在京举行/卫民/《北京晚报》1984 年 10 月 26 日

读《吴梅戏曲论文集》/蔡毅/《光明日报》1984 年 9 月 4 日

吴梅诞辰学术讨论会在苏州举行/美娟、雷磊/《戏剧月刊》1984 年第 11 期

尊重知识尊重人才　振兴民族戏曲事业——1984 年 11 月 12 日在纪念吴梅先生诞辰一百周年纪念会上的讲话/匡亚明/《戏剧月刊》1984 年第

11 期

吴梅学术讨论会六人谈/任中敏等/《戏剧月刊》1984 年第 11 期

纪念吴梅先生诞辰一百周年/夏月/《戏剧论丛》1984 年第 3 期

吴瞿安先生《诗词戏曲集》读后记/王季思/《戏剧论丛》1984 年第 4 期

吴梅简介/《江海学刊》1984 年第 4 期

论吴梅的戏曲批评/查全纲/《江海学刊》1984 年第 4 期

吴梅先生二三事/段熙中/《江海学刊》1984 年第 4 期

悼吴师/曾昭燏/《江海学刊》1984 年第 4 期

吴梅的戏曲批评/邓乔彬/《求是学刊》1984 年第 5 期

吴梅的戏剧美学思想/刘伟林、陈永标/《学术月刊》1984 年第 8 期

吴梅先生与昆曲/孙洵/《江苏戏剧》1984 年第 11 期

吴梅曲论评介/邓乔彬/《戏曲研究》第 13 辑（1984 年）

《吴梅戏曲论文集》/鸣迟/《中国出版年鉴》,商务印书馆 1984 年版

《吴梅戏曲论文集》/宇子/《戏曲研究》第 14 辑（1985 年）

缅怀前贤　激励后人——纪念吴梅诞辰一百周年学术讨论会在苏州举行/雷磊/《江苏戏剧》1985 年第 1 期

缅怀前贤　激励今人——纪念吴梅诞辰一百周年学术讨论会在苏州举行/《江苏教育》1985 年第 1 期

纪念吴梅先生诞辰一百周年学术讨论会在苏州召开/永健/《苏州大学学报》1985 年第 1 期

简论吴梅《诚斋乐府跋》/王永健/《苏州大学学报》1985 年第 1 期

吴梅《风洞山传奇》浅析/梁淑安/《苏州大学学报》1985 年第 1 期

吴梅曲学浅议/陈廉贞/《苏州教育学院院刊》1985 年第 2 期

整理吴梅先生著作感言/王卫民/《古代戏曲论丛》第 2 辑（1985 年）

吴梅简论/王卫民/《剧艺百家》1985 年第 2 期

史、论、评相结合的研究方法——读吴梅《中国戏曲概论》/刘伟林、陈永

标/《文学遗产》1985 年第 2 期

吴瞿安/陈声聪/载其《兼于阁诗话》,上海古籍出版社 1985 年版

曲学宗师吴瞿安/石三友/载其《金陵野史》,江苏人民出版社 1985 年版

《霓裳羽衣舞》未尝绝响/殷亚昭/《舞蹈》1986 年第 6 期

著名词曲家吴梅迁葬故乡吴县墓碑揭幕仪式在小王山举行/江姚/《苏州报》1986 年 6 月 9 日、《吴梅先生墓碑揭幕仪式纪念册》,1986 年 8 月油印本

在吴梅先生墓碑揭幕仪式上的讲话/周良/《吴梅先生墓碑揭幕仪式纪念册》,1986 年 8 月油印本

在吴梅先生墓碑揭幕仪式上的讲话/谢孝思/《吴梅先生墓碑揭幕仪式纪念册》,1986 年 8 月油印本

在吴梅先生迁葬仪式座谈会上的讲话/匡亚明/《吴梅先生墓碑揭幕仪式纪念册》,1986 年 8 月油印本

吴梅先生家属代表讲话/吴銏/《吴梅先生墓碑揭幕仪式纪念册》,1986 年 8 月油印本

回忆吴梅先生/钱南扬/《戏曲论丛》第 1 辑,甘肃人民出版社 1986 年版

吴梅/刘伟林、陈永标/《中国近代文学评林》(第二辑),广东高等教育出版社 1986 年版

吴梅的曲学/叶长海/载其《中国戏剧学史稿》,上海文艺出版社 1986 年版

曲学大师吴梅/万云骏、邓乔彬/《光明日报》1987 年 2 月 24 日

影印《瞿安日记》序/唐圭璋/《文教资料》1987 年第 3 期

忆吴梅先生与昆曲传字辈在南京/谢孝思/《南京戏曲资料汇编》第二辑,1987 年 10 月刊行

吴梅传略/孙洵/《晋阳学刊》编辑部编《中国现代社会科学家传略》第八辑,山西人民出版社 1987 年版

吴梅/周妙中/载其《清代戏曲史》,中州古籍出版社 1987 年版

吴梅致刘世珩书札三封/彭长卿/《文教资料》1988 年第 1 期

读词和填词——吴梅先生是怎样教填词的/万云骏/《宁波大学学报》1988 年第 1 期

新曲学的崛起与旧曲学的终结:王国维与吴梅戏曲研究之比较/周维培/《南京大学学报》1988 年第 4 期

曲学大师吴梅在南京十五载/卢水石/《南京史志》1988 年第 4 期

吴霜厓醉后骂鬼/郑逸梅/载其《掌故小札》,巴蜀书社 1988 年版

《南北词简谱》前记/王季思/《艺术百家》1989 年第 4 期

吴梅《南北词简谱》对曲学研究的贡献/武俊达/《艺术研究》第 11 辑 (1989 年)

吴梅/甘兰经/《文史资料》(吴江县)第 9 辑(1989 年)

吴梅务头之说商榷——并论评明清以来曲学者对务头之解说/洪惟助/《第一届清代学术研讨会论文集》,1989 年 11 月刊行

吴梅/载钱仲联主编《清诗纪事》光绪宣统朝卷,江苏古籍出版社 1989 年版

近代戏曲大师吴梅/王卫民/《中国近代文学百题》,中国国际广播出版社 1989 年版

吴梅评传/梁淑安/《中国历代著名文学家评传》续编三,山东教育出版社 1989 年版

继往开来　独树一帜——论吴梅先生在曲学研究上的贡献/王卫民/《艺术百家》1990 年第 1 期

吴梅评传/邓乔彬/《戏剧艺术》1990 年第 2 期

吴梅遗稿《霜厓曲话》的发现及探究/吴新雷/《南京大学学报》1990 年第 4 期

吴梅与晚清曲学/杨振良/《人文学报》第 14 期(1990 年 12 月)

曲律文采俱工　案头场上两擅——论吴梅的《霜厓三剧》/王卫民/《戏曲

艺术》1990年第4期、1991年第1期

尊师重道　千古流芳——记李一平先生为吴梅先生经办丧事始末/李春云、彭发兴/《楚雄市文史资料选辑》第7辑,1990年刊行

吴梅/王启芳/中共吴县县委宣传部、吴县政协文史资料委员会编《吴县历史名人》,1990年刊行

近代词曲家吴梅/吴趋/载其《姑苏野史》,江苏文艺出版社1990年版

吴梅致刘世珩书札三通/彭长卿/《文教资料》1991年第3期

吴梅/卢善庆/载其《中国近代美学思想史》,华东师范大学出版社1991年版

吴梅/载管林、钟贤培主编《中国近代文学发展史》,中国文联出版公司1991年版

北图藏吴梅跋抄本《双鱼记》/寒冬虹/《文献》1992年第1期

谈吴梅的戏曲序跋/王卫民/《戏剧艺术》1992年第1期

吴梅、张元济关于《奢摩他室曲丛》的通信/柳和成/《南社研究》第2辑,中山大学出版社1992年版

吴梅先生剧作考辨/王卫民/《艺术百家》1992年第2期

吴梅年谱(修订稿)/王卫民/《南社研究》第3辑(1992年)

吴梅致刘世珩、张惠衣书札三通/彭长卿/《文教资料》1992年第4期

学院戏曲音乐课的开拓者——记戏曲音乐家吴梅/易人/载其《优美的旋律飘香的歌:江苏历代音乐家》,《江苏文史资料》编辑部1992年刊行

昆曲艺术知音者的力作——简评蔡孟珍《近代曲学二家研究——吴梅、王季烈》/王永健/《书目季刊》第27卷第2期(1993年9月)

吴梅/张舫澜/李绍成等编《江苏历代文学家》,江苏古籍出版社1992年版

融时代、舞台、传统于一体——论吴梅的戏曲创作/王卫民/《戏曲研究》第44辑(1993年)

吴梅的戏曲研究/郭延礼/载其《中国近代文学发展史》,山东教育出版社1993年版

吴梅与姚华/黄霖/载其《近代文学批评史》,上海古籍出版社1993年版

曲学大师吴梅/孙洵/倪明主编《三吴风采》,上海书店1993年版

唐圭璋与吴梅/俞润生/倪明主编《三吴风采》,上海书店1993年版

《南北词简谱》与近现代戏曲格律谱/周维培/《戏剧艺术》1994年第1期

《吴梅全集》编后记/王卫民/《南社研究》第5辑(1994年)

忆瞿安师/谢孝思/《艺术百家》1994年第3期

戏曲史研究的拓荒者——纪念吴梅先生诞辰110周年/周育德/《艺术百家》1994年第3期

吴梅戏曲理论的贡献和对我们的启示/安葵/《艺术百家》1994年第3期

吴梅散曲论/洪柏昭/《艺术百家》1994年第3期

吴梅先生与北方昆剧/王卫民/《艺术百家》1994年第3期

纪念、继承、发展——纪念吴梅诞辰110周年/于文青/《艺术百家》1994年第3期

怀念吴瞿安姨夫/毕华珠/《艺术百家》1994年第3期

伤曲散言/洛地/《艺术百家》1994年第3期

悲歌一曲招国魂——评《风洞山》/乔实/《艺术百家》1994年第3期

八十年代以来吴梅研究述评/张惠雁/《苏州大学学报》1994年3期

纪念吴梅诞辰110周年暨第5次中国近代戏曲学术研讨会简述/韦行/《文学遗产》1994年第4期

散谈吴梅的戏曲美学思想/程炳达/《剧影月报》1994年第5期

《南北词简谱》及其它/黄秉泽/《剧影月报》1994年第5期

案头剧漫议——吴梅剧作读后感/陈维仁/《剧影月报》1994年第5期

回忆吴梅先生的教诲/王季思/《剧影月报》1994年第5期、《玉轮轩后集》,中山大学出版社1994年版

记吴梅老师/常任侠/载蒋路等主编《史迹文踪》,上海书店出版社 1994 年版,后以《记吴梅师》为名收入其《常任侠文集》卷六,安徽教育出版社 2002 年版

吴梅戏剧美学思想探微/梁冰/《戏曲研究》第 50 辑(1995 年)

吴梅/严迪昌/载其《近现代词纪事会评》,黄山书社 1995 年版

台上台下——话吴梅与韩世昌当年的二三事/王卫民/《历史月刊》第 98 期(1996 年 3 月)、《世界日报》1996 年 5 月 24 日

笛风梅韵雅人知——喜读王卫民《吴梅评传》/周育德/《戏曲艺术》1996 年 2 期

吴梅《霜厓曲录》补遗/彭长卿/《文教资料》1996 年第 2 期

近代词曲大家——吴梅其人其文/王卫民/《书目季刊》第 30 卷第 3 期(1996 年 12 月)

吴梅/梁淑安、姚柯夫/载其《中国近代传奇杂剧经眼录》,书目文献出版社 1996 年版

吴梅著《风洞山传奇》未刊抄本跋/李希泌/载其《健行斋文录》,书目文献出版社 1996 年版

豪情曾击珊瑚碎——近代词曲大师吴梅/孙洵/陈安吉编《名人与南京》,南京出版社 1996 年版

吴梅《南北词简谱》在近代曲学上的价值/蔡孟珍/《第三届近代中国学术讨论会论文集》,1997 年 3 月刊行

吴梅曲学:古代曲学的殿军/李昌集/载其《中国古代曲学史》,华东师范大学出版社 1997 年版

吴梅拒任政府要职/载陈安吉、陆纪林主编《南京百年风云》,南京出版社 1997 年版

近代曲学大学吴梅的修辞论/宗廷虎/《安顺师范高等专科学校学报》1998 年第 1 期

吴梅《风洞山》传奇简论/李复波/《广西师范大学学报》1998 年第 2 期

胡点乱校　愧对大师——读吴梅《词学通论》校订本/谷羽/《中国研究》第 34 期(1998 年 9 月)

吴梅《顾曲麈谈》/宗廷虎、李金苓/载其《中国修辞学通史》近现代卷,吉林教育出版社 1998 年版

霜厓诗录/王晋光等《1919—1949 旧体诗文集叙录》,江苏教育出版社 1998 年版

霜厓词录/王晋光等《1919—1949 旧体诗文集叙录》,江苏教育出版社 1998 年版

霜厓曲录/王晋光等《1919—1949 旧体诗文集叙录》,江苏教育出版社 1998 年版

霜厓读画录/谢巍/载其《中国画学著作考录》,上海书画出版社 1998 年版

吴梅的"百嘉室"/徐雁/载其《沧桑书城》,岳麓书社 1999 年版

一代词曲大家吴瞿安先生/徐汉翔/顾国华编《文坛杂忆初编》,上海书店出版社 1999 年版

吴梅客死大姚/陈九彬、周永源/载其《新编楚雄风物志》,云南人民出版社 1999 年版

吴梅/载卢辅圣主编《近代字画市场实用辞典》,上海书画出版社 1999 年版

吴梅/桑毓喜《昆剧传字辈》,《江苏文史资料》编辑部 2000 年刊行

"明示条例,导学子先路"——吴梅、王季烈对传统曲学的全面总结/黄飚/载其《清末民初的戏剧理论》,中国文联出版社 2000 年版

吴梅与李一平/卜其明/《楚雄师专学报》2001 年第 2 期

集传统之大成　布教泽于四海——世纪之初说吴梅/张进/《古典文学知识》2001 年第 5 期

《吴梅全集》出版/季秋/《戏曲艺术》2002 年第 4 期

如何评价吴梅/许多湋/《文艺争鸣》2002 年第 6 期

南社巨子曲坛泰斗——论吴梅先生的革命生涯与创作活动/张舫澜/《南京理工大学学报》(社会科学版)2002 年第 4 期

曲学大师吴梅的治学特点/吴新雷/《文史知识》2002 年第 5 期

广陵散尽绝学亡——话说吴梅生平/吴俊/《苏州杂志》2002 年第 6 期

红楼忆吴梅/范敬宜/载其《敬宜笔记》,文汇出版社 2002 年版

吴梅/甘兰经/载柳无忌、殷安如编《南社人物传》,社会科学文献出版社 2002 年版

名山满载宝藏归——王卫民编校《吴梅全集》出版/周育德/《戏曲艺术》2003 年第 2 期

吴梅与黄侃失和事实考论/郑志良/《南京师范大学文学院学报》2004 年第 1 期

吴瞿安先生和 20 世纪的中国戏剧研究/解玉峰/《南京大学学报》2004 年第 1 期

书法与昆曲——从吴梅大师谈起/孙洵/《昆仑堂》第 8 期(2004 年 1 月)

穆藕初与吴梅的昆曲情缘/柳和城/《苏州杂志》2004 年第 3 期

缅怀曲学大师吴梅先生/钱仁康/《音乐艺术·上海音乐学院学报》2004 年第 4 期

从《风洞山》看吴梅的戏剧观/胡庆龄/《齐鲁学刊》2004 年第 5 期

关于吴梅的昆曲论著及其演唱实践——为纪念曲学大师吴梅先生诞辰 120 周年而作/吴新雷/《东南大学学报》(哲学社会科学版)2004 年第 6 期

曲学大师:吴梅和王季烈/王永健/载范培松、金学智主编《插图本苏州文学通史》,江苏教育出版社 2004 年版

吴梅词学/邓云乡/载其《宣南秉烛谭》,河北教育出版社 2004 年版

吴梅《霜厓曲录》/邓云乡/载其《宣南秉烛谭》,河北教育出版社 2004

年版

不该被遗忘的"文学史"——关于法兰西学院汉学研究所藏吴梅《中国文学史》/陈平原/《北京大学学报》2005 年第 1 期

失而复得的曲学大师/薛冰/《苏州杂志》2005 年第 3 期

吴梅、唐圭璋的师生情/单汝鹏/《人民日报海外版》2005 年 5 月 12 日

真率风趣留本色——吴梅论戏曲真实/平颖/《福建师范大学学报》2005 年第 6 期

世纪初的建构——王国维、吴梅和传奇史研究/范红娟/《南阳师范学院学报》2005 年第 7 期

曲学大师吴梅及诸家论著/吴新雷/载其《二十世纪前期昆曲研究》,春风文艺出版社 2005 年版

独步一时的曲学大师:吴梅先生的生平与学术/解玉峰/张宪文主编《民国南京学术人物传》,南京大学出版社 2005 年版

吴梅对昆曲的研究/王安葵、何玉人/载其《昆曲创作与理论》,春风文艺出版社 2005 年版

吴湖帆《旧时月色》及吴梅跋/禹露/《古典文学知识》2006 年第 1 期

吴梅与王国维戏曲史观之比较/平颖/《楚雄师范学院学报》2006 年第 11 期

吴瞿安先生的词与词学观/严迪昌/《词学》第 16 辑,华东师范大学出版社 2006 年版

穆藕初与吴梅/柴志光/唐国良主编《中国现代企业管理的先驱穆藕初》,上海社会科学出版社 2006 年版

吴梅的词学研究/曹辛华/载其《20 世纪中国古代文学研究史》词学卷,东方出版中心 2006 年版

"文本"与"脚本":吴梅"以北词法填南曲"说发微/程芸/载其《汤显祖与晚明戏曲的嬗变》,中华书局 2006 年版

闲情偶寄"扫红"忙——《吴梅全集》中的"红楼"资料/胡文彬/载其《读遍红楼:不随黄叶舞秋风》,书海出版社 2006 年版

英年早逝的词曲大师——吴梅/顾建建/载毛杏云主编《春风桃李:从交通大学走出的文化名人》,上海交通大学出版社 2006 年版

曲学艺术家吴梅/卢水石/载南京市玄武区政协编《玄武名人史话》第三卷,南京出版社 2006 年版

吴梅的婚姻观与女性观/胡庆龄/《滨州学院学报》2007 年第 1 期

求真求趣——吴梅《论作剧法》中的"真""趣"原则浅探/黎学文/《戏文》2007 年第 2 期

吴梅与《西厢记》/蒋星煜/《苏州大学学报》2007 年第 3 期

吴梅曲学教育的文化史意义/程华平/《艺术百家》2007 年第 4 期

吴梅弟子的传奇杂剧及其戏曲史意义/左鹏军/《学术研究》2007 年第 7 期

吴梅:一段旧时曲/张伟/《中国青年报》2007 年 10 月 10 日

孤根崛起—宗师——吴梅学记/王晓清/载其《学者的师承与家派》,湖北人民出版社 2007 年版

吴梅旧居/苏克勤、苗立军/载其《南京名人旧居:散落在大街小巷的流年碎影》,河南人民出版社 2007 年版

吴梅/方宁/《风雅颂:百年来百位老学人珍闻录》,新世界出版社 2007 年版

吴梅与《词学通论》/周远斌/《光明日报》2008 年 2 月 4 日

吴梅看电影/柳和成/《深圳晚报》2008 年 10 月 29 日

吴梅进北大与戏曲研究学科的建立/苗怀明/《北京社会科学》2008 年第 6 期

浅析吴梅的戏剧批评理论/胡庆龄/《现代语文》(文学研究版)2008 年第 8 期

关于所谓"法兰西学院汉学研究所藏吴梅《中国文学史》"：与陈平原教授商榷/龚敏/《中国雅俗文学研究》第 2、3 辑，上海三联书店 2008 年版

吴梅/梁淑安/载其《南社戏剧志》，社会科学文献出版社 2008 年版

吴梅·曲学大师/黄慧英/叶皓主编《金陵人杰》，南京出版社 2008 年版

吴梅、王起与北京昆曲/谢柏梁/《戏曲艺术》2009 年第 2 期

吴梅与清季民初词坛宗尚关系发微/薛玉坤/《苏州大学学报》2009 年第 4 期

吴梅与北京昆曲/谢柏梁/《艺海》2009 年第 7 期

吴梅与蒋谷孙/张荣明/《东方早报》2009 年 4 月 26 日，又载《21 世纪》2010 年第 12 期

最后一位戏曲大师的创作实践——吴梅/左鹏军/载其《晚清民国传奇杂剧史稿》，广东人民出版社 2009 年版

关于叶德钧之死及他批评吴梅的一桩公案/陈友康/《楚雄师范学院学报》2010 年第 1 期

吴梅黄侃失和考——读《吴梅全集·日记卷》《黄侃日记》考/尹奇岭/《人物》2010 年第 5 期

论吴梅对中国近代戏剧美学的贡献/胡庆龄/《东岳论丛》2010 年第 9 期

吴梅《词余选》探考/吴新雷/《东南大学学报》（哲社版）2010 年第 6 期

"曲子相公"吴梅/李海珉/《苏州日报》2010 年 8 月 3 日

吴梅先生唱昆曲/叶兆言/《南方都市报》2010 年 10 月 19、21 日

吴梅改作业/徐有富/《南京大学报》2010 年 12 月 30 日

吴梅/张充和/载其《曲人鸿爪》，广西师范大学出版社 2010 年版

吴梅与曲学研究/温儒敏/载其《北京大学中文系百年图史》（1910—2010），北京大学出版社 2010 年版

地乐星铁叫子乐和吴梅/胡文辉/载其《现代学林点将录》，广东人民出版社 2010 年版

吴梅词曲研究论著述评/载郭英德、王瑜瑜编《吴梅词曲论著四种》,商务印书馆 2010 年版

吴梅致曹君直的两封信札/陈益/《钟山风雨》2011 年第 5 期

吴梅与潜社/徐有富/《古典文学知识》2011 年第 5 期

吴梅《霜厓曲话》的发现、整理及研究/李占鹏/《兴义民族师范学院学报》2011 年第 5 期

锻自炼意　清丽典雅——吴梅【南黄钟·狮子序】《登陶然亭》品鉴/英姝/《阅读与写作》2011 年第 9 期

格律精严　风格沉郁:吴梅咏史怀古散曲赏析/赵筠/《阅读与写作》2011 年第 12 期

稀见清传奇《玉指环》考辨:兼论吴梅手稿〈玉指环传奇序〉的发现/孙书磊/《戏剧研究》第 8 期(2011 年 7 月)

吴梅谈诗的两封信札/陈益/《深圳特区报》2011 年 8 月 28 日

吴梅与百嘉室藏书/陈慰/《中国剪报》2011 年 10 月 26 日

曲家吴梅的呆与狂/陈益/《苏州日报》2011 年 11 月 18 日

吴梅论戏曲创作/平颖《滨州学院学报》2012 年第 1 期

吴梅改编、校订他人剧作考论/苗怀明/《辽东学院学报》2012 年第 1 期

曲家吴梅的呆与狂/郭子/《群文天地》2012 年第 3 期

吴梅剧作四论/苗怀明/《广州大学学报》2012 年第 3 期

曲学大师吴梅的中原之行/淮茗/《寻根》2012 年第 3 期

吴梅与王国维关系三辨/苗怀明/《九江学院学报》2012 年第 3 期

立一定则,为学子导先路——吴梅和他的《南北词简谱》/苗怀明/《文史知识》2012 年第 4 期

传艺绝学　独步古今——曲学大师吴梅的治曲之路/彭知辉/《古典文学知识》2012 年第 4 期

领略大师学术风采　学习大师治学之道(中国近现代学术大师系列——

吴梅)/《黑龙江教育学院学报》2012 年第 5 期

吴梅曲学文献观论议/李占鹏、窦开虎/《求索》2012 年第 5 期

吴梅:鸳湖曲叙寄雅兴/莫渔洋/《南湖晚报》2012 年 4 月 13 日

韩世昌与梅兰芳、吴梅的文化凤缘/谢柏梁、顾卫英/《戏曲艺术》2013 年第 S1 期

曲学大师吴梅轶事/南雁/《钟山风雨》2013 年第 3 期

吴梅:曲学批评学的倾心探究与竭力推进/李占鹏/《海南师范大学学报》2013 年第 3 期

吴梅、唐文治的大学校歌创作及其人文精神/侯敏/《东吴学术》2013 年第 4 期

吴梅奢摩他室藏曲/孙迎庆/《东方收藏》2013 年第 5 期

曲名遮蔽下的词坛名家:吴梅、卢前词合论/马大勇、陈秋丽/《苏州大学学报》2013 年第 5 期

吴梅、陈蝶仙的戏曲教育对当今高校戏曲课程的启示/任荣/《淮北师范大学学报》2013 年第 6 期

吴梅故居:藏书楼的曲韵年华/陶瑾/《现代苏州》2013 年第 31 期

吴梅与沈祖棻/徐有富/《南京大学报》2013 年 5 月 30 日

吴梅:秦淮河上开"第二课堂"/宋健/《金陵晚报》2013 年 10 月 15 日

吴梅题词词的艺术特色与理论价值/李剑亮/《词学》2014 年第 1 期

新发现吴梅论词书札一通/胡永启/《词学》2014 年第 2 期

吴梅的戏曲教学及其启示意义/欧阳江琳/《中国韵文学刊》2014 年第 4 期

试论吴梅先生词学研究之成就/何萃、解玉峰/《徐州工程学院学报》(社会科学版)2014 年第 4 期

叙事的意境——梁廷枏戏曲意境论及其对近代戏曲家王国维和吴梅的影响/曹艳华/《甘肃高师学报》2014 年第 6 期

"曲"与"情"的不解之缘——吴梅戏剧批评之情感观/闫敏/《名作欣赏》2014年第8期

进入21世纪以来吴梅研究述评/王彦/《名作欣赏》2014年第8期

陶写性情　规正风俗　改易社会——吴梅戏曲批评之功能论评析/闫敏/《戏剧文学》2014年第8期

戏曲家吴梅和苏州南社/贾战伟/《戏剧之家》2014年第8期

胡士莹录吴梅《词选》油印本考述及辑校——兼谈《词学通论》的成书过程/李保阳/《中国文哲研究通讯》第24卷第3期(2014年9月)

曲学大师吴梅——他第一个把戏曲带入高校讲堂/赵子云/《南京日报》2014年5月12日

吴梅与《顾曲麈谈》/黄涛等/《金陵晚报》2014年7月17日

冒广生与吴梅的曲学交谊/肖伊绯/《南京日报》2014年9月2日

论吴梅/胡文辉/《邵阳日报》2014年9月19日

曲学大师吴梅/载钱英才《大师侧影:陈汉章与周围的人们》,宁波出版社2014年版

议吴梅的"曲以载道"/曹媛/《语文学刊》2015年第1期

曲学大师吴瞿安/沈慧瑛/《苏州杂志》2015年第1期

浅析吴梅的诸宫调文体研究/闫敏/《河套学院学报》2015年第3期

吴梅集外题跋辑考/胡永启/《文献》2015年第6期

吴梅先生《文选》课义发微/邵杰/《牡丹江大学学报》2015年第6期

云锦还在,秋霜未酣——近代曲学大家吴梅及其书法/张鹏宇/《书法》2015年第12期

浅谈中国古代戏曲研究的方式方法——以王国维、吴梅的戏曲研究为例/杨琳琳/《青年时代》2015年第23期

吴梅与开封/邓高峰/《汴梁晚报》2015年10月10日

吴梅课徒/郭启宏/《中国戏剧》2016年第1期

《吴梅日记》所载《文选》遗说辑考/邵杰/《湖南人文科技学院学报》2016年第1期

吴梅北京时期对戏曲教育事业之贡献的研究/赵君/《人民音乐》2016年第2期

关于王国维和吴梅对《桃花扇》批评的研究/王亚楠/《河南科技学院学报》2016年第3期

吴梅词一阕/杨勇/《书画世界》2016年第5期

曲学大师吴梅/赵子云/《社区》2016年第26期

从《湖州守》谈吴梅与戏曲改良运动/吴秀卿、慎载光/《戏曲研究》第99辑,文化艺术出版社2016年10月版

曲学大师吴梅与朴学大师黄侃/载马大勇《晚清民国词史稿》,华中师范大学出版社2016年版

吴梅的金元词研究/仇俊超/《泰山学院学报》2017年第1期

吴梅论戏曲批评/平颖/《福建艺术》2017年第5期

近代藏曲大家吴梅/陈卫卫/2017年5月27日《联合日报》

曲学大师吴梅藏书记/刘宜庆/《中华读书报》2017年7月19日

一曲新词酒一杯——民国大师吴梅的戏曲人生/刘宜庆/《同舟共进》2017年第10期

珍重读书身——吴梅与一百年前的"北京大学校歌"/杨月英/2017年10月22日《文汇报》

在自注与过录之间——吴梅《曝书杂记》批注发覆/冯先思/《天一阁文丛》第15辑,浙江古籍出版社2017年版

吴梅对中国戏曲教育事业之贡献的研究/赵君/《新疆艺术学院学报》2018年第1期

《吴梅全集》集外诗文补遗/郭建鹏/《古籍整理研究学刊》2018年第6期

吴梅与王伯元/张宪光/《书城》2018年第8期

吴梅的《顾曲麈谈》与《中国戏曲概论》/载江巨荣《诗人视野中的明清戏曲》,复旦大学出版社 2018 年版

吴梅:暖香楼中折子戏/载肖伊绯《百年温柔》,江苏文艺出版社 2018 年版

吴梅词稿发现记/肖伊绯/《苏州杂志》2019 年第 1 期

尊体与通变:论吴梅《词学通论》的词学史价值与意义/傅宇斌、马艳玲/《中国诗歌研究》2019 年第 2 期

吴梅《暖香楼》《湘真阁》新见民国刊本及相关问题考述/杨胜强/《浙江艺术职业学院学报》2019 年第 4 期

吴梅戏曲史研究的继承与创见——以戏曲起源与戏曲分期研究为例/刘玮/《歌海》2019 年第 6 期

北大举办"吴梅与近代以来的中国戏曲文化"学术论坛/伍行/2019 年 11 月 18 日《中国艺术报》

吴梅的《琵琶记》研究及戏曲经典传播意义/高岩/2019 年 11 月 29 日《中国艺术报》

吴梅词作研究/谭若丽/《北方文学》2019 年第 27 期

吴梅《钧天梦传奇》的发现与考论/姚大怀/《戏曲研究》第 110 辑,文化艺术出版社 2019 年版

试论吴梅《奢摩他室曲丛》之编纂及版本选择——以《紫钗记》为例/刘蕊/《中华戏曲》第 58 辑,文化艺术出版社 2019 年版

吴梅的"场上"戏曲观论析/金景芝/《中国古代小说戏剧研究》第十五辑,甘肃人民出版社 2019 年版

吴梅《奢摩他室曲丛》本之《暖香楼》刻年正误考/杨胜强/《苏州教育学院学报》2020 年第 2 期

吴梅致王立承论曲书札五通笺释/冯先思/《文献》2020 年第 2 期

吴梅佚文辑考/冯先思/《古籍整理研究学刊》2020 年第 3 期

吴梅为汪叔良改诗/曹彬/《苏州杂志》2020 年第 3 期

吴梅与北京大学昆曲教育/陈均/《文史知识》2020 年第 3 期

北方昆弋名伶韩世昌拜师吴梅先生述略/王馨/《文史知识》2020 年第 3 期

从日记看曲学大师吴梅的日常生活/赵武倩、谷曙光/《文史知识》2020 年第 3 期

吴梅研究的回顾与思考/苗怀明/《文史知识》2020 年第 3 期

论吴梅词曲课程建设及其育人观念/邹青/《文化遗产》2020 年第 4 期

骚魂依稀酹"霜园":词曲大师吴梅病逝的历史情境/朱和双、卜其明/《楚雄师范学院学报》2020 年第 4 期

吴梅戏曲美学思想述评/卢善庆/《厦门广播电视大学学报》2020 年第 4 期

吴梅《南北词简谱》对曲牌使用规则的拓展与补充/刘玮/《戏曲艺术》2020 年第 4 期

吴梅的昆曲订谱理论与实践/俞妙兰/《曲学》第 7 卷,上海古籍出版社 2020 年版

吴梅《诗余选》探考/孙瑾/《戏剧之家》2020 年第 11 期

编后记

　　2012 年出版《吴梅评传》之后，感到有些意犹未尽，就想继续做一些和吴梅研究有关的事情，当时的设想是再出一本《吴梅佚作集》。因为在写《吴梅评传》的过程中搜集了不少《吴梅全集》失收的诗文、书札等，还有一些诗文全集虽然收录，但有不同的版本。这些新发现的文献对研究来说，还是蛮重要的，从字数篇幅来说出一本书也没有问题。另外手头还搜集了不少有关吴梅的图片，也想出一本《吴梅画传》之类图文并茂的书。遗憾的是，一直没有遇到合适的机缘，预想中的两本书一本也没有出版，不过资料的搜集工作倒是坚持在做。

　　再后来，有朋友建议我重编《吴梅全集》，毕竟现在所掌握的资料较之王卫民先生先前编印《吴梅全集》时要多了不少，而且该书还存在不少疏误，在现有条件下可以编一部收录更全、质量更为精良的新版全集。这让我有些动心，初步了解了一下情况，发现吴梅日记没法看到原件，这是全集的核心内容，如果这个问题解决不了，全集的事情也就无法进行，于是就放下了。

　　编吴梅纪念文集并不在我的计划里，因为王卫民先生编过一本《吴梅和他的世界》，有关吴梅的重要文章基本上都收录进去了。因此当胡星亮教授约我编吴梅纪念文集的时候，心里有些发怵。后来做了一番准备工作，觉得还是可以编的，毕竟《吴梅和他的世界》已经出版近二十年了。二十年间，吴梅研究从少人问津到受到较多关注，其间发表了不少新的著述，也有不少新的文献被相继发现，需要再做一次总结工作。

由于此前写《吴梅评传》时已有不少积累，正式动手来编，还算比较顺利，也比较快。为了避免与《吴梅和他的世界》一书重复，凡是该书收录的文章本书不再收录。这二十年间学界发表的相关著述比较多，不可能全部收录，只能选收那些学术水准较高、较有新意的文章特别是那些有新资料发现的文章。就这样编下来，也有三十多万字了。

全书以类编排，分四卷，卷一主要收录吴梅弟子及好友的回忆文章，卷二主要收录有关吴梅生平的文章，卷三主要收录有关吴梅佚作的文章，卷四主要收录吴梅研究的论文。最后是我编的《吴梅生平年表》、《吴梅研究著述目录》，提供有关吴梅的基本资料。全书所收文章反映了二十年来吴梅研究各方面的基本情况，为更为深入的研究提供参考和借鉴。

需要说明的是，本书所收各文均尊重作者原意，不妄改字句，仅做了一些格式规范方面的调整，对文字有问题的地方则出注说明，并标明"编者按"。

本书的选编得到了学界朋友们的大力支持，其中有不少文章系作者本人提供，在此深表感谢。感谢胡星亮老师给我提供编选该书的机会，没有他友善的催促，我可能还会再拖上一阵子。这本书出版，算是为吴梅研究又做了一件事情，希望《吴梅佚作集》、《吴梅画传》等书还有出版的机会，至于重编《吴梅全集》，只能是可遇不可求的奢望了。

苗怀明

2021 年 10 月 31 日